《第欧根尼》中文精选版

人文科学的全球意义与文化的复杂性：多学科进路

The Global Significance of Humanities and the Complexity of Culture: The Multi-Disciplinary Approach

萧俊明　贺慧玲　杜　鹃　主编

中国书籍出版社
China Book Press

《第欧根尼》的历程（代序）

萧俊明

《第欧根尼》（季刊）是国际哲学与人文科学理事会的会刊，创办于1953年。创刊时有法文和英文版，目前有5个版本，即法文版、英文版、西班牙文版、阿拉伯文版和中文版。

这份刊物的问世可归因于两个因素：一个是机构，这就是国际哲学与人文科学理事会，它是在联合国教科文组织的倡议和支持下成立的，其目的是将人文科学领域众多不同的学术团体重新组织起来。另一个因素是人，这个人就是罗歇·凯卢瓦，当时是联合国教科文组织的一名国际公务员。国际哲学与人文科学理事会想创办一份机关刊物，在国际学术交流方面能够起到联结各个会员团体的纽带作用。而罗歇·凯卢瓦也正想创办一个符合这一需要的刊物。

凯卢瓦的办刊理念是希望创办一份能够体现其"对角科学"概念的刊物。所谓"对角科学"用今天的术语讲也就是跨学科研究。凯卢瓦之所以产生这样的想法是因为有感于二战结束后学术研究的四分五裂状态。他认为，各门学科不应再有意分离、各行其是、谋求自己的发展，不应再自高自大相互鄙薄。他梦想着有这样一份刊物：考古学家可以为了让经济学家来讨论而提出他们的问题，历史学家可以与哲学家达到一种理解。他坚信，这些显然是相隔甚远的学科之间一旦达到和睦，便会产生新的和更广的视角。凯卢瓦的办刊思想得到了国际哲学与人文科学理事会的支持，后者将新的刊物定名为《第欧根尼》。取这样一个名字的寓意并不是要把刊物引向犬儒主义，而是因为第欧根尼这位思想家打起灯笼去寻找一个诚实的人这个典故。

事实上，凯卢瓦正是他们要寻找的人。可以说，没有凯卢瓦便没有《第欧根尼》。凯卢瓦坚定不移地贯彻他的"对角科学"理念，让跨学科性变成《第欧根尼》的标志。但是，贯彻这样一种理念不可能是一帆风顺的。他的副手多尔梅松这样形容说，"他的刊物是在两块礁石之间航行，一边是草率的概

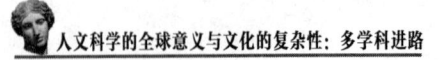

括，另一边是乏味的博学"。凯卢瓦的座右铭是："没有没有思想的事实，没有没有事实的思想。"本着这样一种理念，凡是带有专著味道的研究成果都毫不留情地被拒绝了，比如关于康德哲学的极为出色的研究成果也被拒绝。这种做法无疑会招来会员组织的学者们的怨恨。《第欧根尼》也正是在贯彻这样一种理念的过程中获得了国际声誉，成为国际名刊。

作为国际名刊，《第欧根尼》自然有其自身的特点：

首先是学术品位高。一个刊物的学术品位主要表现在刊物选题的难度和撰稿人的知名度上，《第欧根尼》的选题一般在专业深度上适当，但难度不低。这主要是因为它刊登的并不是某一专业领域的成果，而是想包容不同学科的成果。我们在《第欧根尼》的撰稿人当中可以看到这样一些名字：卡尔·雅斯贝尔斯、克劳德·列维－斯特劳斯、让·皮亚杰、保罗·利科、汉斯－格奥尔格·伽达默尔、理查德·罗蒂等。这些国际知名学者能为《第欧根尼》撰稿，足以说明它在学术界的地位。

其次，及时反映人文科学领域中的热门论题和最新发展动态。《第欧根尼》几乎每期都有一个论题，邀请不同领域成绩卓著的学者撰稿，而且不定期地就国际学术界的一些热门论题展开讨论：比如"全球化""文化认同""文化多样性""我们是谁""文化基因""民主""尊严""涉身性"等等。从这些论题我们可以了解国际学术界所关注的焦点问题和发展动态，特别是可以看到来自不同文化、不同领域的学者对某一问题的独到见解。有些研究在国内还属于空白，无疑具有很高的参考价值。

再次，寻求不同文明特别是西方文明与非西方文明之间的对话与合作。美国"9·11"事件发生之后，对西方学术界也产生了很大震动，他们开始反思的一个重要问题是文明的冲突还是文明的对话。《第欧根尼》无疑是赞成后者，具体表现为对非西方国家的重视程度明显不同以往。从选用的稿件来看，阿拉伯国家、非洲国家、拉美国家、亚洲国家、中国以及俄罗斯的作者所占比重明显提高。在西方作者中，主要是欧洲作者，美国作者不多，这也反映出一种倾向。可以明显地看出，西方中心主义的色彩减少了，而更加强调跨文化对话和文化多元性。显然，该刊是非美国主导的刊物，在很大程度上反映了非西方大陆的观点，中国可以在其中找寻自己的话语权。具体到中国来说，近些年来国际哲学与人文科学理事会非常积极地寻求与中国合作，对中国的关注程度明显不同以往。中国社会科学院学部委员黄长著先生、汝信先生等都曾受邀在该刊发表过论文。2008年还出了一期"中国当代政治思潮"专辑，刊登了中国社会科学院哲学所赵汀阳研究员、外国文学所陆建德研究员的论文，其他作者来自香港大学、黑龙江大学、北京大学、北京师范大学、清华大学和中国人民大学，国际知名刊物为中国学者出专辑，尚不多见。

《第欧根尼》中文版（半年刊）根据国内学术界的需要，将英法文版的大部分论文（大约百分之九十）全文翻译刊登，余下不到百分之十的论文未翻译的主要原因一是内容过于冷门生僻，难有读者赏光；二是内容或语词不适合公开发表。为了让读者更深入地了解《第欧根尼》中文版，我们不妨对办刊历程做一简要回顾。

1984年11月，国际哲学与人文科学理事会主席阿斯通和秘书长多尔梅松受中国社会科学院副院长汝信同志邀请，来华访问。在介绍各研究所有关研究人员情况的谈话中，国际哲学与人文科学理事会一方表示了希望中国出版《第欧根尼》中文版的意向。当时外国文学所和文献中心都想承接这项任务，由于文献中心决心下得快，领导工作抓得紧，所以在两个单位的竞争中领先了一步。

1984年11月底，中心与阿斯通主席和多尔梅松秘书长达成口头协作协议，1985年3月在书信交换意见的基础上，签订了有效期为三年的书面协议书。协议就经费和选题等事项做出了规定。其中有一条规定表明，中文版可以独立组稿，文稿提交经《第欧根尼》原版编委会通过后，可在中文版英法文版同时刊登。与此同时，1984年底中心成立了中文版编委会，邀请了一些资深翻译工作者（基本上是文献中心的学者）对英法文版几十期过刊进行了阅读和选材，并以最快速度在1985年5月前完成了创刊号的全部翻译、校译及审稿工作，同时还进行了封面设计、联系出版等工作。

在中心领导及院领导的直接关注以及各方面的通力合作下，经过9个月的筹备，《第欧根尼》中文版创刊号终于在1985年8月与读者见面了，当时的负责人是沈仪琳老师。沈老师的总结是：上级领导支持和重视；依靠各方面力量办刊；具体负责该项工作的同志要不辞辛苦，发扬苦干精神。

《第欧根尼》中文版的起步过程是非常艰难的。从创刊到1987年初，全部技术性校对和与工厂联系、发送原稿和清样等等全部由沈老师一人承担。

即便如此，沈老师始终坚持严格的审稿制度。当时的做法是让译者互校译稿，请专家和编委审稿和解决一些疑难问题，所以在翻译质量上是有保证的。

我本人是从1995年底接手这项工作的，到现在已经20多年了。总结所做的工作，实在不敢说有什么成就，我觉得能坚持下来对我来说就已经不易了。回顾所走过的历程，我实在找不出贴切的字眼来形容，这中间的劳苦和艰辛只有亲身经历才能真正体会到，可以说，多年来我们一直在困境中挣扎。

所谓艰辛，实际上是两大困难。一是译者队伍。我们和我们前辈不能比的是，他们那时有一个资深翻译团队作为后盾，而我们现在找到一个翻译数量过百万字、比较成熟的学者型翻译实在太难了。尽管如此，我们还是设法保持了一支老中青三结合的译者队伍，老的有资深翻译家陆象淦先生，从刊物创办之初，陆先生就是主力干将，如今已年越古稀，仍笔耕不辍，每期都要译几篇，比我们中青年人还能干。所谓中年，其实也都是五六十岁的人了，有霍桂桓先生、马胜利先生和我本人，基本上撑起了局面。再往下是几位正值事业黄金年龄的女将，其中贺慧玲、李红霞、杜鹃、俞丽霞、彭姝祎等已能担当重任。她们具有外语基础好学科知识扎实的优势，劣势是翻译的数量不够多，能驾驭的领域不够宽。如果她们能强化自身的训练，是很有希望成为学者型翻译人才的。这几十年走过来还真是不容易，今后的路依然会很艰难。当然，高端翻译人才的缺乏和整个大环境不无关系，但本单位的重视程度是关键。《第欧根尼》中文版大概是全国唯一一份全文翻译的人文类刊物，这种工作费力但不见多大成果量。高校和出版社对工作都实行量化考核，比较起来还是社科院能承担这样的工作。但是，社科院在这方面的优势也在一点点地丧失。

另一个困难是经费问题。实事求是地讲，《第欧根尼》中文版创办后的前15年还属于创收刊物，也就是说，不仅办刊的所有经费全部来自联合国教科文组织的资助，而且还有不少节余上交所里。进入21世纪之后，情况越来越糟。先是资助迟迟不到位，后来干脆就没有了。由于是国外资助的刊物，也未能进入院里的名刊工程，一下子陷入了资金困境。说到这里，要特别感谢学部委员黄长著先生以及国际合作局和科研管理局的领导。黄长著先生是我们的老领导，曾任国际哲学与人文科学理事会的副主席，他对《第欧根尼》一直非常重视，正是由于他的"疏通"和"游说"，职能部门了解了《第欧根尼》，认识到了它的重要性，科研管理局特批了一笔经费，国际合作局也给予了资金上的支持。这样，我们虽然不像进入名刊工程那样有保障，但起码是没有后顾之忧了。如今，我们已不再为经费问题所困扰。2012 年，中国社会科学院推出了统一管理、统一经费、统一印制、统一发行、统一入库的期刊改革方案，不仅彻底解决了经费问题，而且在印制、发行、入库等方面更加规范，减少了很多的操劳和麻烦。可以说，《第欧根尼》迎来了新的春天。

当然，伴随我们的并不全是苦衷，也有苦尽甜来的快乐。这种快乐就是我们有值得夸耀的东西。我的意思并不是说我们有多么辉煌的成就，而是说我们多年来的操守和坚持更具一种内在价值。我感觉特别值得夸耀的，是我们没有丢掉当年沈老师开创的传统，始终坚持严格的审稿校稿制度。更具体地讲，我们每一篇稿子，都要对照原文逐字逐句校对一或两遍，从事校对的是我和我们编辑部的成员。我这个团队的年轻同志工作态度是非常认真的。尽管我们由于水平所限，难免出现这样或那样的疏漏，但比较当下许多译文和译著在发表时只是做一些文字上的编辑工作，我们的翻译质量还是有保证的。这在当年看似平常的东西如今却是难能可贵的。我们也就是凭借这一点在许多方面取得了进步和超越，因而也获得了信任和声誉。《第欧根尼》法英版现任主编斯卡兰蒂诺在写给中国常驻联合国教科文组织大使衔代表师淑云女士的信中这样描述道：

"《第欧根尼》中文版在中国学术界与我们杂志的广泛国际读者群之间起着一种桥梁作用。这种良好作用的最大受益者是中国的研究人员，因为它既可以使中国研究人员在国际上传播其著述，也可以使他们了解非中国学者的著述。我们杂志如今具有广泛的国际声誉，中文版是原因之一，并且它可能是该领域在中国大陆发行量最大的一份刊物。

"之所以能够取得这样的成就得益于与联合国教科文组织的长期协议，国际哲学与人文科学理事会也因此得以向中国社会科学院提供实质性的支持。自我们杂志创刊以来，这种支持一直是行之有效的，并且证明对保证杂志的高学术水平——通过其出色的翻译质量——是完全重要的。另一方面，《第欧根尼》可以为世界各国学者提供一个发表和传播其著述的卓越空间。"

还有一点特别值得我们夸耀和自豪的是，《第欧根尼》虽然发行量不大，但读者群不小，它拥有一批非一般的读者，他们来自不同阶层，有学生、教师、学者、领导干部。一些读者的来信实在是让人感动，下面摘录几段与大家分享：

"我是一个最近从美国归国的读者，最近在书店购到贵刊，觉得很好，我出国前亦读到贵刊，当时就非常爱读这份杂志。"

"一个偶然的机会，有幸从我校的信息检索中心查到您处出版的《第欧根尼》。我们深深地被其中的思想所吸引。我们为有缘结识这样的刊物而感到欣慰，为不能买到已经出版的过刊而深感遗憾。"

"《第欧根尼》一直是我十分喜爱的一本刊物，从1986年起我一直订阅，它给了我许多启示和教益……这样一本刊物的出版实乃中国学人之幸，中国学术之幸。"

此外，还有相当数量的"大读者"对《第欧根尼》的关注和评价简直是让人"受宠若惊"。我所说的大读者是指有相当学术地位的学者或领导者，我这里讲几个例子。2009年11月27日，我们召开了庆祝《第欧根尼》中文版创刊25周年座谈会。参与座谈的各位专家学者回顾了《第欧根尼》中文版的创刊历史及其25年的发展历程，肯定了它的办刊品位和学术价值。中国社会科学院副院长武寅同志的总结性讲话更是令人备受鼓舞。她说，本次座谈会庆祝《第欧根尼》中文版创刊25周年，是一件很有意义的事情。该刊中文版所走过的历程不是一帆风顺的，但却很有前瞻性、开拓性，很具战略眼光。它体现了中国社科院的定位、资质、职责和水平，这是全院相关学科学者、相关部门共同努力的结果。武寅副院长最后说，庆祝《第欧根尼》中文版创刊25周年，这不是句号，而是破折号，它连接的是新的办刊起点，《第欧根尼》中文版应该做出新的努力和贡献！

在2011年的一次工作汇报会上，我同中国社会科学院院长王伟光同志谈起了《第欧根尼》，我原以为像他这么忙的领导根本无暇顾及这类刊物，没想到他的回答真是给我一个惊喜。伟光院长说，他在读研究生时就读《第欧根尼》，有些文章读来令人振奋，希望把《第欧根尼》中文版办成世界名刊。伟光院长的话让我想起了我们一位已故的老所长孙方同志。孙老八十高龄时还坚持读《第欧根尼》，有一次当时的所领导去看望他，他对他们说，要读读《第欧根尼》，看看人家的文章是怎么写的。他还多次与我通电话，探讨读后感。《第欧根尼》之所以能够坚持到今天，这些读者的支持无疑起到了一种无穷的动力作用。

2015年12月，国际哲学与人文科学理事会第32届大会在北京召开。会议期间，一直给予《第欧根尼》中文版特别关注和支持的国际哲学与人文科学理事会现任主席、中国社会科学院学部委员朝戈金教授委托贺慧玲副主编用英文向来自世界各地的知名学者做了工作汇报，国外学者了解了《第欧根尼》中文版的情况，特别是看到我们出版的文集之后纷纷表示赞许，并报以热烈的掌声。可以说，《第欧根尼》中文版已经是享有国际声誉的刊物了。

另外，根据我们对国内哲学专业进行的零星调查，《第欧根尼》中文版是许多二、三级教授和研究员必读的首选刊物，有的知名教授特别对《第欧根尼》的编者和译者表示敬意。一份刊物在学术界获得如此赞誉，应该足矣。

然而，期刊毕竟有其局限性，尤其是对于在某一领域颇有成就的学者来说，更需要相对集中于某一领域或论题的文献汇编。于是，我们根据读者的需要在2008年从已发表的译文中按论题挑选一些精品出了一套文集，即《哲学家的休息》、《圣言的无力》、《文化认同性的变形》及《对历史的理解》。文集出版之后，反响很好，国际哲学与人文科学理事会对此相当重视，他们马上向国际上推介，并且拿到2008年首尔世界哲学大会上做了宣传。2014年，我们以哲学和文化为主线从近八年的译文中挑选出精品结集出版。两部文集的书名分别为《哲学在西方精神空间中的地位》和《久远的文明与文化多样性的假想》，前一部侧重于三个论题，即"对于哲学的重新思考"、"跨学科性与哲学"和"多维视野中的哲学"；后一部侧重于"文明的进化与现实"、"文化多样性的反思"和"审美与多元文化"。文集出版之后，不到半年时间，就全部售罄，这对学术著作来说，实不多见。

有了这样成功的尝试，我们今年又以哲学和文化为主线从近四五年的译文中挑选出精品汇编成两部文集。一部的题目是《全球视野中的哲学研究：相遇与交融》，分为三个部分，即"西方的反思：问题与前景"、"东方的探寻：走向融合之道"和"非洲的醒悟：政治与智慧"。从全球视野去审视20世纪80年代以来的哲学研究，不难发现，在多元文化主义的推动下，哲学正在超越以往的传统与现代、西方与东方以及全球与地方这些排斥性二分，走向新的相遇和交融。一直以来一家独大的西方"专业哲学"似乎陷入了迷途，尤其是碎片化让哲学苦不堪言，探寻真理的努力演化为对先哲经典的不嫌细碎的注解。面对这样的境况，西方哲学正在深刻反思它的方向问题。反观东方哲学，更具体地讲，韩国和泰国的学者则在为打通儒家和佛教哲学与西方哲学之间的壁垒而进行着各种尝试。更为值得关注的是后殖民主义语境中的非洲哲学，它正在从推崇解放和进步等政治性观念转向强调多样性和民族性等文化观念，进而在其"智慧哲学"中寻找自己的文化认同。毋庸置疑，全球性已然成为哲学的时代标识，关于哲学是什么和应该做什么的一般概念需要重新思考。那种认为唯独希腊哲学是严格意义上的正宗哲学的观点越来越受到拒斥，哲学的真正未来恰恰在于探索和反思不同文化的智慧传统。

另一部的题目是《人文科学的全球意义与文化的复杂性：多学科进路》，分为三个部分，即"人文科学与文化复杂性"、"人类学与民族志"和"美学与文学"。文化大致可以从两种意义上来理解，一种是人文意义上的文化，另一种是人类学意义上的文化。人文意义上的文化的核心在于有意识地追求人的完美的理想。这样的文化是通过人文科学的教化和陶冶来实现的，也就是说，一个人如果没有坚实的人文科学知识就不能成为有文化和有教养的。美学和文学显然是达及人文意义上的文化的不可或缺的进路。然而，文化绝不可以为知识精英所专有，因为后者不过是对一个社会的历史发展有所贡献的行动者。文化要成为一种社会和历史力量，就必须注入到所有人群。这也是人文科学的全球意义所在。人类学意义上的文化是指某一特定民族的全部生活方式和品性，其着眼点显然落于人类的社会实践活动。然而，真正的人类学不应只限于对习俗、习性及传统进行单纯的民族志描述，人类学研究和民族志田野考察应当去探究历史、社会和环境因素造成的差异的深层原因和使各种人群既相同又不相同的根本原因。其关注点也应随着社会和时代的变化而转移。值得注意的一个变化是，人类学和民族志的关注点正在从20世纪70年代以前的部族社会或村落转向城市人群以及生态、环境和治理。

总之，我们相信，从全球视角来了解人文科学的最新发展，必定会开阔我们的眼界，丰富我们的识见，启发我们的思路，激发我们的原创，进而达到一个新的高度。

最后，请允许我代表我们的编辑部向所有为《第欧根尼》中文版做出过贡献的人和忠实读者表示发自内心的感谢。

2018 年 7 月于北京西郊

目 录

《第欧根尼》的历程（代序）   萧俊明 ……………1

上篇　人文科学与文化复杂性

让人类人性化：人文科学的全球意义   弗雷德·多尔迈尔　著
                     萧俊明　译 …………3

陷入重围的人文科学   泰奥·达恩　著
                     萧俊明　译 …………17

知识状况与人文科学的新走向   丁大铉　著
                     萧俊明　译 …………32

当代教育中的人文科学　　卢卡·马里亚·斯卡兰蒂诺　路易吉·贝林圭尔　著
                     萧俊明　译 …………41

文化互化时代的文化认同   严廷植　著
                     俞丽霞　译 …………50

超越"多样性中的统一性"——在全球化世界中使认同世界化   伊恩·昂　著
                     贺慧玲　译 …………59

中篇　人类学与民族志

思想者的启程   沃尔夫冈·卡尔滕巴赫尔　著
                     杜　鹃　译 …………77

人类学的先知   马里诺·尼奥拉　著
                     马胜利　译 …………89

列维-斯特劳斯：现代的、超现代的、反现代的   乌戈·E. M. 法别蒂　著
                     萧俊明　译 …………104

从列维-斯特劳斯到维特根斯坦： 　人类学中的"不完美性"观念	弗朗切斯科·雷莫蒂　著 萧俊明　译	128
邻近的边疆：东方主义神话的结构分析	安德烈·金格里希　著 杜鹃　译	149
都市人类学的定位：一种思想史的路线图	沃尔夫冈·卡尔滕巴赫尔　著 贺慧玲　译	158
作为城市遗产的都市性	米歇尔·劳滕贝格　著 马胜利　译	170
都市人类学争论和对治理的经验研究	保拉·德维沃　著 彭姝祎　译	182
民族志：弥合质性-量性之分	杰罗姆·克拉泽　著 萧俊明　译	198
欧洲城市传统： 　一位人类学家眼中的城邦、城区和公民共同体	朱利亚娜·B.普拉托　著 萧俊明　译	214

下篇　美学与文学

哲学与艺术：美学的景观变化	柯蒂斯·L.卡特　著 杜鹃　译	231
艺术对哲学特权的剥夺	卡罗勒·塔隆-于贡　著 杜鹃　译	255
艺术与美学：从现代到当代	阿莱什·埃里亚韦茨　著 萧俊明　译	268
明日之美学：再语境化？	彼得·麦考密克　著 杜鹃　译	282
没有审美的美学	詹姆斯·柯万　著 陆象淦　译	296
审美与教化	保利娜·冯·邦斯多夫　著 萧俊明　译	307
欧洲景观的当代意义	拉法埃莱·米拉尼　著 贺慧玲　译	324

是移民文学还是移民题材文学？ 　　——一个争论中的术语	乌尔苏拉·马蒂斯－莫泽 比吉特·梅茨－鲍姆加特纳　著 陆象淦　译	337
印度洋文学中的跨文化迷宫	卡尔帕宁·马里穆图　著 贺慧玲　译	353
还有一个故事——巴西文学中的 　种族关系与思维定式	保罗·V.巴普蒂丝塔·达席尔瓦　著 贺慧玲　译	370

作者简介 389

人名索引 397

Contents

Preface 1

Part 1 Humanities and Cultural Complexity

Humanizing Humanity: The Global Significance of the Humanities 3
Fred Dallmayr

The Humanities under Siege? 17
Theo D'haen

The Status of Knowledge and New Directions for the Humanities 32
Daihyun Chung

The Human Sciences in Contemporary Education 41
Luca Maria Scarantino, Luigi Berlinguer

Cultural Identity in the Age of Transculturation 50
Jungsik Um

Beyond Unity in Diversity: Cosmopolitanizing Identities in a Globalizing World 59
Ien Ang

Part 2 Anthropology and Ethnography

Departures 77
Wolfgang Kaltenbacher

The Prophet of Anthropology 89
Marino Niola

Lévi-Strauss: Modern, Ultramodern, Antimodern 104
Ugo E. M. Fabietti

From Lévi-Strauss to Wittgenstein: The Idea of "Imperfectionism" in Anthropology 128
Francesco Remotti

The Nearby Frontier: Structural Analyses of Myths of Orientalism
Andre Gingrich ············ 149

Positioning Urban Anthropology: A Road Map for a History of Ideas
Wolfgang Kaltenbacher ············ 158

Urbanity as Heritage of Cities
Michel Rautenberg ············ 170

The Debate in Urban Anthropology and the Development of the Empirical Investigation of Governance ············ 182
Paola De Vivo

Ethnography: Bridging the Qualitative-Quantitative Divide
Jerome Krase ············ 198

European Urban Traditions: An Anthropologist's View on *Polis*, *Urbs*, and *Civitas*
Giuliana B. Prato ············ 214

Part 3 Aesthetics and Literature

Philosophy and Art: Changing Landscapes for Aesthetics
Curtis L. Carter ············ 231

The Artistic Disenfranchisement of Philosophy
Carole Talon-Hugon ············ 255

Art and Aesthetics: From Modern to Contemporary
Aleš Erjavec ············ 268

Aesthetics Tomorrow: Re-Contextualizations?
Peter McCormick ············ 282

Aesthetics Without the Aesthetic?
James Kirwan ············ 296

Aesthetics and *Bildung*
Pauline von Bonsdorff ············ 307

Contemporary Meaning of European Landscape 324
Raffaele Milani

Migrant Literature or Literature of Migrance?
A Controversial Terminology 337
Ursula Mathis-Moser, Birgit Mertz-Baumgartner

Cross-Cultural Labyrinths in the Literatures of the Indian Ocean 353
Carpanin Marimoutou

One More Story: Racial Relations and Stereotypes in Brazilian Literature 370
Paulo V. Baptista da Silva

Notes on the Contributors 389

Name Index 397

上篇
人文科学与文化复杂性

让人类人性化：人文科学的全球意义

弗雷德·多尔迈尔　著
萧俊明　译

> 我们的技术明显超越了我们的人性。
>
> ——阿尔伯特·爱因斯坦

这的确是一次意义重大的聚会：第一届"世界人文科学论坛"，第一届旨在强调人文科学在我们世界中的重要性的国际会议。并且，意义深远的是，这次聚会是与联合国教科文组织合作并由它召集和组织的。这个世界共同体的机构分支所担负的任务是促进全球教育与学识。正如我们在宣告这个世界机构成立的章程中所读到的（1946）："文化的广泛传播，以及人类为正义、自由与和平进行的教育，对人类的尊严是不可或缺的。"[1]的确，托付给联合国教科文组织的任务并不只局限于促进人文科学教育（我们也称为"通识"教育）。然而，有人可能争辩说——事实上我也将据理力争，人文科学在人类教育事业中占据着关键的、实际上是核心的位置。如今，人文科学要奋起自卫。这在一定程度上与这样一个事实有关，即在许多情况下人文科学已经是濒危物种。在许多大学和学院，人文科学或通识教育项目即使未被取消也被削减，重点落于技术和狭窄的专业训练。[2]我想指出的是，这种重点转移付出的代价是巨大的。众所周知，当今世界几乎是暴行肆虐：酷刑、恐怖主义、种族灭绝。我们的国际法有针对这些暴行的新罪名：我们不仅有"战争罪"的说法，还有"反人道罪"的说法（"人道"这个术语等同于"人类"和"人性"）。但是如果不有意地去培养人道或人性，那么如何能够消灭或减少这类罪行——难道这不正是人文科学的目的所在？

　　从这个角度去看，对人文科学的频频指责显然是毫无根据的：这些指责认为人文科学教育毫无用处，没有看得见的好处。确实，减少杀戮和伤害在任何时候都会给人类带来巨大的好处。这种指责的正确之处——尽管不是其意图所在，在于这样一个事实，即人文科学并不产生外在的好处，或者说人文科学修养并不是为了这种好处。从这个意义上讲，人文科学修养——正如马萨·努斯鲍姆所正确指出的——是无利可图的，或者说"不为赢利"。[3] 从哲学上讲，人文科学所产生的是一种"内在"善，因为人文科学修养，就像读诗和吹长笛一样，自有其好处，也就是说，实践者在转变和"人性化"过程中受益。当然，这并不意味着这种受益可能不会也产生更广泛的社会和政治效果。其实，在我看来，这些效果——比如减少伤害——是内在善的重要组成部分：使人文科学实践人性化。接下来，我想主要做三件事情。首先，我将探讨"人文科学"的含义，为此我将转向近几个世纪的自由之艺历史和所谓的"学科分类"。其次，我想着重谈谈人文科学的某些显著特征及其教育意义。最后，我想讨论一下人文科学对一个真正人性的国际大都会的出现能够和应该做出的贡献。

人文科学与自由之艺

　　人文科学还经常被称作"人学"（human studies），因为它们主要关注的是人类生活、人类行为和经验。从这个意义上讲，苏格拉底可以被称为人文科学之父，因为他从关注天文学和形而上学转为关注人类事务（ta anthropina），其中包括伦理学、政治学及社会心理学。柏拉图在某种程度上延续了这种转移，他强调真正教育的转变性质，即从随意的意见引向反思的见识。从亚里士多德那里，我们继承了对于人类知识或探索的重要划分，即划分为"理论"科学、"实践"探索及"生产"（或"创制-技术"）活动三个主要分支。虽然在第一种类型中科学家从一种超然的或中立的立场观察和分析现象，但是实践探索要求实践者具体深入到人类事务当中（尤其是在伦理和政治层面）；最后，创制活动是促进对工具目的有用的技术"专门知识"。显而易见，在亚里士多德的三种知识类型当中，实践分支与我们今天所称为的"人文科学"关联最为紧密——这一事实解释了许多"人文学者"与亚里士多德遗产的紧密关联。[4] 在某种意义上，现代思想中所发生的事情近乎是对亚里士多德的首选方案的颠覆，因为理论科学或纯科学与工具技术的结合往往冷落或扼杀了实践的－人文主义的关注。

另一个与人文科学紧密关联的术语是"自由之艺"。这个词可追溯到罗马帝国时期斯多葛学派所确立的教学课程——这些课程在欧洲中世纪得到了延续和充实。当时常说的自由七艺的教育过程要经历两个阶段：从基础的"三艺"到更为高级的"四艺"——这一序列隐约地反映了柏拉图关于人类学识的转变性质的理念。[5] 这里，我并不想关注古典课程的细节，而想转向所用的术语。为什么古典课程中所提供的科目被称为"自由之艺"（artes liberales）？通常所做的一个解释是，这些科目适合于对"自由"公民而非奴隶（罗马帝国有大批的奴隶）的教育。这种解释可能有一定的真实性，但是它并未说明为什么在没有奴隶制的社会或奴隶制已经废除很久之后这个词依然持久存在。摘掉其狭隘的意识形态眼罩，这个词事实上含有另一个可能的深层意义，这就是这样一种理念：自由之艺有助于实践者获得自由或解放，帮助他们摆脱外部监护，不再屈从于物质或工具利益。从这个意义上去理解，自由之艺显然与人文科学的非功利的、"不为赢利"的品性是相通的。换言之，自由在这里再一次是实践的一种内在善，而不是一种外在工程或附属产品。[6]

正如上文所表明的，现代西方思想所蕴含的是近乎颠覆希腊和罗马对于实际人类事务的关注。与此同时，"人类中心论"在现代思想生活中一路攀升，从这一点来看，这种颠覆不免让人感到不解或意外。然而，我们必须考虑这样一个事实，即这种上升所沿循的方向主要是科学分析和控制"外在"自然以及对这种控制的技术利用。哲学家兼科学家弗朗西斯·培根是开启现代转向的主要人物之一，在他看来，所有学习和学识都取向一个目标或实在的"利"："人的地位提高"和舒适的生活。在其著作《学术的进展》和《新工具》中，培根对传统（亚里士多德）的知识探索三分法进行了彻底的重新设计，也就是说，他把历史、诗歌和科学哲学并置起来。他对科学研究大加赞美，认为它是通过研究自然的因果"定律"而通达知识的唯一正确途径，而历史不过是资料收集,诗歌只是灵光一闪。[7]在培根及其追随者的影响下,传统的"实践"或实践思想领域或者被搁置一旁,或者——更加灾难性地——被改造为"理论"或科学知识的一个分支。这样,伦理学的趋向是被转变为关于心理情感或心理厌恶的研究,从而成为经验心理学的一个必然结果。"经济学"领域发生了同样深远的变化——在亚里士多德派的理解中,经济学关涉"家庭"(oikos)对好生活的贡献。现代经济学同样从实践彻底地转向理论,发展成为对一个基本上不考虑社会福利或公正的市场进行的合理－数学利润计算。

然而,公允地讲,培根体系在现代性中的胜利始终有反潮流与之抗争,或者反对理论支配实践的声音一直不绝于耳。其中尤其具有重要意义的一股反潮流是从文艺复兴经由启蒙运动时代延伸至浪漫主义时代的"人文主义"潮流。在文艺复兴和后文艺复兴的代表人物当中,尤其值得提及的是意大利思想家马里奥·尼佐利奥、托马索·康帕内拉和詹巴蒂斯塔·维柯。与培根截然相反,尼佐利奥和康帕内拉认为文学和历史领域是头等重要的,将这些领域视为叙事和经验的丰富宝库,与之相比,理性的和科学的哲学准则不过是苍白僵化的抽象。在启蒙运动的前夕,维柯大胆地宣称历史学和"人"学优越于其他科学,并把这种优越地位的根源追溯至"实践"知识:历史和社会生活是人类活动,因而是更容易悟知的(真理与事实互相转化,verum et factum convertuntur)。[8]之后不久,主要是为了回应一种抽象理性主义的僭妄,德国哲学家约翰·戈特弗里德·赫尔德呼吁对不同的文化和语言进行研究——也就是说,对"人文科学"进行广泛的研究。他认为,只有具体和实践的事例才能促进人类希望的"进步":人类的真正人性化。正是在这种情况下,赫尔德阐述了关于达到人性的向上教化或转变(Emporbildung zur Humanität)的重要观念——这一观点可以作为人文科学的基本座右铭。[9]

在随后的两个世纪中,实证主义(注重确实有用的知识)对"知识共和国"中的所有学科施加了越来越大的压力,试图将它们同化到科学因果分析模式。不仅在伦理学和经济学中感受到了这种压力,而且在历史编纂学、语言学,甚至在公众行为越来越被水平化为量化测量的政治学研究中也感到了这种压力。毫无疑问,为将人文科学从实证主义魔爪下解救出来进行过不懈的努力。事实上,在19世纪,试图将某些研究形式与严格的科学研究领域区分开来的复杂分类框架层出不穷。此处不便对这种仍在进行中的"院系之战"进行详叙,所以略做评论就足够了。其中影响广泛、引人关注的一个分类框架是自然科学与"精神"科学之间的区分(Naturwissenschaften 和 Geisteswissenschaften)。这一框架的提出者认为,后一类学科依托于人类心智或"精神"所产生的见识,全部是探索人类经验和心理生活直接触及的现象。然而,这种区分尽管乍一看很有吸引力,但是由于经验心理学对心理过程的越演越烈的侵袭而受到质疑和削弱。另一个分类框架依赖于自然科学与历史之间的区分,据称前者注重普遍规律,后者注重特殊事件(因而产生了"普遍规律"学科与"特殊规律"学科之分)。但是,如果特殊事件不被主动地解释和理解,历史编纂学便不可能提升超越经验数据收集(沿循培根的路线)。[10] 从长远来看,这些困境使人们认识到,不回到人类实践,不在两类实践活动之间做出区分——或者是认识和控制自然的活动,或者是表达实践行为的"意义"的活动,便不可能挽救或振兴"人文科学"。[11]

作为实践活动的人文科学

在晚近的现代时期,若干哲学取向,其中包括实用主义、日常语言哲学和解释学推进了朝着实践的转向——往往受亚里士多德遗产的启发。简明起见,我在这里着重谈一谈解释学及其代表性人物汉斯-格奥尔格·伽达默尔。众所周知,伽达默尔的解释学是围绕着解释和"理解"展开的,这个理解是通过读者与本文之间、说话者与对话者之间的对话交流完成的。然而,并非总是得到充分认识的一点是,这里所说的"理解"并不只是一种认知活动,并不只是一个超然的"认识者"对知识的获取,而总是关涉一种实际参与,即一种思想和实践的紧密卷入。正如伽达默尔反复强调的,进入对话交流关涉着一种不仅是存在上的而且是智性上的冒险:他要冒不得要领的风险,被指出错误的风险,经历一种可能改变其生活(不只改变其"思想")的过程的风险。在其著作《真理与方法》中,他频繁地援引埃斯库罗斯的套语 pathei mathos,其意思是通过受苦而学习或"下苦功"学习,也就是被一种改变我们的存在的学习经验所支配——我们不妨说:一种使我们"人性化"的经验。[12] 从这个角度来看,学习是"实践"并不只是从一种功利或工具意义上而言,而且学习所包含的并不是简单地将抽象的准则或原则应用于经验境况。更准确地说,学习意味着认真地看待经验,将其视为知识和道德行为的预设和路标。

从这个宽泛的意义上讲,将伽达默尔视为一位杰出的人文科学导师并不为过。

"导师"这个称号并不是一个随意指称,而是直接源自其著作。《真理与方法》很重要的一部分探讨的是"人文主义传统对于人文科学的意义"。为了说明这种意义,伽达默尔讨论了人文主义传统的几个与人文科学研究相关的显著特征(或主导观念)。其中一个核心论题是教化(Bildung)观念,这个词不仅是指某一特定的经验文化或生活方式,而且指一个培养过程,即一个"形成"或转变过程。正如伽达默尔所指出的,德文词"教化"衍生于"Bild"(形象)一词,因而包含着"上帝的形象"(imago Dei)或神的形象这个古老的概念,"人是按照上帝的形象创造的,并且必须设法去实现这种形象"。因此,这个词所产生的共鸣并不只是一个简单的教学法,而是一种可以称之为"作为神性化的人性化"(或作为人性化的神性化)的复杂事件。伽达默尔所强调的最重要方面是,这种意义上的形成或转变并不追求外在之利,而具有其自身之内的价值。他写道,"教化这个词在这方面绝非偶然地与希腊词自然(physis)相类似。正如自然一样,教化没有自身之外的目的"。从这个意义上去理解,教化超出了单纯为了职业或就业目的而对现有才能或天赋的训练。更准确地说,在教化中,"人们借助和通过教化所形成的东西,完全变成其自己的东西而得以保持"。[13]

在西方人文主义传统中,教化不是一个静态概念或观念,其本身包含着一个培养以及不断重新阐述和重新解释的过程。从文艺复兴和虔诚派思想家的著述开始,这个词在启蒙运动和紧随其后的德国古典思想时期得到了决定性的强调和推动。上文提到了赫尔德的贡献;他的直接对话者是诗人克洛卜施托克和伊曼努尔·康德。然而,在伽达默尔看来,关键性的重新阐述来自黑格尔的著作。在其《哲学入门》和《精神现象学》中,黑格尔明确地强调了这一点,即教化并不局限于对现有能力的雕琢,而包含着一个应对挑战的自我越位运动。就此而言,尤其重要的是黑格尔的"异化"概念,即强调学习过程必然经由他物,自我发现只能通过与他物和世界相遇才能发生。用伽达默尔的话讲,"基本的和正确的观念是:在异己的东西里认识自身,在异己的东西里感到是在自己的家,这就是精神(Geist)的基本运动,这种精神的本质只在于从他物出发并经由他物向自身返回"。人们可以很容易地看到,这种观念对于人文科学,尤其是历史、人类学和文学等学科后来的发展——

假如这些学科仍然恪守人文主义传统——产生了何等效果。因为伽达默尔指出,"对于原本构成人文科学的东西,与其说从现代自然科学方法准则去把握,不如说从教化概念的传统更容易把握"。[14]

人文主义传统和人文科学的另一个重要特征是强调区别于严格科学的确定知识和知识断定的慎思判断(Urteil)。在这方面,亚里士多德的"实践智慧"(phronesis)遗产至为关键,这种实践智慧包括对中庸之道(mesotes)的寻求和对慎重权衡某一特定情境之利弊的道德能力的培养。正如同对形成性的教化的强调,慎思判断概念与启蒙运动对普遍准则的强调截然对立,或至少要对之进行修改,因此它要求注重特殊方面——这种注重也带有英语"习惯法"传统的特征,即依赖于具体的惯例。用伽达默尔的话讲,"明智的推理在这里主要表现在它对正确或错误、适当或不适当做出判断的能力。在这方面做出健全的判断并不意味着将特殊事例归入普遍法则的能力,而意味着知道真正重要的东西是什么的能力,也就是说,从正确或健全的视角去判断事情"。这种正确或健全的视角的灵感来自亚里士多德的教诲,而非康德的理性主义甚至不来自康德的《判断力批判》,在那里,判断和权衡利弊仍然服从于"绝对命令"的统治。从人文主义和人文科学的观点来看,这种服从是不合适和不可接受的,因为它包含的是放弃实践和实际参与而赞成抽象知识。[15]

与判断作用紧密相关的,并且在许多方面作为人文主义的轴心的,是"常识"概念(sensus communis,共通感)。正如人文主义传统中所赞美的,判断不是一种纯私人或殊异的意见的表达,而是在一个共同体或社会背景中与这个背景的其他成员的互动中培养出来的能力。从这个意义上讲,它是一种共有的或"公共的"感觉——始终受到不断的修改和转变。维柯是这一概念的近现代早期支持者,他捍卫了修辞学和公共话语,对笛卡尔高扬的与世界和社会相分离的孤独"我思"提出了挑战。按照伽达默尔的论述,"作为一位著名的修辞学教师,维柯延续了可以追溯至古代的人文主义传统。显然,这个传统对于人文科学的自我理解来说是重要的"。维柯试图要做的,是给现代教育并最终给启蒙运动指出一个新的方向和赋予新的意义,这个新方向置于首位的不是抽象的普遍认知,而是在一个社会背景中从道德上培养的实践经验。再次援引伽达默尔的话讲:"在维柯看来,面对现代科学及其数量方法,不可或缺的恰恰是古人的智慧及他们对慎思和口才的培养。因为,即便是在现在，教育的最重要方面是某种别的东西，即'常识'的培养，这种常识不是靠确定的真理，而是通过权衡可能的或或然的东西培养出来的。"从这个角度去看，常识不单纯是一种个人的天资，而且是"一种建立共同性（Gemeinsamkeit）的感觉"。[16]

显而易见，常识在这里并非仅仅是一套经验信念，而且是从道德上追求公共德性（亚里士多德和斯多葛意义上的）的象征。沙夫茨伯里勋爵以及从弗朗西斯·哈奇森到托马斯·里德和亚当·弗格森的整个苏格兰道德哲学学派显然把握了这一概念的道德特性。这里要注意道德常识与现代"自然法则"之间的差异，后者完全专注于抽象的理性原则。伽达默尔评论说，"沙夫茨伯里所考虑的与其说是现代自然法则所捕捉的一种普遍的人类能力，毋宁说是一种社会德性，一种由心灵而非头脑构成的德性"。在沙夫茨伯里的著作中，常识概念与移情或"同情"这种社会德性密切相关，后者构成了其整个形而上学的基础，并且与自我利益的现代膨胀格格不入。在他的追随者——尤其是哈奇森和里德——那里，常识与同情的结合得到了进一步发展和充实，成为了在反击霍布斯和洛克的自由个人主义的潮流中起到了至关重要的作用（尽管最终被边缘化）的"道德感"理论。再次援引伽达默尔："'常识'概念正是在苏格兰道德哲学家的哲学中获得了真正的核心体系意义——这种意义在于抨击理性主义的形而上学及其怀疑主义的解构，并且在原初的和'自然'的常识判断的基础上建立起自己的新体系。"同时，苏格兰道德哲学家绝不允许常识分解为个人偏好。用托马斯·里德的话讲，常识判断的"作用在于指导我们的日常生活事务，而我们的推理能力在日常生活事务中却使我们误入歧途"。因此伽达默尔补充说，健全感觉的传统"不仅提供了一个医治形而上学'夜游症'的良方，而且为一种确实公正对待社会生活的道德哲学提供了基础"。[17]

人文科学与全球民主

我们现在需要从历史的追忆回到当下境况。显然，历史漫游的主要目的是提醒我们注意某些关键特征——如教化、慎思判断及共有感受性等，没有这些，人文科学在任何时候都不可能兴盛。诸如维柯、赫尔德及苏格兰道德哲学家这些人在他们的著述中试图为人学建立一个安全的港湾和滩头堡，以防范现代性的反人文主义势头的攻击。同时,这种攻击已经变成某种类似于海啸的东西。抬眼望去,无论是在西方抑或非西方,都会看到当今的人文科学在防范以科技进步为重的所谓"现代化"力量。有时这种防范近似于"最后的抵抗",或近乎于放弃阵地。我们放弃了人性化的教化,取而代之的是越来越强调职业目标;我们用功利主义的或意识形态的准则取代了判断力的培养;我们用无休止的推崇私有化和私利取代了常识。甚至有些人文科学的传统守护人——如美国的人文学院——越发变成商业公司。在其《不为赢利》(2010,又译《告别功利》)一书中,马萨·努斯鲍姆对这些倾向进行了不无道理的谴责。正如她所评说的,当今的教育正在发生天翻地覆的变化:"实际上在全世界的每一国家,无论是中小学教育还是大学教育,都在砍掉人文科学和艺术学科。当各个国家为了在全球市场中保持竞争力而必须砍掉所有无用的东西时,人文科学和艺术被决策者视为无用的装饰,因而迅速地丧失了它们在课程表中的地位,以及在父母和孩子们心目中的地位"。[18]

努斯鲍姆的著作用许多具体的例证来证明她关于"无声的危机"的断定。这一危机是潜在的和普遍的,但却未被充分认识到。在她的论述中,这一危机所威胁的不仅是课程设置和教育机构,而且威胁到我们世界的民主的未来——这是她最发人深省的见识。人文科学对于培养实践判断力和共有感受性的重要意义在这里突显出来。用努斯鲍姆的话讲(值得一字不落地援引):

> 各国及各国的教育制度都在渴求国家的利润,因而轻率地将民主制度生存所必需的技能抛弃。如果这种倾向继续下去,全世界各个社会很快就会产生出一代代有用的机器,而不是造就完全的公民。这样的公民能够独立思考,批判传统,以及理解他人的苦难和成就的意义。世界各国民主制度的未来安危未卜。

基于这一见识,努斯鲍姆的著作划分了两种基本教育模式,她称之为"为赢利的教育"和"为民主的教育"。前者基本上适于经济发展或经济增长;后者则适于培育人文"能力"(我更愿称为品性、健全判断和感受性的形成或培育)。正如她所写道的:"经济的增长并不意味着民主的产生,也不意味着能产生健康的、有职业的、受过教育的人群——在这个人群中,所有社会阶层都有机会过上好日子。"另一方面，人文科学和通识教育——适当地剔除旧有的精英主义倾向——能够并且应该形成当代"为民主的教育"之核心。[19]

意味深长的是，民主在努斯鲍姆看来，并不是西方或美国的特权，而是全球的想往。因此，为民主的教育在当今必须具有全球性和世界性。努斯鲍姆著作中最令人振奋的一章探讨了从世界范围培养真正"世界公民"的必要条件。以拉宾德拉特·泰戈尔为鉴，她指出，与以往各大洲和各种文化的相互分隔不同，在我们当今生活的这个世界上，"人们跨越了地理的、语言的和民族的鸿沟而彼此面对"；因此，我们的问题的"范围是全球性的"。要在这种情况中找到我们的出路，我们需要的不是以私人赢利为取向的"狭隘的市场交易规范"，而是一种新的教育学：

> 世界上的学校、学院和大学便有了一项重要而紧迫的任务：培养学生的一种能力，那就是能将自己视为一个异质国家（所有现代国家都是异质国家）和一个更加异质化的世界的成员，并且能理解居住在这个世界上的多样群体的某些历史和品性。

在倡导世界性教育或教化的先驱者当中，努斯鲍姆特别提及了印度的泰戈尔——他创办了注重通识教育的维斯瓦-巴拉蒂大学——和美国哲学家约翰·杜威——他致力于培育世界公民素质和世界公民身份。与某些狭隘的工具主义理解相反，她正确地强调了杜威的广义的人文主义观念。这种观念是"包容的和非还原的"，并且认为"人类关系应该富有意义、情感和好奇"。这些及其他教育前驱们所鼓励的，是与我们世界的多元化彻底接轨，将"世界公民教育"设置为学校和学院通识教育课程的一部分。[20]

努斯鲍姆的《不为赢利》一书以一则清醒的或令人清醒的警示作为结束语——不是绝望的，而且承认未来的挑战。这场"无声的危机"不会自行消逝，而需要我们勇敢地应对。"如果真正的文明冲突"，她写道，"是人类灵魂中的冲突——如同贪婪和自恋与尊重和爱之间的斗争，那么所有现代社会都会迅速输掉这场战斗，因为它们培养的是导致暴力和灭绝人性的力量，而未能培养出引向平等和尊重的文化的力量。"[21]所以，正在进行的是一场人性化与非人性化之间的斗争。作为为人性化而斗争的主力，圣雄甘地唯独信奉"非暴力"（ahimsa）和"不合作主义"（satyagraha，追求真善）。联合国教科文组织章程的制定恰恰就是基于这样一种斗争。在此不妨回顾一下其前言的开头语："战争起始于人的思想中，因此必须在人的思想中构建保卫和平的防线。"对此，前言又补充道（上文已引用了一部分）："文化的广泛传播，以及人类为正义、自由与和平进行的教育……构成了所有国家必须以相互援助和关怀的精神去履行的神圣义务"；"因此，和平如若不至失败，必须奠基于人类理智上和道德上的团结一致"。[22]让我们对此届"世界人文科学论坛"表示我们的希望，希望它将促进人们对所有国家必须担当的这一"神圣义务"的认识，并因此为我们想往的世界团结贡献一份力量。

Fred DALLMAYR: HUMANIZING HUMANITY:
THE GLOBAL SIGNIFICANCE OF THE HUMANITIES
(*DIOGENES*, No. 237, 2013)

注：

[1] 参见《联合国教科文组织章程》，前言，Constitution of the United Nations Educational, Scientific and Cultural Organization, Preamble, http://portal.unesco.org。

[2] 比较如珍妮弗·沃什伯恩，《大学有限公司：美国高等教育的企业腐败》，Jennifer Washburn, *University, Inc.: The Corporate Corruption of American Higher Education* (New York: Basic Books, 2005) 和诺姆·乔姆斯基，《在企业大规模攻击下的公共教育》，Noam Chomsky, "Public Education under Massive Corporate Assault"（August 5, 2011）。http://www.readersupportednews.org/off-site-opinion-section/7。

[3] 马萨·C. 努斯鲍姆，《不为赢利：民主为什么需要人文科学》，Martha C. Nussbaum, *Not for Profit: Why Democracy Needs the Humanities* (Princeton: Princeton University Press, 2010)。

[4] 政治理论家汉娜·阿伦特即便并未紧紧地依附于亚里士多德的遗产，其著述中也规定了关于人类活动的三分法：劳动、工作和行动——其中第二项对应于专门技术知识，第三项对应于亚里士多德的实践知识。参见，如《人的境况：关于现代人面临的主要困境的研究》，*The Human Condition: A Study of the Central Dilemmas Facing Modern Man* (Chicago: University of Chicago Press, 1958), p. 9。

[5] 关于某些背景，参见罗伯特·弗林特，《作为科学之科学的哲学及科学分类史》，Robert Flint, *Philosophy as Scientia Scientiarum and a History of Classifications of the Sciences* (Edinburgh and London: Blackwood, 1904)，以及拙文《政治学与两种文化》，"Political Science and the Two Cultures", in *Beyond Dogma and Despair: Toward a Critical Phenomenology of Politics* (Notre Dame, IN: University of Notre Dame Press, 1981), pp. 21—42。

[6] 比如比较亨利·M. 里斯顿，《人文学院的性质》，Henry M. Wriston, *The Nature of a Liberal College* (Appleton, WI: Lawrence University Press, 1937)；布兰德·布兰沙德，《通识教育的用途及对学生的其他谈话》，Brand Blanshard, *The Uses of a Liberal Education, and Other Talks to Students* (La Salle, IL: Open Court, 1973)。

[7] 关于培根的《新工具》(*Organon*) 及其知识"分类"，比较如亨利·E. 布利斯，《知识组织与科学体系》，Henry E. Bliss, *The Organization of Knowledge and the System of the Sciences* (New York: Holt, 1929), pp. 316—320。

[8] 参见詹巴蒂斯塔·维柯，《论我们时代的学习方法》，Giambattista Vico, *On the Study Methods of Our Time (De Nostri Temporis Studiorum Ratione)*, trans. Elio Gianturco, with introduction by Donald P. Verene (Ithaca, NY: Cornell University Press, 1990)。

[9] 参见约翰·戈特弗里德·赫尔德，《关于人类教化的另一种历史哲学》，*Auch eine*

Philosophie der Geschichte zur Bildung der Menschheit, with epilogue by Hans-Georg Gadamer (Frankfurt-Main: Suhrkamp, 1967)。比较索尼娅·西卡,《赫尔德论人性与文化差异》,Sonia Sikka, *Herder on Humanity and Cultural Difference* (Cambridge, UK: Cambridge University Press, 2011)。应该指出,这里引用的"人性(道)"并不是一种人类中心主义,而是一种向超人类开放的人道主义。就此而言,参见拙文《我们现在是谁?赞成一种"他者"人道主义》,"Who Are We Now? For an 'Other' Humanism", in *The Promise of Democracy: Political Agency and Transformation* (Albany, NY: State University of New York Press, 2010), pp. 135—154;亦参见马丁·海德格尔,《关于人道主义的通信》,Martin Heidegger, "Letter on Humanism",收入戴维·F. 克雷尔主编, in David F. Krell, ed., *Martin Heidegger: Basic Writings* (New York: Harper & Row, 1977), pp. 193—242。

[10] 关于这些框架的详尽论述,参见拙文《政治学与两种文化》第 30—36 页。

[11] 就知识共和国而言,"实践转向"可以在比如海德格尔对核心范畴"关照"(Sorge) 的强调中找见,他将关照划分为关照事物、关照他人及关照自己。参见《存在与时间》,*Being and Time*, trans. John Macquarrie and Edward Robinson (San Francisco: Harper Row, 1962), par. 41—42, pp. 235—244。这一框架可与马克斯·舍勒关于工具的"成效知识"(Leistungswissen)、形而上学的"救赎知识"(Erlösungswissen)以及人性主义的"教化知识"(Bildungswissen)之间的著名区分相比较;参见马克斯·舍勒,《知识的形式与社会》,Max Scheler, *Die Wissensformen und die Gesellschaft* (Leipzip: Neue Geist Verlag, 1926)。类似地,但沿循的是更为新康德主义路线的实践转向可在于尔根·哈贝马斯的著作《知识与人类利益》,Jürgen Habermas, *Knowledge and Human Interests*, trans. Jeremy J. Shapiro (Boston: Beacon Press, 1971) 中找见。亦比较伯纳德·克里克,《保卫政治》,Bernard Crick, *In Defence of Politics* (Baltimore: Penguin Books, 1964) 和威廉·亨尼斯,《政治与实践哲学》,Wilhelm Hennis, *Politik und praktische Philosophie* (Neuwied and Berlin: Luchterhand, 1963)。

[12] 参见汉斯-格奥尔格·伽达默尔,《真理与方法》,Hans-Georg Gadamer, *Truth and Method*, 2nd rev. ed., trans. Joel Weinsheimer and Donald G. Marshall (New York: Crossroad, 1989), pp. 356—357。

[13]《真理与方法》,第 9—11 页。(为了明确起见,以上和以下引语的翻译略有改动。)

[14]《真理与方法》,第 14,18 页。

[15]《真理与方法》,第 31—32 页。

[16]《真理与方法》,第 19—21 页。正如伽达默尔补充说,"维柯认为,那种给人的奋斗以其方向的东西不是理性的抽象普遍性,而是一个群体、一个民族、一个国家以及最终整个人类的共同性所表现出的具体普遍性。因此,产生这种常识对于人类生活具有决

定性的重要意义"（第21页）。

[17]《真理与方法》，第24—25页。亦参见托马斯·里德，《哲学著作》，Thomas Reid, *The Philosophical Works*, 威廉·汉密尔顿主编, ed. William Hamilton (8th ed.; Hildeshein: Georg Olms, 1967), Vol. 2, p.774. 并不让人感到奇怪的是，阿拉斯代尔·麦金太尔在其《追寻德性》中对苏格兰"启蒙运动"的学说予以了密切关注，参见阿拉斯代尔·麦金太尔，《追寻德性》，*After Virtue: A Study in Moral Theory*, 3rd ed.（Notre Dame, IN: University of Notre Dame Press, 2007), pp. 37—39, 272. 亦比较路易斯·施奈德主编，《苏格兰道德哲学家论人的本性与社会》，Louis Schneider, ed., *The Scottish Moralists on Human Nature and Society* (Chicago: University of Chicago Press, 1967)。

[18]《不为赢利》，第2页。

[19]《不为赢利》，第2，15，24页。在上两个世纪捍卫人文科学的先驱者当中，努斯鲍姆特别提到了哲学家卢梭和约翰·杜威、德国教育家弗雷德里希·福禄培尔、瑞士教育家约翰·佩斯拉奇、美国教育家布朗森·奥尔科特以及意大利教育家玛丽亚·蒙台梭利。全书中赞不绝口的是最著名的印度教育家、诗人泰戈尔。或许这个她的名单上还应加上鲁道夫·斯坦纳。

[20]《不为赢利》，第79—80，86，91页。努斯鲍姆极力强调的一个方面是多种语言训练，即要求"所有学生应该至少学会一种外语"（第90页）。关于这一点，亦比较彼得·肯普，《世界公民：21世纪的世界理想》，Peter Kemp, *Citizen of the World: The Cosmopolitan Ideal for the Twenty-First Century*, trans. Russell L. Dees (New York: Humanities Books, 2011)。

[21]《不为赢利》，第143页。关于一个类似的观点，亦参见努斯鲍姆，《培养人性：对于通识教育改革的经典辩护》，Nussbaum, *Cultivating Humanity: A Classical Defense of Reform in Liberal Education* (Cambridge, MA: Harvard University Press, 1997) 和埃利斯·博尔丁，《建设一种全球公民文化：一个相互依附的世界的教育》，Elise Boulding, *Building a Global Civic Culture: Education for an Interdependent World* (Syracuse, NY: Syracuse University Press, 1990)。

[22]《联合国教科文组织章程》，前言。

陷入重围的人文科学

泰奥·达恩　著
萧俊明　译

　　说人文科学陷入危机，已是老生常谈，尤其是在英美学界。美国人文与科学学院刊物《代达罗斯》最近有一期专就美国人文科学的境况做出了估测，爱德华·L. 艾尔斯在这一期中撰文简要地勾勒了这一旷日持久的危机（艾尔斯，2009）。文中顺便提及了 J. H. 普拉姆已经成书的研究（1964）、罗杰·盖格的文章（2006），以及《新文学史》2005 年专辑。然而，当今的人文科学确实陷入了重围，而且在人文科学所谓的"故乡"欧洲，情况比世界其他任何地方都糟。对于英文中通常比较狭义地定义的"人文科学"而言，情况尤其如此。英文中所说的"人文科学"大致相当于英美大学的人文学院所设置的学科，即历史学、艺术本身，以及语言与文学。其最贴切的德译"Geisteswissenschaften"（精神科学）涵盖的学科范围稍大一些，包括哲学和神学。法文的"humanités"（人文科学）延展至"人的科学"（les sciences de l'homme），并且包含诸如政治学、经济学、法律以及地理学等学科。不过，即便是在文科范围内，有些领域要比其他领域好得多，或者更准确地说，它们的境况确实没有那么糟糕。我这里专指历史学、语言学以及诸如区域研究这样的混合体。而"余下的"学科，也即古典意义上的语言与文学系每况愈下的原因是多重的。

　　首先，在过去的大约 25 年期间，至少在某些国家，语言与文学系的学生数量一直在减少。在美国，语言与文学专业的学生人数在学生总数中所占的比例急剧下降，尽管绝对数字大致持平。12 种主要现代语言的注册学生人数均在上升，但是历史地来看，数字则反映了一个不同的情况：虽然现代语言注册学生的绝对人数由于高校大幅度扩招而有所增长，但是2006年主要语言的注册人数尚未达到1960至1965年时的比例。自1960年至1965年的高峰以后，与高校不断扩大的招生总数相比，语言专业的注册学生所占比例大幅下降。因此，仅以注册人数的增长来描述发展趋势并不能说明某些变化之巨大（参见弗曼、戈德伯格和卢辛，2007：3—4）。但是，我还是想到了西欧，比如荷兰。自20世纪90年代后期所谓的《博洛尼亚协定》实施之后，尤其是（几乎）在全欧洲大陆引入学硕连读模式以来，荷兰大学的语言与文学系的注册学生人数急剧下降。莱顿大学从1992年到2001年的一年级入学新生减少幅度如下：西班牙语70%、法语68%、斯拉夫语68%、德语61%、罗曼语49%、意大利语47%、荷兰语41%、英语39%。荷兰所有人文学院的学生人数减少了34.6%。荷兰主要大学的数字如下：乌德勒支大学51%、阿姆斯特丹大学50%、莱顿大学37.5%、格罗宁根大学28%、内伊梅根大学20.5%（参见"论坛"）。

　　这些趋势如果不是即刻那么势必会在多少是较长的时间内（比如3至5年）导致教职员的减少，从逻辑和数学上讲，这是学生与教职员比例所造成的。此外，即便是在把学生与教职员比例用作聘任教职人员的基础的地方，也往往要根据某一大学或某一国家所处的财政状况来"调整"比例。（并不是所有地方都以学生与教职人员比例为基础，例如在比利时，任命教职人员教授某些课程并不考虑上这些课程的学生人数，结果一方面造成有些课程几乎没有学生报名，而另一方面有些课程的报名人数大大超出核定人数。）

　　现代语言协会自20世纪70年代中期起一直在跟踪美国现代语言的职位空缺，发现相关就业市场的波动与影响美国和世界经济的周期有着明显的关联。果然，新近发生的金融危机产生了极大的负面效应。2008年金融危机的苦果明显地反映在2008—2009年度现代语言协会的职位信息列表（JIL）上。按照职位信息列表所公布的职位数字，2003—2004年度至2007—2008年度之间呈上升走势，之后便开始下降，2007—2008年度至2008—2009年度英语的职位减少了446个（下降24.4%），外语的职位减少了453个（下降27.0%）。在英语编辑方面，1202条广告公布了1380个职位；在外语编辑方面，1106条广告公布了1227个职位（这些数字不包括各系后来标上"搜索删除"的广告）。无论是在数字上还是在百分比上，这一年度的下降幅度在职位信息列表所公布的34年的统计中都是单年下降幅度最大的（现代语言协会，2009）。

同样比较合乎逻辑的是，这种削减首先影响的是临时教职员，往往是比较年轻的，或至少是新近毕业的博士，他们的合同得不到续签。长远地来讲，当终身教职员退休并无人接替时，它影响终身教职员的数量。即便学生的绝对数量并未大幅度下降反而略有上升（即使与学生总数相比仍然相对靠后），就如美国1995年至2005年的情况，削减也导致了终身与非终身教职员之间的关键性转变，前者与后者相比呈下降趋势。现代语言协会／英语系协会的报告《教职员人口统计：英语和外语统计描述》（劳伦斯，2008）指出：

> 从百分比数字来看，终身制和不升即离制岗位的教职员份额出现了大幅下降，达到了10个百分点。这个数字告诉我们，在整个高等教育界，终身制和不升即离制的百分比下降是因为非不升即离制岗位的上升而不是因为终身制或不升即离制职位绝对数字的减少（当然，高等教育综合数据系统的数据并未向我们提供任何有关学科之间的变化情况，总体的概括掩盖了具体机构或部门的情况变化）。英语系协会关于学术劳动力的报告还提请人们注意学生注册人数自1975年以来，特别是从1995到2005年一直在不断上升。随着学生注册人数的增长，不升即离制以外的教职员人数出现了大幅增长，而终身制和不升即离制教职员的规模基本保持不变。终身制教职员在教学机构中的减少并不是因为裁员，而是因为被淹没。（劳伦斯，2008：1）

换句话说，对于更年轻的一代博士学位获有者来说，获得终身职位的前景越来越渺茫。即便是在语言和文学系的学生数量保持不错的国家，比如比利时，也在削减教职员，这或者是由于裁减临时聘用人员，其中大多数为助理教授和研究职位，或者是由于整个职称类别的取消，比如"助教"（大致相当于美国的同名职称，主要由在读的博士担任）。

其次，用于语言和文学学科教研的公共资金在不断地减少。同期《代达罗斯》刊登了哈里特·朱克曼和罗纳德·埃伦伯格的一篇文章，题目为《院校人文科学经费的最新走向及其意义》。他们在文章中将政府、基金会以及私人捐助者为人文科学提供的资助与约翰·达阿姆斯在其为阿尔文·克南主编的《人文科学怎么了？》一书撰写的文章中所做的估算做了比较（达阿姆斯，1997），还与大学和学院自身对人文科学的投入做了比较。"院校人文科学"在朱克曼和埃伦伯格那里是指"被认定为人文科学系和班……所有正常组合在一起的学科领域，其中哲学博士为最高学位"。它们还包括历史（有时被列入社会科学）以及人类学、民族学和考古学诸方面（朱克曼和埃伦伯格，第124页）。（埃德加·L.艾尔斯在同期《代达罗斯》的另一篇文章中对人文科学的界定是："一般而言包括英语和英国文学、外语和外国文学、历史、哲学、宗教、民族研究、性别研究和文化研究、区域研究和跨学科研究、考古学、艺术史、音乐史以及戏剧和电影研究。政治学、行政管理、地理学、人类学以及社会学——'人文社会科学'——的某些部分与人文科学而非与各自学科较为定量的方面融合得更为紧密"。）朱克曼和埃伦伯格还注意到了公立大学与私立大学在这方面的差别。他们的结论是：至少在美国，人文科学的研究经费在过去几十年中已从来自政府和基金会的资助转为大学和学院自筹：在这些大学和学院内特别是在大学中，用于人文科学的经费所占比重（教职员薪水、研究经费、图书馆投资）在下降；而私立大学总的来讲在各方面仍旧比公立大学做得好。

当然，欧洲大学的教研经费几乎完全是由政府资助。在某些国家，如丹麦，人文科学教研拨款的减少与当前政府普遍削减高等教育与研究的预算是一体的。在另外一些国家，由于政府决策或在某些情况下由于大学主管所做的决策，语言和文学领域的学者的经费越来越难以保证。例如，在我所执教的大学，对于个体教职员——大学常设职位的一部分——的所有拨款都被取消，代之以一种竞争体制。在这种体制中，每一欧元研究经费，因而每一分钟科研时间都要与大学其他人员竞争才能获得。由于其他科学，特别是医学、应用科学、工程学等的需要和回报被认为远远大于人文科学，尤其是大于语言和文学研究，这样一种政策的最终结果不难想象。超国家资助机构的情况亦是如此，比如那些由欧盟主管的、依附于或以某种方式挂靠于欧盟的资助机构。以欧盟第七框架计划为例，它有六个专项计划：合作计划、人力资源计划、原始创新计划、研究能力建设计划、联合技术创新计划以及公私合作伙伴计划。在合作计划中设有 10 个次项，实行"招标"，可提交研究方案。10 个次项中，仅有一项提到了人文科学，而且还是与社会经济科学合为一项。原始创新计划下设四个项目，分别为物理学和工程学、生命科学以及还是合为一项的社会经济科学和人文科学等领域的研究人员提供欧洲研究理事会的资助，其中一项是专门为年轻研究人员设立的"启动"基金，另一项是"高级"基金。联合技术创新计划和公私合作伙伴计划对人文科学只字未提。另外两个计划，即人力资源计划和研究能力建设计划分别在理论上为不分学科和领域的研究人员提供了可能性。然而，这些计划所设定的主要条款却使人文科学特别是语言和文学领域的学者很难符合条件。欧洲科学基金主管的研究计划情况大致相同，其重大项目"欧洲合作研究计划"包含了这种合作研究项目，却未给人文科学留有余地；欧洲科学技术合作组织的情况亦是如此，其 9 个核心领域中仅有一个即"个人、社会、文化及健康"专门涉及到人文科学，而且还是与其他学科混在一起，其他 8 个领域分别为"生物医学和分子生物科学"、"食品和农业"、"森林及其产品和服务"、"材料科学、物理科学和纳米科学"、"化学和分子科学技术"、"地球系统科学和环境管理"、"信息和通讯技术"以及"运输和城市管理"。

现在我应对以上所说的稍做些提炼。有些语言教研做得还是相当不错的。例如语言学，虽然在吸引学生方面，特别是高阶学位（硕士以上）学生肯定不如比如文学成功，但在获取政府和其他资助方面却相当成功。尤其是更侧重理论方面的语言学，显然因为它比其他形式的语言研究更"科学"而受到青睐。因此，语言学从学术研究普遍转型中能够获取的好处远远胜于文学。这种转型是从直接的与教职员或教师相关的研究，也即所谓"第一"资助渠道（通过这一渠道，每一位教职员都可获取一定数量的研究时间，如果不一定是物质资助的话）转向以项目为基础的研究，也即所谓"第二"资助渠道。此外，语言学还可以受益于所谓的"第三"资助渠道，也即合同研究，尤其是在偏重计算机的一端。在相反的一端，则认为语言掌握或培训作为一种目的本身要比许多地方传统的院校语言和文学课程所提供的语言培训更"有用"，这种认识致使从传统的语言和文学系砍去了语言培训部分，建立起语言服务中心，这些中心往往去迎合校外客户（由于有利可图，或许服务得全面周到），更有甚者，它们通过在本校内为本系提供服务来创收。

在许多国家，尤其是在非欧盟或非美国地区，但也在一些欧洲国家，我们还看到了新创立的私人资助的机构、大学或教学单位仅仅或主要将语言教学作为诸如商业、人际关系或其他某些更为赢利的课程的辅助课。结果造成专门用途英语课程激增，其学术或研究兴趣不过是提高教学法，这也是其唯一的目的。可想而知，尤其是英语完全占据了主导地位，远随其后的是某些其他广泛使用的语言，这取决于地域和相邻程度，或对于某些国家的经济和地缘政治的相对重要性的不断变化的理解。例如，伊斯坦布尔的科克大学是一所非营利的私立教学机构，它在一位土耳其富商的支持下成立于1993年，致力于从事最优秀的教学与研究，主要提供商业、科学及工程学方面的课程，但是在人文社会科学学院也提供有四个选择的英语和比较文学的学士学位教育：世界文学与人文科学、英语文学、土耳其和奥斯曼文学，以及电影和视觉文化。学士学位的理论依据是这样来描述的："英语和比较文学专业以广博和适用为路径，为有志攻读文学专业研究生的学生提供出色的准备。该专业还为想在私营信息经济部门获得成功的科克大学学生提供出色的培训，因为在这些部门，关键性的语言技巧越来越重要。"（http://www.ku.edu.tr/ku/index.php?option=com_content&task=view&id=2080&Itemid=2973）另一个相关的例子是香港城市大学。在整个欧洲南部，正在不断涌现出来的私立大学大多数都将语言教学视为向所有实用学科的毕业生提供的一种必需技巧，没有任何科研或学术趣味。如果语言是作为一种目的的本身来教授，那么这种情况越来越多地发生在不久前在英国或在英语术语中叫作理工学院的教学机构所提供的实际教学课程中，但是自20世纪80年代撒切尔的改革以来，它们现在全部摇身变为大学。由于欧洲大多数国家都跟随英国，所以语言学术研究连同文学研究与非学术用途的语言实际掌握之间的分界线已经模糊不清。此外，在欧洲大陆的大部分地区，都将以前更为常见的四年一贯制学习课程分为三年学士和一或两年硕士连读，这往往把语言和文学课程中更为"学术的"、不大面向实践的部分转入硕士阶段。具体地讲，学士阶段的语言和文学课程目前往往着重于语言掌握，与（以前的）理工学院历来总是更为面向实践的课程几乎没有什么区分，语言和文学的研习不过是以更为符合需要的装扮留到了硕士阶段。结果，学士一阶的文学教学内容基本上变成了重复性的概论课程。鉴于刚才所描述的情境，研习文学在经济上带来收益的可能性少之又少，人们因此而担心，长远地来看，攻读这一领域的高阶课程的学生肯定会寥寥无几，这必然会造成教职员的研究时间、人员数量以及研究经费等等的进一步减少。攻读语言学的学生从长远来看可能会更少，但正如我在前面所说过的，语言学可以吸引更多的自由资助，以此来补偿其学生的缺失。

　　从以上来看，在人文科学内，在语言和文学专业内，受伤尤其厉害的显然是文学这一部分。教职人员的减少，研究经费的缺失，加之受到政府发起的运动所支持的流行观念（比如，20世纪90年代在荷兰流行的观念认为学生甚至高中生应"选择精确"即选择精确科学，并且由此推导出人文科学不会带来高收入的就业，因此攻读人文科学特别是文学的高阶课程，比如硕士学位，得不到什么实惠），造成了一系列灾难性的后果。首先，正如已经提到的，在大学执教的文学学者越来越局限于教授年年如此的学士一阶的概论大课。甚至在硕士一阶，特别是更为通俗的课程，或者简明地说，在学生流动性越来越大的年代，由于明显的原因，更易理解的文学课程，例如英国文学，听课的学生趋之若鹜，乃至所谓的"专题讨论课"变成了讲座，而专题讨论课本来应该要求密集的师生互动，学生要承担相当程度的独立研究，并在班级展开讨论。例如，在我所执教的大学，英国或美国文学的硕士专题讨论课有八九十人乃至更多的学生到堂是司空见惯的事情。那么，由于教职员长年不足，而且除了英国文学之外的其他文学又需要达到最低限度的临界质量，所以将各种不同文学专业的学生合并在一起上联合课程越来越常见，授课或者用所涉及国家语言，或者越来越多地用英语。所以，这类课程的教材大部分都是通过翻译来阅读的。即便如此，这样做并不一定一无是处：上这些课程的学生即便是漫不经心或无所用心的，可以说是不得已而求其次，那么他们也可以从"欧洲"或"世界"视角来开阔视野，这是值得称道的。不过，这类课程的作用应该作为用相关外语讲授的民族文学课程的补充，而不应是强行替代它们。所有这一切的不幸结果是，院校的文学教学缺乏广度、深度及视野；更长远来看，文学研究也会如此，尤其是在诸如荷兰或比利时这样的国家，它们不像法国有国家科学研究中心，或挪威有英才中心，它们没有专门的研究机构或中心。那么，就文学专业而言，我们最好的学生越来越着眼于美国也就没什么可奇怪的了，他们看上美国的一流研究生院是因为它们正宗的学术训练以及非常专门化的教研机构。如果我们诚心诚意地将他们的最大利益放在我们心目中的首位，那么我们应该鼓励他们这样做。留学国不仅仅是美国，去澳大利亚和新西兰的也越来越多，而且很快中国和其他亚洲国家也会成为欧洲极大的竞争对手，甚至在欧洲文学专业的研究生课程方面。

除了对于我们这些以文学为"职业"者的明显威胁之外，这些发展意味着什么？首先来讲，一种批判的欧洲遗产有丧失的危险，而丧失的恰恰是历来与文学研究有着关联并且植根欧洲的"人文"或"人文主义"传统，而且丧失的也是作为欧洲"历史想象"的"文化遗产"。至少，这种想象有被扭曲的危险，而这种扭曲发生在欧洲的"他者"对想象的盗用，因而颠覆了欧洲中心主义——旧大陆太过经常地为此受到指责。并且欧洲在放弃它对其自己文化遗产（就此而言，文学遗产）的掌控的过程中自身变成了他者凝视的对象。或许这事实上就是欧洲的宿命，如果我们赞同鲁道夫·加谢的论点。他在《欧洲，或无限的任务》（加谢，2009）一书中指出，欧洲的哲学任务就是通过将自己的普遍主义基本原则变成世界资产而消融自身，"欧洲"因此而将自己去例外化。

现代大学中的文学研究目前正在发生的事情在许多方面类似于一个世纪前古典文学研究所发生的事情。古典文学研究是出现于早期现代性时期的人文主义文化和教育不可或缺的一部分，直到19世纪这种情况几乎没有变化地延续着，当时在纽曼主教的影响下，古典文学研究被奉若神明，成为检验大学教育的试金石。不过，即便在纽曼主教的著述问世期间，马修·阿诺德也在主张古典文学至少辅以更为现代的文学（首先是英国文学）研究是不无益处的，尤其对社会中无特权阶级的教育而言。渐渐地，在20世纪前半期，欧洲特别是西欧的现代语言和文学研究开始取代古典文学成为正宗"通识"教育的基础。随之而来的是古典文学学习的受重视程度，如果不是声誉的话，大为降低，其结果是古典文学系的教职人员等的裁减。在许多大学，古典文学甚至还是一门可以生存下去的学科就消失了。在20世纪下半期，发生了类似的转变，即从长时期作为现代语言与文学研究主导形式、明显仿照古典文学研究的语文学转向了批评，然后是"理论"，后二者成为语言与文学研究的主要进路。这种变化的先兆是新批评在美国和利维斯批评在英国的问世。第二次世界大战结束后的60年中，这种变化带来了快速变化的更迭，结构主义、解构、新历史主义、后殖民主义等等相继登场。与此并驾齐驱的是，这段时期的现代文学研究正在被关于更现代的、或许是更相关的、而且无论如何是更通俗的媒体的研究所取代，无论媒体是电影、电视、视频、DVD，还是互联网以及最新出现的博客。实质上，这些媒体所提供的东西以及它们的提供方式相当于 19 世纪中叶构成"通俗"文化的查尔斯·狄更斯及其同辈的小说。我们如今将其视为英国文学的"经典"，因而视为我们认为值得捍卫的"高雅"文学的一部分。那么，现代语言与文学研究的近期未来或多少是更遥远的未来的形成，在很大程度上会类似于古典文学研究的这段近期历史：它将退居于学术界的一个小角落，但无疑是一个受人敬仰的角落，也是一个因其以往的重要核心地位可尽情享受的角落。在一个适应了其他价值观、其他利益的世界，这是一种奢华的享受。事实上它将成为一个已经逝去的世界和物种的"保护区"……一种历史情境的标志或提示。

毕竟，以其自己选择的政府为形式并让政府来统治的各个社会有权选择把它们的财富投向何处，这个时期的文学研究不在它们的选择之中。（参见 2009 年 11 月 13 日《泰晤士报文学增刊》刊登的斯蒂芬·科林尼的题为《对人文科学的影响》一文，这篇讽刺辛辣但不乏深刻的文章谈到英国大学的新研究资助体系不再只看科学家和学者的"可测量成果"，如出版物等，而是要在相当大的程度上看其研究的"影响力"，而这种"影响力"主要是根据经济效益划定的。）由于西方社会越来越受到正在进行中的、比以往任何时候都更具效率和生产力的全球化的挑战，所以它们越来越被迫"减负"和"瘦身"，而文学研究恰恰可能被列入其中。正如朱克曼和埃伦伯格所指出，"基金会的经费现在越来越指向解决'现实世界问题'的创新举措，以及产生可测量的社会和经济影响的活动，结果造成人文科学可能不如以往那么受关注"（朱克曼和埃伦伯格，2009：130），而且"相当数量的人对院校人文科学给社会带来的好处没有充分的认识，因而无法相信今后的日子会好得多"（朱克曼和埃伦伯格，2009，146）。

然而，假如这种趋势继续下去，文学研究近乎被遗忘，那么这会是一个遗憾，而且这并不仅仅是因为显然出于个人私利为我现在正在攀登的学术职业而悲叹。事实上，我们有充分的理由让文学研究健康地生存下去。首先，欧洲文学作为欧洲文化的一部分，是有销路的商品，不仅在欧洲之内，在欧洲以外也同样有销路。不过，要开发这种潜力，需要对欧洲文学研究进行投入，提升研究的地位而不是任其遭受伤筋动骨的滑落。具体而言，这要求对这一领域的硕士班和博士班投入充足的教职人员，以便不仅吸引更好的欧洲考生，还有那些来自亚洲和拉丁美洲经济迅速扩张国家的考生。"金砖国家"这个重要缩略语不仅仅可以指一个日趋全球化的消费商品和服务世界的"纯"经济状况，也可以指同样更具流动性的国际学术世界。

大多数欧洲国家正在奋力通过削减公共资金同时增加私人资金的投入来减缓大众教育的负担。英国和荷兰不失为恰当的例子：英国的学费在过去的10年急剧上涨；就在我写这篇文章的时候，荷兰数所大学的学生正在占领和封锁学校大楼以抗议政府计划大幅削减2011年高等教育经费。这类措施不惜冒险扭转高等教育民主化的趋势——在大多数欧洲国家这是至少60多年来的一个公开声明的目标，因而导致上述社会在人才方面的实际枯竭，也就是说，有潜力的人才难成正果。由于以上列举的原因，这些措施还有可能尤其严厉地打击人文科学及其之内的语言与文学专业。其实，人文科学以及语言与文学专业属于那些实际上需要最小的额外投入却产生极大回报的学科。不同于精确和应用科学或医学中的许多学科，人文科学并不需要非常昂贵的实验室或机器。它们的基本营运资本是大部分欧洲大学，当然是其中的老牌大学，几百年来多少代人建立起来的图书馆。除此之外，它仅需要稍微在数字获取设施以及人力方面做一些投入，从而可以大幅度地增强图书馆的潜力。

如今，人文科学，首先是语言与文学专业，由于其准入门槛相对较低，所以一直是通往民主化和传播大众高等教育的捷径之一，尤其对没有特权背景的学生而言。如此，它们对西方社会较低阶层的社会和经济地位提升也有促进作用。将这种潜在作用浪费掉是很可惜的。但是，至少同样重要的是，人文科学以及语言与文学专业还可以吸引欧洲以外的付费生，这样至少可以部分地抵消将相关学科的先进教研水平保持或提升到真正的国际水平所需要的额外支出。如果欧洲想实现里斯本战略或其后继者——目标是将欧洲变成世界上知识最密集型社会，那么至少在人文科学可以以相当小的投入来实现这一目标，因为大部分以欧洲无价的图书馆和文化机构为形式的不可或缺资本已经是现成的。它需要的只是激活。换言之，大学的人文科学以及语言与文学专业的教学与研究应该至少被视为与"文化产业"（哪怕是与某些部分）是互补的。近来的研究已经表明文化产业在西方经济中发挥的作用比以往任何时候都大。

　　幸运的是，一些政府和组织已经开始认识到人文科学的危险处境。例如，荷兰宣布其国家科学基金会已经筹划一项对近期未来的人文科学的数额更大的预算。国家科学基金会在发布了一份全国报告（参见《可持续人文科学规划》，2008）之后宣布，它要将人文科学博士研究经费的数额提高至 5 年 1700 万欧元（参见国家科学基金会 2009 年新闻发布）。欧洲科学院数年来一直设有一个欧洲社会高等教育和文化工作小组（HERXULES），又正在组建一个人文科学工作小组。（欧洲社会高等教育和文化工作小组的某些最新成果，参见《欧洲评论》2010 年第 18 卷第 2 期增刊《高等教育与学术职业多样化》一文。）作为一个初步考虑，欧洲科学院倾向于这样一种意见，即一些相关问题，比如说整个欧洲的一些高度专门化的人文学科（如古地理学）所受到的威胁，不应再在国家层面上来解决，而应在欧洲层面上来解决，即通过各政府之间就至少在一两所机构中保留这类学科达成的多边协定来解决。人文科学被列入欧盟的第六框架计划和第七框架计划，尽管与社会科学捆绑在一起（在我的经历中是迄今得到的最大一份资助），而以前的框架计划从未将人文科学包括进去，这一事实在某种意义上是对人文科学的危险境地的另一种承认，并且也是承认至少要采取某些措施使人文科学生存下去。遗憾的是，在欧洲我们并不掌有一个像美国人文与科学院的"人文科学指标"这样的综合工具。帕特里夏·M.斯帕克斯和莱斯利·波洛维茨在上文所提到的那期《代达罗斯》的开篇中对"人文科学指标"所做的描述是，"一种包含 74 个指标和 200 多个图表的线上资源，跟踪 5 个领域的发展趋势：中小学教育、本科与研究生教育、人文科学劳动人口、人文科学研究与经费，以及美国生活中的人文科学"（斯帕克斯和波洛维茨，2009：5—7）。或许这是欧洲科学院、欧盟委员会的某个总局或某个这类组织如欧洲科学基金会所要效仿的某种东西，以作为对欧洲人文科学状况做出正确诊疗的第一步。

　　最后，人文科学，尤其是语言与文学专业自身做些什么才能扭转或至少抑制这种颓势？首先，必须坚持这样一点，即语言与文学专业按照其"原始"天意是在特定时刻起到特定目的的作用，就像在其之前的古典文学那样。正如同以前的古典文学，这个历史时刻和目的如今已经成为过去。因此，坚持保护或恢复原初形式的人文科学尤其是语言与文学专业是毫无意义的。反之，人文科学，特别是文学研究需要从一种功能进路重新思考它们的地位：它们如今为了什么？它们能为什么目的服务？它们的"竞争锋芒"或"优势"是什么？它们应该教些什么？它们应该从事哪一类研究？

基于一种纯思辨的和个人的观点，我认为，我们与其继续坚持强调文学的"独一"或"不同凡响"的地位及其在文化领域相应的"显赫"地位，不如开始将文学视为一种产品，视为一种经济和文化制品，甚或视为一种商品。换言之，我们应该开始将文学置于一个媒体和传播手段的连续体之中，不仅共时地而且历时地。这意味着要更加关注书籍史，关注书籍的生产和流通及其作为"文化产业"的一部分的经济意义。当然，这种关注在过去几年中越来越显露，罗歇·沙尔捷、伊丽莎白·爱森斯坦、罗伯特·达恩顿、安东尼·格拉夫顿、阿尔韦托·曼格尔以及其他人进行了各不相同的研究，最终以《布莱克威尔书籍史指南》（埃利奥特和罗斯主编，2009）和两卷本《牛津书籍指南》（苏亚雷斯和伍德豪森主编，2010）的问世而达到顶峰。再如爱丁堡大学1995年成立的书籍史中心也值得注意。

那么，我们不得不承认，正如语文学时代在50多年前一去不复返，理论时代如今也在走向尽头。从20世纪50年代直到21世纪初给予"理论"的独特关注是文学与社会的关系中的另一个历史阶段。我们若是转向诸如社会学、经济学甚或生命科学这些学科去寻找适用于研究我们的课题的概念、工具甚或只是隐喻，反倒会做得更好。（这恰恰也是比如弗朗哥·莫雷蒂所主张和实施的，莫雷蒂，2005。）不过，在所有这一切当中，有需要人文科学担当的合适角色，并且是重要的角色。我们应该始终坚持的是，唯独人文科学以及其中的文学能够从人类感受、情感及兴趣的整个历史的视角去反思人类针对所有其他学科研究的问题所持的立场。杰弗里·高尔特·哈珀姆在刊登于《新文学史》2005年一期的一篇题为《"人文科学危机"的背后与之外》的文章中指出：

> 当前时刻最值得关注的特征之一，是汇集于人文与非人文科学交汇点的新的紧迫性，因为这些学科所面对的不仅是诸如遗传工程学、环境创伤以及动物或机器的认知能力这类新的课题，而且，也是最令人感兴趣的，是诸如语言的本性以及尤其为人类所独有的特征这类传统课题。

仅凭一门学科不可能令人满意地解决其中任何一个课题，但是所有这些课题都关涉有关人类的根本问题。以意义、历史及价值问题为其专门领域的人文科学，现在必须将自身重新设想为围绕着这些问题而展开讨论和论争的天然主办者。这些论争所产生的对立在某种意义上将会威胁到参与交战的学科，因为每个学科的主导权或充分性都将会受到其他学科的质疑。但是，知识真正进步的前景以及伴随这些进步而来的学科重振完全抵消了这种威胁。（哈珀姆，2005：35）

美国梅隆基金会主席、芝加哥大学前校长（2000—2006年）及康奈尔大学前院长和教务长唐·迈克尔·兰德尔在上文所说的那期《代达罗斯》中做了如下阐述：

> 让我们想尽一切办法从所有层面强化科学与数学的教学与研究。但是研究什么使这些事业成为真正有价值的，研究支持知识生产及知识在社会中的正确应用的价值观，研究、深思及探索做人意味着什么以及我们为什么和如何应该围绕着全球组织我们相互关联的生活：这些都属于人文科学和艺术领域……尤其重要的是，我们必须有所言和有所为，仿佛我们真正相信人文科学和艺术关涉和奠基了一个民主社会的最深层基础。思考这些事情实际上花费不了很多钱，所需要的是为它们在我们的国家生活中创造空间，然后尽力依赖我们在那里所发现的东西去生活，无论我们对国内生产总值的贡献的方法和规模如何。

换言之，我们应该做的，不是坚持保卫文学使之脱离或高高在上于日常现实世界，然后在此基础上索求我们在学术界以及社会中的特殊地位，而应以更好地"推销"自己为目标，无论是在比喻的意义上还是字面意义上而言。

Theo D'HAEN: THE HUMANITIES UNDER SIEGE?
(*DIOGENES*, No. 229-230, 2011)

参考文献：

艾尔斯, E. L., Ayers, Edward L. (2009) "Where the Humanities Live", *Dædalus*, 138 (1): 24—34。

国家未来人文科学计划委员会, CNPTG (2008) *Duurzame Geesteswetenschappen. Rapport van de commissie Nationaal Plan Toekmost Geesteswetenschappen*, Amsterdam: Amsterdam UP; www.aup.nl/geesteswetenschappen。

科林尼, S., Collini, Stefan (2009) "Impact on Humanities", *Times Literary Supplement*, Nov. 13。

达阿姆斯, J., D'Arms, John (1997) "Funding Trends in the Academic Humanities: Reflections on the Stability of the System", 收入阿尔文·克南（主编）, in Alvin Kernan (ed.), *What's Happened to the Humanities?* Princeton: Princeton UP。

埃利奥特, S. 和罗斯, J. （主编）, Eliot, Simon and Rose, Jonathan(eds) (2007—2009) *A Companion to the History of the Book*, Malden, MA: Blackwell。

论坛, Forum (2002) "Falen de curricula moderne talen?", *Nieuwsbrief Faculteit der Letteren-Universiteit Leide*, 2 (3); www.hum2.leidenuniv.nl/forum/02_3/discussie/1.htm。

弗曼, N., 戈德伯格, D., 和卢辛, N., Furman, Nelly, Goldberg, David and Lusin, Natalia (2007) *Enrollments in Languages other than English in United States Institutions of Higher Education, Fall 2006*, MLA:www.mla.org/pdf/06enrollmentsurvey_final.pdf。

加谢, R., Gasché, Rodolphe (2009) *Europe or the Infinite Task*, Stanford: Stanford UP。

盖格, R., Geiger, Roger L. (2006) "The Humanities in American Higher Education from the 1950s Through the 1980s", 收入戴维·A. 霍林格（主编）, in David A. Hollinger (ed.), *Humanities and the Dynamics of Inclusion since World War II*, pp. 50—72, Baltimore: Johns Hopkins UP。

哈珀姆, G. G., Harpham, Geoffrey Galt (2005) "Beneath and Beyond the 'Crisis in the Humanities'", *New Literary History*, 36 (1): 21—36。

劳伦斯, D., Laurence, David (2008) *Demography of the Faculty: A Statistical Portrait of English and Foreign Languages*, MLA/ADE: www.mla.org/pdf/demography_fac2.pdf。

现代语言协会, MLA (2009) *Report on the MLA Job Information List, 2008-2009*, MLA Office of Research: www.mla.org/pdf/jil_report200809.pdf。

莫雷蒂, F., Moretti, F. (2005) *Graphs, Maps, Trees: Abstract Models for Literary History*, London and New York: Verso。

国家科学基金会, NWO (2009) *Doorbraak voor jonge geesteswetenschappers*, www.nwo.nl/nwohome.nsf/pages/nwop_7yxhzp。

普拉姆, J. H. (主编), Plumb, John H (ed.) (1964) *Crisis in the Humanities*, Baltimore: Penguin Books。

兰德尔, D. M., Randell, Don Michael (2009) "The Public Good: Knowledge as the Foundation for a Democratic Society", *Dædalus*, 138 (1): 8—12。

斯帕克斯, P. M., 和波洛维茨, L., Spacks, Patricia Meyer and Berlowitz, Leslie (2009) "Reflecting on the Humanities", *Dædalus*, 138 (1): 5—7。

苏亚雷斯, M. F., 和伍德豪森, H. R. (主编), Suarez, Michael F. and Woudhuysen, Henry R. (eds) (2010) *The Oxford Companion to the Book*, Oxford: Oxford UP。

朱克曼, H. 和埃伦伯格, R. G., Zuckerman, Harriet and Ehrenberg, Ronald G. (2009) "Recent Trends in Funding for the Academic Humanities and Their Implications", *Dædalus*, 138(1): 124—146。

知识状况与人文科学的新走向

丁大铉 著
萧俊明 译

韩国艺术家白南准创作了一件叫作"笛卡尔"的艺术品，展在果川（首尔附近的一座城市）的国立现代美术馆。这件作品似乎在说，"我脑进行数字处理，故我在"。白南准将理性主义二元论哲学家笛卡尔重现为物理主义数字化机器人。白南准的数字处理大有取代笛卡尔的心理过程之势，其作品提出了这样一个问题：人的心智被视为人类存在的必不可少的一部分还会有多久？笛卡尔通过其理性主义语言表达了西方长期保持的二元论传统，而白南准则通过其视频艺术作品首先在艺术世界尝试展现数字语言的无处不在和可塑性。这里，我将着重论述一元的逻各斯中心主义认识论如何让位于多元的诸认识论，并且探索这种变化对于人文科学新走向可能产生的意义。

知识状态：绝对的抑或共体的

我们中间许多人都熟悉柏拉图的洞穴之喻和圣经语句"你们必晓得真理，真理必叫你们得以自由"。二者似乎以一种特殊的知识观即所谓的"作为实在之镜的知识"为其预设。这种观念认为，我们在这个世界所经验的不过是现象，真正的实在在经验世界之外。从这些现象产生的是信念猜想，而信念猜想导致了永无休止的争论和混淆。然而，一旦我们能够达及真正的实在，它将赋予我们一个整体的知识体系，这个知识体系会使整个人类形成统一，最终使我们所有人获得自由。西方传统提示了两条可能通向这个实在的路径：理性和宗教。但是，受笛卡尔影响的知识界偏爱追求前者而非后者，认为理性将把我们带离世界的多重和多变的表象而达到一个受明晰的逻辑秩序支配的简单实在。我们不妨将这种观点命名为"实在论的知识论"。

这种理论的当代版本是关于作为"被证成的真信念"的三重知识模型。这种模型的核心思想认为,一个真信念可以借助理性的应用(柏拉图)、证据的提出(A. J. 艾耶尔)或证成(R. M. 齐硕姆)被转换为知识。但是我对这种三重知识概念中的这三个条件全部持保留意见。关于真理、信念及证成的概念不再像过去那样被普遍认为可以独立于任何语境。相反,由于弗雷格、塔斯基、维特根斯坦及其他人思想上的影响,如今普遍认为这些概念只有与某一特定体系或话语相联系才具有意义。这种语境化经历了一个两阶段过程:起初,这些术语的意义被认为是某一特定的形式语义语境的一种功能;后来这种基于真理的语义学将其主导地位让与了基于共体的语义学。

真理语义学与共体语义学之间的区分让人联想到另一个区分,即理论与话语之间的区分。当一种语言的意义成功地以一种真理理论被表达时,那么归根结底只有一种真的理论,它将解释任何问题。如此,真理语义学证成了"唯一真理论"的概念。但是,如果我们假定共体意义理论是似真的,那么我们就不会被迫接受这种关于一切的单一理论的观念。反之,对于任何特定的问题,我们都可能产生各种不同的共体话语,每一种话语都产生于我们生活的不同具体语境或状况。信息提供了一个关于这种多元认识论的图解。一种理解信息的方式是将它理解为一个特定体系中的句法结构,而非普遍、绝对体系中的一个真语句。是前者而非后者允许任何东西成为用一种专门的计算机语言加以数字处理的信息。计算机使我们不仅可能获取言语语言,而且能够获取声音和图像,如果它们能够用一种程序进行句法编译。如今电影和音乐如果满足这一句法要求便可以在任何地方获取。

人类语言随着人类多种生活形态的逐渐发展而演化。尽管在人类共体中存在着各种各样的生活形态,但是人类成员作为天然成员共有一种重要的单一生活形态,这种生活形态可以让他们将一种语言转译为另一种语言。如果我们更偏爱基于共体的话语而非基于真理的理论,那么我们应该选择的认识论可能是我们追求的共同利益所决定的某种话语。话语的活动必然是辩证的或多元的。话语将包括知识生活问题,共体的进步以及个体的完善。

改变了的人类状况与人文科学的新走向

如果我们认可共体的知识概念，这就使我们的人文科学概念不同于以往。以往的人文科学概念是什么？表述传统人文科学概念的方式可能有许多种，这里列举一二：

概念1：人文科学是人们可以期望在"人文学院"这个表达中找到的学科。

概念2：人文科学是主要采用分析、批判或思辨的方法研究人类状况的学科，这些方法区别于自然科学和社会科学主要是经验的方法。

概念3：人文科学是一种以言语语言为手段的知识尝试，试图扩大一直受人类自然和社会条件所限制的人类自由的可能性。

概念1反映了一般公众对"人文科学"这个语词可能产生的理解。这种理解突出了两个重要的问题。第一，它抓住了一般公众对于人文科学院系所采取的思维和行为方式，具体地说，就是一种相当流行的看法，即认为为了在竞争性全球市场中生存，社会应该对非人文科学科目投入更多的资源；伴随这种看法的是这样的印象，即人文科学学生所受的教育并不是大学毕业后获得有保障的工作所需要的。第二，这一观念与"人文科学的危机"是一致的，所谓危机无非就是缺少社会支持和攻读人文科学课程的学生。但是，概念1太过局限，所以不能作为一个严格意义上的人文科学概念来接受。它捕捉的只是人文科学的体制方面，因而缺乏对概念本身的分析。

概念2提供的是辞典中关于人文科学的定义，它根据三大学科群各自的方法来澄清它们之间的界限。这种方略作为人文科学与科学之间的一种大致划界的方法是有帮助的。人文科学与科学采用的不同方法论在某种程度上可以说明为什么一般公众广泛认为这两大领域不是同等有用的原因。

我们在20世纪所见证的某些转变是深刻的。人类知识环境经历了急剧的变化。社会科学与自然科学的活动似乎每十年就翻一番，不仅扩大了自己的领域，而且将其对整个社会的贡献最大化。但是，如今我们这些从事人文科学事业的人当中有许多正在忙于对某些特定课题进行专门化研究，人文科学失去了它在"宏大"理论的兴盛时期所享有的吸引力。毫不奇怪，当代人类世界更偏爱以实证的、统计的、分析的进路来探索世界，而不喜欢观念的、思辨的、综合的进路。

但是，概念2只是说人文科学主要采用"分析、批判或思辨的"方法，这样它把人文科学限定为一种方法论学科。这与关于这一学科领域严格意义上的定义相差甚远，因为它没有丝毫的内容或价值体系。此外，自然科学和社会科学除了其他方法也采用分析、批判或思辨的方法。概念2在回答为什么要从事人文科学研究这个问题上近乎空洞无物。

概念3认定了人文科学的特定价值：关于自由的哲学人类学。这一命题反映的并不是古典人文科学中的一个特殊传统，而是概括了可以在古典人文科学中找见的一个共同主题。如果这个命题成立，那么古典人文科学的目标可以说是要通过教育自由公民——无论是统治阶级还是一般公众——来扩大人类自由的可能性。从这个角度来看，古典人文科学中的主要关注是压迫与自由。

这种观点的自然推论是，人文科学有多种多样的版本，每一种都与一个不同的理解人类社会和解放的传统有关。这样的传统值得提及的只有三种。东亚传统认为君子概念是其人类学的核心，因此它将经学视为培养君子的人文科学之核心。古希腊则按照她所理解的一个城邦的自由民的权利和义务应该具有的意义来向其公民的子女们教授人文科学。后来，西方的文艺复兴从这样一个视角打造了一个人类概念，即人民必须独立于教会的大部分影响，而这一概念的应用导致人文科学走入了一个新的方向。

我认为概念3代表了人文科学院系的一种普遍共识。其中的关键要素可概括为简单的一句话："人文科学即是阅读经典。"按照这个观点，阅读或理解经典是成为人文科学的参与者的一个充分条件。从这个意义上讲，古典人文科学可以称为"取向于理解的人文科学"。作为古典人文科学追求目标的自由体验是通过读者研习这些文本在概念上扩大人类自由的可能性来获得的。

取向于理解的人文科学经过长期斗争成功地实现了其目标。不可否认，世界上的各个地方仍有许多人身受压迫。但是，可以认为，对自由观念的追求已不再是人文科学定义的最为重要的价值。的确，对个人自由的价值提出质疑的知识分子几乎没有。因此，现在可以将其重要性视为一个已知事实。其实，人文科学目前应该在追求新的更高目标中集中于推广新的价值观。人

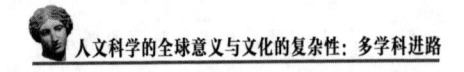

文科学需要设定新的更高的目标。但是,取向于理解的人文科学过于专注于言语传统,而对当代人类状况并不敏感。因此,像下面的定义中那样提出某种替代的观点可能是很适时的。

概念4:人文科学试图借助言语或非言语的、事实或想象的语言活动来表达怎样才成其为人,目的是要使人类比其目前的状况更自由,并且大多采用分析、批判或思辨的方法。

照此理解,概念4可能要求阅读经典作为一个必要条件,但并不将其当作完成人文科学在社会中的角色的一个充分条件。概念4为诸如艺术和科学这样的学科在人文科学中发挥作用留有了空间。但是概念4的最终目的是要重构自由观念,因而人类只是摆脱物理、经济或社会束缚并不足够,人类自由唯有在人的自我实现中才能变得具体。迄今为止,人类一直受压迫并且一直为达到一种这些束缚都被消除的状态而奋斗。但是,如今这种消极状态是一种被预设的价值,而不再是要追求的价值。人类需要设定更高的价值,即每个人都可以表达怎样才成其为人的积极状态。

我想将概念4所构想的人文科学命名为"取向于表达的人文科学"。但是具体来讲,概念4的观点是怎样区分于概念3的?首先,它们各自都有自己从事人文科学研究的充分条件:一方面,使人类自由最大化;另一方面,实现人的潜能。其次,虽然它们都赋予"自由"最高的价值,但是它们对自由有着不同的概念。可以说取向于理解的人文科学具有一种消极的自由概念,而取向于表达的人文科学则采用一种积极的自由概念。其中的差别取决于人们将哪种条件当作从事人文科学研究的充分条件,理解经典还是表达自己。

表达作为人文科学的一种新价值是什么意思?"表达"可涵盖至少三种差异很大的含义。第一,就语言话语而言,"表达"与命题相反,可以被用来表示说话中的情感成分,而"命题"指的是一个语句就其合理真理条件而言的内容。当然,二者之间的对立是不可接受的。第二,"表达"也可以被用来指称诸如短语或语句等不同的语言合成单位,不一定蕴含任何情感因素。不过,我所要强调的这个词的部分含义是其第三层含义,它着眼于言语行为。"表达"经常被用来指称那些人们借以表达其施事特征的行为元素,比如在"玛丽点头表示同意"这句话中。

表达概念的定义尚须更加精确。显然，所有人都在不断地使用这样或那样的表达形式，因此可以放心地做出这样的结论：从一个人所处的任何环境都会需要解释和表达这个意义上讲，人类的表达是普遍的。但是表达概念可以暗含表现度的衡量，因为某些人比其他人更能真实地或丰富地表达自己。

表达概念是普遍的，并且容许程度上的差异，这种看法表示了对于陈述某些原则的需要。我认为下面这一原则非常之重要：成己成物。

这个命题作为一个哲学人类学的概括其实是很含糊的，但是它可以得到进一步发展而变得有用。我愿意接受这一点以便容纳这样一个视角：从这个视角你可以观看任何种类的人类表达并且能够对它做出评价。从这类可以规定人类表达的原则去推导，完全可以产生一种为人文科学提供新方向的手段。

人文科学：大学与文化之间的差距

至此，我已表明，我们的知识观和人文科学的进路需要更新。但是，我认为，一方面大学里所教授的人文科学与校园墙外的文化现实之间存在着差距，另一方面社会科学和自然科学与这种文化现实正在发生的变化已经有了直接关联。唯有人文科学没有跟上这种演化。这可能是因为人文科学以言语语言作为其第一知识活动模式来依赖，因而可能将其活动仅局限于言语语言空间。

我们不妨重新思考概念4这个命题，即人文科学是一种试图借助言语或非言语的语言活动来表达怎样才真正成其为人的尝试。然而，主要问题在于这种表达自身的方式。无论何时，人们都会发现自己处在一个体系之中，而体系一旦经过一段时间得以确立，往往要压迫其更软弱的成员。社会科学试图借助描述分析的方法来描述和理解这种现象，并且力图解决它们所认定的问题。而另一方面人文科学试图通过想象探索同样的现象，即去想象还可能有什么其他东西会让人们自由并帮助人们实现其潜能。如果说社会科学主要是一种现实论努力，那么人文科学则基本上是试图想象人类自我实现的最佳可能空间。一直以来，人文科学为了"想象"会成为可能的东西这一目的而使用言语语言，并且成功地实施了各种各样的线性思维实验和综合。这可以说明大多数人文学者以往都身不由己地研究所谓的"宏大"理论的原因。

然而，当代文化现实不可能局限于言语语言领域。有许多非言语语言正在要求被倾听。这样的语言创造了一种多元的、复杂的和丰富的文化。比如说，数字媒体要求自身成为一种语言。媒体在诱导人们去消费信息方面已经发挥了主导作用。互动性的数字文化开启了"人人生产信息"的时代。数字时代的特征在于信息的普遍消费和生产。人们不再满足于仍旧是信息的消费者，而需要自己生产信息。这样来看，人文科学是当代数字文化的一种表达，显然正在走向兴旺和成功，希望学术界的人文科学通过吸纳这些新的语言维度同样兴旺发达。

人文科学中的言语语言与数字语言

假如人文科学在采用语言方面能够多元化，这将会为人文科学中的新学科开辟领域。譬如，假如人文科学对于言语语言和数字语言都能够接受，这两种不同类型的语言就会产生不同的作用。

数字语言有可能将人文科学中的不同学科的各种独立论题融合成一项更为统一的研究。诸如查理·卓别林、英马尔·贝里曼、奥森·威尔斯、费德里科·费里尼、伍迪·艾伦、黑泽明以及姜在圭这些导演的电影说明了老生常谈的问题，即成其为人意味着什么。这些影片将人文科学中的各种各样的主题混合起来去展现一个人为找到自己的定位而奋斗的整个背景。面对许多人文科学最近以专门化为名的一律化，数字语言所实现的现实可塑性是非常受欢迎的。

数字语言还可以担当另一种重要的角色，即将学院人文科学与文化人文科学联结起来。由于很难期望言语语言卓有成效地完成这一角色，所以学术界所面对的挑战是吸纳这种由数字语言提供的新的表达视角。当代的流行趋势正在越来越走向视觉文化，正在疏远书面语言文化。大学不能让人文科学的未来地位任凭文化市场摆布。学术界应该密切关注自己周围的社会现实，对其做出批评性的不失公允的评估，并且通过数字生产的学术表达传播这些评估。这些数字化生产的作品可以告诉人们真正的人文科学学术成果在沉思人类状况方面如何具有成效和竞争力。

我的意图并不是要说言语语言应该被数字语言全面取代。人文科学将会继续使用言语语言以发挥其传统功能。言语语言是想象、解释、分析、批判、讨论和综合等人类知识活动的基本媒介。就完成这类任务而言，没有比言语语言更有力的语言。难怪我们的前辈一直坚持将这种书面语言放在第一位，并且努力提高其成效。

言语语言在人文科学中处于第一位的传统在未来还要保持下去。鉴于传统已经受到来自各方面的挑战这一事实,所以需要对此加以强调。毫无疑问,应该接受语言多元化,特别是以数字为基础的语言,但不应以牺牲言语语言的第一位作为代价。在大众数字文化时代,不能忽略人文科学中的特定论题和专门化,为了整个人文科学,需要对它们加以保护。

最后,人文科学实践者的荣幸和愉悦恰恰在于,一方面当代知识世界是知识和语言多元化的世界,另一方面这个世界是由作为一个物种的人类的相互依存构成的。因此,现在是该考虑如何从更高层面实现人文科学的新目标的具体步骤的时候了。

Daihyun CHUNG: THE STATUS OF KNOWLEDGE AND NEW DIRECTIONS FOR THE HUMANITIES
(*DIOGENES*, No. 229-230, 2011)

注：

  本文基于我在"人文科学新走向"国际研讨会上宣读的初稿。该研讨会是由联合国教科文组织韩国国家委员会和韩国哲学联合会2002年12月12至13日在首尔主办的。我对与会者的评论和批评表示感谢，尤其感谢韩国庆熙大学金丽寿教授和延世大学迈克尔教授。

当代教育中的人文科学

卢卡·马里亚·斯卡兰蒂诺
路易吉·贝林圭尔　著
萧俊明　译

　　"教育和培训必须属于每一个人：但是我们所要传播的文化与一个百分九十的人口不能读和写的时代的文化不可同日而语，我们如何确保我们的文化传播？"这个关键的问题是由意大利学者和政治家路易吉·贝林圭尔提出的。作为锡耶纳大学前校长，他后来在1996至2000年罗马诺·普罗迪和马西莫·达莱马执政期间任教育、大学和科研部部长。目前他是欧洲议会议员。如今他的关注点指向了如何定义一种"不再只关注社会精英"的文化的特征。他就这个问题进行了专门研究，最近用意大利文出版了一部题为《再创造，所有人的素质教育学校》（那不勒斯：利古力出版社）的著作，该书与卡拉·圭蒂合作撰写，由朱塞佩·德里塔作序。2013年9月我们在罗马见到了路易吉·贝林圭尔：

　　贝林圭尔先生，我脑海中即刻产生了一个问题：按照您的设想，人文科学在当今的教育体制中的作用是什么？您在您的著作中写道，尽管它们应该继续占据重要位置，但是它们在教育过程中可能不再被给予主导地位。您能否解释一下您的这一表述是什么含义？

　　贝林圭尔：很久以来，文化与人文科学一直是同义词。不错，"有文化的"一词还延展到科学知识——我们注意到，以往在欧洲人文学者与自然界领域的博学家之间不存在区分，但是，尽管如此，科学在博学之士的个人文化中仍然是第二位的。在整个世界，并且在大部分时期内，这种文化是通过"人文科学"来体现的。一个人如果没有坚实的人文科学知识就不能被视为有教养的。这种现象在意大利显得尤其突出。社会选择过程是不可避免的结果，因为教授基本的识字能力是一回事，而获取更为复杂和深奥的知识是另一回事。因此，牵扯其中的只是社会的一部分。

对此，还须补充另一个要点。这是这种高层次知识所特有的，即**固有地缺乏功用性**。研习人文科学知识的目的并不在于直接的实惠：相反一个人应该凭自己的能力成为一个有文化的人。一个人的文化与其职业（或生涯）之间的任何关系几乎都被视为第二位的。然而，欧洲在20世纪推进的家庭社会解放扩大了获取知识的可能性：因此，这种知识本身的性质经历了一种变化。这就是我在我的书中提出的问题：知识需要从未如此之多的**智慧技能**和实践能力，它也因此经历了一个更加专业化的过程。但是，这重新提出了歧视问题，因为这种应用知识与文化不完全是一回事。它可以培养专门技能，但是培养不了个人的解放，这种个人解放是民主概念的基础，只有一种适当的个人文化才能造就出来。这后一种造诣发挥着一种解放功能，因为它允许我们享有那种不再不得不把权力交给一个更高的权威（一个君主，或者甚至是一个至高无上者）的自由。涵化与民主化是携手并进的并非出于偶然：它们的根基都在于拒绝把权力归于一个被认为存在于更高层面上的外部权威。

如果我没理解错的话，这种普遍化的知识获取产生了一种仿造知识，即仿造了那种以更为微妙的方式固化了传统的社会歧视的文化。而一个民主教育体制的基本原则恰恰在于使全体公民能够共享最高层面产生的知识。我们难道不应因此认为这里存在着一种错觉，因而我们需要重新思考一种真正民主的文化的可能形式吗？我们如今正看到的民粹主义运动的泛滥，似乎表明至少在一定程度上民主共存的适当条件未能保障。

贝林圭尔：我们不妨说一说古典世界知识，我认为这种知识是每个人自我实现的必要先决条件：这种知识在当今如何研习？在过去，要某个接受厨师或机床操作员培训的人去关注古典世界是不可想象的，因为这种知识是由精英独霸的！但是，如果我们想要那种古典教育为了保持其解放力量并且为了使之属于每一个人而传授的人文知识，那么我们则必须想象一种教授人文知识的新方法。这个问题也是大学教育的生存问题，因为很不幸，大学教育仍然过于经常地受限于各种不同学科的界限。我认为这是个人的通识教育问题，是怎样做人的问题。显然，某个行使一种重要社会功能的人，比如一个法官，熟读荷马是有用的，但是厨师又该如何呢？厨师或机床操作员是否就该被这种知识拒之门外呢？换言之，我们是否应该摒弃知识的这种自由价值（我甚至可以走得更远说，这种民主价值），只是把它看作一种职业工具。知识和文化总是具有一种工具价值，这是确定无疑的。但是这种价值总是与全人相关联的，而不只是与个人存在的某个单一维度，也即其职业领域或行当相关。

至此，我们所考虑的困难具有社会性质。但是，是否还有跨文化的考虑？您正在倡导的向人文知识的更大开放如何产生跨越世界的不同文化的影响？不局限于文明的一个单一分支，而让自己向世界其他地方的文化、宗教和价值体系开放，学会这样去思考正在成为在全球范围与他人互动的一个越发必要的条件。从这个观点来看，当我们说到"古典"时，我们是否还应该同样地包括其他的古典传统？我们的儿童熟悉古希腊诸神是理所应当的，但是对于中美洲、印度、中国和非洲世界，连同它们的神话，他们大多一无所知。

贝林圭尔：对其他文化的古典成分一无所知是某种极其严重的事情。然而，在欧洲，我们发现对于解决此事仍然存在着抵触。这种整合文化多样性的困难是历史的产物，因为恰恰是欧洲国家的力量把自己封闭起来，甚至设置壁垒来抵御外来影响。在很长一段时间，欧洲都将自己展现为一个整体。欧洲确实是一座堡垒，因为它有成为堡垒的力量。但是，随同它在军事、社会和宗教领域采取的防御立场一起到来的是一种文化上自卫的态度。它的普遍观念是，文化和现实存在于这里，存在于欧洲。这种态度所产生的欧洲中心主义随后通过总是从欧洲向外展开的殖民化过程被输出到世界其余地方。每一次都是讲欧洲语言的殖民主义者和欧洲文化的承载者定居海外并摧毁当地文化。这种态度反映在欧洲哲学、文学和艺术之中。如今它还依然存在着，但是不再与现实相符。它甚至已经变成欧洲的一大障碍，因为它阻止欧洲完全进入全球化所代表的世界范围的交流过程。因此，必须尽快克服这种局限性。但是，为了这一目的，对清除我们的文化有色眼镜的必要性要有所意识，这种意识必须渗透到我们社会的每一个层面，这是势在必行的。文化绝不可以依旧为知识精英所专有，因为后者不过是对一个社会的历史发展有所贡献的行动者之一。文化要成为一种社会和历史力量，就必须注入到所有人群。

韩国哲学家车仁锡提出"本土世界化"的观念来作为新世代的形成性目标。我们在这种观念中可以看到世界主义理想的再版。但是，我想问的是，这个观念是否是您赞同的，或者说，您是否认为，不管怎样，教育都需要植根于某个传统或某一套文化传统，比如欧洲文化空间的传统。

贝林圭尔： 我看到这方面存在着一个固有的矛盾，它需要在很高的文化层面上来解决。多样性是一笔非常巨大的资产，因为它代表着创造认同体的一个主要来源。多样性产生了传统、习俗、故事等，随后又以文学、技术以及尤其是文化生产结构的形式产生了越来越凝练的表述形式。但是，由于认同体丧失了其与异文化面对面的能力，所以往往向自身内转，因而力量不断减弱。认同体最终退化。因此，我们一方面具有了传统的力量和丰富性，另一方面我们需要使之得到共享，将其作为跨越广布的人类群体——从城市到国家再到超国家实体——的共同贡献提供出来。如今民族国家显然是危机中的实体，欧洲联盟这种民族国家联合体完全可能在某一天转变为一个真正的联邦。但是，要使这种转变发生，则需要它的构成实体相互之间进行沟通和交流。任何向内看、任何设置边界的举动只能预示一种贫困普遍化的未来。最终，每一个实体都被其他实体碾碎。

你将这些带有亚国家性质的区域微实体置于这种复杂的背景之中，这些微实体屈服于它们所并入的国家的压力。例如，比利时就是这样一种情况，那里有两个文化和语言实体，一个是说弗拉芒语的人群，另一个是说法语的人群，被夹在一起形成了一个单一国家。但是，同样的事情发生在西班牙、北爱尔兰，以及在一定程度上还发生在意大利，就如北方联盟区域尺度方面的主张所表明的那样。如今，这些微实体正开始重新出现，这所带来的困难在于如何将对这些认同体的尊重与作为公民归属于一个更大的国家或国际实体协调起来。我认为正在进行中的全球化进程是无法回避的,我甚至认为全球化向我们提供了大量的机会。但是,当我在我的家乡撒丁岛被问到在学校应该学习什么时,我对他们说应该首先学习意大利语,然后是英语,再后是撒丁语。

当前,您的国家进行的政治讨论,就如同整个欧洲,往往将社会和经济现象的欧洲维度置于优先位置。同时,我们看到经济、社会和文化力量正在推进一种朝着地方层面的回归。我的感觉恰恰相反。我想问的是,您是否并不认为欧洲视界对于我们的国家而言过于狭隘。难道您认为我们的文化,连同我们的经济以及我们总体而言的社会关系,并不应该采取一种更宽广的视角来涵盖全球维度?在我看来,这不仅仅是一个维度问题,而全然关涉到如何教育我们的儿童在一个越来越多样化的人类环境中生活,无论这个环境是跨越世界的还是就在国内他们自己的共同体中。从今以后,那里的多样性,无论是宗教信仰、语言还是习俗方面的多样性,是一种日常事实。

贝林圭尔:历史是一步一步逐渐演进的:与过往事情的突然断裂是极为少见的。我的愿望是将一种普遍的和不受限制的知识获取的条件集中起来,一是因为遮蔽这种知识的必然性经常是成问题的,再是因为我刚才提到的原因。我就是在这一愿望的驱动下才奋笔疾书的。在这种背景下,我们在欧洲这里必须超越任何欧洲中心主义,假如只是为了提高我们的竞争力。在未来的全球化世界,最强者将是那些视野超出了其自己传统和历史的民族。

但是,让我们回到欧洲以及它所提出的问题。在欧洲如同在其他地方,许多国家是通过武力统一的。之后,它们在其边界内强制推行一种共同语言,尽管不无困难,这一点你很清楚。一种共有语言始终是社会和文化凝聚力的一个基本要素:人们如果没有一种共同语言如何能够每日进行互动?甚至在意大利,尽管有种种我们非常熟悉的困难,伴随国家政治统一的是一种语言统一。当今欧洲目前讲20种语言,这种局面是一体化进程的主要障碍。如果我在保加利亚需要一名医生,那么恐怕等不到人家听明白我说什么我就一命呜呼了。不可能每个人都能讲欧盟的所有语言。因此,我们要回过头来求助于英语,英语是作为一种新拉丁语而受到推崇,但是在其他地方我们正目睹着一群全新的地方语言和方言在重新出现。我们陷入了矛盾之中。一方面，我们的历史教学大纲的着眼点仍然落于个别国家，从而将欧洲史分解成碎小的组成部分。而另一方面，某种共同文化在继续传播。但是，我还是回到这一点上来，即构建一种真正的欧洲文化的主要障碍，我认为表现为语言的问题。

您正确地指出，在欧洲的每一个地方，我们正或多或少地看到这种同时是地方主义和超国家的双重动力。民族国家似乎已是穷途末路：国家维度被夹在特殊性与地方运动的老虎钳中。无论如何，国家维度在欧洲仍旧是强有力的。然而，我们得到的印象是，超国家视界局限于欧洲大陆范围，或者充其量局限于欧美范围。还有没有进一步的局限性要超越？我们能否教授未来的几代人从真正的全球范围来思考？

贝林圭尔：宽泛地讲，直到19世纪末，科学研究主要发生在欧洲。然后它沿着大西洋轴心向美国倾斜。如今，如果考虑到结构化数据的话，其中心基本上是在印度洋–太平洋地区。韩国对于科研的人均投入正在超过欧洲的平均水平。欧洲已经落后，可我们却很难接受这一点。无论如何，未来更大的衰退的全部迹象已显露无遗。

欧洲经历了两次具有非一般重要性的震撼转型：工业革命与天佑之国的降临——也就是组成一个相互支持的社会，从而使其公民中最贫困者不被社会机体排斥。如今我们正在为保卫这两件宝物而奋斗，因为欧洲太过于沉湎于它的过去。这是我们的主要挑战。今后，我们必须走出去到欧洲以外的大学学习：全球化代表着一种可怕的挑战和一座堡垒，而欧洲抗击这种挑战的能力却不如其他国家。就如同在古代时期的希腊世界，我们总在沾沾自喜于一种自己认定的成功，却不知这种成功致使我们向内倒转向自己，满足于以往的成就而不思进取。

看起来我们处于某种两难的境地。在新兴国家，人文科学被视为国家和社会发展的一个基本要素，其"软实力"的关键成分，而在欧洲和整个西方，人文科学的重要性似乎正在减弱……

贝林圭尔： 我愿以另一种方式提出这个问题。在欧洲，人文科学保持着相当高的声誉。另一方面，它们难以接受其他学科具有更大的经济效应，因而可以依赖更广泛的资助这一事实。换言之，人们可以切实地感知到人文科学的社会声誉与它们在科研政策中受到的具体待遇之间的反差。但是，就此而言，要指望政治领域进行干预并认识到，人文科学在当今社会和经济中发挥着一种至关重要的作用。

然而，我们应当从两个方面来看问题。困难的一部分来自人文科学世界自身，那里经常有一种抱怨倾向，认为从事人文科学研究的人是永远的少数，或者是不被其余世界所理解的精英。与这种妄自尊大相反，我们必须明白，在一个处在不断变化过程中的世界，必须创建新的、普遍的人文科学、文学以及音乐的获取形式。这些学科和这些艺术必须为每一个人享有，而同时其"高"质量不能有任何丢失。我知道这是复杂的，但这是我们必须为之一搏的成败关头。

这让我想起那些贫困地区正在实施的某些高等学术领域的教学大纲：我尤其想到了巴西或阿根廷贫民区的学者正在教授的哲学高等课程，这种"高等"文化在那里恰恰起到了教人们如何处理冲突的作用。

贝林圭尔： 教学中循序渐进当然很重要，因为我们不能忽略所针对的对象的多样性。例如，培养对于古典作品的鉴赏必须跨越任何社会的不同社会和文化阶层。研习古典作品，或者更准确地说，研习古典世界，不可简化为语文学或古典语言教学。这个世界之丰富，（如果采取一种跨文化视角的话）这些世界之丰富——复数，因为古典遗产就如文化一样是复数的——应该通过丰富多样的交往方式显现出来。这与普及大纲了无关系：这不是一个简单化的问题，而是一个使文化现象的复杂性适应接受者的多样性的问题，这样文化现象在每一个场合都可以自己成为文化对象。如果我们不这样去做，我们将会看到低俗文化表现的激增，就如在拉斯维加斯所看到的。但是假如我们确实到处建造这种假罗马又会怎样？咳，有学问的精英就是这样自我腐蚀的：他们把知识的衍生物视为自己的私有财产。但是，社会没有时间去等待：在这里，如同在其他地方，确保知识的分享——在此意味着提供这种知识来

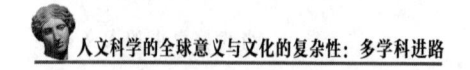

源的普遍获取——是我们生存的一个必要条件。

人们可能说人文科学代表着一种复杂性教育，无论这种复杂性是文化的、社会的，还是道德的。人文科学教导人们如何可能与异文化的人进行互动，异文化可以带来人类传承的发扬光大、竞争力的提高，等等。

贝林圭尔：我们不妨以音乐为例。我对音乐的教育学意义非同一般地重视，因为音乐如同一种绝对的人类语言，是很自然地产生的。但是音乐也表现出相当的多样性：不同的文化产生了极为不同的音乐传统。而每一种文化，每一个民族，必须有这样一种认识，即你不可把自己封闭在你的传统中，封闭在你所认为的你的"认同体"中。全球化必须是一个互惠过程：如果我可以这样表述的话，每一种文化都难免受到污染。

民族国家的构建经历了一个非常长的过程：它们是不可逆转的历史趋势所产生的一系列扩张的产物。但是，全球化，就其本身而言，具有一种不同的性质。全球化不是一个多种实体在其中沿着确定的边界并列而存的简单的地域扩大过程。它不容许任何边界。它用可能全是平等的世界公民之间的关系取代外国人（欧洲人、中国人、美国人）之间的关系。但是，坦白地讲，这种"平等"在很大程度上是一种幻想：不过，它对文化之间的关系、对教育过程、对社会化的形式，以及对共同体的形成产生了重大的影响。在这种动力中，我认为新技术的贡献起着关键的作用。高等文化和教育政策面对这些过程不能退却：首先是因为这些过程有可能产生不平等，再有是因为，只有在这些转型被接受时它们才可能让增长的潜力充分发挥，富饶我们的社会。

当然，我们只有一步一步地前行到那里。我们在拙作中表明，这种类型的动力必须在学校层面启动，因为我们打造世界公民要从小学、中学教育开始。至于我本人，我仍然相信一种文化绝不可能沿循一条霸权道路来实施一体化。霸权必须从真正的功德起步。任何一个国家的"权势集团"都必须求助文化来澄清其决策和今后的道路：但是，知识精英的责任恰恰在于参与这个过程，为决策提供要素，而不是故步自封，只从思辨的观点考虑问题。他们必须对照现实问题检验他们的知识，并且通过他们的专业知识和具体回应帮助解决问题——他们的回应很可能是多重的、多样的,有时甚至是冲突的,但必须首先是具体的。

Luca Maria SCARANTINO, Luigi BERLINGUER:
THE HUMAN SCIENCES IN
CONTEMPORARY EDUCATION
(*DIOGENES*, No. 242, 2014)

文化互化时代的文化认同

严廷植 著
俞丽霞 译

文化传统是以不同程度的准确性和完整性传递给文化体系每一个成员的一组观念。尽管一种传统价值可以被视为一组教诲，但是，只有当它包含对于教诲正确性的令人信服的解释时，它才能获得文化体系全体成员的忠诚。然而，价值体系绝不是静止的。价值体系受到外部条件和环境力量的影响。由于个体地位的变化和共同体地位的反复变化，价值体系的内部结构总是处于不断变化之中。在许多方面，韩国可能是当代文化境况中经历了价值体系的根本性变化的一个典型国家。

恰如在其历史上频繁发生的，韩国是大国争夺之地，她自己的人民之间的分裂和对立使他们成为争夺的工具。特别是，自19世纪最后二十五年以来，他们痛苦地发现，假如一个国家不能分享文明的一般发展，它就不能保持其独立性。韩国人现在为恢复自由、传统价值观和民族尊严，以及为民族文化的重构和以民族的自我认同为基础的韩国的重新统一而奋斗。在这方面，关注所谓的"民族的自我认同"观念可能是重要的。

在本文中，我无意构建一种文化民族主义或韩国爱国主义，而是仅仅关注文化语境中自我认同的重要意义或者文化认同，这对于处理当代文化境况中的认同问题的价值可能出乎意料。为了做到这一点，我将主要涉及自我认同的分析及其与全球化时代文化认同问题解决的相关性，而文化互化是全球化时代的一个举足轻重的现象。

＊

　　文化一词在广义上可用来描述一种人类生活的特定形式所特有的所有方面，或者在狭义上只可用来指称这种形式内含的价值观体系。理解广义上的文化是历史学、人类学和社会学的一个典型关切。狭义上的文化研究是人文学科的领域，其目的是向后代解释和传递价值观体系，生活形式的参与者根据这个体系寻找意义和目的。恰如乔尔·J.库珀曼所指出的，在其任何一种意义上，文化都可以被视为一种因果作用力，以独一无二的人类手段影响着进化过程："因为它使根据价值观体系对人类的可能性做出自觉评价成为可能，而价值观体系反映了人类生活应该是什么的主流理想。""文化，"他补充道，"因而是增强对我们的物种变化方向进行人为控制的一种不可缺少的工具。"（库珀曼，1995：172）如果这是事实，那么这样的假定可能是合理的，即可以有像所谓的"文化自我"那样的东西作为共同体自我的一个版本。

　　假如不假定有民族或国家的文化自我，那么理解民族是什么以及民族文化会如何变化是不可能的，正如除非将个体自我视为人的个体化、统一性、认同、创造和毁灭的标准，否则我们不能理解人是什么。相应地，是其所是的那类东西会与自我的性质的标准有重要联系，不论它是个人、共同体、民族或文化的。特别是，文化自我观念会在处理文化认同问题上起到核心作用，因为这个观念在逻辑上先于其他任何文化现象。

　　为了充分理解作为形而上学基础的自我观念以及文化互化中文化认同问题中的文化自我概念的重要意义，考察哪种自我理论可以为我们提供一个合适的解决方案似乎是必需的。众所周知，根据笛卡尔，自我作为一种有意识的东西存在，精神活动所归属的这个东西必定是一种精神实体或心灵。然而，对于休谟而言，当我们向内观看时，我们没有发现统一的自我，也就是说，除了一束经验外，什么也没有。但是，康德为我们提供了第三种选择，即本体自我理论。

　　康德没有依靠笛卡尔使用的形而上学原理，并且他认为，他推断出其存在的自我不能被视为一种精神实体。他还主张，休谟所说的经验束的要素有一种统一性。一束经验和关于一束的经验之间存在明显区别；由于我们有时经验到的束前后相继出现，我们必定有积极自我，将一种特有的统一性强加到我们所经验到的东西之上。此外,康德正确地指出,这个主体或自我是执行某些功能的一种东西,一个 x。由于这个 x 显然超越我们的经验,他称之为"先验自我"。根据他的观点,我们可以类似地声称,民族或文化自我这样的东西是存在的,它超越民族的历史,产生民族文化,在时间的长河中经由提供统一性原则和文化语境中的个体化标准保持其认同(至于康德式的自我观念,参见维特根斯坦,1961:117—119;科尔斯戈德,1996)。

*

当我们转到文化观念时,我们可以承认它既不清楚也不准确。许多用来定义文化的术语常常像"文化"这个术语本身一样模糊。然而,关于一些文化范畴达成了足够的一致意见,从而有成效地概括了一种文化描述应该包含什么。首先,为了了解文化,我们必须确定成员的价值是什么以及他们排列这些价值的等级次序。我们还必须知道哪些价值是目的-价值,比如,幸福,哪些是工具-价值,比如工作。价值观分解为一些次范畴,诸如个人、经济、政治、社会和教育价值。在这方面,我们可以将文化定义为"一个由价值、信仰、态度、知识和实践构成的内部融贯、有凝聚力的集合,人们经由这个集合与世界相联系"(金,1990:11)。

根据金丽寿,这些观念、价值和实践一起构成了某个有序宇宙的观念,并且通过为人类规定与他自身、同胞和自然相关的一组目标来确定人在宇宙中的地位。然而,因为世界处于不断的变化之中,可以说成为文化性质的一部分就是处于不断的变化之中。金说道:"文化是一种具有其自身的内部动态的活的有机体,其目光超出由它自身设定的界限。因为世界和我们有关世界的知识是变化的,文化也必须变化,以使自身适应其处于变化之中和变化了的环境。"(出处同上)当然,为了生存和繁荣,文化必须不断调整其观念、价值和实践以适应这些处于变化之中的环境。

文化出现变化可能是因为对变化了的生活条件做出审慎、有创见的回应;然而,即便不是大多数,也有许多文化变化没有事先谋划地发生。变化就这样出现了,在很大程度上就像岩石从悬崖上滚落,掉进下面的山谷。这些文化"事件"与"审慎"的文化变化不同,原因是我们做出审慎的改变是因为这些改变是我们想要的;我们将之视为值得期待的,或许是因为这些改变适应变化了的生活条件。另一方面，不管我们是否想要，文化事件都会发生。即便一些这样的事件可能并不是想要的，但是，它们一旦发生，我们就只能承受。

事实上，文化变化的推动力可能来自许多不同源头。许多文化被自然环境中的根本变化或被另一种文化的帝国主义强行灭绝了。根据金，忠诚的转移可能是"理性承认文化变化的需要"的后果。他说道：

> 每个时代和地方的文化这样时而孤立，时而合作，时而在冲突环境中竭力形成一种文化综合，每一种文化竭力形成会使其最好地处理生存和繁荣任务的观念、价值和实践的最佳综合……在某个时间和地点的节点上，综合会被那些正在谈论中的文化综合的里里外外的人视为到达了一个最佳点，即一方面是观念和价值与另一方面是拒不服从但处于变化中的环境之间相互作用和交流过程中实现的一种反思的平衡。（金，1990：11）

当然，这样的综合会成为其他文化仿效的模式，它可能会被当作文化变化的一种理想形式。然而，在现实中，恰如刚才提及的，大部分文化变化没有事先谋划地发生，并且经常以文化事件或者甚至以文化革命的形式。

在这个当口，为了明白当代文化境况中实际上在发生什么，将文化认同观念引入文化综合话题可能是重要的。恰如金丽寿指出的，文化认同观念是作为我们理解我们时代的政治、社会和文化问题的一个关键概念出现的。除了其他因素，这个观念的提出被当作各种各样的霸权文化的普遍主义主张的一贴解毒剂。它提供了反对帝国主义的意识形态基础。它与众多各异的独立、分离和解放运动的证成基础紧密关联。这样，它是一个反抗和解放观念（金，1990：2）。[1]

然而，根据金，文化认同还有另一种意义，它可能"为承认文化的多样性和多元性以及为理解和尊重这些文化的独特性和不可简化性的倡议提供哲学基础"（金，1990：11）。通过这种文化认同观念，他想找到文化及其认同的一种新观念，它可以保持对文化的个体性和独特性的尊重，同时又对文化的发展和进步的可能性持开放态度。这样，他最终将文化认同观念理解为文化综合原则，它"必然经历一个类似的修正和拓展的进化过程"（金，1990：13）。[2]

另一方面，根据车仁锡，"文化帝国主义"观念似乎有点过时了。在现实中，没有任何种族或民族的文化是固有的。特别是今天，文化似乎不断地同化各种各样的、有助于统一性的异质元素。文化可能超越其局限，拓展其边界；此外，经由科学和技术的进步实现的现代化加速了这一过程。这样，车断言，正在出现一种会从纽约到巴黎、从莫斯科到雅加达都起支配作用的普遍文明。在柏林和首尔，由于全球电信，形成了一种新的普遍、国际性的生活方式，它拓展着旅行和多国经济。他说道：

> ……我们看到东西方以及南北方之间正在进行交流。我们看到伦敦和东京的年轻白领工人搭乘地铁去工作。他们用电脑处理日常任务，去快餐柜台匆匆吃点东西。他们在晚上看视频，听光盘。（车，1995：9）

确实，技术使这个星球上任何地方的年轻人的生活方式可能出现这种同质化趋势。他们似乎有相似的思想、情感和行为。他们对食物、音乐和娱乐似乎有一致的敏感性。车将这些现象称为"文化互化的"，并且，他承认文化互化是今日世界的命运。他甚至断言，如果对他人的忽视滋生对他们的不宽容，那么人们应该对当代文明正在经历的文化互化过程抱有希望。

恰如车确认的，文化互化可能会为不同文化的民族之间的交流提供一个主体间的共同基础；与来自不同文化共同体的他人相处时，人们可能会相对感到无拘无束。然而，显然这样确立相互理解的共同基础并不足以消除人们之间的冲突。他观察到：

> 看着全球经济，据说国家的边界变得不那么相关了。然而，尽管我们不断见到工人的迁移、资本和技术的跨国界转移，可以看到，大部分人在国界内继续他们的生活。这里，民众的国家利益并未变化，利益的冲突在继续。（车，1995：10）

"今日，"他补充道，"世界问题的复杂性确实是惊人的，敏锐且高度理性的思考是解决这些问题所必需的。"（出处同上；另参见车，2006）

当然，世界终于认识到人类只有通过合作才能拯救自己。然而，问题是人们不像他们认识到的应该的那样去行动。相应地，作为文化综合的文化认同的乐观观念在文化互化时代不足以实现我们的理想文化，得出这样的结论可能是合理的。

*

这就是当代的文化境况。很长一段时间以来，被称为"泰坦尼克号"的一艘木船被不断地维修，它的木板被逐渐替换成了铝板。旧的木板被保留并最终被重新装配。假如我们想把重装的船称为"泰坦尼克号"，并且说它正是名副其实的那艘船，它在某个船坞中建造，并航行了一段时间，那么我们将不得不否认那艘铝船是泰坦尼克号。但是，这提出了问题。那艘铝船在什么时候开始存在？在"它"完全变成铝质的时候？假如我们对这个问题做肯定回答，我们将不得不对那条除了一条木板之外与铝船一模一样的船做一个判定。相当清楚，我们面对的是一个特例，我们确定一种东西的同一性的不同寻常的原则发生了冲突，并且解决这个问题的唯一办法是做一个判定。我们对待两种文化的态度可能不同——比如，我们可能对一种文化有情感上的忠诚——但是，这样的态度并没有向我们说明，任何一种判定都比另一种判定更合理。

从哲学上说，我们可能有选择的自由。然而，为了做出选择，我们需要一个文化自我、一个共同体自我或一个民族自我，它可能被视为以人类独一无二的手段影响进化过程的一种因果作用力。

为了实现我们的理想文化，我们必须知道如何就文化的自我认同而言带来文化变化，在康德的意义上，这是对当代社会的文化互化境况的超越。在这方面，不那么理想主义或乐观，更细致地观察我们的文化境况可能是重要的。恰如彼得·考斯正确地指出的，在当代世界上，在深层次上将文化彼此对立的几乎所有东西似乎都属于"冒犯的风险"范畴，而不属于"取得结果"的范畴。他说道：

> 它们当然不是独立的……但我认为，或许可以说明，比金教授所允许的有争议领域大得多的部分属于共同或普遍（或至少是实用的普遍）域，假如可以说服相互冲突文化的代表将以争论为目的的某些崇拜细节搁置起来的话。（考斯，收入金，1990：16—17）

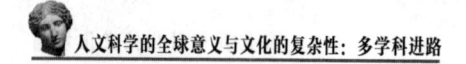

这里，他主要考虑的是主要的一神论宗教犹太教、基督教和伊斯兰教之间的冲突，但是观点是普遍性的。并且他补充道：

  当然这预设了争论的可能性，但是，为此我们不需要事先确保全球范围的可互译性，只需要有做最起码的交流的意愿。（考斯，收入金，1990：18）

根据考斯，如果我们愿意，我们可以归属文化互化的共同体，而不必放弃（除非为了避免不协调）我们的原生文化成员身份。

根据上文的考察，为了在全球化时代恢复我们的传统价值以及重构新的民族或区域文化，提出以下观点可能是合理的。首先，我们必须行使我们"取得文化自我认同"的强烈意志，因为我们的文化境况是如此复杂，文化变化是如此剧烈，以致我们在文化未被摧毁前需要文化个体化、文化统一性、文化认同的标准。这对于我们而言并不困难，因为我们的国家成了自治社会，很长时间以来具有独特的文化、语言和习俗。其次，我们必须恢复我们的传统价值观，并在当代文化境况的背景下解释这些价值观，以便我们可以创立一种新的韩国文化，比如，根据文化综合来创立。我们必须这样做，因为我们的祖先在悠久的文化传统中这样做了。再次，我们必须在实现文化的全球综合或文化转变的努力中起引领作用，这可能在不远的将来发生。我们有条件这样做，因为我们的当代文化境况不仅受到了这个地区现在和过去的文化的批评，而且，为了在全球化时代创立一种理想文化，为东西方文化的一种辩证综合而奋斗。相应地，在当下，重要的是承认我们强烈的文化自我认同感在逻辑上先于我们采取的任何行动。现在，自我发现、自主和自我完善应该是我们的头等大事。

Jungsik UM: CULTURAL IDENTITY IN THE AGE OF TRANSCULTURATION
（*DIOGENES*, No. 248, 2015）

注：

[1] 对于他而言，有一种倾向将文化认同理想视为与文化普遍主义相对立，根据后者，人类常常被视为分阶段依次经历了野蛮阶段、原始落后阶段和最终的文明阶段。

[2] 这里，他将文化综合解释为康德意义上的一个调节理想。

参考文献：

车, I., Cha, I. (1995) "Ontological Dimensions of Human Co-Existence. Towards a Culture of Peace"，在联合国教科文组织的哲学论坛上宣读的论文(巴黎，2月14—17日)。

车, I., Cha, I. (2006) "The Mundialization of Home: Towards an Ethics of the Great Society"，*Diogenes*, 53(1): 24—30。

康德, I., Kant, I. (2003) *Critique of Pure Reason*, N. 肯普·史密斯译, trans. N. Kemp Smith, New York: Palgrave Macmillan。

金, Y., Kim, Y. (1990) "The Idea of Cultural Identity and Problems of Cultural Relativism"，occasional paper, Washington, DC: Woodrow Wilson International Center for Scholars。

科尔斯戈德, C. M., Korsgaard, C. M. (1996) "Personal Identity and the Unity of Agency"，收入科尔斯戈德, C. M., in Ead., *Creating the Kingdom of Ends*, pp. 363—397, Cambridge: CUP。

库珀曼, J. J., Kupperman, J. J. (1995) "Culture"，收入T. 杭德里克(主编), in T. Honderich (ed.), *The Oxford Companion to Philosophy*, Oxford: OUP。

严, J., Um, J. (1995)《민족 문화와 민족적 자아》，收入韩国哲学学会（主编），in Korean Philosophical Association (ed.),《문화철학》, pp.149—170, Seoul: Chulhakgwa Hyunsilsa。

严, J., Um, J. (2007)《공동체적 자아 개념》,《서강인문논총》, 21: 1—28。

维特根斯坦, L., Wittgenstein, L. (1961) *Tractatus Logico-Philosophicus*, D. F. 皮尔斯和B. F. 麦吉尼斯译, trans. D. F. Pears & B. F. McGuiness, London: Routledge & Kegan Paul。

超越"多样性中的统一性"
——在全球化世界中使认同世界化

伊恩·昂 著
贺慧玲 译

引　言

我们今天生活在一个日益全球化的世界中，这已是一个不争的事实。相互联系和相互依存逐渐成为世界赖以为支撑的基础。但这并不意味着人都越来越相同，也不意味着我们在创建一个更加和谐与更加世界性的世界。相反，悖论在于，我们越是在全球层面相互联系，全世界范围内就有越来越多的地方的和特殊的认同正在被接合，它们往往导致紧张和冲突。大量的不平等和经久不衰的权力等级，塑造着全球、国家和地方层面的经济、社会和政治关系，这已不足为奇。虽然我们是生活在同一个星球上的唯一人类，但我们生活在不同的、有时是不相容的社会共同体中。全球化世界的特点在于共存的文化世界复杂和矛盾的多重性，它们时而相互重叠，时而相互冲突（阿帕杜莱，1996；汤姆林森，1999；埃里克森，2007）。

因此，与全球化并行的是日渐明显的差异特征。自相矛盾的是，正如埃里克森指出的："只有在'被全球化'后，人们可能才会迷恋他们地区的唯一性。"（2007：14）像"多种文化，一个世界"或者"多样性中的统一性"这样耳熟能详的口号往往被提出来去消除前述矛盾所产生的不可避免的摩擦，弥合统一性和多样性之间的分歧。对于在我们错综复杂的全球世界中产生、不断发展的相互依存网络,这种一再重复的口号即具体的流行语,隐藏而不是阐释了它们的复杂矛盾和挑战。用哲学术语来说,这种全球悖论被表述为普遍主义和特殊主义之间的二律背反,或者被表述为所谓的人类天性的普遍性与不同文化不可简化的特殊性之间的分歧。用社会和政治术语来说,弥合这一差距的愿望表现在时下进行的一种普遍主义努力,即试图排除差异,使人类达到完全包容,也就是说,试图将特殊主义纳入一种包罗万象的、人本主义的普遍主义(拉克洛,1992;托多罗夫,1998)。"多样性中的统一性"口号就是这种崇高理想的一种表述。

在本文中,笔者将对"多样性中的统一性"口号进行质问,进而指出,如果将这一口号看作一种静止的道德理想的话,那么这种人本主义的普遍主义注定会失败。反之,将其看作一个社会的和政治的"视域"则更有用,我们必须不断地朝着这个视域努力,但却永远无法达及。为此,我们需要探讨——在民族国家内部也好,民族国家之间也好——全球化和文化多样性之间的互动实际有多复杂。近来我们看到,尽管对于国际和平与理解以及全球相互依存的呼声普遍高涨,但国家和文化之间的紧张却有增无减。换句话说,我们生活于其中的世界并不只是一个"多样的"世界,从很多方面来说是一个"破裂的"世界。一方面,我们不能忽视,世界充满了相互冲突的利益和价值观;另一方面,我们往往"认为"世界上居住着从种族、民族、语言、宗教等方面来说与我们大不相同的人,我们往往竭力将其视为共同人类的一部分,这促使社会学家阿兰·图雷纳问道:"我们能生活在一起吗?"(图雷纳,2000)大众经验往往用"我们"和"他们"、自我和他者、内部和外部等多种构型来构建世界,以至于这似乎属于人类的天性(贝雷比,2008)。在人们看待和想象世界的日常方式中,二分法已经根深蒂固,所以要克服这种主导的二分法让人望而却步。在不分"我们""他们"的当代全球化世界中,比以往任何时候都迫切的是,从概念和实践上开发一些视角,以克服看待和想象世界的四分五裂的方式,同时又不忽视那些将一直留存的真正差异。

将我们的全球化世界概念化为**流动网络**就是这样一种视角。今天地球作为"一个世界"的体验通过不同方式得到了促进,如国际贸易,商品和服务流动,前所未有的人员跨境流动,还有经由数字传播网络而流动的各种形式的文化活动、知识、信息、图像和观念。几乎处处都显示出这些技术的效应,连在最偏远、最贫穷的山村，互联网和手机通信也迅速发展。这些技术的效应促进了一个网络密集世界的形成，即曼纽尔·卡斯泰尔所称的"网络社会"。

由全球化推动的这些流动网络并不仅仅使世界更加统一化或一体化，它们也造成了新的权力等级和非统一性以及非一体化的流动形式，造成了国际关系理论家詹姆斯·罗西瑙（2003）所称的"碎片一体化"（fragmegrated）世界，也即既是碎片化又是一体化的世界。例如，经济和技术的全球化可能推动强大的企业力量的霸权（如西方化或者美国化），但是经济全球化的效应之一是，流动造成了多样的文化体验和社会活动。在此，全球化和地方化进程同时在进行，导致了某些理论家所称的"全球地方化"（glocalization）（罗伯逊，1995；鲁多梅托弗，2005）。"全球地方化"一词最初是在20世纪80年代日本贸易实践中使用，源自日语词"dochakuka"，意思是"全球的地方化"。该词用来描述全球产品或进程是如何适合地方需要和条件的。这里有趣的是，"全球的"事物和"地方的"事物难以区分：二者是相互纠缠的。例如，某些大的美国公司，如谷歌（Google）、苹果（Apple）和微软（Microsoft），统治着互联网传播，但是互联网的使用，尤其是某些社交网络，如美国的脸书（Facebook）、推特（Twitter）和优兔（YouTube）的使用造成了具有地方利益和重点的大量虚拟网络社会，就像最近在"阿拉伯之春"中所表现的那样。换句话说，虽然技术是全球的，技术的传播却依赖于世界各地的人如何使它适应地方的用法（如开发使用当地语言的网页）。简言之，"全球地方化"或"全球地方的"这两个词虽然很别扭，但确实是一个有用的简略语，它显示了我们往往视为分离的东西（如地方的和全球的、旧的和新的、相似的和不同的、熟悉的和陌生的）在现实中错综复杂地交织着的方式。

看似相反的力量错综复杂地相互交织，应该会促使我们以一种不同的方式对文化多样性进行思考：它既不是一个马赛克（其中每个元素都是一个分离的实体），也不是一个熔炉（其中所有差异都被消除了），而可能是一个迷宫（其中认同和差异不被认为是相互对立的，而被认为是同时的、互补的和纠缠的存在）。在下文中笔者将进一步澄清这些不同的概念化，因为这些概念化对我们理解普遍主义和特殊主义之间的关系非常重要。笔者的出发点是探讨民族国家，特别是民族国家与多元文化主义问题的关系。

民族国家与多元文化问题

民族国家是当代世界中管理和治理的核心代理人。关于民族国家的通常定义是,民族国家是一个独立自主的政治单位,居住者主要是具有共同民族性、文化、历史和语言的人群。民族国家观念自1789年法国大革命以来一直是一个指导性原则,强调民族的政治统一和独立(国家与民族吻合,而民族反过来又与领土和人民吻合)。当今的现代世界秩序认为独立民族国家的合法性和主权是理所当然的。

民族国家理念是一个有领土边界的政治实体,由一个具有文化同一性和同质性的人群构成。现存的民族国家很多都只是在第二次世界大战之后才建立,往往不符合这一理念,但一般力图通过强制推行国家化的文化进程使国家一体化(卡尔霍恩,1997)。从这种意义上说,民族国家的权威依托独立自主、特殊主义意义上的国家认同的内部普遍化,以及对它不同于所有其他国家的独特性(或差异性)的坚持。这样,我们可以说现代世界秩序是普遍主义和特殊主义绝对二分的体现:现代世界秩序被构建成一个普遍人类,由绝对特殊的、相互排外的、在种族和文化上内部团结的国家构成。简言之,世界被认为是"国家之家"。

联合国之前就制度化了的这一清晰的"国家之家"概念,不断地和不可避免地遭到全球化横向流动的损害。由于货币、技术、信息、人口和观念在全球的密集流动打破了国家边界的封闭性,国家主权观念——即民族国家要充当自己事务的裁判和评委会,对于其主权拥有至高无上的、独立的权威的诉求——遭受了巨大压力。另外,全球化尚未导致国家权力的逐渐解体,这是广为承认的。相反,全球化时代造成民族国家在全球秩(失)序管理方面地位和角色的重新配置。这样,民族国家并不必然很快会随时消失或丧失影响,这尤其是因为它们在国际治理机构(从联合国到欧盟再到亚太经合组织)中的核心代理人地位促使其合法性不断再生。与其说民族国家是主权的顶峰,不如说它是社会-空间权力的节点,全球化世界中经济和社会矛盾的协商就是通过这种权力进行的(扎森,2007)。在国家领土上,一些多重的、横向的和跨部门的地方力量和跨国力量极其矛盾地来往流动,所以,民族国家应该被看作碎片化的、无序的和可渗透的社会空间,而不是有序的和有界限的实体。然而，将民族国家看作一个有边界的实体就是民族国家为保障国家范围的管控所做的努力中一项行之有效的工作。事实上，在政府看来，将民族表述为一个独特的和单一的想象共同体（安德森，2006），在当代全球化时代是一个越来越具有挑战性乃至更为紧迫的文化任务。我们生活在一个网络化的世界，国家活动和跨国活动不可避免地相互交织，然而国家化的力量却试图更加强硬地坚持要划清国家边界和界限（卡斯泰尔，1996；帕西，2003），以使我们打破国家卷入跨国网络的图景。国家活动和跨国活动之间相互矛盾的张力在塑造当今世界许多政治行为方面是一个关键因素。国际人员流动，尤其是移民对于民族国家的复杂影响就是明证。

显而易见，当今大多数民族国家的社会现实绝不是同一和同质的。相反，特别是由于蓬勃发展的国际移民，大部分民族国家或多或少拥有多样化的人口（卡斯泰尔，2000）。即使诸如日本和韩国那样的传统上具有独特种族和文化同质性的民族国家，如今随着其他国家大量移民的到来也越来越多样化。这样，民族国家的现实是：从内部来说它们是多样的，但是它们往往又通过将所有公民一体化或同化为一个共同的想象共同体，例如通过推行国家教育，强制推行一门国家语言，开展国家史教学，等等，来促进国家统一（安德森，2006）。当前许多西方国家为回应日趋更甚的移民现象而引入公民权测试，就是对一体化和同化表示担忧的一个例证（莱乌和范维歇林，2012），这样，民族国家努力将它们内部的文化多元性限制在同质化的国家认同之下。

20世纪晚期某些民族国家，特别是加拿大和澳大利亚这样的移民社会引入多元文化主义政策，即是对国家内部民族和文化多样性的官方承认（本内特，1998）。这种国家驱动的多元文化主义通常是指"为了治理或管理多元文化社会产生的多样性和多重性问题而采取的战略和政策"（霍尔，2000：229）。这种多元文化主义定义强调多元文化主义作为一种治理方式的地位，这种治理方式由特殊的一整套制度、程序、分析、思考、计算和谋略构成，目的是调节与缓和一个领土上的人民中的文化、种族和民族差异所造成的紧张和冲突（福柯，2009）。这样看来，多元文化主义是一种特别现代的治理技术，是为了替代管理民族国家内部多样性的同化主义战略而产生的。然而同时，不管多元文化主义用在哪里，它始终是一个备受争议的观念，它的含义从未确定过，一直吸引着来自左派和右派、保守派和激进派的热情而狂热的支持者和反对者。为什么是这种情况？

笔者认为，作为政策框架的多元文化主义之所以颇受争议，是因为它将作为有边界的主权实体的民族国家从根本上说成问题的性质推向了风口浪尖。正像霍尔（2000：212）所指出的那样，他所称的"多元文化问题"在近来的政治辩论领域中得到了强化并占据了舞台中央，这一点表明了在一个日益全球化的世界中国家认同性质的转变和模棱两可。多元文化主义话语经常将其自身限制在特殊的民族国家之内的问题和安排；也就是说，多元文化主义话语往往向内关注一个严格的国家参考框架。正如大多数人所认为的那样，正是这种对多元文化主义的以国家为中心的关注，揭示了多元文化主义与国家观念之间深受质疑的相关性。

要解释这一点，一种途径是指出多元文化主义政策的目的是将民族国家重新明确地描述为"多样性中的统一性"。多元文化社会通常被描述为生活于其中的族群的多样性。的确，许多非西方国家在欧洲的殖民主义和帝国主义之后，成为了现代意义上的民族国家，它们始终不得不将自身构建为多族群的。例如，后殖民国家马来西亚官方地将自身描述为由三个族群构成：马来人、华人和印地安人——这种构成是英国殖民主义的遗产（赫夫纳，2001）。从官方方面讲，伊朗也是一个多族群社会，其中波斯人是主导族群，其他族群还有阿塞拜疆族、库尔德人、阿拉伯人、俾路支人、土库曼人和其他许多更小的族群（托西迪，2006）。印度也以不同的方式表现出很大的多样性，这种多样性不仅仅表现在语言上：没有什么可与印度语言相比，因为印度的货币印有15种语言。印度人甚至对他们的多样性感到自豪，"多样性中的统一性"这一口号经常被当作典型地适用于印度而被求助（戈尔，2002）。同时，在西方发达民族国家，民族和文化的多样性大多源自移民浪潮。在这样的背景下，自由主义版本的多元文化主义占据了优势地位，在这种多元文化主义中，移民的差异获得了承认，并最终有望融入占据主导地位的民族文化。

就像霍尔（2000：210）所指出的，"正如存在不同的多元文化社会一样，也有大不相同的'多元文化主义'"。然而，尽管这种多样性广为存在，但是所有多元文化社会的一个共通点是，它们均庇佑着不同的文化、种族或民族共同体，这些社群在同一个政体中共同生活。换言之，多元文化主义将包罗万象的民族共同体作为普遍领地，每一个特殊族群（少数民族和多数民族）

在其中都能找到其恰当的位置。这就是"多样性中的统一性"。然而,这种民族国家形象过于简洁,与实际的多元文化社会更为多变、杂乱的现实相去甚远。

"多样性中的统一性"观念的一个关键问题在于,它往往意味着静止的族群概念,仿佛族群是有界限的、具有内部凝聚力的实体。它并没有说明这些群体成员之间的社会关系的流动性和动态性质。诺贝尔奖获得者、印度经济学家阿玛蒂亚·森对各种多元文化主义进路进行了批评,指责这些进路将民族国家界定为一个"多元的单一文化主义",将人和社群按照严格的遗传身份混群分类(森,2006)。这种模式使得身份和差异绝对化了,构建了一个固定的和一成不变的多样性图景。这与 J. S. 弗尼瓦尔对"多元社会"的经典描述相吻合,在他的描述中,多元社会是由"生活在一起,但却互不渗透"的族群组成的(引自赫夫纳,2001:4)。当前关于多元文化主义的争论的基础就是这种分离主义的多样性观念,如主要来自于欧洲的批评强调多元文化主义的分裂,谴责它推动了相互隔离和"平行的生活"(韦尔托韦茨和韦森托夫,2010;拉坦西,2011)。

为了反对这样一个静止的多样性观念,许多理论家启用了杂交性和杂交化概念,强调多元文化社会中身份的动态流动性和多重性,以及文化间的混合和文化翻译(昂,2001;巴巴,1994;韦尔布尔内和莫杜德,1997;怀斯和韦拉尤坦,2009;内德文·彼得斯,2009)。这里,多元文化主义更多地指跨文化交流,而不是指对群体身份的我向维护。这意味着对多元文化主义的一种更世界主义的理解,它与更本质主义的、多元主义的理解截然对立。然而这些针锋相对的趋势纠缠在一起,难以解脱,导致了约翰·内格尔(2009)所说的国家所赞助的多元文化主义的"进退维谷"。美国历史学家戴维·霍林格(1995)雄辩地说明了这种两难。

多元文化主义被一种日益尖锐但却不为人知的张力所撕扯,一边是世界主义文化多样性保护规划,一边是多元主义的文化多样性保护规划。多元主义尊重历史遗留的边界,将个体置于一系列应被保护和保存的民族种族群体中的某一个。世界主义对传统封地有所戒备,而是支持自愿的隶属关系。世界主义推动着多重身份,强调许多群体的动态和流变特征，对创造新的文化混合体的潜力反应积极。多元主义在世界主义中看到了对认同的威胁，而世界主义在多元主义中看到了一种狭隘的不情愿，即不愿处理当代生活现实呈现的两难困境和机会。（霍林格，1995：3—4）

近来，世界主义引起了许多学者的关注（德朗蒂，2009；赫尔德，2010；肯德尔、伍德沃德和斯克尔比斯，2009；韦尔托韦茨和科恩，2002）。霍林格的描述突出了我认为在将世界主义进行概念化的过程中尤关重要的东西：世界主义不应被看作一种固定的态度或意向，而就其对"创造新的文化混合体的潜力"反应积极而言，应被看作推动着一种社会和文化"进程"。正是这种进程——可称为世界化进程——需要在多元文化社会中获得推动。

世界性进程

历史学家指出了历史上的情况，即在许多贸易关系密集的地方，尤其是在贸易中心和边境居民点，出现过一种强劲的世界主义气质。例如，斯里兰卡由于在印度洋所处的地理位置，长期居于东西方海上贸易之路的心脏地带，这里频繁往来着罗马商人、阿拉伯商人和中国商人，15世纪之后葡萄牙人和荷兰人纷纷到来，直到19世纪早期英国实施了殖民统治。斯里兰卡的首都科隆坡和该地区其他贸易站一样，在历史上曾是来自不同地方的人相互接触的汇合点，而且往往经久不衰，从而促进了观念、技术和商品的令人难以置信的交流。如此，在现代民族国家建立之前，印度洋周边地区存在一种流动的文化多样性。这些贸易彻底地世界化了，因为商人们习惯性地用不同语言进行商洽和翻译，知道如何在不同文化背景中与有着不同宗教信仰的人相处，同时尊重邻居的根本不同的宗教、社会和文化习俗（古普塔，2008）。

然而，斯里兰卡成为一个民族国家以来，僧伽罗人和泰米尔人之间的民族间冲突乃至国内战争频仍，国家四分五裂。即便现在国内战争已经结束，但是具有不同民族背景的斯里兰卡人如何和谐相处仍然是一个紧迫的问题。民族国家不能为它的所有公民规定一个单一的文化认同。采用多元主义进路达到多元文化主义和跨文化对话的和平构建举措往往采用项目的形式，鼓励一个群体成员与其他群体成员相互了解，比如通过展示每个群体的舞蹈、饮食和音乐。这些项目推断诸如僧伽罗人和泰米尔人这样的族群具有固定的、先前给定的认同，这种认同将每个人置于一个密闭的混群中。但是这样造成的结果是，两个群体之间的差异往往被物化，表现为明确的和绝对的。自相矛盾地，这可能会强化差异感和冲突感（奥杰拉，2008）。

一种更为世界主义的进路鼓励对话，而对话并不将先前存在的民族界限和相互排斥的民族认同视为给定的，反而试图帮助开放这类民族混群。正如森在其著作《认同与暴力》中认为的，这种对话应该培育这样一种观念，即认同毋庸置疑是多元的，一种认同的重要性并不遮蔽另一种认同的重要性。出生于加纳的美国哲学家夸梅·安东尼·阿皮亚（2006）主张，世界主义能给予我们一整套准则，使我们得以"像我们已经成为的一个全球部落那样生活在一起"。正如他书中的副标题所说的，世界主义是一种"陌生人世界中的伦理"。

阿皮亚承认世界主义是一个成问题的术语，经常与"世界公民"这种抽象的、无根据的概念联系在一起，好像文化传统和民族情感无关紧要。在他看来，这并不一定是事实。阿皮亚认为世界主义的目标不在于消除差异，即某种"共享价值观"熔炉中的背景、习俗和信仰差异，而是更为适度和循序渐进的，事实上，是一种伦理。世界主义作为一种与他人进行对话和相处的伦理方式，**并不**意味着力图达到价值观共识，这种价值观共识经常被强调为是共同人类得以实现的先决条件。相反，更为谦逊地讲，世界主义的目的在于使人们彼此了解和学习。在多元文化社会中，跨越差异界线的对话有助于我们逐渐改变我们的理解方式，从其他观点来看待世界，与不同于我们的人相处起来更加自如。阿皮亚（2006：85）指出："对话并不一定要达到对所有事物的共识，尤其不是价值观的共识，对话只要能有助于人们相互适应就足矣。"世界性对话的重要性并不在于它教我们认识差异，而在于差异在发生这一事实。重要的是对话"过程"，而不是对话的成果。这一进程摒弃了固定的分类，激发了流动的多样性和我们身份动态的复杂性。目的并不是要知道，从任何一种确定的和实证主义的意义上，他们如何与我们不同，而是**要习惯于他们与我们生活在同一个世界**。换言之，世界主义意味着当前正在进行的一种进程，培育着阿皮亚所说的"共存习惯"。

阿皮亚主张，公民要想和谐共存，并不一定要在所有共同价值观上达成一致，只要他们愿意使共同生活得以维持（这当然是一个关键的前提条件）。这样，阿皮亚将世界主义与普遍主义加以区别：世界主义者假设，所有文化的价值观词汇的交叠程度足以开展对话。但他们并不像某些普遍主义论者那样假设，只要我们有相同的词汇，我们就能在一切上达成一致（阿皮亚，2006：57）。换句话说，并非所有人必须信奉一个"共同价值观"体系，也就是说达到完全的统一，才可以在一个多样的世界中和谐共存。同时，世界主义提出了对特殊主义的一种不同理解，按照这种理解，文化多样性不被概念化为一个马赛克（由完全相互分离的个体片段组成的复合结构），而是被概念化为一个迷宫，即错综复杂地混成一团的相互联结的途径和通道，其中认同一直处于过程中，是一种正在成形的事物。用我从法国哲学家 R.-P. 德鲁瓦那推演出来的另一个隐喻讲，认同不像是食古不化的顽石，而像无孔不入的流云，其中自我和他者并没有明确区别的界限，而是不断地互相影响和互相塑造。

简言之，从世界主义视角看，多元文化社会并不是一个静止的"多样性中的统一性"，而是像流云一样起伏波动的认同的动态集合，这些认同有时是重叠和融合的，有时是分离和分裂的，世界主义不是将认同和差异（也即统一和多样）看作彼此对立的，而是承认统一化和多样化的矛盾进程同时发生并继续发生着。

超越国家

对多元文化社会的概念化和想象的这种转向在民族国家背景中或许可以实现，因为在民族国家中，不同的族群和文化群体不得不在同一个管辖范围中共同生活。即便如此，我们均熟知一点，在民族差异的绝对主义根深蒂固甚至经常得到政府强化的地方，思维习惯是难以克服的。而当我们试图消除民族国家之间的文化障碍时，顿时困难倍增。这是因为，从严格的法律意义上讲，不同民族国家的公民反倒不需要将自身看作共有一个共同世界。例如，如果可能说服斯里兰卡势不两立的僧伽罗人和泰米尔人拥有一个共同的斯里兰卡国家认同，那么他们会集体将自身视为一个国家层面的"我们"，与其他的国家认同形成对照。

国家作为世界共同体的本体论基础在运作。联合国是杰出的超国家组织，在联合国，国家聚集在一起，其自主性和主权均获得了承认（莱希纳和博利，2005）。在联合国看来，世界毋庸置疑是一个马赛克：由独立的民族国家构成的马赛克，每个独立民族均有自己的政府、文化、国旗和国歌等。全世界受压迫的人民渴望获得独立的国家地位，以摆脱自己的从属感——近来，东帝汶、南苏丹和巴勒斯坦人民莫不如此。国家独立通常作为一种无可辩驳的好处而受到珍视。政府在国际上通过一些诸如奥运会这样的世界性庆典激发国家自豪感，奥运会的举办被视为国家团队的全球竞赛。民族国家是相互排斥的实体：它们各自占据的领土由于受到严密巡查的边界而彼此分割。因此，民族国家通常被视为不折不挠的坚固顽石，而不是可塑的流云。

同时，正如我们所见，民族国家并不像想象的那样自主和独立，特别是在当今全球化的形势下。但是正是因为国家主权观念（理想）如此深受重视，所以由全球化带来的相互依存和纠缠造成了对国家自主性丧失的忧虑，使得紧张关系和冲突不断加剧。那么我们如何能够超越这种根深蒂固的国家主义的特殊主义？

要阐明这一问题所提出的挑战的困难所在，我们只需聚焦于邻国之间的关系。例如墨西哥和美国，印度和巴基斯坦，泰国和柬埔寨，中国和韩国，韩国和日本这些国家之所以经常相互产生敌意，正是因为它们共有一个边界，这个边界既将它们分离也将它们连接。国家边界是现代产物，其目的是管理领土和人口，但由于边界线在地图上是分明的，所以它们压制了可能存在于边界线两边的文化连续性和共同历史。由于国家特殊主义的竞争而引发的关于历史和遗产问题的边界战争频繁发生，在这种边界战争中，国家解释框架和国家所有权意识占据了压倒性的优势。

例如，这些年泰国和柬埔寨因为帕威夏塔庙而产生了武装冲突，该寺庙作为柬埔寨的世界遗产2008年被联合国教科文组织世界遗产名录收录。这重新激起了两国争夺该寺庙所有权的争端，因为该寺庙处于两国的边境区。双方只是在20世纪初法国殖民统治柬埔寨时期坚持确切地划定边界，但从未完全达成共识。两个民族国家之间因该寺产生的僵局在两国均激起了民族主义敌意，两国却不惜放弃共同和联合赞美文化遗产的机会。按照联合国教科文组织的哲学，这个文化遗产被认为对全人类具有普遍价值。这里我们看到普遍主义原则如何由文化民族主义根深蒂固的特殊主义的分歧效应所破坏。换言之，并不是普遍主义将各不相同的特殊主义置于其无所不包的伞翼之下；相反，而是各不相同的特殊主义由于普遍性带来的机会而发生冲突。看起来，如果具有包容性的国家大家庭被看作"多样性中的统一性"，那么占主导地位的是多样性，即国家的多样性，它削弱了所谓的人类统一。

在东北亚，由国家边界线历史而引发的类似冲突也是激烈的，例如韩日之间和韩中之间的冲突。一个恰当的案例就是中韩两国历史学家正在争论高句丽古王国是中国历史还是韩国历史的一部分，他们的后盾是各自国家的政府，而高句丽古王国处于朝鲜半岛的北部和中部地区，这些地区正是中华人民共和国和朝鲜民主主义人民共和国的现代边界所在地（钟，2009；林志弦，2008）。同样，通过分析韩国和日本国家史教科书，林志弦认为，韩国和日本的国家史陷入了一种"相互的陷阱"，陷阱完全隐藏在平行的、却相互敌对、以国家为中心的历史版本中。两国的历史"没有可以调和历史解释的交汇点"（林志弦，2008：2/3）。

这些例子说明，要克服国家主义特殊主义强大的分离主义影响是何其困难。有鉴于此，我们生活于其中的现代世界秩序中特殊主义的国家归属的重要作用属于强势，民族国家结构性的重要地位强化了这一点，而普遍主义的"一个世界"观点难以与之匹配。

要达到这种更强烈的全球人类相互依存意识，参照"唯一人类"的普遍主义修辞是不够的。相反，阿皮亚（2006）所描述的一种渐进式的、对话式的世界主义视角可能更为有用，因为这种世界主义视角重视超越国家的开放视域，逐渐灌输更为外向的在世界中存在的意向和态度，这样的态度无论对民族国家之间的历史共同性还是对文化结构差异都是敏感的。但是这注定是一个困难的、互动的过程，即反对强大的特殊主义封闭、**成为**（更加）世界性的过程。这需要积极主动的社会基础和政治承诺（肯德尔等，2009）。此外，在这一过程中，差异甚至不可通约性不能（也不应该）得到完全克服。普遍的、共同的人类只能是一种社会的和政治的视域，在未达及之前要不断地努力。世界化工作永远没有完结。

Ien ANG:
BEYOND UNITY IN DIVERSITY:
COSMOPOLITANIZING IDENTITIES IN A GLOBALIZING WORLD
（*DIOGENES*, No. 237, 2013）

参考文献:

安德森, B., Anderson, B. (2006) *Imagined Communities. Reflections on the Origins of Nationalism*, London: Verso (new edition)。

昂, I., Ang, I. (2001) *On Not Speaking Chinese. Living between Asia and the West*, London: Routledge。

阿帕杜莱, A., Appadurai, A. (1996) *Modernity at Large. Cultural Dimensions of Globalization*, Minneapolis: U of Minnesota Press。

阿皮亚, K. A., Appiah, K. A. (2006) *Cosmopolitanism: Ethics in a World of Strangers*, New York: W. W. Norton。

巴巴, H., Bhabha, H. (1994) *The Location of Culture*, London: Routledge。

贝雷比, D., Berreby, D. (2008) *Us and Them: The Science of Identity*, Chicago: Chicago UP。

卡尔霍恩, C., Calhoun, C. (1997) *Nationalism*, Minneapolis, MN: University of Minnesota Press。

卡斯泰尔, M., Castells, M. (1996) *The Rise of the Network Society*, Oxford: Blackwell。

卡斯泰尔, M.(主编), Castells, M.(ed.) (2005) *The Network Society: A Cross-Cultural Perspective*, Edward Elgar Pub。

卡斯尔斯, S., Castles, S. (2000) *Ethnicity and Globalization*, London: Sage。

钟, J. H., Chung, J. H. (2009) "China's 'Soft' Clash with Korea: The History War and Beyond", *Asian Survey*, 49 (3): 468—483。

德朗蒂, G., Delanty, G. (2009) *The Cosmopolitan Imagination: The Renewal of Critical Social Theory*, Cambridge: Cambridge UP。

德鲁瓦, R.-P., Droit, R.-P. (2007) Speech at the Expert Meeting "Towards Mainstreaming Principles of Cultural Diversity and Intercultural Dialogue in Polices for Sustainable Development", UNESCO, Paris, 21-23 May。

埃里克森, T. H., Eriksen, T. H. (2007) *Globalization. The Key Concepts*, Oxford: Berg。

福柯, M., Foucault, M. (2009) *Security, Territory, Population. Lectures at the College de France, 1977-1978*, New York: Picador。

戈尔, M. S., Core, M. S. (2002) *Unity in Diversity: The Indian Experience in Nation-Building*, Delhi: Rawat Publications。

古普塔, A., Gupta, A. (2008) "Globalization and Difference: Cosmopolitanism before the Nation-State", *Transforming Cultures eJournal*, Vol. 3, No. 2 (http://epress.lib.uts.edu.au/journals/

index.php/TfC/article/viewArticle/921)。

霍尔, S., Hall, S. (2000) "Conclusion: The Multi-Cultural Question", 收入赫西, 巴诺 (主编), in Hesse, Barnor (ed.), *Un/settled Multiculturalisms*, London: Zed Books, pp. 209—241。

赫夫纳, R. (主编), Hefner, R. (ed.) (2001) *The Politics of Multiculturalism. Pluralism and Citizenship in Malaysia, Singapore and Indonesia*, Honolulu: University of Hawaii Press。

赫尔德, D., Held, D. (2010) *Cosmopolitanism: Ideals, Realities & Deficits*, Cambridge: Polity。

霍林格, D., Hollinger, D. (1995) *Postethnic America: Beyond Multiculturalism*, New York: Basic Books。

肯德尔, G., 伍德沃德, I. 和什克尔比什, Z., Kendall, G., Woodward, I. & Skrbis, Z. (2009) *The Sociology of Cosmopolitanism: Globalization, Identity, Culture and Government*, Houndsmills, Basingstoke: Palgrave MacMillan。

拉克洛, E., Laclau, E. (1992) "Universalism, Particularism, and the Question of Identity", *October*, Vol. 61, Summer, pp. 83—90。

莱希纳, F. J. 和 J. 博利, Lechner, F. J. & J. Boli (2005) *World Culture. Origins and Consequences*, Malden, MA: Blackwell Publishing。

莱乌, M. 德和 S. 范维歇林, Leeuw, M. de & S. van Wichelen (2012) "Civilizing Migrants: Integration, Culture and Citizenship", *European Journal of Cultural Studies*, 15 (2): 195—210。

林志弦, Lim, J. H. (2008) "The Antagonistic Complicity of Nationalisms—On 'Nationalist Phenomenology' in East Asian History Textbooks", 收入 S. 里克特 (主编), in S. Richter(ed.), *Contested Views of a Common Past*, Frankfurt: Campus Verlag, pp. 205—222。

内格尔, J., Nagle, J. (2009) *Multiculturalism's Double Bind*, Farnham: Ashgate。

内德文·彼得斯, J., Nederveen Pieterse, J. (2009) *Globalization and Culture: Global Melange*, Lanham, Maryland: Rowman & Littlefield。

奥杰拉, C., Orjuela, C. (2008) *The Identity Politics of Peacebuilding: Civil Society in War-Torn Sri Lanka*, New Delhi: SAGE。

帕西, A., Paasi, A. (2003) "Boundaries in a Globalizing World", in Kay Anderson, Mona Domosh, Steve Pile & Nigel Thrift (eds), *Handbook of Cultural Geography*, London: Sage, pp. 462—472。

拉坦西, A., Rattansi, A. (2011) *Multiculturalism. A Very Short Introduction*, Oxford: Oxford UP。

罗伯逊, R., Robertson, R. (1995) "Glocalization: Time-Space and Homogeneity-Heterogeneity", 收入 M. 费瑟森、S. 拉希和 R. 罗伯逊 (主编), in M. Featherstone, S. Lash & R. Robertson (eds), *Global*

Modernities, London: Sage, pp. 25—44。

罗西瑙, J., Rosenau, J. (2003) *Distant Proximities: Dynamics beyond Globalization*, Princeton, NJ: Princeton UP。

鲁多梅托弗, V., Roudometof, V. (2005) "Transnationalism, Cosmopolitanism and Glocalization", *Current Sociology*, 53 (1):113—135。

萨森, S., Sassen, S. (2007) *A Sociology of Globalization*, New York: Norton。

森, A., Sen, A. (2006) *Identity and Violence. The Illusion of Destiny*, London: Allen Lane。

西尔弗曼, H., Silverman, H. (2011) "Border Wars: The Ongoing Temple Dispute between Thailand and Cambodia and UNESCO's World Heritage List", *International Journal for Heritage Studies*, 17 (1): 1—21。

索利马诺, A., Solimano, A. (2010) *International Migration in the Age of Crisis and Globalization: Historical and Recent Experiences*, Cambridge: Cambridge UP。

托多罗夫, Z., Todorov, Z. (1998) *On Human Diversity. Nationalism, Racism, and Exoticism in French Thought*, MA: Harvard UP。

托西迪, N., Tohidi, N. (2006) "Iran: Regionalism, Ethnicity and Democracy", *Open Democracy*, 28 June (http://www.opendemocracy.net/democracy-irandemocracy/regionalism_3695.jsp)。

汤姆林森, J., Tomlinson, J. (1999) *Globalization and Culture*, Cambridge: Polity Press。

图雷纳, A., Touraine, A.(2000) *Can We Live Together? Equality and Difference*, Stanford UP。

韦尔托韦茨, S. 和 R. 科恩 (主编), Vertovec, S. & R. Cohen (eds) (2002) *Conceiving Cosmopolitanism*, Oxford: Oxford UP。

韦尔托韦茨, S. 和 S. 韦森多夫 (主编), Vertovec, S. & S. Wessendorf, (ed.) (2010) *The Multiculturalism Backlash*, London: Routledge。

韦尔布内尔, P. 和 T. 莫杜德 (主编), Werbner, P. & T. Modood (eds) (1997) *Debating Cultural Hybridity*, London & New Jersey: Zed Books。

温特, T., Winter, T. (2010) "Heritage Tourism: The Dawn of a New Era?", 收入拉巴迪, S. 和朗, C. (主编), in Labadi, S. and Long, C. (eds), *Heritage and Globalization*, London and New York: Routledge, pp. 117—129。

怀斯, A. 和韦拉尤坦, S. (主编), Wise, A. & Velayutham, S. (eds) (2009) *Everyday Multiculturalism*, England: Palgrave Macmillan。

中篇
人类学与民族志

思想者的启程

沃尔夫冈·卡尔滕巴赫尔 著
杜 鹃 译

> 艳阳高照
> 它所到之处，无不斑斓多姿
> 白帆越过
> 闪耀着玫瑰红光辉的礁石
> 信号台发出的信号与之融为一体
>
> ——布莱兹·桑德拉尔，《里约热内卢》

　　轻舟抵岸。海浪映射着正午艳阳。一位衣冠楚楚的法国人端坐船上。他行李中有着西方文化最强大的工具。尚未踏足岸上，另一个文化的意象便已潜入他脑中。他甚至还没有接触，变形镜就已经发挥了作用。他不是26岁，而是36岁，并且这也不是他的第一次远大旅行。那是在1924年的1月，弗雷德里克－路易·索埃——其更为人知的名字是布莱兹·桑德拉尔——应圣保罗商人及现代艺术赞助商保罗·普拉多邀请抵达巴西。他抵达时的场景后来被若泽·塞特·德巴罗斯在电影《百分之百的巴西电影》（1985）中重现。这位凭借自己的旅行和探险经历写作的天才作家，对此充满期待。他于1911年赴纽约并在此前于1904年和1907年的革命年代赴莫斯科及圣彼得堡。但是在激发了他写作《笔名》的巴西，他期待更多。在电影中，艺术家下船抵达里约热内卢。这座沐浴在狂欢节气氛中的城市，使他沉浸在感官的探险中。在电影以及在桑德拉尔的生活和写作中，想象与现实混为一谈。在现实生活中，他抵达圣保罗,结交了诗人马里奥·德安德拉德、曼努埃尔·班代拉和卡洛斯·德鲁蒙德·德安德拉德、画家西塞罗·迪亚斯、诗人奥斯瓦尔德·德安德拉德及其伴侣还有画家塔尔西拉·多阿马拉尔——他深情地称呼她为"世上最美的圣保罗人"。这座城市的气氛焕然一新。在两年之前的1922年,它刚刚举行了巴西从葡萄牙独立的百年庆典。在第一次世界大战的余波中,这一与欧洲日益增长的疏离尤其体现在艺术世界中。巴西于1922年2月的11日至17日在里约热内卢市立剧院由现代主义先锋派的一群艺术家组织主办了现代艺术周。这一盛会展示了画家、雕塑家、诗人及音乐家的作品,意在宣告文化殖民主义的终结(佩科,1989:14—23;威廉斯,2001:40页及其后各页)。

1935年,一艘由马赛驶往巴西的轮船上,一位26岁的年轻法国教授正渴望着与新大陆的邂逅。同样的场景重现。横跨大西洋的轮船沿红木之地海岸航行数日。这位年轻学者在他的想象中仿佛已经闻到了热带植物的芳香。为备战眼前的新挑战,他仅用了几个月的时间就饱览了难以想象的大量文献。我们可以再次假设,布鲁诺·卡尔桑蒂的文章中描述的变形镜在这位年轻学者抵达之前就已然发挥了作用。二十年后,克洛德·列维-斯特劳斯将会创作出他关于这次启程的映像。

1934年的一个秋季周日,列维-斯特劳斯的电话响了起来。时任巴黎高等师范学院院长的塞莱斯坦·布格莱邀请年轻的高中教员申请圣保罗大学的一个社会学教席。投身政治十年,并在高中授课两年后,这通电话为他提供了一个机会摆脱已经开始让他厌倦、不再令他满足的生活。实际上,在那以前他都从未真正感到满足;总有什么让他感到离真正的满足还差了一点。他在不同领域和学科都展示了他的能力但却不清楚在生活中到底要干什么并仍在寻觅着对他真正的召唤。读罢罗伯特·H.洛伊的《原始社会》,他发现了一门科学联合了所有能满足自己知性及性情需求的因素。通过来到巴西,他将最终有机会追求民族志学者职业,而他将对此从基础知识学起。

列维-斯特劳斯原想抵达后拜访乔治·杜马。他在乔治·杜马扬名于《论心理学》时师从于他。杜马是法国病理心理学巨擘,奥古斯特·孔德学者,于1923年在里约热内卢主持创设了法国-巴西高等文化研究所,于1925年在圣保罗创设了其他研究所,并负责遴选圣保罗州政府建设中的哲学、科学和文学院的教授(贝尔托莱,2003:71页及其后各页)。列维-斯特劳斯于

1935年2月乘坐海运公司所属的跨大西洋蒸汽轮船启程。这艘轮船沿伊比利亚和非洲海岸停靠多站才告别"旧大陆"向巴西进发。经过在维多利亚的短暂停靠，列维－斯特劳斯抵达里约热内卢，而对这里，他并未致以布莱兹·桑德拉尔那样热情的词汇。第一次踏足巴西的土地，他想起了欧洲人和"新大陆"关系的漫长历史，尤其是法国在发现巴西后的作用。库辛、卡布拉尔、戈纳维尔、维勒盖尼昂和莱里的名字在他的脑海中不断浮现。正如所有旅行者一样，列维－斯特劳斯需要处理好自身的异国情调。他自然知道，他在地球上找不到天堂，但当他抵达后他仍感到强烈的失望。感到失望的不是他的理性头脑，而是他自童年对异域珍玩、日本蚀刻和非洲艺术品的迷醉而培养的一种年代久远的感情。他与同学在巴黎郊区进行"探险"，并如饥似渴地阅读了塞万提斯和詹姆斯·费尼莫尔·库珀（贝尔托莱，2003：19页及其后各页）。作为卢梭、夏多布里昂、巴尔扎克、波德莱尔、狄更斯、陀思妥耶夫斯基和康拉德的崇拜者，他培养出并潜意识地保有一种浪漫主义的幻想。在巴西漫长的热带夜晚，他会沉浸于这些幻想。意识的自我并不把这些幻想当作真实，但它们却在从潜意识中涌现并破碎的瞬间显示了它们的全部力量，这就像在巨大的地壳压力下升起并破裂的地表一般，将被压抑的一切带进光天化日之下。"旅行，那些装满如梦期许的魔法盒，再也交不出它们无瑕的宝藏。一个激增并兴奋过度的文明彻底打破了大海的寂静。"（列维－斯特劳斯，1992a: 37）他希望曾经"活在真正旅行的日子里"并把自己想象成一个"空间考古学家，徒劳寻求用碎片和残骸来重新创建一种消逝了的地方色彩"（列维－斯特劳斯，1992a：43）。这一影响十分强烈，较之集中于这一新现实并处理近在眼前的"新大陆"，列维－斯特劳斯置身于消化他随身携带的"旧大陆"中。"几百年后，在这同一个地方，另一位如我一样失望的旅行者，将凭吊我本该见到却不能亲见的东西的消逝。我屈从于一种双重懦弱：我所感知到的一切都使我反感，而我又不断地责备自己没有看到应该看到的那么多。"（列维－斯特劳斯，1992a：43）

这些活生生的体验安定并沉淀下来，并被在其他国家产生的体验所覆盖之后，列维－斯特劳斯才得以撰写他在巴西的岁月。列维－斯特劳斯于1950年赴印度和巴基斯坦。他在这些旅途中积累的印象回过头来对他关于巴西的回忆录产生了深刻的影响。东方看上去并未成为西方的起源和对应，而是成为它的未来———一个以污染和人口过剩为特征的可怕的未来。

这是列维-斯特劳斯第一次直面穆斯林世界。他言谈中对于伊斯兰的厌恶折射出他对自己的文化所嫌恶的东西：压倒一切的普遍主义、优越感、对于掩饰了包容主义实质的宽容的自我标榜以及同样成问题的与自然的关系，"同样的书卷气，同样的乌托邦精神，以及同样执拗地相信，只需纸上谈兵就足以即刻解决问题"（列维-斯特劳斯，1992a：405）。西方和伊斯兰世界，看似相异而冲突的两个世界，事实上却彼此相像。伊斯兰代表了东方中西方的一面。这不是在异域文化中寻求相似性的西方学者的投射，而是列维-斯特劳斯充分研习的机制，这一机制逐步发展出布鲁诺·卡尔桑蒂在本期《第欧根尼》（第238期）所撰文章中重建的方法纲领。我们从来不能直接感知他者的文化，而总要经过一种中介形式。如同变形镜，我们将异域文化看作一种意象，从中我们模糊地感知到某种莫名其妙地熟悉、但又说不出所以然的东西。这种无法分辨的熟悉元素使我们恼火并激起我们的反应：我们将其转变为一种完全的陌生性。这是在西方同伊斯兰的关系中发生的确切过程："无法分辨哪些与我们自身相似，我们便将其放入一种被建构出来的陌生性范畴中，并当我们'模糊地'感知到它实际上与我们相似时愈加将我们自身与其分离。"（卡尔桑蒂）为了逃避这些映像的幻影，还必须有第三个对象进入这一场域：佛教。列维-斯特劳斯既没有也不曾想过要呈现一番关于伊斯兰所有多样历史形式的完全学术的描绘，但是，他的确声称可以通过一方面与西方、一方面与佛教进行对照而对伊斯兰作为一个整体的某些结构性元素给出判断。并且，正是通过一种格式化的佛教意象，他试图向我们说明西方和伊斯兰究竟是什么。在列维-斯特劳斯看来，只有佛教才能为人类的恐惧提供有效的回应。致使他得出这一评价的是——除了佛教提供的知性满足之外——他来到寺庙并被热情真诚地欢迎的个人经历。与其他宗教不同，佛教从不激发传教热情。没有强制，入教必须是个人探索的结果。西方和"东方的西方"这两种传统主张统治自然和历史，而佛教与上述传统相对立，却得到了马克思主义的帮助——根据列维-斯特劳斯的解释，后者给现代带来了历史唯物主义，将人类社会重新置于其恰当的物质背景中。卡尔桑蒂对在佛教和马克思主义之间这种"出乎意料的对比"做了严格分析。

通过变形镜的意象，列维-斯特劳斯说明了图腾象征的本质。对东方主义的批判与对图腾幻想的批判如出一辙；东方主义掩饰了西方文化对东方的建构，而西方文化需要它去创造其自己的认同并使之具体化。安德烈·金格里希使用"边疆东方主义"概念来确认东方主义的一种特殊变体，它通过一种有争议的邻近边疆的意象发生作用，而后者是体现在中东欧神话中、并以威胁基督教西方的土耳其穆斯林为代表的与东方斗争的主题。边疆东方主义成为注释或解释当前事件和进程——从与恐怖主义的"圣战"到瑞士为宣礼塔举行的全民公决——的一个模型。被使用着的神话也可以被杜撰；被国家主义和新国家主义工具化了的边疆东方主义成为了一件有力的意识形态武器。金格里希的论文说明了对神话的结构分析对于当代世界霸权主义批判的相关性。

让我们再回到巴西。在里约热内卢，列维-斯特劳斯被科科瓦多山顶的救世基督像张开双臂欢迎，该纪念像由法国人保罗·兰多夫斯基设计，巴西总统热图利奥·瓦加斯在列维-斯特劳斯抵达前几年的盛大落成典礼中为塑像剪彩。列维-斯特劳斯对此印象平平，只提到了前往科科瓦多山腰上的一间宾馆会见一位美国同行。瓦加斯在1930年革命中夺取了政权。他在1930年总统大选中被圣保罗人儒利奥·普雷斯特斯击败，便在军队支持下起义，中止了1891年宪法并一人独揽国家大权。1932年，他镇压了已经被肆虐的咖啡危机严重削弱的老圣保罗寡头政治的革命，并在1935年——列维-斯特劳斯已经抵达圣保罗——镇压了共产党和民族解放同盟的反抗。1934年从苏联回国的传奇式人物路易斯·卡洛斯·普雷斯特斯被捕，他的伴侣德国犹太人奥尔加·贝纳利奥被引渡回纳粹德国（策勒，2000）。

在1922年现代艺术周的众多参与者之中，还有现代主义作家普利尼奥·萨尔加多。他于1932年成立了极右政党巴西整体主义行动党。萨尔加多的整体主义，是巴西历史上最重要的民族主义运动，声称自己是反民主、反资本主义以及反共产主义的。萨尔加多受到纳粹和法西斯象征主义的启发，但拒斥种族主义意识形态。1933年，整体主义者在圣保罗举行了他们第一届游行示威。两年之后，他们的成员已发展至成千上万，都支持瓦加斯来反对激进左派和自由左派（佩科，1989：65页及其后各页）。

所有这一切本该给年轻的列维-斯特劳斯留下些印象，他之前刚刚还立志要成为工人国际法国支部（SFIO）的哲学家。但是现在，他的角色有所不同。他怀着极大的兴趣跟踪这些事件，但保留着民族志学者的距离感。

圣保罗大学的创立要归功于持实证主义世界观的圣保罗精英的倡议。尽管在社会和人文科学中法国团队首屈一指，但新的学院并未仅仅邀请了法国学者。1934年，第一个抵达的代表团中包括乔治·杜马的亲戚、社会学家保罗·阿尔布斯－巴斯蒂德。1935年的受邀者包括社会学领域（也包括了人类学）的列维－斯特劳斯以及哲学领域的让·莫居埃。学院随后又邀请了费尔南·布罗代尔、皮埃尔·乌尔卡德和米歇尔·贝尔韦耶。阿尔布斯－巴斯蒂德和列维－斯特劳斯几乎立即发现他们处于公开的竞争之中。前者如同他的表亲杜马是研究孔德的专家，与大学管理处热情的实证主义死忠结成同盟。列维－斯特劳斯则依靠皮埃尔·蒙贝格（地理学家）和费尔南·布罗代尔的支持；后者当时尚未成名，却在他的行业遥遥领先，其影响力足以代表列维－斯特劳斯介入这种竞争中。1937年，布罗代尔被高等研究实践学院召回法国并于1938年由让·加热代替（列维－斯特劳斯和埃里邦，1991：20；佩肖托，2004：87；贝尔托莱，2003：72，81）。

按照杜马巩固法国影响、延续孔德和迪尔凯姆传统的工程，列维－斯特劳斯以及其他的年轻教授一起受邀于新的巴西学院。这些预期让列维－斯特劳斯为难不少，正如他本人回忆的，他自从那时就深深着迷于"英美精神的人类学"（列维－斯特劳斯和埃里邦，1991：20）。他为了授课研习了《实证哲学教程》，但他仍然对《实证政治体系》知之甚少。正如弗雷德里克·凯克指出的，阅读这一著作致使列维－斯特劳斯在后来重估了实证主义之父的作用（凯克，2008：1804—1810）。

列维－斯特劳斯出身艺术家庭，这使得他总对艺术抱有一种特别的好感。在20世纪30年代的圣保罗令人振奋的气氛中，他与**圣保罗**圈子许多最优秀的代表成为至交。他与马里奥·德安德拉德格外亲密，而他们是圣保罗所有现代主义者的参照点。他们和列维－斯特劳斯的兴趣相投：列维－斯特劳斯参与了关于现代艺术的论战——正如1935年出版的《圣保罗市档案》杂志中收录的文章《立体主义与日常生活》指出的——而巴西作家则投身于人类学论题中。马里奥·德安德拉德的小说《丛林怪兽》（1928），普遍被认为是巴西文学的经典之一，就是受特奥多尔·科克－格林贝格关于1911—1913年在巴西和委内瑞拉边境地区的考察报告的启发，这位德国人类学家在报告中详述了无数神话和传奇。

巴西的文化史向我们揭示了更进一步的关联。法国与德国的学者及研究者之间的关系不那么出人意料但却同样重要。尤其是科克-格林贝格因其在巴西北部和西北部的研究而留名青史。然而，他1898年至1900年的第一次探险将他带到了巴西中部和欣古河；他去那里意在探寻并勘察罗努鲁河。回到德国之后，他于1901年出版了著作《论南美印第安人的万物有灵论》，接下来在1902年又出版了关于大查科平原的专著，并得到阿道夫·巴斯蒂安的赞赏，后者将科克-格林贝格介绍至柏林民族博物馆。他在那里与巴西中部人类学研究的先驱卡尔·冯·登施泰嫩和保罗·埃伦赖希一起工作了八年。在他们著名的欣古河第二次探险期间，卡尔·冯·登施泰嫩和保罗·埃伦赖希采集到关于各种族群的重要数据，其中就有列维-斯特劳斯称为"好的野蛮人"的波洛洛族。卡尔·冯·登施泰嫩启发了吕西安·莱维-布吕尔，后者转而又影响了科克-格林贝格。列维-斯特劳斯关于波洛洛族的文章后来获得了研究美洲文化学者协会出版委员会成员莱维-布吕尔的赞同。

在瓦加斯任期将尽时，他启动了转向独裁的计划：1937年10月，他宣布国家进入紧急状态，并于几周之后解散了国会和州议会，宣布一切政党不合法，并颁布了一部新宪法，炮制了新国家（Estado Nôvo）。这些事件正发生在校历年年末；列维-斯特劳斯第二次回到巴黎，1938年春返回圣保罗时便全心投入准备他最为紧张的深入亚马逊雨林的研究探险。

瓦加斯意在通过一系列基于新的国家机构的社会经济政策使国家现代化。研究和发展部门受到极高的重视，这些部门被用来为寻求减缓社会紧张、加速现代化进程的集体认同服务。瓦加斯创建于1930年并于1934年起由古斯塔沃·卡帕内马执掌的文化卫生部，宣传不同民族共处的和谐社会的神话。卡帕内马是一位来自天主教圈子的自由温和派，他意在将现代主义者也包括进这个构建国家的宏大工程中。卡洛斯·德鲁蒙德·德安德拉德成为他的内阁总理，马里奥·德安德拉德成为文化政策方面的富有影响力的顾问。列维-斯特劳斯的几次探险实际上都是在马里奥·德安德拉德的帮助下由圣保罗市联合资助的。

随着新国家的建立，气氛发生了改变。许多左翼知识分子或像G.拉穆斯被逮捕或像若热·亚马多被流放。列维-斯特劳斯1939年1月上旬经过超过8个月的田野工作后返回圣保罗。其他知识分子也许会留在巴西，但他厌恶大学里的气氛以及瓦加斯政权而离开了巴西。他于2月来到了桑托斯，见到了阿尔弗雷德·梅特罗。离开巴西前，他两次被捕。3月底才回到了法国。他直到1985年由弗朗索瓦·密特朗作陪才重返巴西（贝尔托莱，2003：117页及其后各页）。

1941年2月，阿尔弗雷德·梅特罗和罗伯特·H. 洛伊为他提供了移居美国的机会，他再次离开法国。这将成为他思想形成的决定性阶段。在美国，他遇到了弗朗茨·博厄斯和罗曼·雅各布森，他们帮助他创制出他关于结构主义的观念。多梅尼科·西尔韦斯特里的论文考察了这段人类学和语言学之间的友好关系，他运用语言学家的复杂工具来理解列维–斯特劳斯的人类学对结构主义语言学欠下的人情。

在巴西，列维–斯特劳斯获得了足以使他成为一名人类学家所需的民族志经验，并能够评价和鉴赏过去和当下的其他民族志学者所做的工作。他放弃了哲学，但那仅仅是在学术意义上；他仍然保有一种对宏大理论的强烈偏好，并且，他自身的个性也推动着他朝向对于横向结构的研究。没人会比克利福德·格尔茨更强烈地批评他"走向抽象"。弗朗切斯科·雷莫蒂的贡献在于建议对列维–斯特劳斯的全部著作审慎再评价，他觉察到有必要整合这两个截然不同的进路：民族志或地方性知识以及跨文化比较。为了展开他的观点，雷莫蒂转向维特根斯坦的家族相似概念以及"开放海域"的意象，他提出这些作为列维–斯特劳斯结构主义的"封闭"论域以及格尔茨"封闭"社群的替换概念。但是，雷莫蒂的论文同样提醒我们，列维–斯特劳斯尽管始终信守他的基本观念，却也屡次尝试重估其观点并调整其理论，比如他在关于家庭的研究中写道："我们对于家庭确切是什么仍然一无所知。"（列维–斯特劳斯，1992b：55）

毋庸置疑，列维–斯特劳斯在20世纪思想史上发挥了独一无二的作用。即使与他最不妥协的对手也不能否认他的著作的重要性。"再没有哪位人类学家能够在其学科之外有如此深远的影响。他的著作影响了诸多学科，从民族学到语言学，从哲学到历史，从心理学到文学批评，从符号学到社会学，从宗教研究到精神分析，从艺术到当代音乐。并且，对于所有这些领域而言，列维–斯特劳斯的著作都如春雨般润泽滋养。"（尼奥拉，2008：9—10）马里诺·尼奥拉几次力图说明在赋予列维–斯特劳斯"各种经常相互矛盾的标签——唯心主义、反历史决定论、反人道主义"的背后缺乏某种基础（尼奥拉，2008：12）。在列维－斯特劳斯留下的浩瀚文献中穿行，我们能找到关于哲学怀疑主义的许多不同例证，将他区别于历史主义或自然主义、历史或生物决定论、抽象普遍主义或文化相对主义。他的目标不是历史，而是历史哲学。他所拒斥的并非历史或人道主义自身或其中的概念，而是以这些概念的名义，演练并证成将人类视为一切造物的终极目的的人类中心主义。列维－斯特劳斯强调的是人类中心主义的人道主义中不人道的方面，它将人类与自然世界的其他部分相分离。人类一定要回归本位：这是人类学家的使命。

列维－斯特劳斯广博复杂的全部著作，成为了与列维－斯特劳斯本人的自我解读立场相反的学者各种体系化解释的对象。他从未试图将他自己的作品视作一个"体系"。尽管他的研究和思考总是被这个同一原则所指导。正如多梅尼科·西尔韦斯特里在本期《第欧根尼》（第 238 期）中强调的，"列维－斯特劳斯的结构主义无法被刻画为方法论上的'原教旨主义'。与此相反，它允许开放的和整体化的体系"。乌戈·E. M. 法别蒂提出了一种对列维－斯特劳斯理论化的民族志著作的横向解读，以此避免一种错误的体系化或历史化陷阱。正如法别蒂自己解释的，组成他论文题目的形容词——现代的、超现代的、反现代的——"具有一种本质上的表述功能：它们并不反映一种要在列维－斯特劳斯的著述中看到一系列按照线性序列展开的'阶段'或'环节'的愿望"，列维－斯特劳斯追求的是一种全部的"人的科学"的现代主义工程，这在其内部就带有他超现代主义的种子："对人的分解"。他的悲观主义并非旅途的终点，毋宁说是他的思想从起点就存在着的要素。面对宇宙的茫茫未知，人类天才的一切努力都化为乌有。仅仅作为一个单独的人出生，生活，接下死去并被分解，整个人类都了无痕迹地出现并消亡："这个世界开始的时候并没有人，这个世界结束的时候也没有人"（列维－斯特劳斯，1992a：413）。这是列维－斯特劳斯反现代一面的命题，如果我们将反现代理解为法别蒂的"对我们一般称为'现代的'所谓社会进步的持久（如是不是系统的）批判。进行这种批判的人，**经历**了现代主义，并且似乎自始至终跟随现代主义到达其最极端的逻辑结果"。列维－斯特劳斯思想的超现代主义设立了一种接纳悖论的修辞基础。法别蒂分析了列维－斯特劳斯反现代主义的悖论，并指出了不具备连贯理性的话语的危险。

在与维克多·斯托维斯基的访谈中，列维-斯特劳斯援引了世界人口的指数增长，并将其视作他有生之年见证的最大灾难。在他的一生中，地球人口从15亿增至70亿。人类的过度激增成为世界首恶的罪魁：仇外、种族主义、战争以及地球的生态崩溃。这一人口爆炸的首要原因，在列维-斯特劳斯看来，是将人类生存置于宇宙中心的人道主义的一种灾难性的形式——没有依据，但并非没有重要性。正如斯托维斯基表明的，列维-斯特劳斯关于人口增长的宣言并非仅是缺乏科学理性基础的个人悲观主义的表达。他关于人口过剩的观点总是基于相关科学研究的可靠知识。在20世纪50年代，人口过剩的课题是许多国际组织的关注中心，列维-斯特劳斯本人以其国际社会科学理事会秘书长的身份积极参与到这一课题的争论中。斯托维斯基在其著作《救赎的人类学》中提供了关于列维-斯特劳斯宇宙论的详尽重现，这恰当地提醒了我们，关于人口过剩问题的讨论在20世纪50、60年代已经得到多么充分的发展。

在萨尔瓦托雷·多诺弗里奥关于列维-斯特劳斯的描述中，他经常重提"我们在其中同时既是行凶者又是遇害者的大灾难"的话题（多诺弗里奥，2008：8）。一系列当代全球环境灾难在今日更甚于往日地证实了法兰西学院的预言。人类远非理性的动物，他们看似与那些死于自己排泄物的原始微生物没什么不同。并且，这一崭露端倪的趋势不存在任何倒置。显而易见，我们不能把一种"文明"持续消灭着有限世界资源的行为算作是理性的。

列维-斯特劳斯向伟大的旅途进发，却在启程不久发现自己深陷人类自我毁灭的泥潭。他对巴西大都会的衰落印象深刻："（它们）无需变老就从朝气蓬勃到了衰败腐朽"（列维-斯特劳斯，1992a：95）。"新大陆"之城"在一种慢性病的掌握下发着高烧；它们总是年轻的，但永远都不健康"（列维-斯特劳斯，1992a：96）。实证主义者的箴言"秩序和进步"从来无法使他信服。在20世纪50年代，当几乎每个人都只想着经济增长时，列维-斯特劳斯就批评了这种已然误入歧途的国际发展观。早在环境运动问世之前，他就预见了不加控制的增长所带来的灾难性后果。人类为了生存必须将自己在自然中重新定位，不是返回起源，而是建立一种能够保护所有物种的崭新平衡。我们是否太迟了？学者一定会怀疑。人类无法逃脱熵。人类用劳动参与到"事物原始秩序的瓦解中……将组织有力的事物急速推向更大的惰性状态，这种惰性有朝一日会是终极的"（列维－斯特劳斯，1992a：413）。要想读一读相似的论证，人们无须等翻到《裸人》的最后一页；在《忧郁的热带》之中，人们就已经可以找到难以克服的悲观主义。如果人类的消亡已经不可避免，那么再写下皇皇巨著的意义又在哪里？我们只好假设还存在一种隐蔽的辩证法，它使这位思想家继续行动，一种未被承认的希望之光从未离他远去，这给了他从事并完成如此庞大工作的动力。

Wolfgang KALTENBACHER: DEPARTURES
（*DIOGENES*, No. 238, 2013）

参考文献：

贝尔托莱, D., Bertholet, D. (2003) *Claude Lévi-Strauss*, Paris: Plon。

多诺弗里奥, S., D'Onofrio, S. (2008) "Lo sguardo dell'antropologo", 收入 S. 多诺弗里奥（主编）, in Id. (ed.), *Claude Lévi-Strauss fotografato da Marion Kalter*, pp. 6—8, Naples: Electa。

凯克, F., Keck, F. (2008) "Notice et Notes du *Totémisme aujourd'hui* et de *La Pensée sauvage*", 收入 C. 列维－斯特劳斯, in C. Lévi-Strauss, *Oeuvres*, Paris: Gallimard, pp. 1774—1848。

列维－斯特劳斯, C., Lévi-Strauss, C. (1992a) *Tristes Tropique*s [1955], trans. John and Doreen Weightman, New York: Penguin。

列维－斯特劳斯, C., Lévi-Strauss, C. (1992b) *The View from Afar*, trans. J. Neugroschel and Ph. Hoss, Chicago: University of Chicago Press。

列维－斯特劳斯, C. 和埃里邦, D., Lévi-Strauss, C. and Éribon, D. (1991) *Conversations with Claude Lévi-Strauss* [1988], trans. Paula Wissing, Chicago: University of Chicago Press。

尼奥拉, M., Niola, M. (2008) "Introduzione: un astronomo delle costellazioni umane", 收入 M. 尼奥拉（主编）, in Id. (ed.), *Lévi-Strauss: fuori di sé*, Macerata: Quodlibet, pp. 7—26。

佩科, D., Pécaut, D. (1989) *Entre le peuple et la nation: les intellectuels et la politique au Brésil*, Paris: Éd. de la Maison des sciences de l'homme。

佩肖托, F., Peixoto, F. (2004) "Lévi-Strauss à São Paulo: la ville et le terrain", 收入 M. 伊扎尔（主编）, in M. Izard (ed.), *Claude Lévi-Strauss*, Paris: Édition de l'Herne, pp. 87—91。

威廉斯, D., Williams, D. (2001) *Culture Wars in Brazil: The First Vargas Regime, 1930-1945*, Durham, NC: Duke University Press。

策勒, R., Zoller, R. (2000) "Präsidenten-Diktatoren-Erlöser: Das lange 20. Jahrhundert", 收入 W. L. 贝尔内克、H. 皮奇曼和 R. 策勒, in W. L. Bernecker, H. Pietschmann and R. Zoller, *Eine kleine Geschichte Brasiliens*, Frankfurt am Main: Suhrkamp, pp. 215—319。

人类学的先知

马里诺·尼奥拉　著
马胜利　译

　　我们应该取"不规则事物"这个词语最具词源学的意义：在这一狀态中，事物被如此相互不同地"停放"、"安置"和"排列"在场址中，以至于不可能为它们找到一个居留地，不可能在它们的下面限定一个共同场所。

（米歇尔·福柯：《词与物》，1966年）

一

　　卢梭的革命酝酿和引发了民族学革命，它旨在拒绝强制同化，无论是将一种文化认同为另一种文化，还是将一种文化中的个人认同为此种文化试图强加于他的角色或社会职能。在这两种情况下，文化或个人都要求享有自由同化的权利，这种同化只能在"超越"人类的情况下，即与所有活着的，即受苦的生物共同实现……只有这样，自我和他人才能摆脱由哲学激发的对立，并重新获得统一。（列维－斯特劳斯，1997：52）

　　克洛德·列维－斯特劳斯赞同卢梭著作中强调的感受性，这集中体现了他的作品所具有的深刻主题和思想倾向。这也说明，一个早已进入20世纪思想大师殿堂的人类学家为何颇负盛名：他将人们对他人的认识转变为对西方人道主义及其潜藏缺陷的批判意识。

　　没有哪一位人类学家能在其专业领域之外产生如此广泛的影响。列维－

斯特劳斯的著作涉及范围广泛，从民族学到语言学，从哲学到历史学，从心理学到文学批评，从符号学到社会学，从宗教史到精神分析法，从艺术到当代音乐。他的著作犹如甘露，使上述领域焕发出新的活力。1949年出版的《亲属关系的基本结构》被西蒙娜·德·波伏娃赞誉为有关人类知识的基石。《生食和熟食》是他研究神话的6卷本著作之一，卢恰诺·贝里奥甚至将它改造成音乐，在交响曲中加入了若干段吟诵。列维-斯特劳斯与超现实主义流派的相互影响是众所周知的。这位伟大的人类学家一贯承认，从布勒东、马克斯·恩斯特、莱里斯和杜尚那里，他学会了不畏惧意外的突发组合和通过一个事物来识别另一事物：通过文化来识别自然，反之亦然。总之，他学会了在差异中，在"洞观"[1]中，或用维特根斯坦的话说，在能反映意想不到的家族相似性的"全貌再现"中寻找存在的意义。《忧郁的热带》的最后几行字便表现了这种情况：与一只猫进行短暂的卢梭式的互视，这使列维-斯特劳斯受到笃信自我和上帝的人们的教训。

他能产生如此广泛的影响有多种原因：宏大的人类学计划、颇具理论和哲学意义、贯通人文和科学知识诸领域的渊博学识，以及充满文学色彩而不拘泥学术理论的写作文体。

最近，有人把《忧郁的热带》的作者誉为直接关注地球危难的传统道德家。由于这位道德家，人类学摆脱了原有背景，并成为一种哲学赌注：它对自然与文化的对立提出质疑，超越了人文科学的海格立斯柱：这种人文科学固守主体和超验性不可触犯的范畴链条。另外，《野性的思维》和《结构人类学》等杰作在理论上占据了优势，这便使讨论向哲学的独家场地"移位"（列维-斯特劳斯曾多次对此发出抱怨），并将议题的人类学核心置于从属地位。与弗朗茨·博厄斯、布罗尼斯拉夫·马林诺夫斯基和玛格丽特·米德不同，列维-斯特劳斯的成名并非由于他描绘了异域风情的世界，而是由于他的思想颇具普遍意义。他改换阵营的做法并未一贯受到肯定，他的工作曾长期遭受批评，这种批评是哲学性的，并时常具有纯意识形态性质。和论述人类学重大问题的著作相比，他阐述个人看法的作品有更多读者并引起了更大争论；这些论述涉及结构主义、自然主义和反历史决定论，都是些颇具普遍性的问题。这一现象并非出于偶然。列维-斯特劳斯理论工作的魅力和关键便蕴藏在这种灵感之中。这位法兰西公学院教授像其伟大榜样卢梭、弗洛伊德和马克思一样，一贯拒绝在人类精神的统一性和各种文化的多变性之间进行抉择，而是力图把文化多样性与精神联系像一枚徽章的两面那样结合起来。

《忧郁的热带》、《看·听·读》以及《亲属关系的基本结构》这些著作都产生于这种结合。它们由非正统和跨领域的人才所创作，因而在很大程度上是无法模仿的。这使列维-斯特劳斯既能高瞻远瞩，又不陷入空谈人类而忽略具体人的纯抽象思维，也不迷失在特殊论和局部主义的丛林中。

实际上，真正的人类学不应只限于对风俗、习惯和传统进行纯民族学的描述。它应当把造成社会差异的原因和使人类既相似又不同的原因结合起来，使人们能够把"人类"物种的成员作为自身参照，而又不陷入毫无意义的特异性的汪洋大海。所以，人类学知识应当把历史、社会和环境因素造成的差异与导致人类思想运作的不变性衔接为一个体系。换言之，语言、神话、婚姻、艺术和技术等文化工程的发展不仅仅是特殊社会原因的产物：它们遵从精神运作所固有的、并决定精神与现实关系的普遍规则。这是一种名副其实的反经验论立场。可在当时，由于人类学界的文化相对主义和心理学界的行为主义在人文科学中占据主导地位，所以列维-斯特劳斯被扣上了唯心主义、反历史决定论和反人道主义等各种大帽子。[2]

二

罗兰·巴特曾写道，法国民族学家的思想所遭到的反对和抵制主要集中在历史观念方面（1964a，1964b）。实际上，列维-斯特劳斯的重大挑战并非体现在反历史决定论方面，而体现在他对各种社会现象所采用的方法都具有严格的一致性。

列维-斯特劳斯不是第一个，也不是唯一提出社会现象具有结构性的人。他的独特之处在于重视这种结构性并发现了其所有后果。这种研究自然会激起讨论和论战，即便它只是质疑了西方人道主义所特有的某些范畴，如"人""人类"等。

列维-斯特劳斯在《野性的思维》中有一句名言："人文科学的最终目的不是构成人，而是分解人。"（1962：326）了解相异性是民族学的任务，但这只是研究不变量的第一步。这种研究首先要"把各种特殊的人性凝缩成一个一般的人性"；然后，"文化重新统一于自然；以及生命最终重新统一于它的整个物理化学环境"（1962：327）。列维-斯特劳斯论战的真正对象是人道主义。"这种人道主义以自尊为原则和基本观念，因此它自产生起便受到了腐蚀。"它认为人类是唯一的并享有特权，还将此种性质作为人权的基础，而看不到它成了所有物种权利中的特例。"人们最初是把人类与自然割裂开，并建立起人类至高无上的统治；他们认为这样便可抹去人类不容置疑的特征，即它首先是生物。"（列维-斯特劳斯，1997：53）[3] 这不仅是反对人道主义的声明，更是迎头反击以人类中心论否定人类的做法，批驳关于主体的人道主义形而上学。列维-斯特劳斯经常依据卢梭的思想，用"先人后己的人类观念和生命先于人类的人道观念"来教训人文科学所娇惯的宠儿（列维-斯特劳斯，1997：49）。在这个意义上，列维-斯特劳斯"促进了犹太-基督教和笛卡尔主义信念的解构。这种信念认为：人类，唯有人类是按上帝的样子造就的"（丰特奈，2008：77）。

如果你问一个美洲印第安人什么是神话，他很可能会告诉你："神话是人类与动物尚未区分开时的故事。"（列维-斯特劳斯和埃里邦，2008：193）列维-斯特劳斯在与迪迪埃·埃里邦的谈话中指出，上述定义十分深刻。"人类与其他生物共同生活并共享地球，但不能与它们沟通，这是最具悲剧性、最有悖于心灵和精神的局面，尽管犹太-基督教传统不惜花费大量笔墨来掩饰这种局面。"（出处同上）《忧郁的热带》的作者也表露出一种悲观：他用自然和主体因分离而两败俱伤的悲剧观念取代了人类征服自然的普罗米修斯观念。把主体移出中心的做法反映了拒绝把自然当作工具的思想。用阿多诺的话说，自然不是简单的物品和客体（Gegenstand），而是伴侣和对手（Gegenspieler）。

早在 20 世纪 50 年代初，列维-斯特劳斯便以大大早于当今生态运动的生态感，谴责了有恋己癖的和人类中心论（即民族中心论）的人道主义。他指出，这种人道主义打着抽象生命观念的旗号，把生物的权利置于脑后，把人类当作地球唯一的主宰，使人类的繁殖成为自然的末日。在此种意义上，米歇尔·马费索利曾把列维-斯特劳斯批评世界劫难与海德格尔批评形而上学蹂躏地球相提并论，并把"野性思维"的概念与"返回步伐"（Schritt zurück）的概念结合起来。列维-斯特劳斯论战的哲学对象尽管是一种"学问"和智慧，但它蔑视与感性世界观念有关的一切"痛苦"，将感性世界观念视为"轻视物理，怀疑物质和鄙视物体"的思想机制（马费索利，2008：81）。野性思维并不是原始心态的残余或遗留，而是当今一种思维方式。它确实在感性方面发挥着作用，"并在此基础上建立起一种和谐与合理的世界观。而这种世界观的有效性是常人所难以想见的"（列维－斯特劳斯和埃里邦，2008：155）。

德里达指出，"当欧洲文化，以及形而上学及其观念的历史发生解体，被赶出殿堂，失去参照地位时"，主体也丧失了中心地位。人类学便是在这种条件下应运而生的（1967：414）。《文字与差异》的作者认为，对民族中心论的批判始终是人类学的必要条件，也是与形而上学史的毁灭同时发生的。

在为卢梭撰写的名篇中（1997：51），列维－斯特劳斯阐明了"认同一切他人，乃至动物"和"拒不改变自我以让他人'接受'"这两种做法的反比关系。总之，他拒绝扎根于人道主义的超验性。在《裸人》中，他以极富论战性的语句责备哲学家们，尤其是存在主义者大搞倒错的认识论，为自我设置避难所"来保护可怜的个人身份。由于不可兼得，他们宁愿保留不具合理性的主体，而放弃没有主体的合理性"（列维－斯特劳斯，1971：614）。[4]利科认为，在分析神话方面，列维－斯特劳斯的"没有超验主体的康德主义"恰恰隐藏在这种不具主体的合理性观念之中。这位伟大的人类学家以最彻底的方式阐明了文化与思想、精神与世界的和谐关系（利科，1963a）。[5]列维－斯特劳斯在《生食和熟食》的开篇中强调，没有什么比神话更能表明客观化思维。在表明自己具有康德视野的同时，他旨在研究"真理体系相互转换，并同时被若干主体接受的条件。这些条件要求研究对象具有独特的现实，并独立于任何主体"（列维－斯特劳斯，1964：19）。因此，在认识论方面，关键的问题不是人类如何思考神话，而是神话如何被人类不自觉地思考。

三

"其实，我是个平凡的康德主义者，同时又可能是个天生的结构主义者：母亲曾向我讲过，在我还不会走路和不识字时，一天，坐在童车中的我大声喊道：肉铺和面包店招牌的头三个字母应读'bou'，因为这两处的写法是一样的……我从这个年龄起便开始寻找不变量了。"（列维－斯特劳斯和埃里邦，2008：152）提到童年的这段插曲时，列维－斯特劳斯以普鲁斯特的方式深刻指出，结构主义起源于在第一本性和第二本性之间的特殊感受性。他还承认自己借鉴了康德的观念：精神必须联系永远难以捉摸的现实，否则便不能把握这些现实。总之，人类学在远方寻觅的材料，即物品、信仰、习俗、制度等，都只是有助于理解人类精神运作方式的固化思想和工具。人类精神反映在神话中，神话是人类精神的放大镜。

结构人类学之父多次强调："神话表达精神，精神用其所处的世界制作神话。因此，精神孕育和产生神话，神话则孕育精神结构反映的世界形象。"（列维－斯特劳斯，1964：346）因此，通过叙述、形象、具象符号和不同文化的可变符号，神话成了反映人类精神运作的镜子，并将各种现实联系起来，从而建立起含义关联。总之，如果说神话可意味某种东西，这种东西只能是含义本身。在《裸人》的结尾部分，列维－斯特劳斯隐含地反驳了那些谴责他废除神话含义和把神话研究变为空洞说辞的哲学家。他指出，神话不会隐藏形而上学和意识形态的任何真相。它一方面让我们了解传播神话的社会的很多事情；另外使我们认识到精神运作的若干方式。这些方式在时间上很稳定，在空间上具有回返性，所以可视为基本方式。由此，他自豪地得出结论："我对少数美洲部落的神话的分析不仅没有废除其意义，而且提取出更多的意义。这是哲学家的思考所做不到的。2500年来，哲学家（普鲁塔克除外）对神话的思考处于平淡和平庸状态。"（列维－斯特劳斯，1971：571—572）[6]

在他看来，"受隐晦神秘主义影响和打着人道主义旗号"（列维－斯特劳斯，1971：577）的哲学不能够理解神话，而将它们当作一种没有原文的翻译游戏。神话在传说的分析和生产中均不存在：神话与音乐近似，其存在只表现为另一文化或时代的神话变异。神话从不单独表达：它总表现为其他神话的补充或悖论，它始终是按其所属族群的模式加以改编、再改编和不断重写的结果。神话的场所并非语言或文化，而是二者衔接的空间。因此，神话编纂的功能位于差异的分界点。另外，如果说神话各有不同，同一主题总有相反的叙述，那么同样真实的是，"这些神话大致相同，正如歌德对植物的说法：它们的和声引向一条隐匿的法则"（列维－斯特劳斯，1971：620）。

由于指出人类在抽象机制的作用下沉迷和衰落，列维－斯特劳斯被冠以唯心主义和反人道主义的帽子。正如上文所说，这些责难主要源于有人以强烈的意识形态或肤浅看法来解读他的思想。与众多指责相反，列维－斯特劳斯对思维与世界的互动效果提出了极为高深的看法。总之，正如他多次所说，承认精神是世界的一部分即是承认，精神旨在认识世界的活动与有史以来世界上进行的活动并无本质区别。

四

上述活动从抽象化之初便已存在。这是一种结构性分析，它决定着对最具体可感资料的感知，例如视觉和言语听觉的对象。视觉所感到的"并非是物体"，而是二元对立，正如言语听觉所感到的不是声音，而是特征。可感资料也不是资料，而是大脑系统化的产物，即列维－斯特劳斯所说，是由智慧在感官中完成的结构性分析："结构性分析的途径被一些人批评为过于理智……但任何人都不能将其贬为无谓和没落的游戏，它之所以显现在精神中，是由于其模式早已存在于身体中"（列维－斯特劳斯，1971：619）。为反驳唯心主义帽子，这种说法似乎滑向另一极端，并将文化引向了生物决定论。例如，在《裸人》的一段挑战性文字中，他为其人类学真正的认知范式，即结构语言学赋予了"自然和客观"的地位：此后发现的遗传密码证实了这种地位，并被视为所有生命形式的普适和共同语言，清晰语言便是其中的典范。列维－斯特劳斯认为，在以上两种情况下，一定数量的不连贯单元（如化学或音素的基质、语言中的单词、核苷酸的三联子）组合成层次递增的单元（一些单元涉及感官，另一些涉及某种化学物质），直至生命以 DNA 的分子形式所做的表达。他总结说，"大自然从几十亿年前便执意寻求先期从人文科学假借来的模式。按我们今天的说法，它选择了与特鲁别茨柯依和雅各布森的名字相关的模式"（列维－斯特劳斯，1971：612）。在这方面，斯佩贝尔正确地指出，列维－斯特劳斯的著作注定比结构主义的寿命更长，因为它经得起反复研读。无论作者本人如何建议，"这种研读能使人们发现引导认知科学发展的若干重大问题"（斯佩贝尔，2008：71；斯佩贝尔，1982）。

实际上，说列维－斯特劳斯把文化归结为生物决定论，这也是简单化的指责。同样，《遥远的目光》对社会生物学的先知爱德华·威尔逊的抨击也是如此。威尔逊把人类制度视为保存个人基因遗产的装置。针对所谓"科学"的生物简化论，人类学家提出，文化、价值观和历史原因"所产生的选择压力更为强烈，比缓慢的生物进化更立竿见影"（列维－斯特劳斯，1983：58—59）。他在 20 世纪 40 年代写道：所有社会……借助一套复杂的伦理、社会、经济规则……来改变物种延续条件。然而，人类对自身的做法不比他们在家畜育种方面差。不同之处仅在于，后一过程比前者有更多自觉性和主动性（列维－斯特劳斯，1974：410—411）。

列维－斯特劳斯对指责的反驳分散在其整个著作中。这表明，面对人类学的重大问题，他始终认为人类和社会的历史具有创造性的时间性。但由于论战使他的论文颇具激进形式和攻击性，所以谈他本人的文章似乎拒绝承认这一点。经常躲过批评的著作，如《神话学》却涉及真正的理论关键。他就此写道：毫不奇怪，"哲学家们会感到已经出局：情况确实如此，因为他们不能理解这项研究的意义。符号学家和民族学家则不同，他们更直接地介入其中，前者抓住了形式，后者抓住了内容"（列维－斯特劳斯，1971：620）。

实际上，即便是最抽象的和看来最不受时间限制的心理构建，例如主导人类思想的逻辑对立，其含义的获取也只能通过对无数历史维度进行持续的、脚踏实地的，乃至语文学的关注。1948年，在一篇题为《民族学与历史》的文章中，列维－斯特劳斯把他一贯重视的历史与萨特的历史哲学明确区分开来。因为后者是一种伪历史，无论其版本是世俗的还是宗教的，是进化论的还是历史决定论的，它都旨在否认和消除文化多样性提出的问题。列维－斯特劳斯在论战中始终瞄准目标：在《野性的思维》最后一章，他对萨特的《辩证理性批判》给予抨击："这最后一章中完全没有对历史的批判……我对历史非常尊重……我只是想对法国当代哲学的一种倾向做出回应或表示反抗。"（列维－斯特劳斯，1963：648）列维－斯特劳斯认为，这种历史哲学与神话性质相同，它源自对未来世界的宗教信仰，最终又将末世论模式世俗化，使之成为一种进步理论（勒维特，2002）。这种引导传统历史观念的哲学的根本错误并不在于脱离了基督教圣经的视角，"而在于保留了只能在信仰领域奉行的抱负"。[7]在此，列维－斯特劳斯不仅反驳了关于反对历史决定论的指责，还进一步提出：人类学应当用自己的方式研究历史材料，关注日常生活的细微事实。因此，民族学家是历史的"拾荒者"，其使命就是在历史的垃圾堆中搜寻。布洛克和费夫尔的弟子布罗代尔等人就是这样做的。这表明，年鉴学派的历史学家,在20世纪60年代被称作"新史学"的代表人物们在这一时期从民族学那里借鉴了不少新的研究对象、新的视角和新的时间语域。

总之,列维-斯特劳斯对历史人道主义观念的批判阐明了历史发展观的思想特征。在传统与进步等对称概念的基础上,这种历史发展观以持续和线性发展方式反映历史进程中的断裂、跳跃和灾难。列维-斯特劳斯杜绝了以目的论和神学描绘历史的任何做法。在这方面,《忧郁的热带》的作者不仅远离历史决定论,也远离功能主义所主张的自然主义和反历史决定论:"功能主义者也可能是结构主义者的对立面,马林诺夫斯基的例子就是证明"(列维-斯特劳斯,1974:345)。

列维-斯特劳斯远非主张传统的反历史决定论,他更像个历史还原者,"当他想捕捉一种结构的主要特征时,便会像卢梭或胡塞尔那样'排除所有现象'"(德里达,1967:426)。德里达写道:有人为一贯追随神学和末世论的形而上学观念进行辩护,这即是说,他们竟然为抗拒历史而维护现在的哲学。

五

列维-斯特劳斯的巨大思想魅力在于把对历史特性和对自然主义社会调查的珍爱不断结合起来。他对各种社会的文化和制度展开研究。他的人类学摆脱了生物和历史的决定论,注意到问题域的并存性,例如感觉与知性、质量与数量、具体与抽象……尤其是自然与文化的并存性:无论在列维-斯特劳斯之前还是之后,这都是最经典的人类学主题。这种并存性甚至催生出西方哲学的问题,即"自然"(*physis*)与"约定"(*nomos*)或"技艺"(*techné*)之间的对立关系。列维-斯特劳斯感到有必要把这一对立关系作为有用的方法论工具,他在《亲属制度的基本结构》、《野性的思维》和《神话学》中便是这样做的。但他同时也发现不能完全指望这种对立关系,这使他对上述观念的真理价值提出质疑并对其加以解构(德里达,1967:415)。他甚至开始预测乃至期盼人文科学与自然科学分野的消除,这不仅由于前者离不开后者,也由于后者离不开前者。实际上,硬科学必将会将文化重新统一于自然,"把生命重新统一于它的整个物理化学环境"(列维-斯特劳斯,1962:327)。

在分析个别现象时,例如美洲印第安人的神话、澳大利亚原住民的婚姻、印度人日常生活、就餐的规矩、大众旅游、易洛魁人的雕塑、普桑的绘画、圣诞老人的消费主义宗教、波德莱尔的诗作和瓦格纳的音乐等，列维－斯特劳斯总会揭示出它们所具有的普遍人性，以及藏在个别事实背后的一般性。他把科学分析的严谨性与作家的感觉和想象结合到一起。《忧郁的热带》之所以成为当代最伟大的著作和最后的教育小说绝非偶然。作为真正的畅销书，它在全球发行了数百万册。在这部著作中，无论是对旅行的叙述，还是对他成为人类学家的解释都超越了查特温式的唯美和卖俏的告白，并使人类学从其他文明中发现自身文明的局限，从而成为西方自责心的前兆。换位方法使观察者能认识自己，"从表现为他人的自我中获得观察其他自我的评价"（列维－斯特劳斯，1997：48）。他把自己置于孟德斯鸠《波斯人的信札》式的试验，即用他人的目光来看自己的身份、习俗和信仰。列维－斯特劳斯尤其教导我们，应当从我们自身中，而不只是异国的天堂或地狱中寻找他人。遥远的异国会排除移民和全球化危机与相异性的关联。

60年前，当第一世界还沉浸在"不断进步的壮丽命运"[8]中时，列维－斯特劳斯便在《忧郁的热带》的一些有先见之明的篇章中提到完整保存传统主义的危险，认为这种完整保存传统主义始于伊斯兰，最终将蔓延到基督教的西方。列维－斯特劳斯的著作提到了当今许多重大问题：从全球人口的过剩到文化相对主义的悖谬，从认同神话的再度泛滥到地方主义的回潮，直至重新质疑自然与文化分野的转基因。他总是以挑战和预见的口吻谈到这些问题，这也是当今最后一位思想大师的宝贵遗产。

Marino NIOLA: *LE PROPHÈTE DE L'ANTHROPOLOGIE*
（*DIOGÈNE*, No. 238, 2012）

注：

[1] 这是一种比喻，比作放大镜、透视镜，以及把近景推远和把远景拉近的方式，这与列维－斯特劳斯的"远观"很相似。

[2] D. 斯佩贝尔（2008：70）写道，列维－斯特劳斯被视为认知主义的先驱，当认知主义者们认识到精神结构不仅体现在实验室，也体现在社会表现中之后更是如此。在《生食和熟食》中，列维－斯特劳斯为人类学确定的使命是"促进对客观化思维及其机制的更好了解"（1964：21）。

[3] 在接受埃里邦的访谈中，列维－斯特劳斯就这一问题指出："有序的人道主义不会以自身为出发点。西方人道主义把人类与世间万物分隔开，这便剥夺了人类的防护。一旦人类开始无限制地滥用权力，它便会因此而毁灭自身。"（列维－斯特劳斯和埃里邦，2008：225—226）

[4] 这本书的另一段还提到把自我视为非人类，类似埃米尔·邦弗尼斯特（1966）赋予这种概念的思想。列维－斯特劳斯写道："作为所有西方哲学的最大关切，固化自我不能持续实施于同一对象，将其渗入全身并受其非现实性情感经历的感染。因为它声称的极少现实属于特殊性现实，天文学家对此的说法是：在相关的空间点和时间点，已经、正在和将要发生一些事件。与其他同样真实却更为分散的事件相比，上述事件的密度能大致标出其范围。因为已经发生、正在发生和可能发生的事件的节点并不像基质那样存在，除非发生了某些事情。"（列维－斯特劳斯，1971：559）在这方面，列维－斯特劳斯也同福柯的观点相近。福柯在《词与物》中把人类看作语言的两种存在方式之间的表象，看作"我们思想的考古学可轻易表明其产生不久的一项发明。或许也可表明其最近的完结"（福柯，1966：398）。

[5] 利科著作的第一个版本以《象征性与时间性》为题（1963a）。关于在列维－斯特劳斯的思想和著作中，上述主题具有何种理论和认识论的含义，意大利专家们提供了重要论著，例如埃科（1972）和莫拉维亚（1969）的著作，以及卡鲁索（1967：7—43）在论述列维－斯特劳斯时提出的清晰反思。在人类学的特有视角方面，可参见布蒂塔（1996）、雷莫蒂（1971）、安焦尼（1973）和索利纳斯（1973）等人的著作。还需指出，多诺弗里奥（1995，2000）的著作从列维－斯特劳斯的教诲中获益匪浅。此外，还可参考雷莫蒂（2008）、法别蒂（2008）和奇雷塞（2008）最近出版的著作。

[6] 列维－斯特劳斯批评哲学家们不关心民族志和民族学提出的问题，也不顾其中所包含的人类学问题。他批评他们既孤陋寡闻，又心怀叵测："也许他们并未完全意识到，他们对我的责难是：我从神话中提取的额外含义是他们所不愿看到的。一个不具名的声音

大声宣讲来自远古和精神底层的论说。他们拒绝承认和接受这种震耳欲聋的声音,他们不能容忍这种话语所表达的内容与他们的规定大相径庭。"(列维－斯特劳斯,1971:572)

[7] 罗西为勒维特撰写的前言(1963:18);还可参见尼奥拉的论著(1974)。

[8] 贾科莫·莱奥帕尔迪的诗句,出自《吉内斯特拉》,表达对人类进步的虚荣感。

参考文献：

安焦尼，G., Angioni, G. (1973) «Miti e metamiti», 收入 A. M. 奇雷塞（主编），dans A. M. Cirese (éd.), *Folklore e antropologia tra storicismo e marxismo*, p. 113—137, Palerme: Palumbo。

巴特，R., Barthes, R. (1964a) «Les sciences humaines et l'oeuvre de Lévi-Strauss», *Annales*, 6: 1085—1086。

巴特，R., Barthes, R. (1964b) «L'activité structuraliste»，收入巴特，R., dans Id., *Essais critiques*, p. 213—220, Paris: Seuil。

邦弗尼斯特，É., Benveniste, É. (1966) *Problèmes de linguistique générale*, Paris: Gallimard。

布蒂塔，A., Buttitta, A. (1996) *Dei segni e dei miti: una introduzione alla antropologia simbolica*, Palerme: Sellerio。

奇雷塞，A. M., Cirese, A. M. (2008) *Altri sé: per una antropologia delle invarianze*, Palerme: Sellerio。

德里达，J., Derrida, J. (1967) «La structure, le signe et le jeu dans le discours des sciences humaines»，收入德里达，J., dans Id., *L'Écriture et la différence*, p. 409—428, Paris: Seuil。

多诺弗里奥，S., D'Onofrio, S. (1995) «L'atome de parenté spirituelle»，收入 F. 埃里捷 – 奥热和 E. 科佩 – 鲁吉耶（主编），dans F. Héritier-Augé et É. Copet-Rougier (éds), *La Parenté spirituelle*, p. 82—132, Paris: Archives Contemporaines。

多诺弗里奥，S., D'Onofrio, S. (2000) «Autour de la Règle»，收入 J. -L. 雅马尔、E. 泰雷和 M. 尚塔库（主编），dans J. -L. Jamard, E. Terray et M. Xanthakou (éds), *En substances: textes pour Françoise Héritier*, p. 253—268, Paris: Fayard。

埃科，U., Eco, U. (1972) *La Structure absente. Introduction à la recherche sémiotique*, traduit de l'italien par Uccio Esposito-Torrigiani, Paris: Mercure de France。

法别蒂，U., Fabietti, U. (2008) *Claude Lévi-Strauss nel centenario della nascita*, 收入 W. 卡尔滕巴赫尔（主编），dans W. Kaltenbacher (éd.), *Claude Lévi-Strauss nel centenario della nascita*, p. 11—33, Naples: Istituto Italiano per gli Studi Filosofici。

丰特奈，É. 德，Fontenay, É. de (2008) «Lévi-Strauss, Rousseau et les "droits du vivant"»，propos recueillis par A. Lacroix, *Le Magazine Littéraire*, 475: 76—78。

福柯，M., Foucault, M. (1966) *Les Mots et les Choses*, Paris: Gallimard。

列维 – 斯特劳斯，C., Lévi-Strauss, C. (1962) *La Pensée sauvage*, Paris: Plon。

列维 – 斯特劳斯，C., Lévi-Strauss, C. (1963) «Réponses à quelques questions», *Esprit*, 322: 628—653。

列维－斯特劳斯, C., Lévi-Strauss, C. (1964) *Le Cru et le Cuit*, Paris: Plon。

列维－斯特劳斯, C., Lévi-Strauss, C. (1967) *Razza e storia e altri studi di antropologia*, P. 卡鲁索（主编）, éd. P. Caruso, Turin: Einaudi。

列维－斯特劳斯, C., Lévi-Strauss, C. (1971) *L'Homme nu*, Paris: Plon。

列维－斯特劳斯, C., Lévi-Strauss, C. (1974) *Anthropologie structurale*, Paris: Pocket。

列维－斯特劳斯, C., Lévi-Strauss, C. (1983) *Le Regard éloigné*, Paris: Plon。

列维－斯特劳斯, C., Lévi-Strauss, C. (1997) «Jean-Jacques Rousseau, fondateur des sciences de l'homme» [1962], 收入列维－斯特劳斯, C., dans Id., *Anthropologie structurale* deux, p. 45—56, Paris: Pocket。

列维－斯特劳斯, C. 和埃里邦, D., Lévi-Strauss, C. et Éribon, D. (2008) *De près et de loin*, Paris: Odile Jacob。

勒维特, K., Löwith, K. (1963) *Significato e fine della storia: i presupposti teologici della filosofia della storia*, Milano: Edizioni di Comunità。

勒维特, K., Löwith, K. (2002) *Histoire et salut: les présupposés théologiques de la philosophie de l'histoire*, trad. de l'allemand par Marie-Christine Challiol-Gillet, Sylvie Hurstel et Jean-François Kervégan; présentation de Jean-François Kervégan, Paris: Gallimard。

马费索利, M., Maffesoli, M. (2008) «Martin Heidegger et Claude Lévi-Strauss: la connivence impensée», *Le Magazine Littéraire*, 475: 80—81。

莫拉维亚, S., Moravia, S. (1969) *La ragione nascosta: scienza e filosofia nel pensiero di Claude Lévi-Strauss*, Florence: Sansoni。

尼奥拉, M., Niola, M. (1974) «Alcune osservazioni sul concetto di storia nell'etnologia di Claude Lévi-Strauss», *Annali dell'Università di Lecce. Facoltà di Lettere e Filosofia*, VI (1971-1973)。

雷莫蒂, F., Remotti, F. (1971) *Lévi-Strauss: struttura e storia*, Turin: Einaudi。

雷莫蒂, F., Remotti, F. (2008) *Contro natura: una lettera al Papa*, Rome-Bari: Laterza。

利科, P., Ricoeur, P. (1963a) «Symbolique et temporalité [communication de P. Ricoeur suivie d'un débat avec R. Boehm et d'autres] », *Archivio di Filosofia*, XXXI-II, 1-2 (*Ermeneutica e tradizione*): 5—31, 32—41。

利科, P., Ricoeur, P. (1963b) «Structure et herméneutique», *Esprit*, 11: 596—627。

索利纳斯, P., Solinas, P. (1973) «Lévi-Strauss, le strutture della parentela e le posizioni marxiste», 收入奇雷塞, A.M.（主编）, dans A. M. Cirese (éd.) *Folklore e antropologia tra storictsmo e marxismo*, p. 79—111, Palerme: Palumbo。

斯佩贝尔, D., Sperber, D. (1982) *Le Savoir des anthropologues*, Paris: Hermann。

斯佩贝尔, D., Sperber, D. (2008) «Une pensée à l'orée des sciences cognitives», *Le Magazine Littéraire*, 475: 70—71。

泰绍罗, E., Tesauro, E. (1670) *Il cannocchiale aristotelico, ossia Idea dell' arguta et ingeniosa elocutione che serve a tutta l'Arte oratoria, lapidaria, et simbolica esaminata co' Principij del divino Aristotele*, Turin: Zavatta。

列维－斯特劳斯：
现代的、超现代的、反现代的

乌戈·E. M. 法别蒂　著
萧俊明　译

　　无论你如何评定他的结构主义——关于人类文化（或本性）的定论，最后一位启蒙哲学家的睿智创造，一个伟大的思想传统的绝唱，一位唯美主义者的创意，或更简明地说，天才之作，不可否认的是，列维－斯特劳斯卓然而立，在20世纪人类学和人文科学整个领域独领风骚。他的思想和著述给作为一门学科的人类学以及许多相关知识领域留下了毋庸置疑的深远影响，而且在20世纪的多半时间还影响到范围更广的文化。他的婚姻交换概念，他关于"野性思维"的分析，他的作为"自身思考的思想"的神话理论，还有善辩的散文风格，以及他从人类学理论转到哲学、然后转到文学再后转到音乐和绘画的超凡才能：列维－斯特劳斯长寿的一生中获得的数不清的荣誉和奖励或许仍然未能充分体现出他作为一位公共知识分子在半个世纪所吸引的关注和敬仰（以及批评）。甚至以不认同列维－斯特劳斯的进路而闻名的克利福德·格尔茨——认为它是某种"理智至上主义"（cerebralism）的产物（格尔茨，1973）——也写道："（列维－斯特劳斯的）结构主义给人类学带来的思想上的重要意义……不会很快消失……我认为，它对我们的影响……几乎是持久的。"（格尔茨，1988：25—26）其他许多人认为他的著述若结合认知科学来看，有希望结出新的硕果。

　　然而，列维－斯特劳斯从不喜欢理智至上主义。他60多年坚信一种关于人类学可以并应该是什么的观点，他卷帙浩繁的著作凭着这种信念不断地焕发着生命力，让我们想到，一个人即使不能谈论任何事情，但至少可以谈论相当多的事情，而同时仍然信守一个基本的组织和指导原则。无论是讨论亲属制度还是"野性"思维，无论是讨论图腾制度还是神话——更不用说软体动物的虹管、花朵、文身、护身符、面具、美景或音乐旋律，他的结构机器以一种融贯和完全成形的视野对无数每一个都显然没有内在意义的现象进行剖析、区分、比较对照和重组。这种视野的基础是笃信人的心灵是按照某种不受时空限制的必然法则发挥其功能的。这是再明确不过的事情。他1960年1月5日在法兰西学院所做的社会人类学首席教授就职讲座中宣称："（如今）民族学以两种方式来进行……纯粹状态和稀释状态。健全的科学态度不会在其方法与其他方法混淆的地方，在其目标与其他目标混淆的地方寻求发展民族学。"（列维－斯特劳斯，1983a：26）

然而，与这个"科学的"或"结构主义的"列维－斯特劳斯同在的似乎是另一个列维－斯特劳斯，影响没有那么大但无疑同样闻名，他的人类学对专家圈外的广大公众读者具有同样重要的影响。这**第二个**列维－斯特劳斯尤其，但不是唯独可以在《忧郁的热带》的作者中看到。在他看来，"音乐或诗的片段"（列维－斯特劳斯，1992a：376）——其所受教养的良好知识氛围的产物——的作用如同普鲁斯特式回忆（列维－斯特劳斯时常提及）的痕迹，在其笼罩下，理论与生活经验似乎和谐共存。当然，对于列维－斯特劳斯而言，这种类型的个人经历成为了所有人类学家的职业，这些社会流浪者的职业迫使他们"在时光上回溯好几千年之久"（出处同上），来寻找失掉的两次时光：为他们所归属的社会所失掉的时光，为他们自身作为个体远离其同胞去寻求理解他们对于同胞的疏远感所失掉的时光。这是苏珊·桑塔格在其1963年的一篇著名文章中声援的——从哲学上讲——"《现代》的拉撒路"的经历。这个"离开他的世界"[1]的人的复活是要实现一种命运，即一个感觉必须使自己摆脱他唯一尚未摆脱的文化——他自己的文化——的人的命运。

与他更为严格的理论著述同在的是列维－斯特劳斯事实上所表现出的一种不断回想往事的倾向，尤其是在《忧郁的热带》中。这种回想如果不是因为作者常用的"厌恶"（列维－斯特劳斯自己的用语）这个词甚至可以称为"感伤的"。列维－斯特劳斯总是宣称，每当他被迫谈论自己的时候——但这是在这部引人入胜、绝无仅有的著作中他必须，而且非常有能力去做的一件事——就会感到厌恶。列维-斯特劳斯的这个"人格方面"似乎与他的**几何化精神**（esprit géométrisant）相结合，抵消了那些显示了一种更为明显的科学倾向的方面。这种倾向表现在他对来自其他知识领域的认识论模式的运用中（不是一种普遍接受的、事实上为许多人所反对的技巧）。这向我们展现出一个比他的结构机器有时可以引导我们去想象的更具体、更"人性"，因而远不那么"理智至上"的列维-斯特劳斯。

我无意在这里回到一个双重面孔的列维-斯特劳斯的形象：一面是结构人类学理论家，另一面是回忆录作者；一面是理性主义者，另一面弥漫着"原始神秘主义"。我也无意重构其著述中"客观化的文本化"与更为私密的日记体写作[2]之间的两分法（如今已不再被接受）。然而，我想提出的是一种不同的解读列维-斯特劳斯的全部著作的方法，并且从一种"文化痕迹"的意义上使用**全部著作**（œuvre）这个词：他在其民族志著述和理论著述中留下的痕迹，在其《忧郁的热带》的回顾中留下的痕迹，以及在不同时间不同场合对各种各样过去、现在和未来的事物和事实表达的意见中留下的痕迹。

本文的标题概括了这一目的。三个形容词现代的、超现代的及反现代的具有一种本质上的表述功能：它们并不反映一种要在列维-斯特劳斯的著述中看到一系列按照线性序列展开的"阶段"或"环节"的愿望。我承认，要概括在多半个世纪发展起来的全部著作或一种思想，而又不流于那种从 A 点向某种类型的最终或完整"体系"移动或"进展"的错觉，是困难的。但是，列维-斯特劳斯一再地，并且几乎是直接地拒斥了这种体系化地解读其著作的可能性，尽管在探讨如此复杂的各种观念时总是诱惑难挡。

然而，即使从非体系化的视角来展开对列维-斯特劳斯全部著作的审视，某些不断地出现又消失，却又同样快速地重新出现和消失的观念仍然会给你带来冲击。这可能会造成这样的印象，即他的思想诞生时几乎完全成形或一气呵成，就像列维-斯特劳斯本人在若干场合——不是偶然的——谈论人类语言的起源那样。事实上，同样的论题在他的著述中反复出现，给人的总体印象是，他们面对的是某种预先创制的东西。从这个角度来看，现代的、超现代的和反现代的这三个形容词并不是指他思想发展中的三个等量阶段，而是指他的全部著作的总谱展开其上的三个乐章。

现　代　的

在列维－斯特劳斯那里，如果有某种可被视为起点的东西，那么就很容易回溯到他在美国（或更准确地说，在纽约）的岁月，他在那里与结构语言学的相遇标志着其著述的**序曲**，在某种意义上也是**终曲**。

若要更加仔细地审视这个起点——正如刚刚说的，这个起点似乎孕育着它的终点，那么不妨从以下这个论点开始：与结构语言学的相遇为列维－斯特劳斯的现代主义的发展构建了先决条件，同时也包含了其转化为超现代主义的催化剂。[3] 其实，从20世纪50年代初期起，列维－斯特劳斯——如同以往的其他**思想家**——试图彻底重建其自己的学科，并且借此来重建全部人文科学。那种认为民族学（或人类学）是一门不会枯竭的科学，其使命是对全部人类经验进行发掘和分类的观念，并不意味着如果民族学只是简化为认真地采集材料并有条理地将这些材料组成清晰的范畴就可以转换为某种更广阔更深层的东西。列维－斯特劳斯的民族学观念之所以在更一般的意义上对应于人类学观念，只是因为如他在《民族学概观》一文中所写道的，他试图"通过研究人的全部社会经验来解释完整的人"（列维－斯特劳斯，1953：70）。这实质上是人类学的目标，也即列维－斯特劳斯的**现代性**工程，这个工程使他完全沿循了自文艺复兴的人文主义出现起就追求关于人类的总体认识的传统。那么，列维－斯特劳斯似乎与所有古典人类学背后更广泛的进行比较的冲动形成了一致。[4] 但是，如果这个研究目标如列维－斯特劳斯所说，是去理解完整的人，那么这种完整性包含什么？如果关于人类的完整认识不是一部对有关人类时空经验的材料进行系统概括的"百科全书"，那么我们"解释完整的人"必须依据的其他维度是什么？这种材料虽然是客观的、积累的并可整理成各种清晰有序的范畴，但事实上仍然与现实的感知和现象维度有着极为强有力的关联。其组合无穷无尽，难以把握。因此，我们必须超越那些构成这些可能组合的要素的感知层面。它们的重要意义并不全然包含于其自身或组合之中，而是包含**在它们的互惠关系中**。

有一种共识认为，当列维－斯特劳斯的研究——取向于一种**真理**的理想极限（就此而言，关涉人的社会本性）——遇到**意义**问题时，连接他与古典人类学和民族学传统的连续线就中断了，或至少大幅度地改变了路线。对列维－斯特劳斯而言，他涉足语言学标志着他放弃了古典的人类学概念。这意味着他从我们可能称之为经验的思想层面转向抽象层面，同时远离理解"完整"的人的不折不扣的"现代性"工程。但事实上他从未完全放弃这个工程；相反，他对人的思维所独有的原则（对立、结构、形式关系，它们将可感知经验要素相互连接起来）的识别反而强化了这个工程。这种从经验层面到结构层面的过渡（按照列维－斯特劳斯本人的观点，这条道路已经由马克思主义和精神分析铺好）显露出其清晰分明的结构语言学面貌，而结构语言学当然成为他的人类学的灵感女神。[5]

这种视角会引导列维－斯特劳斯放弃旧有的逻辑、理性和文明思维与前逻辑、神秘和原始思维之间的区分。在列维－斯特劳斯看来，这是一个定义人类思维的不变规律的问题。这些思维规律（自然不是思维本身）之所以是不变的，是因为思维表达和组织对现象世界的认知所依据的结构本身是不变的。[6]这就是列维－斯特劳斯的现代性的"实现"，也是其现代意义的西方传统的普遍化工程的最终起点。这是其外部界限，因为按照启发其模式的原则奋进的列维－斯特劳斯显现出我称之为他的"超现代主义"的东西。

超现代的

正当列维－斯特劳斯的工程似乎要实现其构建一门理解"完整"的人的现代人本主义科学这一目标时，这种完整性本身消失了，分解为其各种不同的形式和抽象要素。具有悖谬意味的是，事实上恰恰是理解"完整的人"的企图要将人作为一个历史存在、一种意识形式和一个主体来分解。当然，列维－斯特劳斯首先要分解的主体是萨特存在主义的主体，是他在《裸人》中所说的那些哲学家的主体。他在《裸人》几页言辞犀利的文字中写道，那些哲学家"主要关注的是为个人身份这个可怜的宝物构建一个避难所"——同是这些哲学家"宁肯要无理性的主体也不要无主体的理性"（列维－斯特劳斯，1990：687）。

让我们试着对这些言论做一评判。列维－斯特劳斯针对的主体——"这个被宠得让人无法忍受的孩子至今占据哲学舞台的时间太长了，阻止了心无旁骛的严肃研究"（列维－斯特劳斯，1990：687）——并不是他在《野性的思维》中严厉批判的萨特存在主义的主体。它也不是胡塞尔现象学或狄尔泰解释学的主体——列维-斯特劳斯对二者似乎从未有太多的涉猎（埃纳夫，2004），更不用说他的朋友梅洛-庞蒂所理解的主体——《野性的思维》就是献给他的。毋宁说它是这样一种哲学的主体，这种哲学"即使一方面用一个匿名的他人，另一方面用一个个人化的欲望……来取代自我，那也掩盖不了这样的一个事实，即只需重新将二者粘在一起，再把所产生的实体调转过来就可以认出潜藏在下面的自我正是那个被大声宣布已经消亡的自我"（列维-斯特劳斯，1990：630）。

如果说这些哲学家的主体是**宠坏的**（gâté）、不可忍受和"讨厌的"，那么这是因为列维-斯特劳斯从50年代初就给自己指定了——用他的话讲——"分解人"的任务：某种他必须经由如下步骤来完成的东西——首先研究神话结构，然后是他对"野性思维"的分析，最后回到其卷帙浩繁的四卷本《神话学》所探索的神话。事实上，他常说的目标是推翻那种把人置于一个历史论域的中心的人文主义观点，而这个历史论域却是人以一种完全错觉的方式为自己建造的。

对于这些"人文主义者"，列维-斯特劳斯反驳说，如果按照历史标准去定义人，那么对那些"没有历史"的、却构成了民族学的优先对象的民族就不可能说出任何东西。这些民族大多确实具有历史，但是与我们看待历史的方式不同；也就是说，将历史视为人的意向的产物。他在《野性的思维》中写道，"我认为人文科学的最终目的不是去构成人，而是去分解人。人类学的突出价值就在于它代表了某种方法中的第一步骤，这一方法还包括其他步骤。民族志分析试图达及在经验上千差万别的人类社会之外的常量"。但是，他继续写道，"把各种特殊的人性重新纳入一般的人性是不够的。这个第一步为其他步骤开辟了道路……这是精确的自然科学必须遵行的：文化重新整合于自然，并且最终生命重新整合于其物理化学条件的整体"（列维-斯特劳斯，1966：247）。

民族学可以如列维-斯特劳斯早年间希望的那样成为一门科学，而且成为一门能够重塑所有人文科学的科学，结果这一希望与完全悖谬的可能性连接起来，即民族学会导致先对人本身进行分解，并因而对其自己的主体进行分解。这是列维-斯特劳斯摆在我们面前的许多悖论之一。说到对主体的分解，那么恰好可以在这里指出，列维-斯特劳斯专对卢梭——他经常称之为真正的"人的科学的奠基人"——所进行的本身就带有悖谬意味的论述忽略这样一个事实,即卢梭在其思想的某些方面也倡导一种以存在着的最现代的主体为中心的知觉形式:个人人类良知的戏剧。

列维-斯特劳斯频繁地回到"分解人"这个论题。这种分解的登峰造极在《神话学》最后一章中表现得淋漓尽致,但是列维-斯特劳斯时常指出"将人重新整合于自然"的必要性,或者让我们对人类状况的理解重新沿循与自然科学的原则类似的原则,甚至在诸如《人类学的范围》和《野性的思维》这些很早的文本中就已表明,这种观念从一开始就深深地扎根于他的思想之中。这就不难理解他为什么做出诸如以下的论述:"与那种将辩证法局限于人类历史并剥夺其自然秩序的哲学(与萨特有关)不同,结构主义愿意承认,它从心理学角度表述的各种观念不过是勉强接近于有机真理甚至物理真理。"或者:"被某些评论家斥为无谓和坠落的游戏的结构分析之所以只在心灵中出现,是因为它的模式已经存在于身体之中。"(列维-斯特劳斯,1990:689,692)

然而,列维-斯特劳斯所做的极具修辞效果的结构语言学与遗传密码之间的比较,无疑最为生动地描述了这种长期寻求的对自然界的人的分解。前者实际上预兆了对后者的发现——因为没有自己内在意义的要素的组合可以产生能够同时促进和调解沟通的信息:就前者而言,在人类之间;就后者而言,在细胞之间。在一行带有夸张味道的文字中,列维-斯特劳斯似乎真的"终结"了人文科学的主体:"当自然界几十亿年前寻找一个模式时,"他写道,"她毫不犹豫地提前借用了人文科学的模式,这就是在我们看来与特鲁别茨科伊和雅各布森的名字联系在一起的模式。"(列维-斯特劳斯,1990:685)[7]

这些引自列维-斯特劳斯20年间撰写的著作的论断显示出他的思想中相当程度的连续性,并且表明他的"超现代"阶段何以没有"跟随"一个使他与一般理解的现代主义工程关联更为紧密的阶段——这个阶段依托的是一个基于比较和概括的认识概念。他的超现代主义与他的现代主义共存,如同其思想交响乐的第二乐章与现代主义并行不悖。

但是,这种超现代主义并非只体现在采用结构方法分析婚姻交换模式、自然和社会世界的分类系统、审美生产方式以及复杂的神话中。事实上,对于人和主体的分解甚至出现在《忧郁的热带》中。普遍认为这个文本出自另一个列维-斯特劳斯的手笔，通常将其划定为自传体、文学甚或原始主义作品。[8]

列维-斯特劳斯在《忧郁的热带》中回顾他脱离哲学的动机时宣称，"要达及现实就必须首先拒斥经验，然后再将经验重新整合进一个不带任何情感的客观综合"。他还认为存在主义似乎是一种无效的思辨形式，"因为它对主体性错觉持过分放纵的态度"。他最后评论说，"将个人的先入之见提升到哲学问题的高度太可能导致一种女店员式的形而上学。这种形而上学如果允许人们拿哲学的必然使命当作儿戏……也就是从存在与其自身的关系而不是从存在与我自身的关系来理解存在……那是极其危险的"（列维-斯特劳斯，1992a：58）。

那么，早在《野性的思维》之前，也远早于《裸人》，主体的命运就已经在《忧郁的热带》中被决定了。但是又一次陷入了一个悖论：这就是说，恰恰在列维-斯特劳斯比以往任何时候都充分专注于那个他充满期待地投身于其中的原始世界的时刻。他在《忧郁的热带》中描述他与一群图比-卡瓦伊布印第安人的短暂而令人失望的相遇的几个著名段落，似乎标志着民族学家职业转换中的一个关键时刻，同时也标志着科学新视域的开启：

> 经过这一趟迷人的溯河之旅后，我的确找到了我要找的野蛮人。哎呀！他们也太野蛮了……他们就像镜子中照见的那样近在咫尺，我可以触到他们，却不能了解他们……难道认为人并非始终都是人不是我的、也不是我的专业的错误吗？……要消除他们的陌生感，我只有成功地猜测他们是什么样子：要是那样的话，我不如就留在我自己的村落。或者，如果就像现在这样的情况，他们保持着他们的陌生感，那么我可能会一筹莫展，因为我甚至不能理解这种陌生感是怎么构成的。（列维-斯特劳斯，1992a，333）

那么，如何能够洞悉他们的秘密？如何能够将他们置于一个融贯的理解体系？带有悖谬意味的答复是：无视他们。无视野蛮人，忘记他们；这正是当列维-斯特劳斯把注意力转向自然（列维-斯特劳斯的诠释者经常忽略的一点），暗示他对农村的描写已经表明了他所认为的真正认识人的唯一可行之路时似乎要做的，此时他已经屈服于这样的想法，即就在他们在身体上最接近的时刻，他与印第安人之间的认知距离是最大的：

然而，即使这些居住者默不作声，大地本身也会对我说话……或许大地会回应我的祷告，让我得知其童真的秘密。在这什么都是什么也都不是的混乱表现背后，童真究竟在哪里？我可以挑出某些景色，将它们与其余的东西分离开来；它的童真是这棵树吗？是这朵花吗？很可能是别的地方……我拒斥无垠的景观，限制它的范围，将其缩减到这块黏土滩地和这片草叶：没有任何东西可以证明我的视线如果扩大其视野的话不会在这无关紧要的碎片周围发现默东森林（Bois de Meudon），它每天都被最本真的野蛮人踩踏，但是名叫星期五的男人的脚印却不见了。（列维-斯特劳斯，1992a：333—334）

于是，无法理解的印第安人干脆就消失了。他们作为有血有肉的人类消失了，就如同他们周围的自然栖息地消失了一样：他们被分解成分离的要素，分解成他们文化中那些最容易为民族志学家的目光所识别因而可为人类学家的智性所理解的特质。[9] 如同他们周围的事物，他们是一个更大的事业的组成部分，这个事业在人类学家看来是"试图利用他们的材料"，尤其是利用他们周围的自然"想他们所想"（格尔茨，1993：357）。简言之，他们作为主体消失了。

那么，这种列维-斯特劳斯经常称为的"原始社会"在其全部著作中始终是最重要的修辞的、自然也是认识论的遭遇之一，并非巧合。的确，在其著名的法兰西学院就职讲座（1960）的一个最重要的段落中，他反问自己："那么，我们对这些社会——它们虽然肯定不是原始社会，但由于没有更好的字眼而被这样称呼——表现出明显的偏爱的理由是什么呢？"（列维-斯特劳斯，1983a：26）[10] 这些原始社会是无法理解的——"虽然"，正如列维-斯特劳斯本人所言，"它们肯定不是原始社会"——但是正是由于它们才可能更一般地构建一种凭借其本身成为人类学的核心的民族学。假如是这样的话，那么只是因为**我们自身将这些社会想象为原始的**。以某种方式定义一个社会同时又否认它像我们所定义的那样真实地存在，不啻为一个悖论，或许是毫无意义的。然而，如同一个构思巧妙的悬念故事，真相只在结尾时披露：列维-斯特劳斯庄严地宣布非原始的原始人是"我们正想保存的东西的活化石"（列维-斯特劳斯，1983a：30）。

如果原始人——"陷入机械文明罗网的可怜生灵"——是我们正想保存的东西的活化石，那么我们想保存的东西并不是原始人本身，而是他们在南美雨林的树荫下所保持和体现的东西："终极真理"，在这个真理中，并通过这个真理可以再次带有悖谬意味地"分解人"。我们回到了起点，在"我们"这些文明人的另一端，我们发现了"他者"，即我们的兄弟，那些沉默不语的原始人，他们自己浑然不知的伟大恰恰就在于他们依然如此（列维-斯特劳斯，1992a：41）。[11]

这是列维-斯特劳斯的超现代主义的外部界线：主体，不仅是某些哲学家的主体，而且是印第安人——仅存的"我们正想保存的东西的活化石"——的主体，一劳永逸地被分解了。《忧郁的热带》的结尾部分可能提供了一个前兆，而最后的丧钟的响起，正如我所指出的，是在《裸人》著名的最后两页。这些书页的不同凡响在于其感召和文体的力量，就如同它们搅乱了列维-斯特劳斯看到的人类脚下的深渊（列维-斯特劳斯，1990：694—695）。[12] 甚至书页中的最后一个字"无"（rien）似乎都在暗示浩瀚无边。作者借助书页要表白的是，人的"蚁窝似的活动"，即在人类文化注定要"沉入"其中的"我们的狂热所造就的空无"中挖掘（所有表达式均引自《忧郁的热带》最后一段），在泰然自若的宇宙面前是徒劳无用的。

当在号称科学的推理过程中，宇宙的泰然自若（"地球平静的面部"）被假设为某种不同于单纯的事实陈述的东西，甚至成为了人类状况的一个尺度时，这种科学推理，以及它连带的宇宙本身便转换成某种别的东西。然后有两条路可供选择：或者**相信**（列维-斯特劳斯不相信）自己，或者宣称自己是一个悲观主义者。确实，正如列维-斯特劳斯所说：

> 基本的对立——神话中充满的无数他者之来源，这四卷书已对这些他者做了概述——正是哈姆雷特所说的对立，尽管采取的是一种仍然过于乐观的二择一的形式。人并不能自由地选择生存还是死亡。（列维-斯特劳斯，1990：694）

如果不由人来选择，那么人类历史还有何意义？这或许说明了列维-斯特劳斯在整部著作中似乎屡屡沉溺于其中的怀旧情绪、失落感以及所谓的"原始主义"的原因所在。当然，这些是随着时间的流逝而被强调的论题，在某些情况下它们要演变并产生有时被判定为过于谨慎的立场，如果不是公然保守的立场。然而，我以为，如果认为这些论题——原始主义、怀旧、失落感，都具有一种明显的悲观主义——不过是他思想的一个迟来的产物，那会是错误的。恰恰相反。如同他的现代主义，如同他的"超现代主义"变异，这些动机——怀旧、失落、所有行动都是徒劳的感觉——也属于整部交响乐的一部分，它们是其思想乐谱的第三乐章。

反现代的

如果不是对人所处的一种虽说更加依赖于自然而被社会所奴役的程度却远不如当今的状态的失落感，那么在《裸人》"终乐章"中明确宣布的"无"之后还可能剩下什么？人在自己周围筑起像牢笼一样的大厦，他在这牢笼中终于认识到他的所有行为根本就是徒劳无用的。其实，人的每一次反叛的企图伴随的都是他对自己所建造的东西的越发依赖，因而其最终结果最后只能证明是命中注定的："这个世界开始的时候并没有人，这个世界结束的时候也没有人"（列维-斯特劳斯，1992a：413）。

这是列维-斯特劳斯筹划关于其自身的反现代主义版本所依托的背景——如果我们对反现代主义的理解不是想回到一种完全不可能的原始状态（当然在列维-斯特劳斯那里这是根本不存在的），而是一种对我们一般称为"现代的"所谓社会进步的持久（如果不是系统的）批判。进行这种批判的人，**经历**了现代主义，并且似乎自始至终跟随现代主义到达其最极端的逻辑结果。

在最近一部关于法国反现代主义的著作中，文学理论家安托万·孔帕尼翁写道："反现代主义者与其说是反动派，倒不如说不知不觉地成为现代派，这些人，就如萨特评说波德莱尔那样，在生活中一边看着后视镜一边前进。"（孔帕尼翁，2003：137）

那么，我们不妨对列维-斯特劳斯的这种反现代主义即其交响乐的第三乐章做一考察。在列维-斯特劳斯看来，他也追求的现代性工程起始于人道主义，他想将他指责为模棱两可的东西从中剥离出去。一方面，人道主义确实开启了对异文化的关注；另一方面，正如他在1979年的一次著名访谈中所宣称的，人道主义也是"我们经历的所有悲剧"的开始，"……先是殖民主义，然后是法西斯主义，再后是纳粹灭绝营——凡此种种对于我们实践了几百年的所谓人道主义无关痛痒或者说与之并行不悖，而我更愿称之为人道主义的自然延展"（列维-斯特劳斯，1979：24）。[13]事实上，列维-斯特劳斯认为，将人与自然分离，在人与所有其他生灵之间划分一道明确的界限，然后乘机将人类本身分成不同类别，于是所谓下等人可以为了所谓上等人而被牺牲也就顺理成章了，对此人道主义难辞其咎。

茨维坦·托多罗夫指出了列维-斯特劳斯对于人道主义的否定观点何以不能成立。说灭绝犹太人是人道主义的一个后果，

……不仅意味着言说者在忽略或压制19世纪**反人道主义**（在法国有戈比诺、勒南或瓦谢·德拉普热的种族主义）中的法西斯主义的意识形态根源，而且意味着言说者有意制造一个逻辑悖论，因为他自鸣得意地在人类平等的基础上推演人的**不平等**论题。（托多罗夫，1993：68）

将人的不平等追溯至将人视为平等（或许是待为平等）的愿望，的确是一个悖论。因为将殖民主义和种族主义的劣行归因于人道主义及其对启蒙运动的"输出"是悖谬的。[14]主张这种观念不啻意味着迎合那些透过他人之徒的口号；就如同意味着对在确实截然不同于将所有人类都视为或待为平等的臆想的种种假设下运作的力量和利益运动无从感知。[15]

因此，列维-斯特劳斯的反人道主义不允许极权与民主之间的区分。无视这种对立，托多罗夫写道，"在地质学时标上"是正当的……"如果测量单位是人的一生则是完全不同的另一回事。石头和植物在独裁政府和民主制度下所遭受的痛苦也许是一样的……但是说到人类则另当别论"（托多罗夫，1993：68）。与列维-斯特劳斯对于人道主义的悖谬反思相匹配的是其他同样具有悖谬意味的关于诸如文化汇合、进步、平等以及自由等论题的见解，这或许不是巧合。

在一项若干年前的研究中，阿尔贝特·O.赫希曼证明了保守和进步思想何以被各种还原式论证所充斥，这些还原式论证可按照赫希曼所谓的反动修辞如悖谬、无效和危险来分类。悖谬论题提出的观点是，任何旨在改进现行秩序（无论是政治秩序、社会秩序还是经济秩序）的行动所起的作用只是恶化它想医治的状况，所取得的结果与预想的恰恰相反。无效论题指的是这样

一种看法,即任何要改造社会的努力都将是徒劳的,因为社会系统的深层结构抵制变革,最终使之成为不可能的。最后,危险论题认为,任何拟议中或进行中的变革的成本太高,因为它最终会危害以前的成果。

赫希曼的总论题是,这些修辞(在每个单一论证中每一论题并不一定与其他论题同时出现)并非总是明确表达负面立场。相反,这些修辞在论证中以悖谬的方式描述了它们所反对的观念,彻底改变了原初论证,完全是从负面的角度来进行阐述。[16]列维-斯特劳斯的反现代性正是通过这种类型的修辞来展现的,其基础——至少我相信——是其哲学超现代主义。

这样,我们便来到了文化多样性以及文化之间的碰撞问题。列维-斯特劳斯如同(几乎)所有人类学家,是一位坚定的相对主义者,至少从这样的意义来讲是如此:在他看来,如果只是因为不清楚确定的参照系应该是什么而提出可以建立文化价值等级,是不可取的。从这个观点来看,至少他著名的《种族与历史》(1952)不失为道德相对主义的一篇"不朽之作"。他在多个场合重申了这种相对主义,尤其是在《忧郁的热带》中他这样写道:"我们必须接受这样的事实,即每一个社会都在现存的人类诸种可能性的范围内做出某种选择,而且各种不同的选择之间无法相互比较:它们都是同样有效的……然后我们会发现,没有任何社会从根本上就是好的,也没有任何社会是绝对坏的;所有社会都为其成员提供一定的好处,但作为附带条件总是存在着罪恶的残余,而残余量似乎差不多保持着恒常状态。"(列维-斯特劳斯,1992a:385—387)

然而,当谈及不同文化之间的接触问题,列维-斯特劳斯的视野便失去了曾招致多方面批评(例如罗歇·凯卢瓦)的乐观主义色彩,而采取了一种危言耸听,有时是大难临头的调子(列维-斯特劳斯,1955a)。普遍认为,他发出的警示至少最初衍生于他对西方文明的否定观点,因为西方文明往往将其所到之处的其他文明碾得粉碎(列维-斯特劳斯,1992a:406)。但是,在其推理的某一节点上列维-斯特劳斯突然来了一个大转弯,甚至在某一点上对文化之间的"过度"接触所固有的危险进行了理论探讨。在回顾形形色色的"反现代主义者"的推理过程中,其中包括《反思法国大革命》(1790)的作者埃德蒙·伯克——列维-斯特劳斯尤其是他的精明读者,他推翻了他关于人的能动性及其潜在的积极效应(如果不总是意向性效应)[17]的乐观主义观点,揭露了其负面的和灾难性的后果。因此,尽管文化之间的差异作为文化之间互惠互动的产物可以与创造性和创新是同义的，但是每当不同文化交融得过于紧密，恰恰是它们的差异可能会促发一种危险的抹平效应。就此而言，列维－斯特劳斯似乎运用了赫希曼所谓的危险论题。"不存在——也不能存在——绝对意义的世界文明，但它往往被给予了这种绝对意义。因为文明意味着给予自身最大限度的多样性的诸文化的共存，甚至文明就是这种共存。世界文明从世界范围来讲除了是保持各自独创性的诸文化结合，便不可能是任何东西。"（列维－斯特劳斯，1983c：358）

事实上，列维－斯特劳斯宣称自己在很大程度上赞成在文化之间保持一定距离，他认为这与不加选择的种族通婚比较而言罪恶更少一些。因为尽管没有互动显然不可能有增长，但是过度的互动确实同样会导致身份的丧失和文化的死亡。戈比诺以及其他法国反人道主义者和反现代主义者如德博纳尔德和巴雷斯都已表达过后一种论点（孔帕尼翁，2005）。

那么，在某一节点之后，文化之间的接触便变得毫无效果，甚至适得其反，因为同质化意味着普遍化，后者只能被解释为一个不祥之兆。尽管列维－斯特劳斯的现代主义工程具有普遍性，但是唯一名副其实的普遍性——其超现代主义的产物——必须是抽象的，没有主体，不是某种像一个"普遍"社会那样具体的东西。的确，普遍性不可能是某种属于经验领域的东西。它只能属于对我们产生决定作用的隐藏的世界，但它却是"我们不可见的"，因为，假如它是可见的，也就是说成为具体的，那么所有差异便会消失。所有差异消失作为一种基于普遍主义的糟糕的全球文明的咄咄逼人的后果，具有一种施彭格勒的味道，蕴含着一种既对资本主义又对共产主义的批判。

但是，悖论并未就此终止。如果说列维－斯特劳斯惧怕世界秩序的制度化，那么他还不断地（在其从 20 世纪 50 年代到 21 世纪初的著述中）重申最终对一个全球社会的运行采取预防措施的必要：人口增长、文化之间接触的无法预见的后果、自然环境的恶化。列维－斯特劳斯是一位干涉主义者，反对自由放任主义；而后者再一次具有悖谬意味地使他看上去非常近似于他所惧怕的那些人，普遍世界文明的支持者。

然而，在列维－斯特劳斯那里，似乎没有什么比他对自由的反思更加"反现代"。新石器时代的人类，他在《忧郁的热带》中写道，确实"没有当今的人类自由"（列维－斯特劳斯，1992a：391）。但是，他继续写道，"过去两千年的历史是不能挽回的。如今我们对这段历史已经完全无能为力……人类选择了单一栽培,目前正在创造一种大众文明,就像是大面积种植甜菜。今后,人们每天的菜单上只有这一款菜"(列维-斯特劳斯,1992a:38)。

同样可以确定的是,正如他所指出的,"在新石器时代,人类知道如何保护自己不再挨饿受冻;人类已经获得了可用来思考的闲暇时间;人类对疾病无疑没有什么医治办法,但不能肯定地说,卫生条件的进步产生的效果无非就是把维持人口平衡的责任从流行病——这种维持人口平衡的措施并不比其他措施更可怕——转嫁于诸如普遍饥饿和灭种战争这些不同现象"(列维-斯特劳斯,1992a:391)。

所以,看起来我们获得的越多,失去的也就越多。在新石器时代,人没有如今自由,但是人如今的自由不同于他在那个时代的自由。这是人的能动性的无效?进步的逆反效应?确实是悲观主义。"他的劳作、他的痛苦、他的欢乐、他的希望以及他的作品,"他后来写道,"都将像是从未存在过。"(列维-斯特劳斯,1990:695)

列维-斯特劳斯对于自由问题的立场在他一篇专门探讨这一论题的文章中得到了进一步的阐明。他否弃了那种认为可以从人的道德本性来构建人的自由权利的观念,因为自由的定义因时代的不同而不同,包含的是不断变化的具体概念。因此,自由是相对的,而在现代性中出现的自由观念是以抽象和绝对的原则作为出发点来付诸实施的,列维-斯特劳斯从这两个方面——一方面,他否认人的权利衍生于人的道德本性;另一方面,他主张一种相对主义的自由概念——推导出一种必要性,即只有在人类权利的行使不会危害其他物种的存在的程度上才可承认它们。切不可将人的权利建立在人的道德本性的基础上,而必须建立在人的生灵本性的基础上。

至于普遍主义自由学说的命运,列维-斯特劳斯认为它将不可避免地朝着一党形式演化,或者朝着那种"肆无忌惮的自由"发展,在这种自由的影响下,各种观念相互争斗,直至"失去全部实质"。然后他回想起孟德斯鸠不无讽刺意味的言辞:"在因法律而自由之后,人们想自由地反对法律。"(列维-斯特劳斯,1992b:285)

1789年法国大革命使抽象自由的观念连同其他引起欧洲以及尔后世界关注的价值观和观念传播起来,而纠正抽象自由观念的有效方法是**迷信**。[18]迷信既不是极易受骗者的空洞信念，也不是如同阻碍人类找到通往自觉解放之路的**束缚**（chaînes）的传统。相反，迷信是依附的形式，即依附于"诸多的小结合和小团结，这样可以使个体不致被整个社会所碾碎，使社会不致被粉碎成可互换的无名微粒。这些关联将每一个人并入一种生活方式、一个地盘、一个传统、一种信仰或非信仰形式"（列维-斯特劳斯，1992b：287）。

列维-斯特劳斯在为"迷信"这个作为纠正抽象自由概念的有效方法进行辩解中提到埃德蒙·伯克和亨利·S.梅恩，绝非偶然。列维-斯特劳斯似乎要颠覆由弗朗茨·博厄斯首先具体化的人类学信条（列维-斯特劳斯在其他方面对他是无条件的敬仰）。博厄斯认为，只有当我们打碎"传统强加于我们的枷锁"时，我们才是真正自由的（博厄斯，1974：42）。然而，我们仍旧有必要了解一下究竟是什么构成了列维-斯特劳斯所谈及的迷信。

如果给予自由一个或许合理的根据，就会有人指责它破坏了构成其存在基础的"内容"。恰恰是其"不合理的根据"，列维-斯特劳斯指出，保证了自由的存在：那些细微的特权，那些荒谬的小小的不平等"可以在不破坏普遍平等的情况下允许个人找到最近的锚泊地。真正的自由是长期习惯的自由，是爱好的自由———一句话，是习俗的自由"（列维-斯特劳斯，1992b：287）。

在这一点上，列维-斯特劳斯对于自由、主体以及它们在世界中的地位的看法经历了一个奇怪的反转。是否事实上并非宁肯要无主体的理性也不要哲学家的无理性的主体？前者不应该取代后者吗？此时他笔锋一转，自由似乎是一个没有主体的人为抽象发明。但是，正如在很小规模的社会中，自由只能"从内部"具体地保持，因为它不可"从外部"来构建。原始人再一次被召来证实一个鸿沟的开启，这个鸿沟将我们同一种遭受到了历史尤其是现代性的可能是致命的一击的人类状况分离开来（列维-斯特劳斯，1992b：288）。列维-斯特劳斯似乎要对我们说，自由永远不可能被真正地打败，而只能被丧失。

这样我们回到了起点。理性主义的飞跃促使列维-斯特劳斯去寻求普遍性（我们对其现代主义的称谓），将他引向不变性的层面和普遍性形式。但是，这些不变性和形式若要名副其实的话，则必须在一个超越历史例证，超越现实生活的入侵的层面上来理解它们：这就是他向超现代主义的转变。

面对宇宙的泰然自若——生活是它的一种表现（尽管是瞬间的），我们只能试图重新证实生活本身。然而，根据那些同样的理性形式不可能理解这种重新证实，因为这些理性形式就像他悖谬地分解人那样要分解或限制生活，要"剥夺人"的任何意识或情感冲动（这是《裸人》），而回到对于这样一种世界的憧憬：在这个世界中，失落感、怀旧、"停歇"（rester）和"归家"的欲望（一种真正的"回家"），无论多么短暂，却是对我们人类无用的蚁窝似的活动的慰藉和安抚。如同神话中的印第安人——他在《忧郁的热带》最著名的段落之一中以示范的方式将自己比作印第安人，列维–斯特劳斯也到达了大地的尽头，探询那里的人和物，却只是发现了失望（列维–斯特劳斯，1992b：41）。

列维–斯特劳斯的反现代主义及其当代意蕴

列维–斯特劳斯的思想轨迹（从现代经由超现代主义到反现代主义）的结果——其本身在某种意义上是悖谬的——似乎与曾一度以普遍性的名义来实施的工程的内向告退紧密相关。这种"反现代主义"（已经书写在他思想的序曲中）与我们时代特有的存在方式和推理类型不无关联。

在这些存在方式和推理类型中，有一种捕捉到他的相对主义，以及他面对一个被就要爆炸的人口定时炸弹扣为人质的世界中空前密集的文化接触时所表现出的犹豫和困惑。这种类型的推理回到一种简单的文化观，将文化接触论题转换为"文化污染"问题。这种思维方式在某些情况下变成了一种对列维–斯特劳斯的真正政治性的解读——我指的是右派，尤其是法国的右派要对他的思想进行总结的某些企图，它所产生的后果是列维–斯特劳斯本人不可能预见的，更不用说是他想看到的。将文化视为孤立的并受到日趋更甚的"污染危险"的威胁的文化概念，事实上本身就显露出它与将他者构建为异乡人的过程紧密相关。[19]最激进形式的相对主义助长了排斥过程的形成，这个排斥过程基于关于不可翻译性的假定，也即关于文化之间根本无法沟通的假定。因此，"他者"只要仍然在原来的地方他就是如此，并且构成了基本上是令人放心的形象——就如一位旅游者或一位人类学家的目光所捕获的那些形象——的主体；但是，当一个"他者"的存在变得"惹人讨厌"时，他便成了一个异乡人，用鲍曼的一个隐喻（他转借于萨特）来表达：即"我们当中一个无法消除的他者"——就如许多人当今所看到的移民者，这样一个人物让我们想起的与其说是他者在我们中间的存在，倒不如说是"我们"

这个概念本身的不确定性（鲍曼，1997）。[20] 还有另一种将自由问题置于中心位置的思想方式。然而，这种思想方式显然只是继续拒斥一种抽象理性的自由概念，这种自由容易演化成为列维－斯特劳斯本人所说的"肆无忌惮的自由"，在其影响下，各种观念相互争斗，直至"失去全部实质"。这种思想和行为方式跨越政治和文化领域，要求恢复"个人"的自由和尊严，反对社会和哲学理论所认为的"抽象"和"独裁主义"的自由，从而将其话语的中心落于具体的个人及其权利、需要和自由等；而在这具体的个人下面隐藏着一种产生于那种"抽象"自由的旧有认识：**经济人**（homo oeconomics）及其所有的后现代、新时代的化身。这是一个私人个人（被剥夺了社会背景的个人），共同利益对他而言趋向于消失；这是一个"灵活"的个人，对他来说，消费、保健、健身——在某些情况下与"自己动手做"的热潮相关——变成了在公共空间中的补偿形式；这个公共空间并不公共（只有这一次是一个不归因于列维－斯特劳斯的悖论），但那里居住着比以往任何时候都多的类似于"可互换的无名微粒"的人物。列维－斯特劳斯认为，社会通过一种认识不足的"自由的过度"冒险将自身粉碎成这样的微粒。

我们刚才概述的这两种思想方式和行为形式——还可以加上我们在关于环境、社会性别、人口统计、动物权利、原始主义者及其他等等的话语中发现的思想方式和行为形式——告诉我们，这些方式和形式目前已成为变幻莫测的浪潮，而处在浪尖上的是对承认和/或自主的要求，或者相反，对否定和/或压制任何差异的要求。从这些思想方式，行为形式，"感受"不同文化、自然、社会、世界、个人以及"人"的方式来看，列维－斯特劳斯的反现代主义在当今不知不觉地具有了令人意想不到的关联性。

Ugo E. M. FABIETTI: LÉVI-STRAUSS:
MODERN, ULTRAMODERN, ANTIMODERN
（*DIOGENES*, No. 238, 2013）

注：

[1] "四处旅行的民族志学家，不同于自诩的探险家或旅行家，他置自己在世上的地位于不顾，敢越雷池。他并不是在野蛮地界与文明地界之间往来：无论他走哪个方向，都是从死中复活。他将自己的传统和信念交付于他完全生疏的社会经验来检验，并对其自己的社会进行尸体剖检，确实放下了他的世界。如果他在重组和肢解他自己的文化的肢体之后碰巧回来了，那么他将始终是一个复活者。他人，即那群胆小如鼠的懦夫和家妇女以既嫉妒又恐惧的复杂情感来看待这位拉撒路。或者好一些，他们将在他们自己中间就一个可解决的矛盾进行讨论：他们将嫉妒他以如此之高的代价而获得的奥秘智慧；他们将向他乞讨这种奥秘智慧的只言片语；但是他们的懦弱和他的强力让他们耿耿于怀，绝不会宽恕他，因为他的力量迫使他们去面对他们自己人性的可怕证据。"（列维-斯特劳斯，1955，1217）

[2] 特别是围绕着他对马林诺夫斯基的著名批评建立的两分法，这种两分法转而对所谓的"实证主义"人类学的后现代攻击起到一种跳板作用。

[3] 从20世纪50年代——例如，在《民族学概观（1950—1952）》一文中，1953年发表于《第欧根尼》杂志——列维-斯特劳斯坚持将民族学描述为关于"原始民族"的研究。如今类似的定义很难得到广泛的接受，但是列维-斯特劳斯试图借用来自迪尔凯姆和毛斯的"原始民族"这个表达来重申他所坚信的一点，即在技术发展方面最简单的社会也是可以理解其"社会因素"的最"基本"状态的社会。那么，在"原始民族"这个表达的背后是一个明确制定的步骤，即悖谬地（以精妙的列维-斯特劳斯方式）将人类学置于最初可能被视为极不可能的"改造"人文科学的企图的中心。一个悖谬而又不可能有结果的举动：人文科学何以可能事实上被一门关注"原始民族"的学科所改造？"只"关注雨林或荒漠中的人数极少的族群的民族学——他称之为人文科学的"拾垃圾者"——能够向往如此伟岸的角色吗？答案是明确的：由于民族学具有接近人类文化"基本形式"的优先权——这些基本形式隐藏于那些其他更负盛名和更加广为人接受的人文科学不知道如何处理而抛弃的"垃圾"（神话、仪式、绘画、歌曲、奇异婚俗、一连串的氏姓……）中，所以与其他任何学科相比，它更能不改初衷地从人类社会和文化生活中提取基本要素：不断地发掘被遮蔽或曲解的"人类事实"的碎片（垃圾），并将它们整理成有序而又可理解的模式。

[4] 不仅莱布尼茨，托多罗夫也指出："我们从对特殊事实的观察推演出一般特性，从而每个事实似乎都是这些一般和基本特征的（各种可能组合中的）一个组合。"（托多罗夫，1993：62）但是，列维-斯特劳斯反复援引的是暗中潜伏的卢梭："当你想要研究众人，则必须看看周边；但要研究人，则必须首先学会遥看远方；若要发现特征，必须首

先看到差异。"（列维－斯特劳斯，1983b：35）正是在这个基础上列维－斯特劳斯才得以提出，人类学是一门寻求构建一个"关于各种社会的总清单"的学科，在这些社会中可以观察到"如此之多的选择的等同物，它们来自每个社会似乎都会做出的所有可能的选择"（列维－斯特劳斯，1983a：11）。

[5] 结构是一个人类思维的"空范畴"。思维按照诸如高低、左右、生熟、明暗等二元对立运作。这些对立没有其自己的内容——因此它们是"空"的，但它们组织自然和社会经验世界，使这些经验成为反思和行动的对象。意义衍生于思维不断赋予这些对立的关系。而人类学家的任务就是透过表象去感知揭示这些结构的无意识模式。"从自然向文化的过渡"，列维－斯特劳斯在1949年写道，"是由人思考作为对立系统的生物关系的能力决定的……但是，或许必须承认的是，二元性、交替、对立以及对称性——无论是以确定的或不确定的形式呈现——与其说是有待解释的问题，不如说是思想和社会现实的基本和直接材料，这些材料应该是任何解释企图的出发点。"（列维－斯特劳斯，1969：136）

[6] 无论是"原始人"的无意识还是人类学家的无意识，都无关紧要。正如可以从列维－斯特劳斯1950年写的一段文字推断出来的，结构的基本同一性导致两个论域的沟通。这里可资参照的是他在美国期间（1941—1948年）所遇到的语言学，对列维－斯特劳斯来说，语言学——尤其是因为罗曼·雅各布森——成为一种可为参照的"认识论模式"："正是语言，尤其是结构语言学一直以来使我们熟悉了这样一种观念，思想生活的基本现象，即制约思想生活并决定其最普遍的形式的现象位于无意识思维这个层面。因此，无意识是自我与他人之间的中介项。如果深入到无意识的给定中，我们理解的延展，如果我可以这样表达的话，便不是一个朝向我们自身的运动；我们达到一个我们似乎感觉陌生的层面，并非因为它包藏着我们最私密的自我，而是（更为通常地）因为，不需要我们走出自身之外，它就使我能够与同时既是**我们**的也是**他人**的活动形式相吻合：这些活动形式是所有人在所有时间的所有思想生活形式的条件。"（列维－斯特劳斯，1987：35）

[7] 亦参见列维－斯特劳斯和埃里邦（1991：114—115）。

[8] 这是对《忧郁的热带》的流行解释，尤见S. 莫拉维亚。

[9] 在《结构人类学》中，列维－斯特劳斯会提出一个作为不同于人类学的实践的民族学概念，并不质疑"视域融合"概念，尽管后者是解释人类学的核心概念。

[10] 在这一点上，列维－斯特劳斯的立场暴露了另一个悖论。一方面，正是在这些"简单"社会——那些"距离我们自己的社会非常遥远的"社会——中，我们才可能追踪人类社会的"一般功能事实"（马塞尔·毛斯）。因此，原始社会是上升（或下降）到无意识结构的通道。但另一方面，列维－斯特劳斯表明，这种使这些社会远离我们自己的社会的简单性与被认为按照进化规律演进的人类历史的动力并无关联。所以说，介于如在西方、印度、

中国以及阿拉伯世界所看到的"冷"社会（静态社会）与"热"社会（动态社会）之间的原始社会似乎构成了一个近似于卢梭的"自然状态"的有用虚构——列维－斯特劳斯时常称卢梭是"哲学家中最人类学的"。然而，卢梭将自然状态作为一个修辞支点，借助它可以更容易地展开他的论证，而列维－斯特劳斯则将"原始人"表述为民族学所依赖的条件，正是凭借这个条件，民族学本身可以找到那些可以使它向往不仅成为一门学科，而且成为更广阔的"人的科学"之基础的要素。

[11]"事实是，这些原始民族——与他们稍有接触就可以让一个旅行者满足……在不同的意义上，都是我们自己社会的敌人。我们的社会就在快要完全毁灭他们的时候却自以为在赋予他们高贵性……亚马逊森林的野蛮人是敏感却无力的牺牲品，是陷入机械文明罗网的可怜生灵，我所能做的只不过是了解正在毁灭的他们的命运；但是我拒绝成为一种比他们自己的巫术更易揭穿的巫术的上当者，这种巫术在热切的公众面前炫耀的是彩色照片，而不是现在已经消失匿迹的土著面具。或许在公众的想象中，可以通过这些照片的媒介作用捕捉到野蛮人的魅力。公众并不满足于已经消灭了野蛮生活，甚至不知道野蛮生活已被消灭，他们热切地感觉到需要用历史已经消灭的那些东西的影子来平抚历史上怀旧的同类相食。"（列维－斯特劳斯，1992a：41）

[12]"……一个是存在的实在性，人对它的感觉是最深层的，因为唯独人能够将理由和意义给予他的日常活动、他的道德和情感生活、他的政治选择、他对社会和自然世界的参与，以及他的实践活动和科学成就；另一个是非存在的实在性，对于它的觉识不可分离地伴随着对存在的感觉，因为人必须活着和斗争，必须有思想，有信念以及尤其是保持勇气，不过他无时无刻都不会忘记反过来讲也是确定无疑的事情，即他以前并不存在于地球上，他将来也不会永远存在于这里，而必然从一个注定要灭亡的星球表面上消失。他的劳作、他的痛苦、他的欢乐、他的希望以及他的作品都将像是从未存在过，因为任何幸存的意识甚至都不会保存对这些瞬间现象的记忆，仅有意识的一些很快就要从地球平静的面部上消除的特征将作为已经被撤销的证据而依然存在，这些证据表明它们曾经存在过，但这种存在就是无。"（列维－斯特劳斯，1990：694—695）这一段落似乎在呼应贾科莫·莱奥帕尔迪《道德小品》（1824）中的《大野雄鸡之歌》（*Cantico del gallo silvestre*）的主调："正如极其伟大的人类王国和帝国及其非凡的业绩，尽管在其他时代盛名天下，但其名声却没留下丝毫的痕迹；整个世界是如此，所有创造物的无尽沧桑和浩劫亦是如此，都将不会留下丝毫痕迹。但广漠无垠的空间中将笼罩着一种裸露的沉默和最深沉的寂静。这样，宇宙存在的这种奇异而令人惊惧的奥秘，还没能被公布或了解，就将消失匿迹。"

[13]在列维－斯特劳斯和 D. 埃里邦的《与克洛德·列维－斯特劳斯的谈话》中提出了同样的观点。

[14]"已启蒙的"列维－斯特劳斯还认为启蒙运动对当代世界的极权主义错误负有责任。

[15]"这是将只不过是宣传的东西信以为真：企图为一座为了完全不同的目的建造的建筑表面重新抹灰，结果往往是弄巧成拙。"（托多罗夫，1993，68—69）

[16]这些修辞近似于皮埃尔－安德烈·塔吉耶夫所谓的"反驳"修辞，二者具有某种"家族相似"。文化和差异主义的新种族主义通过挪用反种族主义背后的假定（尊重除了自己的身份认同之外的其他身份认同，保护差异者的权利）而对其对手的论证进行一种再挪用、转移和倒置，进而为自己造就了一种自我合法化效果同时使他人非法化。例如，新种族主义通过将保护差异为自己所用成功地否定这一原则。嗜异性因而变成了异性恐怖（塔吉耶夫，2001）。何以如此？新种族主义政治家的话语充满诸如此类的论证："一个民族必须保护和培养他们的差异……移民一旦危害到那些欢迎移民的人的文化认同以及移民者的文化认同便要受到谴责"此外："诸民族不能被视为优等的或劣等的，他们是有差异的。我们必须牢记这些体质和文化差异"（引自 P. 帕斯卡尔的一篇文章和时任法国国民阵线领袖的 J.-M. 勒庞的一个演讲，塔吉耶夫引语 [1991：51]）。

[17]这种观念是 18 世纪苏格兰启蒙运动传统的典型观念，伯克本人应该是熟悉的。

[18]列维－斯特劳斯和埃里邦（1991：117）："人们可能想知道侵袭西方的灾难是否也起源于那里。"（1789 年法国大革命）

[19]关于这些论题与关于法国多元文化主义、种族主义和反种族主义——列维－斯特劳斯的思想在法国产生的影响最大——的话语的紧密关联，参见塔吉耶夫（主编，1991；2001）和安塞勒（2001）。

[20]参见鲍曼，1997。

参考文献：

安塞勒，J. –L., Amselle, J. -L. (2001) *Vers un multiculturalisme français: l'empire de la costume*, Paria: Flammarion。

鲍曼，Z., Bauman, Z. (1997) *Postmodernity and Its Discontents*, Cambridge: Polity Press。

博厄斯，F., Boas, F. (1974) *A Franz Boas Reader: The Shaping of American Anthropology*, ed. G. W. Stocking, Chicago: University of Chicago Press。

孔帕尼翁，A., Compagnon, A. (2003) *Baudelaire devant l'innombrable*, Paris: Presses de l'Université de Paris-Sorbonne。

孔帕尼翁，A., Compagnon, A. (2005) *Les antimodernes: de Joseph de Maistre à Roland Barthes*, Paris: Gallimard。

格尔茨，C., Geertz, C. (1973) "The Cerebral Savage: On the Work of Claude Lévi-Strauss"，收入格尔茨，C., in Id., *The Interpretation of Cultures*, pp. 345—359, New York: Basic Books。

格尔茨，C., Geertz, C. (1988) *Works and Lives: The Anthropologist as Author*, Stanford: Stanford University Press。

埃纳夫，M., Hénaff, M. (2004) "Claude Lévi-Strauss: une anthropologie 'bonne à penser' ", *Esprit*, 301: 145—168。

赫希曼，A., Hirschman, A. (1991) *The Rhetoric of Reaction: Perversity, Futility, Jeopardy*, Cambridge: Harvard University Press。

列维－斯特劳斯，C., Lévi-Strauss, C. (1953) "Panorama of Ethnology (1950-1952)", *Diogenes*, 1(2): 69—92。

列维－斯特劳斯，C., Lévi-Strauss, C. (1955a) "Diogène couché", *Les Temps Modernes*, 110: 1187—1220。

列维－斯特劳斯，C., Lévi-Strauss, C. (1955b) "The Structural Study of Myth", *Journal of American Folklore*, 68 (270): 428—444, Later republished in Lévi-Strauss (1963: 206—231)。

列维－斯特劳斯，C., Lévi-Strauss, C. (1963) *Structural Anthropology*, New York: Basic Books。

列维－斯特劳斯，C., Lévi-Strauss, C. (1966) *The Savage Mind*, London: Weidenfeld & Nicolson。

列维－斯特劳斯，C., Lévi-Strauss, C. (1969) *The Elementary Structures of Kinship*, Boston: Beacon Press。

列维－斯特劳斯，C., Lévi-Strauss, C. (1979) "Claude Lévi-Strauss Reconsiders: From Rousseau to Burke", interview with Jean-Marie Benoist, *Encounter*, July 1979: 19—26。

列维－斯特劳斯，C., Lévi-Strauss, C. (1983a) "The Scope of Anthropology"，收入列维－斯特劳斯，C., in Id., *Structural Anthropology*, Vol. 2, trans. M. Layton, pp. 3—32, Chicago: University of Chicago Press。

列维－斯特劳斯，C., Lévi-Strauss, C. (1983b) "Jean-Jacques Rousseau, Founder of the Sciences of Man"，收入列维－斯特劳斯，C., in Id., *Structural Anthropology*, Vol. 2, trans. M. Layton, pp. 33—43, Chicago: University of Chicago Press。

列维－斯特劳斯，C., Lévi-Strauss, C. (1983c) "Race and History"，收入列维－斯特劳斯，C., in Id., *Structural Anthropology*, Vol. 2, trans. M. Layton, pp. 323—361, Chicago: University of Chicago Press。

列维－斯特劳斯，C., Lévi-Strauss, C. (1987) *Introduction to the Work of Marcel Mauss*, trans. F. Baker, London: Routledge。

列维－斯特劳斯，C., Lévi-Strauss, C. (1990) *The Naked Man*, trans. John and Doreen Weightman, Chicago: University of Chicago Press。

列维－斯特劳斯，C., Lévi-Strauss, C. (1992a) *Tristes Tropiques* [1955], trans. John and Doreen Weightman, New York: Penguin。

列维－斯特劳斯，C., Lévi-Strauss, C. (1992b) "Reflections on Liberty"，收入列维－斯特劳斯，C., in Id., *The View from Afar*, trans. J. Neugroschel and Ph. Hoss, pp. 279—288, Chicago: University of Chicago Press。

列维－斯特劳斯，C. 和埃里邦，D., Lévi-Strauss, C. and Éribon, D. (1991) *Conversations with Claude Lévi-Strauss* [1988], trans. Paula Wissing, Chicago: University of Chicago Press。

莫拉维亚，S., Moravia, S. (1969) *La ragione nascosta: scienza e filosofia nel pensiero di Claude Lévi-Strauss*, Florence: Sansoni; recently (2004) reissued with the title *Ragione strutturale e universi di senso: saggio sul pensiero di Claude Lévi-Strauss*, Florence: Le Lettere。

桑塔格，S., Sontag, S. (1966) "The Anthropologist as Hero"，收入桑塔格，S., in Ead., *Against Interpretation and Other Essays*, pp. 69—81, New York: Farrar, Strauss and Giroux。

托多罗夫，T., Todorov, T. (1993) *On Human Diversity: Nationalism, Racism, and Exoticism in French Thought*, trans. C. Porter, Cambridge: Harvard University Press。

塔吉耶夫，P. -A., Taguieff, P. -A. (2001) *The Force of Prejudice: On Racism and Its Doubles*, Minneapolis: University of Minnesota Press。

塔吉耶夫，P. -A.（主编），Taguieff, P. -A. (ed.) (1991) *Face au racisme*, Vol. 2, Paris: La Découverte。

从列维-斯特劳斯到维特根斯坦：
人类学中的"不完美性"观念

弗朗切斯科·雷莫蒂　著
萧俊明　译

一、结构分析及其"封闭"的论域

在《亲属制度的基本结构》中，克洛德·列维-斯特劳斯将亲属制度结构与三种交叉表亲婚（交表婚）形式等同起来，并因此而闻名。三种交表婚形式分别是：限制性交换或双边交表婚，即男子（男性己身，male Ego）与母亲兄弟（舅父）之女或父亲姐妹（姑母）之女通婚；"长周期"一般性交换或母方交表婚，即男子与母亲兄弟之女通婚；以及"短周期"一般性交换或父方交表婚，即男子与父亲姐妹之女通婚。[1]但是，还有另一种同样闻名的表亲婚姻形式，父方平表婚，即男子与父亲兄弟（叔父）之女通婚。这种形式的婚姻俗称"阿拉伯婚"，事实上这种婚姻形式既不局限于中东（虽然关于它的研究主要在那里展开），也不局限于伊斯兰化国家，而扩展至完全未受伊斯兰影响的非洲各个地区。为什么列维-斯特劳斯在长达六百多页的《亲属制度的基本结构》中对这种交换形式竟然近乎只字未提？读者只需要读一读列维-斯特劳斯在该书第一版序言的开头所列出的定义（1969：XXIII）就会认识到，无论是交表婚还是父方平表婚都完全符合基本结构的标准，都属于指定或优先与某一特定类型近亲通婚的制度，也就是那些将近亲划分为"两个范畴即可能配偶与禁忌配偶"的制度。那么，假定基本结构范畴不可否认地包含了关于什么近亲类型是可能的（如果不是优先的）配偶的划定，为什么列维－斯特劳斯将"阿拉伯婚"排除在基本结构范畴之外？如果有谁好事的话，父方平表婚由于是近亲之间通婚甚至可被视为基本结构的虚拟原型，因为父方平表婚是与非常严格划定的近亲发生的——即与男子父亲兄弟之女通婚，女方本身与男子同属一个世系。

如果说列维－斯特劳斯并未讨论父方平表婚，那么这肯定不是由于忽略，而是因为将这种类型的婚姻引入基本结构范畴会打乱他的话语"逻辑"。这种话语逻辑从乱伦禁忌——作为婚姻交换原动力的乱伦——出发，认为交表婚是能够在不同社会群体之间建立联盟的唯一程式。父方平表婚遵循另一种逻辑，即一个世系内部的统一和团结，这个世系既包含男子也包含其配偶，既包含男子的父亲也包含其妻子的父亲。[2]然而，父方平表婚遵循另一种逻辑的事实并不是将它从列维－斯特劳斯在序言中所界定的基本结构范畴抹去的充足理由。

列维－斯特劳斯在《亲属制度的基本结构》中对这种类型的婚姻所持的缄默——实际上是一种抑制——表明了其结构主义特有的一种进路：即创立由一种单一逻辑（这里是联盟和交换的逻辑）支配的各种各样的"封闭"论域。可能选择的数量按照这一逻辑得以确定，如交表婚的三种类型（双边交表婚、母方交表婚、父方交表婚）。这些选择是分离的，但是它们通过简单的逆关系互为参照。结构分析测量了可能选择之间的关联，即由它们之间的逻辑通道构成的结构。在列维－斯特劳斯看来，这些具体模式中的任何一个都不构成结构；结构绝不是一个地方系统的结构，但可以"跨越"各种系统去发现它，因为它构成了将系统全部捆绑在一起的一系列转换。但是，为了将系统"全部"捆绑在一起它们必须构成一个"封闭"的论域，这个论域就是"基本结构"。当然，基本结构与复杂结构是对立的，后者从一开始就由系统中的一个开口的存在所限定：

"复杂结构"这一术语专指这样的系统：这些系统只限于划定亲属圈子，而将配偶的确定留待其他机制即经济或心理机制来决定。（列维－斯特劳斯，1969：XXXIII；**黑体为笔者所标**）

复杂系统中的开口显然产生于预先"确定"配偶的机制的缺失：系统向其他机制、其他逻辑、其他因素"开放"，使它们得以无视联盟或婚姻交换原则而进行干预。皮尔·乔治·索林纳斯正确地将列维－斯特劳斯所界定的基本结构和复杂结构比作路德维希·冯贝塔朗菲所界定的"开放"系统和"封闭"系统（索林纳斯，2004：162—163）。但是，意味深长的是，列维－斯特劳斯的结构分析止步于复杂结构的入口。这预示了一个中间范畴的存在——弗朗索瓦·埃里捷（1981）会称之为"半复杂"结构，即在基本结构与复杂结构之间起"连接环节"作用的克罗－奥玛哈亲属制度、混杂模糊的形式或一种"折中"（列维－斯特劳斯，1969：xxxix，xli）。这样，列维－斯特劳斯接近了复杂结构，但并未深入探究。他宣称他有意避免将其结构分析扩展至复杂结构（列维－斯特劳斯，1969：xxiv），这个事实非常说明问题：列维－斯特劳斯所构想和实践的结构分析，尤其就亲属制度和婚姻这个论题而言，其实需要一个"封闭"的论域。这个论域由一个单一原则支配，所有模式或系统在这个论域中都是相互规定和相互关联的。面对"复杂性"，列维－斯特劳斯的结构分析匆匆告退，之所以如此是因为如果不退却就要被迫承认某种它避之不及的东西，就要承认尽管尽了最大努力，这个研究领域仍是不确定的，因而其分析是不完全和不完美的。

二、父方平表婚：列维－斯特劳斯的防守战略

2000 年，法国《人类》杂志专就"亲属问题"发了一期合刊。所刊登的文章至少有 3 篇（巴里，邦特，孔特）讨论了列维－斯特劳斯对"阿拉伯婚"的"缄默"（mutisme）（巴里，2000：69）。洛朗·S.巴里描述了这种婚姻类型的广阔地理分布以及实行这种婚姻的社会意义（从中东到非洲和马达加斯加），之后他宣称自己赞同克洛德·勒费比尔的论点，后者认为父方平表婚对列维－斯特劳斯在《亲属制度的基本结构》中阐述的观点构成了真正的"挑战"（défi）（勒费比尔，1981：195—196）。勒费比尔对外婚制与内婚制进行了对比，后者，如父方平表婚，既不可忽略不提，也不能被边缘化。这种类型婚姻的重要性促使勒费比尔质疑普遍赋予《亲属制度的基本结构》的基本价值和用途（出处同上）。沿循同样的路线，皮埃尔·邦特指出，如今已积累了太多的资料可以使我们避开《亲属制度的基本结构》设定的框架：

这就是父方平表婚的情况，列维－斯特劳斯实际上也忽略了它，而这种婚姻形式质疑作为其分析基础的交换规则的普遍性。（邦特，2000：39）

在邦特看来，交表婚同样不是唯一的亲属制度基本结构。这类结构并不只遵循交换互惠逻辑，而平表婚通过提出婚姻背后是否存在其他逻辑这一问题（邦特，2000：49）将多项原则和标准引入基本结构论域。换言之，承认父方平表婚将亲属制度的基本结构范畴从封闭论域转换为开放论域，因而迫使结构分析去接受不同的，甚至是有分歧的逻辑，如果不是直接对立的话。

在其写给上文提到的那期《人类》合刊的"刊后语"中，列维－斯特劳斯承认巴里、邦特、孔特的文章是"这期合刊中的亮点"（列维－斯特劳斯，2000：716）。但是，除了重申外婚制与内婚制之间的区分始终具有相对的特性之外，他更深入的探讨只是提及了婚姻选择中的"内省倾向"（tendance au repliement）（列维－斯特劳斯，2000：716—717）。他始终认为这是婚姻动力中的一种倾向，这种倾向仍然从结构上只将一个主要由交换互惠逻辑主导的全景图中的"异常"和"例外"解释为二次现象。

那么，列维－斯特劳斯真的要试图回避探讨所谓阿拉伯婚问题吗？虽然就《亲属制度的基本结构》的情况而言，可能很难不说有一种抑制，但是在1959年的一个场合他的确明确地探讨了这一论题。[3] 在这个场合，他毫不踌躇地指出，父方平表婚是穆斯林社会亲属制度和婚姻领域的构成部分，而民族学家几乎将父方平表婚视为"禁忌"，一个让研究亲属制度的理论家走到其边界就会戛然"止步"的"禁忌王国"；更具体地讲，这种类型的婚姻代表了"一种例外，几乎是一种丑行"，展现了一种"按照我们的分类属于异常的特性"，从交换逻辑的观点来看甚至是"一种越轨"（列维－斯特劳斯，1988—1989：11—13）。列维－斯特劳斯并未试图让父方平表婚与亲属制度的基本结构范畴吻合，因为这会导致大幅度重述其理论工具，而是将父方平表婚解释为具有一种主要是政治的价值。这样一来，他就赋予了这种婚姻类型在"人类社会历史"领域中的重大意义，而同时又将其从亲属制度领域删减出去：事实上，父方平表婚让我们"从亲属制度史走向文明史"（列维－斯特劳斯，1988—1989：22—23）。为了使其亲属制度理论摆脱阿拉伯婚的令人不快和讨厌的存在，列维—斯特劳斯狂热地去概述一个广阔的历史运动，在这场运动中，若干个社会——"从印度到埃及和古希腊"——据称为了实行"近亲通婚"而"摆脱了共同的命运"，即婚姻交换的命运。父方平表婚不过是内婚制论题的"一种变异"，这种内婚制是从恒河地区到地中海地区的诸社会所特有的（列维-斯特劳斯，1988—1989：23）。这样，列维-斯特劳斯采取了一种显然是防守的战略：通过把父方平表婚交付于历史，他认为他可以使其基本结构这个"封闭"论域完好无损。然而，正如我们所看到的，此举实在难以奏效。如今更是如此。

三、家庭的"开放"海域与结构困惑

列维-斯特劳斯的结构主义需要确立一个"封闭"的论域，但是当它发觉自己面对的是一个"开放"海域时，它便在理论上变得困惑和不确定。在一篇写于1956年后来重新发表于《遥远的目光》（1992：39—62）的文章中，列维-斯特劳斯不遗余力地探讨家庭问题。但是，在这个问题上他显然力所不逮。作为一位研究婚姻和婚姻交换的理论家，他还主张这样一种观念：就连接家庭的关系而言，家庭是次要的或衍生的（列维-斯特劳斯，1963：50—51）。但是，不同于阿尔弗雷德·R.拉德克利夫-布朗（1952）和乔治·彼得·默多克（1949），列维-斯特劳斯并未阐述一种建立在一个共同基础上的家庭理论，这个共同基础就是所有社会都依赖的无所不在的"原子"。列维-斯特劳斯的亲属制度原子与家庭并不吻合，但与家庭之间婚姻交换所建立的关系是吻合的。默多克的观点则相反，他认为亲属制度的原子就是核心家庭本身，因为任何其他类型的家庭都衍生于已经存在于这个核子中的潜在分子结合。默多克以这种统一的理论展现了一幅非常清晰的和直接的家庭组织构图，而我们在列维-斯特劳斯那里找不到这样的东西。由于没有一个统一的理论可资掌握，家庭论题只好任凭多元的甚至是无度的形式主宰：结果是一个基本"开放"的论域。由于不能掌控这种多元性，不能将其转换为一个单一结构变体，列维-斯特劳斯的结构分析无法自圆其说，变得含混和无所适从，表现出一定程度的困惑。

列维-斯特劳斯意识到家庭领域的这种多重性特征，于是他首先质疑的正是这样一种家庭观念，即把家庭视为"两个异性个体通过建立一个居所生儿育女来构成多少是持久的但为社会认可的联姻"，这种联姻被认为是"一种实际上普遍的现象，存在于所有类型的社会"（列维－斯特劳斯，1992：40—41）。为了强调这种批判立场，列维－斯特劳斯求助于马拉巴尔海岸（印度南部）的纳亚尔人的实例，那里的婚姻是一种"纯粹的象征仪式"（出处同上），并不导致家庭的建立，那里的妇女生的孩子放在母亲兄弟或姐妹的家里来养育。由于当时他未能为了探讨更新近的民族志实例研究而对文章做出修改——其中最新的实例显然是蔡华（2001）所研究的云南（中国）纳人的实例，所以列维－斯特劳斯领悟到，它们代表了"一种极端形式的倾向，它在人类社会中发生得远比一般认为的更频繁"（列维－斯特劳斯，1992：41）。然而，这种倾向究竟是什么？列维－斯特劳斯立即澄清说："某些人类社会并不像纳亚尔人走得那么远，只是**限制了夫妇家庭的作用**。"（出处同上，黑体为笔者所标。）正如我们在"阿拉伯婚"问题上所看到的，列维－斯特劳斯将一个范畴置于核心位置，优先于所有其他范畴，并且将任何与这一观点相冲突的东西视为边缘的或还原的。夫妇家庭的替代模式——即便从一种允许多元性的视角来考虑时——因而呈现出"离奇古怪的制度"的外表而无其自己真正的结构自主性。按照列维－斯特劳斯的观点，纳亚尔人的例子以最极端、最系统性的形式证明了一种弱化夫妇家庭的重要性的倾向，或就这个实例而言，甚至弱化夫妇家庭的存在的倾向（出处同上）。但是如果不以这种类型的家庭为参照这种倾向是无法理解的：它是"限制"必然被视为理所当然的制度领域的倾向（出处同上）。那么，他似乎要说，家庭类型的多元性——这是列维－斯特劳斯确实想承认的——无非就是诸社会承认和误解（改变，甚至废除）夫妇家庭的方式的多元性。

> 确实存在着各种类型的非夫妇家庭（无论是多偶婚的还是单偶婚的）；仅凭这一事实就可说服我们相信，夫妇家庭并非产生于一种普遍的必然性；可以想象一个社会没有它仍可存在和维系。（列维－斯特劳斯，1992：44）

进行了这样一种论证之后（没有夫妇家庭社会仍可运行），列维－斯特劳斯即刻感觉到需要"定义家庭"；他不是通过归纳来定义，而是"通过构

建一个可还原为若干不变特性或鲜明特征的模式"来定义,"我们只需做一简短概述,这些特性或特征便会清晰可辨":

1. 家庭起源于婚姻。
2. 它的核心由丈夫、妻子及他们的婚生子女构成,其他亲属最终围绕这个核心聚集。
3. 家庭成员通过如下因素形成一个统一体:
（1）合法关系。
（2）经济、宗教或其他性质的权利和义务。
（3）一个关于性权和禁忌的精确框架;种种可变的和多样的情感,比如爱情、亲情、尊敬、惧怕,等等。

（列维－斯特劳斯,1992:44）

尽管他在亲属制度原子概念上与默多克和拉德克利夫－布朗渐行渐远,但至少可以说,令人不解的是列维－斯特劳斯所能想到的无非是原封不动地重新提出他们关于"基本"或"核心"家庭的定义。其中的差别在于,在列维－斯特劳斯那里,家庭不是构建社会的建筑材料（列维－斯特劳斯,1992:61）,因为家庭与社会之间存在着一种紧张关系:事实上,每个社会都鼓励对于家庭的"这种无休止的破坏和重建工作"（列维－斯特劳斯,1992:60）。有些情况下,社会要强化和美化家庭,给予它们更大的时间稳定性;还有些情况下,社会几乎要废除家庭:

我们看到,当家庭发挥很弱的功能时,它往往甚至会降到夫妇家庭层面以下。因此,只要夫妇家庭存在于我们的社会中,它就不是一种普遍需要的表现,也不再印刻于人类本性的深处:它是一个折中措施,是相互对立的模式与其他社会积极推崇的模式之间的某种平衡状态。（列维－斯特劳斯,1992:50）

这种"折中措施"介于两种倾向之间,一方面是家庭单位走向扩大化和稳定化,另一方面是家庭单位反而走向萎缩,这告诉我们,在列维－斯特劳斯看来，家庭是社会唯一能够操控的基本模式。然而，当列维－斯特劳斯转而去考虑西伯利亚楚科奇人的婚姻组合（在那里，成年女子与男童婚配），或加利福尼亚莫哈维人的婚姻组合时（在那里，成人男子娶一个小姑娘为妻），便可以清楚地看到，这个家庭概念是实在没有说服力的：他指出，"毫无疑问，不只是我们认为家庭形式与人类视为家庭之基础的目的不相协调"（出处同上）。如果我们面对的不仅仅是这两个单纯的实例，不仅仅是这两个单纯的例外或异常，如果"在南美安第斯山脉和热带地区以及在美拉尼西亚也有类似情况发生"（出处同上），那么，不去深入探讨与人类自己设定的目标不相协调的这个危险的问题，反而去重新考虑人类学家试图定义"这个"家庭的主导模式，这是一个正常的想法吗？在这篇问题颇多的文章的别处，列维－斯特劳斯被迫承认，"以一种教条精神来从事家庭研究……会是错误的"，"人们认为手中已经握住的对象随时随刻都会溜走"（列维－斯特劳斯，1992：43）。他承认，虽然比一知半解强很多，"我们尚不知家庭究竟是什么"，尽管他同时宣称他能够感知家庭繁衍的"法则"（列维－斯特劳斯，1992：55）。

四、家族相似：维特根斯坦的贡献

然而，我们如何能够提出一个人类学的家庭定义？哲学家路德维希·维特根斯坦虽然其本人从未关注过这个论题，但是他的"家族相似"概念对我们却不无帮助，我们不妨试着将其认识论意义（雷莫蒂，2009：204—212）应用于我们这里所关注的论题。

1. 标准的**多元性**。通过这些标准可以看到不同形式的家庭之间的相似和差异，就如维特根斯坦在不同类型的游戏之间所看到的相似和差异。这种多元性使我们不必将所有的家庭还原为一个基本的核子。应该指出的是，早在1936年，拉尔夫·林顿在其关于"夫妇家庭"与"血亲家庭"之间的区分中就已经避开了公倍数概念（林顿，1936：159）——大多数研究家庭的理论家并未跟随这一方向。

2. 先于范畴化的**观察**。例如，维特根斯坦的禁令"不要想，而要看！"，等于是怀疑我们看到的列维－斯特劳斯所采取的策略：演绎地阐述一个"可还原为若干不变特性的模式"，而这个模式非但没有启发作用，自身反倒表现为一个错误。

3. 概念的**开放性**。人类学的概念，比如像家庭概念，必须在结构上保持开放，并且还要接受民族志观察不断呈现于我们的变异。它们是关系集，对这些关系而言不存在例外和异常（例如，成人与子女之间通婚，列维－斯特劳斯被迫从其与一般家庭模式"不协调"的角度对这类婚姻进行了讨论）。

4. 概念的**转换与适用性**。这是概念开放性的结果：接受变异和新的或预料之外的形式的能力意味着概念本身的内部结构以一种几乎是始终如一的方式转换。人类学的家庭概念由于诸如纳亚尔人这样的实例被揭示不可能不经历一种深刻的转换。[4]

5. **抵制**。人类学概念面临着抵制——这是好事。概念不可能完全开放，或者说概念不再是概念，并且因而甚至会失去民族志创新的价值。但是概念范畴的刚性，比如列维－斯特劳斯不断求助的不变模式，是一回事；通过人类学资料和知识积累而形成的、因而按照定义是向变化开放的概念结构，则完全是另一回事。在概念的内部组织（内涵）与不断被观察和积累的现象（外延）之间存在着一个平衡点。后者总是要求对概念本身进行或大或小的修正，乃至淘汰（雷莫蒂，2009：206—207）。

6. **民族志的持久性**。从认识论的观点来看，列维－斯特劳斯为了进行更为普遍化的抽象迫不得已离开了作为一种事实依据的民族志。从受维特根斯坦启发的视角来看，民族志仍然是人类学概念的无限来源，人类学概念由于吸收了民族志实例研究而变化，或者由于被认为不能容纳民族志资料而被摒弃（出处同上）。我要指出的是，即将被摒弃的概念之一是（拉德克利夫－布朗和默多克各自的）"基本"或"核心"家庭概念，以及列维－斯特劳斯提出的还原模式。

7. **连接网络**。针对维特根斯坦的家族相似，人类学采取了连接网络的形式："一个由交叠和交叉在一起的相似性构成的复杂网络"（维特根斯坦，1953：32）。关于家庭，人类学构建了一个网，将各种不同形式的家庭收藏其中，它如同一个网络，使我们得以从一个家庭形式移动到另一个家庭形式，无论是历时地还是共时地。

8. **边界的任意性**。探寻一种家庭形式与另一种家庭形式之间（比如一夫多妻制与一妻多夫制之间）的界线或许并不困难，但是关于家庭的一般性定义的界线在哪里则是一个需要认识论选择的问题。"什么仍算作游戏，什么不再是游戏"（维特根斯坦，1953：33）：或者，**在人类学家看来**，什么构成一个家庭，什么不构成一个家庭？这需要承担一种认识论责任。在维特根斯坦看来，概念在结构上是"开放的"，但他也教导我们概念必然是暂时"封闭"的。一个概念是一个区域，因而必须要有界线。但是维特根斯坦的意思是说（1953：34），可以采用不同的方式来理解和划出这些界线，正是我们决定在哪里划出这些界线的，正是我们决定这些界线是严格的还是松散的："不清晰的照片不正经常是我们需要的吗"（出处同上）。

维特根斯坦与列维-斯特劳斯有何关系？为什么要借助这位奥地利哲学家的家族相似概念来试图解决法国人类学家的结构主义难题？第一个强调结构主义与维特根斯坦家族相似理论之间的亲和性的是欧内斯特·盖尔纳（盖尔纳，1985：138）。两个概念都力图确定相似和可比现象之间的连接网络，都力图建立一个使我们得以超越形态的和文化的界线的横向知识体系，并且都力图在仍然体现出一定程度的**家庭气氛**的实例之间（尽管在历史、地理及文化上明显地不相关）建立一种对话。然而，二者之间存在着一个根本性的差别：维特根斯坦的家庭相似并不同样具有列维-斯特劳斯的结构主义的体系化志向；具体而言，它并不要求或确认一个"封闭"的可能性论域。它的概念"封闭性"——尽管是必然的和不可避免的——始终是暂时的；在这些暂时确立的界线之外，有一种对仍未探索的可能性的觉识。维特根斯坦的家族相似一旦转换到人类学领域，便会既与默多克的类型学的、分类学的结构主义格格不入——因为家族相似穿越甚至爆破了范畴界线，又与列维-斯特劳斯的结构主义水火不容，因为后者旨在把握结构可能性的生成原则。因此，有许多不同的连接人类学现象的方式，而"不只是类型学或结构原则的生成能力，可以让我们赖以进行预测"（雷莫蒂，2009：203）。

这里所阐述的策略与人类学领域迄今对维特根斯坦著作的运用方式有所不同。罗德尼·尼达姆借鉴维特根斯坦的家族相似，力图对人类学使用的概念不精确性和模糊性做出澄清。为了避免迷失于杂乱且抵制任何比较的地方性知识中，人类学家必须依赖一种由能够表达人类心灵的"形式特性"和"普遍性"的"纯形式"分析概念构成的"词汇"（尼达姆，1983：62）。在尼达姆看来，家族相似仅仅有助于说明人类学知识的不可靠性，因为人类学知识依据的是地方性范畴和文化概念。为了挽救人类学，我们必须放弃这些相似，选择理解"基本经验因素"所必需的一种"自由基提取方式"（尼达姆，1985：65）。

那么，如果摆脱家族相似，或更确切地说，摆脱人类学本身及其令人恐惧的流沙，是否更好？并非巧合的是，列维－斯特劳斯朝着一种生物心理学的转变早有先兆："民族学首先是心理学"，他写道，是试图揭示"在经验上千差万别的人类社会之外"——在其自然基底即大脑——发现的"常量"的"方法的第一步骤"。同时，列维－斯特劳斯指出，"人文科学的最终目的不是去构成人，而是去分解人"（列维－斯特劳斯，1966：131，247）。同样并非巧合的是，默多克在对自己的著作进行无情的自我批判时提出了一种几乎与列维－斯特劳斯的方法完全相似的自然主义解决方法（默多克，1972），这难道不是其他著名的人类学家近来所追寻的道路吗？这是一条通向拯救的道路，一条逃避文化以及构成文化的潜在习俗的道路，一条求助前文化的或至少肯定是自然的法则和结构的道路。达恩·斯佩贝尔步尼达姆之后尘，认为参照维特根斯坦和家族相似是一个必要阶段，其必要性只在于提出这样的反对意见：普遍运用的人类学话语与其说是回应一种基本的理论承诺，不如说是响应解释的需要；它的术语在很大程度上并不对应于"精确概念，而对应的是'多配列'概念，也即与'家族相似'并无二致的现象分类"（斯佩贝尔，1985：24）。斯佩贝尔从我们前面的陈述出发，针对人类学概念的阐述与民族志之间的紧密有机关联，乞求于导致二者分离的"离异"（斯佩贝尔，1985：10）：与田野研究紧密相关的民族志必须满足于模糊的解释性概念（比如家族相似），而进行说明和比较的人类学则必须探寻关于人的本性的规律。心理－神经－生物科学就在那里等待着人类学家，而被民族志的百无一用的肆意歪曲搞得大失所望的人类学家向往的是更加坚实稳定的概括。

另一方面，也有偏重民族志者，他们有意地从不妄称要做出人类学概括。例如，克利福德·格尔茨认为，人类学与民族志完全吻合。这里，我们又一次发现维特根斯坦一路伴随。但是，就尼达姆和斯佩贝尔而言，为其所用的是维特根斯坦的家族相似，维特根斯坦向人类学家揭示的是其话语几乎不可弥补的不完全，而为格尔茨所用的维特根斯坦具有一种更为可靠的作用："最为离奇的是,他们始终在谈论着维特根斯坦"(格尔茨,1983:4)——谈论的不是维特根斯坦的家族相似,而是他的"生活形式"(Lebensformen),也就是语言、习俗及行为在其中获得意义的那些极为封闭的社会和文化世界。这就是大多数人类学家所求助的维特根斯坦,就如维纳·达斯在其《维特根斯坦与人类学》一文中所表明的那样,"生活形式"概念在这篇文章中起着核心作用,而家族相似概念甚至没有提及,更不用说具有启发作用了。

埃里克·法桑在其关于家庭,特别是**同性**家庭(familles homoparentales)的讨论中系统地求助维特根斯坦的家族相似。如皮埃尔·布迪厄所料,法桑指出,"哲学家对社会科学尤其是人类学的贡献可能是决定性的",因为"人类学可以通过效仿维特根斯坦将社会用途的语法而非常量作为其课题"(法桑,2000:402—403)。这种语法使我们得以认识到社会行动者如何选择他们自己关于家庭的"定义";换言之,认识到他们如何确定其"家庭中的家庭",扩大或缩小家庭的空间——将同性恋夫妇形成的家庭(比如法国的情况)纳入他们的家庭概念中(法桑,2000:405—406)。在法桑看来,社会学家和人类学家不必向自己提出什么构成一个家庭的问题,更不用说去寻求公倍数或不可分的核子(noyau dur)。他们的任务是去考察不同的社会如何改变家庭空间,如何改变他们自己的家庭中的家庭。从这个视角去看,留意一下法桑对弗朗索瓦·埃里捷的批评以及她所坚持的论点倒是饶有趣味,她认为性别之间的差异是一个无法回避的不争事实,以至于将这个事实作为其"亲属制度的第二基本定律"(埃里捷,1981:15—16,50)。公民结合契约(Pacte civil de solidarité, PaCS)是对这一观念的否定(法桑,2000:398—401)。更深入地来看,这种批评也可以不失公允地用到列维-斯特劳斯的家庭常量模式(见前文第三节),这些常量不仅使我们得以摆脱按照一个核子去寻找家庭定义的责任,而且使我们得以研究各种社会本身向我们显示的"家庭定义的转换"(法桑,2000:406)。其实,在法桑看来,这一段开头所说的问题是没有意义的:恰恰是社会本身负责定义它们所认为的构成家庭的东西,并且,如果合乎其愿望的话,随着时间改变其观念。人类学和社会学家只需跟踪并描述这些变化:如果去承担指明这些变化的界线(无论变化可能有多大)的任务,去预测社会变迁或试图教导社会应该如何行动,则是一个危险的错误(法桑,2000:403)。

五、人类学的"不完美性"

我并不相信人类学家——同样还有社会学家——可以完全摆脱他们进行定义的责任。法桑的公民（citoyen）与学者（savant）的区分，以及**学者**不可将其法则强加于**公民**的格言，流露出这样一种观念，即社会科学家可以像黑格尔所说的在黄昏中起飞的密涅瓦的猫头鹰那样在事件进入正常状态之后行动，我们如何能够不认同法桑在其文章中重复列维-斯特劳斯所描述的原则："对于社会的选择不属于**学者**本身，而属于**公民**——只要他是一位公民"（法桑，2000：392）？

然而，人类学家不可只局限于一个社会，并且不可只关注家庭定义在"他"的社会中发生的变化。假如他只关注一个社会，假如他要成为研究他决定要研究的唯一"一个"社会——可以说是他自己的或他选择的社会——的专家，他为什么要称自己为人类学家？他与社会学家有何不同？人类学家的专业知识包括关于许多地方传统的知识积累，包括关于家庭、许多不同家庭以及"家庭中的家庭"的不同定义和表述。当然，维特根斯坦鼓励（或者更确切地说，我们认为他鼓励）人类学家保持一种低调的认识论态度。

> 我们如何向某个人解释什么是游戏（或家庭）呢？我想我们会向他**描述种种游戏**（或者种种家庭），也许还会补充说："这个以及类似的东西"就叫作"游戏"（或者家庭）。（维特根斯坦，1953：33；括号内容为笔者所加，黑体是原作者所标）

到目前为止一切还好。我也强调了维特根斯坦在家庭定义上所提供的认识论援助（雷莫蒂，2008：102）。但是，只要你观察一个社会（无论是你自己的社会还是你选择的社会），我们可以描述的其他"游戏"——或家庭——就不构成问题：如果法国在20世纪90年代认真考虑了公民结合契约，那么**学者**确实可以描述这个社会所形成的一定数量的家庭形式（例如异性恋家庭或同性家庭），并且他的描述与所说的社会给定的定义是吻合的（法桑，2000：406）。但是，如果我们的视角不可避免地扩大了（就像人类学家那样），如果人类学为了提出某种家庭观念，为了向某人解释一个人使用家庭这个词表示什么意思而掌握了全部的关于家庭的社会定义（至少在理论上），那么必然产生**选择**问题。如果人类学家紧接着这个家庭"游戏"——在我们社会中正常"玩耍"的游戏——又加上了尼巴人的一夫多妻制、纳人的居住群体或塞努福人的婚后原居家庭，并非无关紧要：所产生的概念将不同于其他选择所产生的概念（例如，如果选择的是核心家庭并加上平原印第安人的两魂人家庭，或如楚科奇人或莫哈维人中间通过配偶子女形成的家庭）。

但是，这不只是选择实例的问题，而且还是将这些实例串在一起的连接问题，这些实例之间的串通或转换方式的问题。维特根斯坦的家族相似理论既不只是要求我们列举几个不同的实例（除了我们自己的家庭类型，还有努尔人的家庭或特洛布兰德人的家庭），也不只是要求我们仅仅表明这个清单是开放的（"这个以及类似的东西……"），而且还提出了我们在这些实例中间所感知的类似的或不同的元素、特质或特征问题：在各种不同的家庭形式中出现和消失并产生**家庭气氛**的不是某个单一特征，而是多种特征。因此，我们的任务不仅是对实例进行相互比较，而且要确定它们之间的关联。一经更加缜密的探查，就会发现这是维特根斯坦的家族相似的**人类学**重要意义之所在。事实上：

> 我们扩展我们的数概念（就此处而言，家庭概念），就如同我们纺线时将纤维与纤维缠绕在一起。线的强度不在于某根纤维贯穿于整根线，而在于很多根纤维交叠在一起。（维特根斯坦，1953：32；括号内容和黑体为笔者所标）

我们的责任超出了单纯划定界线。在这方面，维特根斯坦指出了另一个认识论责任：事实上我们还负责选择纤维以及将它们缠绕在一起的方法。**纺线、缠绕、联结**，这就是人类学家的活动（雷莫蒂，2008：255）。然而，人类学不可能为了满足其抱负而涵盖所有已知的实例或所有可想象的可能性。正如我在别处曾经指出的，人类学的联结网络是局部的，"并不构成一个系统"，尤其是因为这些关联并不构成一个持久的、完全一体化的网络（雷莫蒂，2009：213）。线是经久耐用的，只要没有磨损或断裂就是结实的，它们的适用性和暂时性事实上是由于人类学概念的开放和民族志观察的改性效果所致。

这些"以及类似的东西"包括所有转换性的，在某些情况下，甚至是颠覆性的民族志潜能。

在文章收尾时，我想以奥图·纽拉特提出的科学概念来支持维特根斯坦的家族相似：

我们就像必须在广阔的大海上修复他们的船只的水手一样，永远不可能从头再来。一根船梁被拆掉必须马上在那里安上一根新的，而且为此要以船体的其余部分作为支撑。这样，通过使用旧船梁和漂流木，船只可以被塑造得全然一新，但只能通过逐渐的修复。（纽拉特，1973：198—199）[5]

"广阔"的大海或"开放"海域就是维特根斯坦的家族相似的背景，这里，我像在别处那样（雷莫蒂，2009），把它作为一个备选方案提出来，以替代列维-斯特劳斯的结构主义的"封闭"论域以及克利福德·格尔茨的"封闭"社群。家族相似表述了一个能够解决结构主义的难题的概念，因为事实上这个概念不仅宣称更深地扎根于科学实践，而且更加切实可行和富有成效。

那么，人类学家为什么航行于世界，从这块土地迁往另一块土地，从这个岛屿移到另一个岛屿，从而在诸岛屿、社会及文化之间建立了关联？对于这个问题最有效果的回答并非来自维特根斯坦，而是来自列维-斯特劳斯，更具体地讲，来自他的结构主义。正如我已经指出的，在列维-斯特劳斯看来，结构恰恰是由连接各种系统的关联组成的，"不应孤立地看待系统"（列维-斯特劳斯，1969：155）。要想理解系统，就必须使系统与它们作为其中一部分的所有结构可能性的整体——即结构——一体化；这就是说，将系统置于转换之中，"通过转换可以在明显不同的社会中识别出类似的特性"（列维-斯特劳斯，1983：18）。

这里有一点需要重复，即列维-斯特劳斯的结构主义特有的种种系统的**不完全性**原则。这一原则还可适用并延展于那些我们如今勉强称之为系统的文化现象。事实上文化是共同选择和多少是有意识的决定的结果。也就是说，文化始终是部分构造。必须与其他构造相比较才能具体地理解文化。**不完全性**原则需要离开系统，而与他性连接（雷莫蒂，2003）。然而，在列维-斯特劳斯对结构深信不疑的时候，他认为这些连接可以在一个"封闭"的论域中发生，而且可以考虑的可能性数量有限。一方面，他认为地方系统是不完全的，因而是开放的；另一方面，他认为地方系统是包含着有限可能性的结构主义架构的一部分，因而是封闭的。正是在这里他的结构主义陷入困境：可能性一般构成一个"开放"论域，但在数量上是不确定的；可能性的清单只能被视为暂时封闭的，因为人类学家并不拥有其他资料，提供不了更广义的理论，或者根本就没有认识到可能存在其他的可能性。

恰恰是这个环节上维特根斯坦的家族相似理论显示出其效用，使我们认识到人类学知识在结构上必定是**开放的**，在程序上是**不完美的、不完全的和偶然的**——如同纽拉特的船。维特根斯坦并未像列维-斯特劳斯经常做的那样，考虑一种可以说明所有可能变量的"完美"或"完全"结构，而是要我们建立不完美的连接，说服我们容忍不完美，甚至赞赏概念的模糊性（概念的模糊界线）。这种模糊性并不是必须彻底改正的缺陷的迹象，而是它们反映真实文化现象的结果。

对人类学概念而言，即便是对那些具有一定横截性的概念而言，接近现实意味着"玷污"，意味着失去了光亮和明晰，而后者正是列维-斯特劳斯一再力图授予它们的。接近文化背景，更加缓慢地穿过文化和社会，意味着让概念承受语义负载，从而使之确实不那么整洁、灵巧和自信。将这两个原则——列维-斯特劳斯对横截性的偏爱，以及承认人类学家的工具如同船体中的木板，必须不断地修理和更换，从而使船本身处于永不休止的翻新当中——合并起来意味着重视我们不妨称之为**不完美性**的东西，它被理解为人类学的宿命和好运：工具一经使用不仅会弄脏而且还会用坏；工具必须不断地更换，但是工具的更换始终只是暂时的，永远不是最终的。为什么人类学工具会如此容易和如此之快地用坏？原因在于它们的工作对象不只是一种类型的现实，而是在诸多境况中工作；它们的工作不只是在一处挖掘，而是要横跨多重文化界线，不时地面对新的和突如其来的现象（在纽拉特的"广阔的大海"上）。人类学工具的所谓"不完美性"是代价，但同时证明了它们对于一个只能被视为不完全的和无止境的因而按照定义是不完美的知识体系的用途和效用：一个永远不停地**使自己不完美**的知识体系。水手们既认可他们的处境（意识到寻求确定性往往是逃离现实），也永不厌倦地设法改进他们的船只，他们非常清楚地知道，任何更新都将在某一节点上暴露其漏洞，每一次更换本身迟早还须被更换。

Francesco REMOTTI: FROM LÉVI-STRAUSS TO WITTGENSTEIN: THE IDEA OF "IMPERFECTIONISM" IN ANTHROPOLOGY

(*DIOGENES*, No. 238, 2013)

注：

[1] 我将采用目前研究亲属制度的人类学家广为采用的英文缩略语：MBD（mother's brother's daughter，母亲兄弟之女）、FZD（father's sister's daughter，父亲姐妹之女）和 FBD（father's brother's daughter，父亲兄弟之女）。

[2] 就如北基伍（刚果民主共和国）的巴坦吉人（Batangi）的情况，参见苏斯贝格（1973：26）和雷莫蒂（1993：137—141）。

[3] 这个场合是指在一次研讨会上提交的论文，该研讨会作为"穆斯林社会跨学科讨论会"的一部分，由巴黎高等研究实践学院第六系的伊斯兰学研究者雅克·贝尔克组织。我们得知此事多亏 S. 多诺弗里奥（1988—1989：6—7）发现列维－斯特劳斯及其与会者发言稿的影印本，他将这些发言稿译成意大利文发表在《绅士与文化》杂志上。列维－斯特劳斯论文题目是"亲属关系问题"，该文似乎仍未以法文发表。

[4] 对于纳亚尔人的实例还可增添其他同样重要的、目前汇集于"婚后原居"家庭范畴内的实例。关于这一家庭范畴的分析之一是由弗拉维阿·库图里做出的，他考察了喀拉拉邦南布迪里的实例、凯尔特人的托里岛的居住者、西班牙加西利亚奥伦塞省以及纳亚尔人的实例，查明了婚后原居制如何不可避免地对建立在夫妻关系上的婚姻和家庭产生不利作用。这样，库图里的分析的可取之处不仅在于将纳亚尔人插入一个远比列维－斯特劳斯能够想象的更宽泛的范畴，而且在于论证了婚后原居制规则如何导致血亲居住群体的建立，后者在结构上与婚姻习俗和夫妇家庭制度形成了鲜明反差。参见库图里（1988：64）和雷莫蒂（2008：尤见第 152 页）。

[5] 关于纽拉特这个隐喻的许多不同版本的构拟以及关于其意蕴的分析，参见 D. 佐洛（1986：37—38，41，49—52）。

参考文献：

巴里，L. S., Barry, L. S.（2000）"L'union endogame en Afrique et à Madagascar"，*L'Homme*，154—155: 67—100。

邦特，P., Bonte, P.（2000）"L'échange est-it un universel?"，*L'Homme,* 154—155: 39—66。

布迪厄，P., Bourdieu, P.（1990）*The Logic of Practice*, trans. R. Nice, Stanford: Stanford University Press。

蔡华，Cai, H.（2001）*A Society without Fathers or Husbands：The Na of China*, trans. A. Hustvedt. Cambridge, MA: MIT Press。

孔特，É., Conte, É.（2000）"Mariages arabes: la part du féminin"，*L'Homme*, 154—155：279—308。

库图里，F. G., Cuturi, F. G.（1988）*I fratelli inseparabili：conflitti tra natolocalità e matrimonio*, Rome：Bagatto。

达斯，V., Das, V.（1998）"Wittgenstein and Anthropology"，*Annual Review of Anthropology*, XXVII：171—195。

多诺弗里奥，S., D'Onofrio, S.（1988—1989）"Nota introduttiva"，*Uomo & Cultura*, XXI—XXII, 41—44：5—11。

法桑，É., Fassin, É.（2000）"Usages de la science et science des usages：à propos des familles homoparentales"，*L'Homme*, 154—155：391—408。

格尔茨，C., Geertz, C.（1983）*Local Knowledge：Further Essays in Interpretive Anthropology*, New York: Basic Books。

盖尔纳，E., Gellner, E.（1985）*Relativism and the Social Sciences,* Cambridge：Cambridge University Press。

埃里捷，F., Héritier, F.（1981）*L'Exercice de la parenté*, Paris：Seuil。

勒费比尔，C., Lefébure, C.（1981）"Le mariage des cousins parallèles patrilatéraux et l'endogamie de lignée agnatique：l'anthropologie de la parenté face à la question de l'endogamie"，收入 C. H. 布勒托等（主编），in C. H. Breteau, C. Lacoste-Dujardin, C. Lefébure and N. Zagnoli(eds), *Production, pouvoir et parenté dans le monde méditerranéen de Sumer à nos jours*, pp. 195—207, Paris：Geuthner。

列维－斯特劳斯，C., Lévi-Strauss, C.（1956）"The Family"，收入 H. L. 夏皮罗（主编），in H. L. Shapiro（ed.），*Man, Culture, and Society*, pp. 261—285, New York：Oxford University Press。

列维－斯特劳斯，C., Lévi-Strauss, C.（1963）*Structural Anthropology*, trans. C. Jacobson and B. Grundfest Schoepf, New York: Basic Books。

列维－斯特劳斯，C., Lévi-Strauss, C.（1966）*The Savage Mind*, London: Weidenfeld & Nicolson。

列维－斯特劳斯，C., Lévi-Strauss, C.（1969）*The Elementary Structures of Kinship*, trans. J. H. Bell, J. R. von Sturmer and R. Needham（ed.）, Boston: Beacon Press。

列维－斯特劳斯，C., Lévi-Strauss, C.（1983）*Structural Anthropology*, Vol. 2, trans. M. Layton, Chicago: University of Chicago Press。

列维－斯特劳斯，C., Lévi-Strauss, C.（1988—1989）"La figlia del fratello del padre: il matrimonio nel mondo arabo", *Uomo & Cultura*, XXI—XXII, n. 41—44: 11—24。

列维－斯特劳斯，C., Lévi-Strauss, C.（1992）*The Viem from Afar*, trans. J. Neugroschel and Ph. Hoss, Chicago: University of Chicago Press。

列维－斯特劳斯，C., Lévi-Strauss, C.（2000）"Postface", *L'Homme*, 154—155: 713—720。

林顿，R., Linton, R.（1936）*The Study of Man: An Introduction*, New York: Appleton-Century-Crofts。

默多克，G. P., Murdock, G. P.（1949）*Social Structure*, New York: The Free Press。

默多克，G. P., Murdock, G. P.（1972）"Anthropology's Mythology", in *Proceedings of the Royal Anthropological Institute of Great Britain and Ireland for 1971*, pp.17—24, London: Royal Anthropological Institute of Great Britain and Ireland。

尼达姆，R., Needham, R.（1983）*Against the Tranquility of Axioms*, Berkeley: University of California Press。

纽拉特，O., Neurath, O.（1973）*Empiricism and Sociology*, ed. M. Neurath and R. S. Cohen, trans. P. Foulkes and M. Neurath, Dordrecht: Reidel。

拉德克利夫－布朗，A. R., Radcliffe-Brown, A. R.（1952）*Structure and Function in Primitive Society*, New York: The Free Press。

雷莫蒂，F., Remotti, F.（1993）*Etnografia nande I: società, matrimoni, potere*, Turin: il Segnalibro。

雷莫蒂，F., Remotti, F.（2003）"De l'incomplétude", 收入 F. 阿费尔甘等, in F. Affergan, S. Borutti, C. Calame, U. Fabietti, M. Kilani and F. Remotti, *Figures de l'humain: les représentations de l'anthropologie*, pp. 19—74, Paris: Éditions de l'École des Hautes Études en Sciences Sociales。

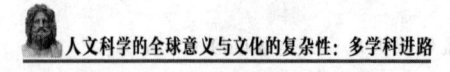

雷莫蒂, F., Remotti, F. (2008) *Contro natura: una lettera al Papa*, Rome-Bari: Laterza。

雷莫蒂, F., Remotti, F. (2009) *Noi, primitivi: lo specchio dell'antropologia*, Turin: Bollati Boringhieri。

索林纳斯, P. G., Solinas, P. G. (2004) *L'acqua strangia: il declino della parentela nella società complessa*, Milan: Franco Angeli。

苏斯贝格, L. 德, Sousberghe, L. de (1973) "Union structural et alliance en Afrique Centrale", *Anthropos*, 68 (1—2): 1—92。

斯佩贝尔, D., Sperber, D. (1985) *On Anthropological Knowledge: Three Essays*, Cambridge: Cambridge University Press。

维特根斯坦, L., Wittgenstein, L. (1953) *Philosophical Investigations*, trans. G. E. M. Anscombe, London: Blackwell。

佐洛, D., Zolo, D. (1986) *Scienza e politica in Otto Neurath*, Milan: Feltrinelli。

邻近的边疆：
东方主义神话的结构分析

安德烈·金格里希 著
杜 鹃 译

我在本期《第欧根尼》（第238期）的投稿关注的是在一定程度上被克洛德·列维-斯特劳斯启发的关于神话的结构分析的潜力，以期为我们生存的世界中的霸权关系提供一种批判观点。今日的后殖民世界以两个相互关联又彼此矛盾的主要运动为其众多特征之一。首先，我们的世界越来越多地在超越本地的层面上互联，并以超越国家的形式相联系。因此，之前此处的文化与他处的另一种文化之间的外在差异，转变成了我们都居于其中的全球化世界的内在差异（汉内斯，1996）。列维-斯特劳斯在《远离巴西》（2005）一书中阐明了这一观点。针对第一种发展已经出现了反击，因为，存在着要么防御封锁、要么仅仅以孤立主义和竞争的方式参与其中的显著趋势。在宗教复兴运动之外，第二种趋势最显著地体现在新国家主义及其多种表现上。

在接下来的三个部分中，我将集中关注多种孤立形式中的一种特殊类型，以及它们如何与国家主义意象相关联。我的主要兴趣是这些意识形态形式之神话逻辑的结构分析的批判潜力。我所谓"边疆东方主义"（金格里希，1998）的版本将由第一部分中的例子来引入。第二部分接下来会讨论"边疆东方主义"的典型特征以及与其他东方主义版本的差异。最后，我将在第三部分涉及新国家主义的政治力量以及新旧"边疆东方主义"的不同版本关联中的系统要素。

一、一个奥地利神话

我将使用 20 世纪 80 年代晚期的一个例子来说明"边疆东方主义"的内容和功效。联合国前任秘书长库尔特·瓦尔德海姆曾以多数票当选奥地利总统。鉴于他在第二次世界大战期间在德国军队的暧昧经历,并由于他一直遮掩并对这段过往轻描淡写,大部分西方国家联合抵制与他的任何接触。没有一个西方民主国家的政府保持与他的任何官方接触;没人愿意会见他。

最后,瓦尔德海姆的外交官成功说服出生于波兰的教皇约翰·保罗二世接受他的正式访问,约翰·保罗二世是第一位准备会见他的欧洲国家元首。事后证明,这成为瓦尔德海姆唯一的一次国事访问(不包括像巴基斯坦的齐亚·哈克等各种独裁者的殷勤邀请)。但在那时,瓦尔德海姆的支持者们并不知道这点。他们为此欣喜并对他们的英雄接下来访问梵蒂冈持乐观态度。就在对梵蒂冈进行国事访问的前一天清晨,曾推举瓦尔德海姆作为该党总统候选人的政党的机关报在头版刊登了这样的头条标题:"一个波兰人又一次拯救我们!"

对于欧洲其他地方的大多数人来说,这一标题都是不好理解的。然而,对一般的奥地利报纸读者而言,上面所说的再明白不过:

> 正如"我们"曾被一位波兰人也就是波兰国王约翰三世索别斯基于 1683 年土耳其第二次围困维也纳时拯救,现在又一位波兰人,也就是教皇再一次拯救我们。

但与此同时,这一类比传达了更多。具体而言:

> 正如"我们"曾于 1683 年被东方人,亦即被所谓的"土耳其人"(准确地说,被奥托曼军队)围困,我们现在再一次被今日的东方人围困,亦即被所谓的"犹太人"围困。

的确,世界犹太人大会有十分可理解的理由去热切地支持与奥地利及世界其他国家一起联合抵制瓦尔德海姆。瓦尔德海姆的支持者试图反复以一种完全有偏见的方式来公开指责这是犹太阴谋力量的例证。因此，这一头条标题不仅具有明显的反犹影射，将所谓的1683年土耳其围困与始于1986年瓦尔德海姆所谓的犹太阴谋相等同；还传达了一种关于拯救的完全虚假狂妄的幻想：

> 正如对"土耳其人"的逐渐驱逐以及他们在1683年之后撤回巴尔干半岛使得奥地利得以在哈布斯堡王朝时期在中欧兴起，"我们"在瓦尔德海姆时期也会马上改善——只要瓦尔德海姆访问教皇且世界犹太人大会被迫停止攻击瓦尔德海姆。"我们"不久就会蒸蒸日上，而世界犹太人大会就会一蹶不振……

在这则例证之上还有其他背景中的许多相似例证。但是这则例证的确向我们展示了此处有关我们的神话逻辑的核心要素。"边疆东方主义"经常表现为一种说明解释当前事件的模式，它最初是借助类比人们自己历史中的事件的神话版本而展开的。因此，由于人们是被自己的"使命"所驱动，所以现在可以被解释为"命运"。在这种解释和展开模式下，一种危险的威胁总是发挥着关键作用：它可以是一次围困，或者，更简单地说，是任何沿着非常邻近的边界的直接威胁。对于这种存在争议的、不断变动的边界，美式英语有一种合适的叫法："边疆"。

因此，"边疆东方主义"的解释模式首先以一种有争议的、邻近边界的意象发挥作用，其次构建了一个永恒的"我们"与"东方人"近距离地直接对抗。再次，这种东方人的标准代表是土耳其人以及更广范围的穆斯林。但是，瓦尔德海姆时代的头条标题向我们表明，伊斯兰东方人在需要的时候可以被替换。在这一情况下它被替换成犹太东方人，但在别的情况下又会被替换成斯拉夫（塞尔维亚或俄罗斯）东方人。

我将用这一例证中对另一种神话特点的援引来结束第一部分。如果将20世纪80年代瓦尔德海姆的这一头条标题仅仅视为一种有效宣传手法就太过肤浅和短视了。曾经的确如此。但是，它当时之所以有效仅仅是因为这个国家的每个人已然认为他们了解1683年及此后发生的事。因此，这种宣传要发挥作用只有关于"我们及土耳其人"的神话早在这样的头条标题付印之前就深入到人们的情感、心态以及公众认知，以此来出于某种时下目的激活、动员既定的公众认知并使其工具化。

最后，奥地利每位学生和普通上班族都清楚这一头条标题暗示的什么并非巧合。"土耳其战争"的题材是奥地利义务教育课程的核心要素，并且远不止如此：奥地利东部和南部的村志都记载了战争、影射战争的流行歌曲和习语、涉及战争的镇名和公共纪念碑。整个维也纳地图都充满公共记忆对它们的或多或少的明显神话化符号。地方志、传说、学校教材、歌曲、纪念碑、博物馆中的手工制品、诅咒和习语作为一个整体组成了"边疆东方主义"的神话结构。

二、东方主义的变体

我把爱德华·赛义德（1978）所说的变体称为"经典"东方主义，它使用英法殖民时期的艺术、政治和学术作为首要例证。尽管针对赛义德的发现存在不少相当合理的批评，我认为他的基本观点是有根据的。但是，的确存在着"西方主义"这种对应物（布鲁马和马戈利，2004）。除此之外，还存在着东方主义的"启蒙"形式，例如莫扎特的《后宫诱逃》。概而言之，"经典"东方主义绝不包括欧洲感知"东方"的全部基本形式，赛义德本人对此完全清楚。

格尔德·鲍曼（2004）指出，排外主义的等级模式形成了所有"东方主义"的基础。从这个意义上说，"边疆东方主义"具有一定的神话逻辑独创性。它区别于经典形式之处在于，它指的不是被征服的遥远海外殖民地，而是"我们的"边疆的邻近入侵者。这些是危险的、几乎势均力敌的对手，而非异国庶民、仆人和奴隶。在这两种形式中，妇女和色情因而扮演了不同角色，尽管决定我们见闻的通常是男性的观点。

但是，无论"经典"东方主义是否关系到福楼拜的《萨朗波》或者是关于假想的后宫的绘画，它都总是关于**在东方**的妇女以及**那里**的色情的所有形式的**偷窥**观点，而这些是被同时代的西方所禁止的。相比之下，"边疆东方主义"事实上根本不涉及**东方**的女性和色情问题：在这里，东方的挑衅者和入侵者一般是男性，而且这位男性在这种基本属于**偏执狂**的视角下之所以如此危险，恰恰因为他觊觎我们的妻女姊妹。最后，一定要加上第三个问题，它可能会带来决定性的差别："经典"东方主义主要是作为老的殖民宗主国的雇主和主要消费者群体的帝国精英的产物。但是,"边疆东方主义"远不止如此。它不仅是帝国精英的产物,同时也是民间文化的一种根深蒂固的元素。关于死去的阿拉伯人或印度士兵的雕塑无论在英国还是法国的乡村都看不到,在圣保罗大教堂或巴黎圣母院也看不到。但是,你会发现,关于被处死和被羞辱的土耳其士兵的雕像不仅在维也纳圣斯蒂芬大教堂的明显位置陈列,在奥地利的许多小城市和村庄中也如此。

"边疆东方主义"的神话逻辑因此通过核心的神话改编而发挥作用,这种改编就是在一个邻近的、有争议并不断变动的边疆上被威胁或被围困,几乎势均力敌的、危险因而"邪恶"的东方人从这样的边疆入侵并在生存上威胁着"我们"以及我们的女人们。从这一原型的、神话的基础动机可以推导出两则原则性结论:首先,一种更悲观的变体是,围困继续,不断成功挺进。第二种是更为乐观的变体,围困被击退(比如,在波兰或其他地方的英雄的帮助下)。这一乐观变体的奥地利版本更为扩大化,即它包含了将奥托曼人最终赶回东南方的辉煌阶段,带来的是哈布斯堡王朝的兴起。在这方面,出现了又一个东方主义高潮:在1878年至1918年间对波斯尼亚的占领和接下来的吞并。波斯尼亚人因此沦为奥地利版本的"边疆东方主义"中"好东方人"的原型。由于"波斯尼亚人"还象征着经典的庶民,即被征服的、被整合的、始终在哨所保护并防守帝国边疆的忠诚的东方人,这部分地与"经典东方主义"重叠。即便在20世纪90年代内战期间的南斯拉夫,当媒体求助于关于"我们穆斯林"的神话及裙带细节,许多奥地利外交政策仍得到人们的支持并被合法化。那些年奥地利民众对波斯尼亚穆斯林的人均支持率比欧盟的任何其他国家都高。

历史更悠久的"边疆东方主义"形式不仅出现于奥地利及中欧哈布斯堡帝国其他地方——比如匈牙利及斯洛文尼亚——或多或少相似的情况中,还出现于意大利东北及北部部分地区的感知和叙事结构的主要形式中。我认为,我们也能在欧洲的其他两个地方找到清晰且年代同样久远的类似现象。这就是俄罗斯之于高加索和中亚(施特拉塞尔,1998;斯陶丁格,2006)以及西班牙之于西北非的情况(比什科,1980)。欧洲东部、中部以及南部的大部分地区的"边疆东方主义"都可以联系到这些地区在近代早期发端前以及在近代时期的第一阶段中(14世纪到17世纪)与伊斯兰世界的历史互动,并能够提供一种可以为今日的用途而激活的具体的地区神话仓库。

三、21世纪初的"边疆东方主义"

在美国，"边疆"成为对国家及其起源的霸权式自我理解中的核心要素。拓荒前的美国西部旧的"边疆"标志着19世纪面向本土原住民的白人定居点的扩张。对于"新的"以及"最终的"边疆的宣告具有号召人们在对他者、对不熟悉的蛮荒地区的征服和驯化中行动起来的作用——首先在空间上，接下来就是在人类基因上。在这样的历史背景中，在2001年"9·11"袭击后，乔治·W. 布什政府（2001—2009）竭尽全力利用美国人民的焦虑以便进军伊拉克。除了利用日本二战期间偷袭珍珠港的记忆，"边疆东方主义"的一种创造性的新形式发挥了很大作用，中世纪十字军东征的主题作为其中的一个，由于基督教右翼的影响，其作用举足轻重。这可以说成是"边疆东方主义"的悲观版本和乐观版本的组合。

"我们"不再单纯被威胁和围困。毋宁说，"邪恶"的东方人已经混迹我们中间，他们已经渗透并谋杀我们，国家的安全严重被威胁。因此，我们必须进入威胁的深处以寻找"好"东方人并令其掌权。我们将以这种方式转移迫在眉睫的威胁。

就恐怖主义而言，这一元叙事无疑具有现实基础。西格蒙德·弗洛伊德认为谎言和玩笑包含的现实成分越多，就越让人信服，这种观点同样也适用于神话。伊拉克悲剧在很大程度上被这种关于"边疆东方主义"神话的帝国的、军国主义的重述所灌输并激发，而"边疆东方主义"神话就以这种方式被全球化。

"边疆东方主义"神话并不总是有关当今的军事冲突。对其更为平常的用法——伴随着关于威胁和渗透的悲观设想以及关于对期待、仇恨和排外的动员——更多来自于非军事的、产生于跨国移民的公民因素。奥地利的一场民粹主义运动在超过20年间一直用这样的标语来参加竞选：

"如果我们现在让所有的土耳其人都进入我们的国家，那么我们的祖先抗击土耳其人是为了什么？"

"边疆东方主义"出人意料地充当了上演威胁、围困、渗透以及对自己社会进行损害的有效工具，并接下来成为动员对抗这一悲观脚本的工具：这一战斗性的动员的目标是拥有合法移民身份但违法的非洲人或亚洲人、非法移民、不受欢迎的欧盟候选国以及在本国建设清真寺。

由是我们看到新国家主义现象，我和马库斯·班克斯称之为我们对欧洲许多地区的这类运动的比较的结果（金格里希和班克斯，2006）。在其更为久远的版本中，"边疆东方主义"的个体元素可以独立存在，这些成分存在于乡村方志和反土耳其的习语中或作为维也纳一排房子的名字（"Heidenschuβ"，处决异教徒），它成为了民间文化中一种或多或少沙文主义的、进攻性的成分。"边疆东方主义"曾经作为国家主义和新国家主义的工具，这一潜在的神话潜质被转换成一种明显的意识形态武器。

新国家主义意识形态的基本结构中包含三个等级。在最"顶端"是诸如布鲁塞尔官僚主义及其不择手段的世界性伙伴这样强有力的敌人；最"底部"的是诸如少数民族、移民和更贫困国家这样的威胁性元素。经过两端的挤压和威胁，新国家主义者"中层"认为他们自己的国家在为生存而斗争。新国家主义者正是在那里利用或改造了"边疆东方主义"，通过一个明显武器，即情绪化地上演一个面临来自东方人的生存威胁的"我们"，加剧并强调这一世界观的底层部分。

在众多例证中，新国家主义和"边疆东方主义"的关系比在其他背景中更为直接和接近；"边疆东方主义"和新国家主义有时候以相似的方式能够完全与种族主义相关（列维-斯特劳斯，1987），而这种联合不总是强制性的。例如，在奥地利，神话和政治的原始素材因此更为紧密相关，因为关于奥地利红-白-红国旗起源的传说之一宣称，红色代表在中世纪十字军东征的一次胜仗中倒下的穆斯林的鲜血。除了纳粹占领的七年之外，在1870年至1970年间，几代学生都被灌输了这种传说以及奥地利自认为保卫了欧洲的关于1683年土耳其围困的记述。

即便当"边疆东方主义"的神话并不与核心的国家符号如此明确地重叠时，新国家主义乐于利用神话脚本，或者为了它自己的目的重造神话脚本。在那些历史上没有发生1683年土耳其围困、或抗击车臣人和鞑靼人的战役、或勒潘多海战的地方，对"我们的核心价值观"的其他攻击就会受到抗议。"边疆东方主义"的神话的确可以被不间断地重造——此处同样如列维-斯特劳斯所说，"神话独立思考"。在这方面，我们今日会发现，来源于欧洲中部、东部或南部的"边疆东方主义"的更古老的神话一直以来就在大陆范围中被欧洲化。关于"欧洲要塞"的意象表明了一种由保卫者和来自南方、东方和东南方的威胁性入侵者构成的虚构的军事脚本。

新国家主义政党在一切政治局势中都并不成功，或不必需。有时其纲领已经被目前的政党拥护，而其他时候，主流政党却能更好且更悄无声息地倡导它。但是，自20世纪90年代起，在那些新国家主义力量已经具有影响力的地方——在意大利、法国、瑞士或奥地利，在斯堪的纳维亚、荷兰或比利时——它们需要对抗、壮观场面以及群情激昂。只有这些才能将选民从旧政党手中夺走并支持他们。因此，入侵者必须通过神话的悲观版本——我们不仅被围困，这些入侵者在我们中间为时已久——来威胁我们的认同、我们的工作、我们的女人以及我们的安全即所有重要且珍贵的东西。他们必须被击退，以驯化"善者"，驱逐"恶者"。它们正是内在于神话中的关系，这种关系可以通过一种结构分析被揭示出来。超越神话而在真实的移民问题上的争论要富有成效，对神话的鉴别和解码是必要的。

即便是新国家主义的倡导者也很少真正关心移民问题。他们主要想得到一个新成形的国家的领导权，这个国家正以孤立主义和竞争的方式跻身于全球化竞争赢家的行列。因此，他们寻求对抗，以此使新成形的国家群情激愤，拥护这一新领导权并准备赴死。因此，新国家主义者需要移民这一形象——来以这种意象并已经以这种意象思考某种完全不同的事情，亦即他们自身：他们领导之下的好竞争的、重塑的国家。因此，关于移民的具体化的、去人性化的意象成为了关于新国家主义神话学中的袋鼠图腾（列维－斯特劳斯，1962）。它不可或缺并滋养了关于国家主义者的未来观的思考。

因此，结构分析仍然相关。通过仅强调变化和转变，这种结构的持续力受到了掩盖和轻视。轻视国家主义，从未被证明是明智的策略。

Andre GINGRICH: THE NEARBY FRONTIER:
STRUCTURAL ANALYSES OF MYTHS OF ORIENTALISM
（DIOGENES, No. 238, 2013）

参考文献：

鲍曼，G.，Baumann, G.（2004）"Grammars of Identity/Alterity: A Structural Approach"，收入 G. 鲍曼和 A. 金格里希（主编），in G. Baumann and A. Gingrich（eds），*Grammars of Identity/Alterity: Structural Approach*, pp.17—51, London-New York: Berghahn。

比什科，Ch. J., Bishko, Ch. J.（1980）*Studies in Medieval Spanish Frontier History*, London: Variorum Reprints。

布鲁马，I. 和马戈利特，A., Buruma, I. and Margolieth, A.（2004）*Occidentalism: The West in the Eyes of Its Enemies*, New York: Penguin。

金格里希，A., Gingrich, A.（1998）"Frontier Myths of Orientalism: The Muslim World in Public and Popular Cultures of Central Europe"，收入 B. 巴斯卡尔和 B. 布鲁门（主编），in B. Baskar and B. Brumen（eds），*Mediterranean Ethnological Summer School, Piran / Pirano Slovenia 1996*, MESS Vol. II., pp. 99—127, Ljubljana: Inštitut za multikulturne raziskave。

金格里希，A. 和班克斯，M.（主编），Gingrich, A. and Banks, M.（eds）（2006）*Neo-Nationalism in Europe and Beyond: Perspectives from Social Anthropology*, London-New York: Berghahn。

汉内斯，U., Hannerz, U.（1996）*Transnational Connections: Culture, People, Places*, London-New York: Routledge。

列维－斯特劳斯，C., Lévi-Strauss, C.（1962）*Le Totémisme aujourd'hui*, Paris: PUF。

列维－斯特劳斯，C., Lévi-Strauss, C.（1987）*Race et Histoire*, Paris: Denoël（1st ed. 1952, UNESCO）。

列维－斯特劳斯，C., Lévi-Strauss, C.（2005）*Loin du Brésil: Entretien avec Véronique Mortaigne*, Paris: Chandeigne。

赛义德，E. W., Said, E. W.（1978）*Orientalism*, New York: Pantheon。

斯陶丁格，K., Staudinger, K.（2006）*Freie Nomaden, edle Räuber, skrupellose Sklavenjäger: Zur Darstellung von Turkmenen in Reiseberichten aus dem 19. Jahrhundert*, Diploma thesis, University of Vienna。

施特拉塞尔，A., Strasser, A.（1998）"*Das Krebsgeschwür der Kriminalität*": *Ein ethnologischer Beitrag ous diskursanalytischer Sicht zum Tschetschenienfeindbild in der russischen Regierung-szeitung "Rossijskaja Gazeta" vor der Invasion 1994*, Diploma thesis, University of Vienna。

都市人类学的定位：
一种思想史的路线图

沃尔夫冈·卡尔滕巴赫尔　著
贺慧玲　译

  近些年我们为推动都市人类学在学术上和制度上的发展做出了大量努力。都市人类学委员会（CUA）汇集了该领域高端的学者和研究人员，如今已成为国际人类学和民族学联合会（IUAES）最为活跃和最为高效的委员会之一。都市人类学委员会拥有的《都市性》杂志（*Urbanities*）是国际同行评议学术杂志，成为其介绍和研讨新趋势的强大工具。与此同时，英国阿施格特出版社（Ashgate）推出的"都市人类学丛书"书籍已成为深化各项研究不可或缺的参考要素。

  正是上述毋庸置疑的成功促使我们利用这些成绩，并探讨都市人类学的轮廓。都市人类学无疑是一项已经确立的研究领域。它的存在理由并不像过去那样备受争议。然而，要确定其在社会科学图景中的定位，辨别其主要特征并确定其与相邻学科的关系仍是困难的。

  都市人类学抢占了有时似乎为其他学科所占据的论题。特别是要对都市人类学和都市社会学做区分确实是一项挑战。而且它与其他学科的分界线同样是模糊不清的。都市人类学与其他研究领域之间的跨学科纽带和交织层出不穷；它与其他城市研究分支之间的新接触面不断涌现。要区分都市人类学与其他学术活动也越来越困难，特别是因为各种学科和子学科也采用了一些人类学方法。彼此非常接近的人文社会科学之间，特别是具有大量共同特征的质性社会研究学科之间的联营集团已然形成。都市人类学步社会人类学之后尘,不得不与"各种种族化的和奇怪的后-主义之间的七彩联盟"互动,"从女性主义到结构主义,到后现代主义,到后殖民主义,到后结构主义,到后实证主义,到后科学主义,到马克思主义,到后建构主义"(登青和林肯,2011:ix)。过去学科领域之间的严格分界妨碍了任何变迁,而今天学科能力的明显缺失则威胁着学术界。跨学科合作势在必行:但跨学科性始终倚仗的是学科性。

我们在此并不能呈现当代思想景观的完整系谱,但是做一个简单的历史概述将有助于我们看穿当前的迷雾。下文的论述为一个更详细的报告提供了一张路线图。我们所关注的并不在于历史层面本身,而在于历史视角如何帮助都市人类学进行定位。我们认为,在讨论更为深入的认识论问题之前,应该扩大概念分析和历史分析。

*

都市人类学史上具有标志性意义的两个事件是:一是1982年在奥地利维也纳召开的第一届国际都市人类学研讨会;二是1983年都市人类学委员会的创立。乌尔夫·汉内斯在其开创性著作《探索城市》中重构了都市人类学从其萌生到20世纪80年代的发展。如果在今天,汉内斯可能对其论述的某些方面会有不同的观点,但这部著作代表了关于都市人类学研究的自我反思中的重要阶段。2012年,朱利亚娜·B.普拉托和伊塔洛·帕尔多在《生命支撑系统百科全书》(EOLSS)中发表了关于都市人类学的最新研究(该文转载于《都市性》杂志,普拉托和帕尔多,2013)。

引起当前论战的大量论据在20世纪70年代已经成为讨论对象,70年代也见证了都市人类学得以确立为人类学子学科。在20世纪60年代之前,人们尚不能谈论都市人类学本身。自20世纪上半叶以来在城市语境中开展了许多重头研究,但直到20世纪70年代"都市人类学"才成为一种范畴。题为"都市人类学"的各种出版物的出现以及1972年由杰克·R.罗尔瓦根创办的《都市人类学》杂志也佐证了这种发展;很快,一些重量级学者应允加入该杂志编委会。1973年,在于美国芝加哥召开的第九届国际人类学与民族学大会框架内,举办了关于人类学都市研究的研讨会。高斯·安萨里和彼得·J. M.

纳斯将此次研讨会视为"对都市人类学感兴趣和投身其中的学者的第一次国际聚会"（安萨里和纳斯，1983：vii）。十余年后，都市人类学委员会得以设立。而在20世纪70年代末，都市人类学家已经形成了一个共同体（汉内斯，1983：18）。在美国，一些研究人员力图在美国人类学协会（AAA）内部创设一个都市人类学协会。在美国人类学协会1979年会议时诞生了都市人类学协会（Society for Urban Anthropology），杰克·R. 罗尔瓦根任主席。20世纪80年代初，罗尔瓦根开始汇编世界都市人类学家名录，旨在筹备一个国际都市人类学家组织。罗伯特·范肯珀建议将这一组织命名为世界都市人类学家联盟（WUUA）并有意使其加入国际人类学和民族学联合会。罗尔瓦根未能实现其构想，但他随后断言，世界都市人类学家联盟项目促进了都市人类学委员会在1983年的设立。在20世纪80年代，罗尔瓦根转变了兴趣，将《都市人类学》杂志更名为《都市人类学、文化体系研究以及世界经济发展》（罗尔瓦根，1991）。

都市人类学直到20世纪70年代才确立为名副其实的子学科并非出于偶然。这一新领域的形成是与由殖民主义的终结所诱发的社会文化人类学的深刻危机相吻合的。对人类学学科持怀疑态度的人类学家不乏其人；一些学者甚至宣称人类学已步入穷途末路。里查德·福克斯就是深陷怀疑的这些人类学家之一。都市人类学这一人类学的新分支为人类学开启了一种新的可能性："我心想，由于人类学可以叙述关于城市的新事物，人类学家可以在城市环境中开展有效研究，那么毋庸置疑，这门学科是有生命力的、健康的，在复杂的当下生存，而不是在原始的过去中苟延残喘。"（福克斯，1977：xi）福克斯建议开展研究项目，"研究大量社会及大量不同阶段的城市制度及其文化语境"（出处同上）。这一宏大项目的可行性备受质疑。福克斯的著作《都市人类学》的副标题"文化背景中的城市"可被诠释为对于都市人类学项目的简明描述。福克斯捍卫其项目并断言，该项目仅仅属于"由摩根、梅因、迪尔凯姆和毛斯创立的长期的比较研究传统，他们想跨越过去而（往往是不正确地）澄清当下"（出处同上）。

当福克斯撰写其著作时，都市人类学刚刚起步。人们"对于都市人类学应该提出的问题及其能解决的问题"（福克斯，1977：1）未达成任何一致意见。在20世纪70年代末，还没有关于都市人类学的一般概念。然而，诸多研究人员竭尽全力澄清城市规划（urbanisme）的性质。福克斯区分了城市规划人类学、城市化人类学以及城市贫困人类学。当这三种进路被视为合法的，并得益于"城市分析的总框架"（福克斯，1977：16）而相互融合时，只有第一种进路聚焦于城市规划以及城市环境中的生活的专门特征研究。城市化人类学探讨居民从农村地区向城市的迁移，而城市贫困人类学则关注城市中生活的主要问题而摒弃了关于城市的论题。

乌尔夫·汉内斯在20世纪60年代投入了关于"少数民族聚居区文化"（福克斯称为"城市贫困人类学"）的研究，他在《探索城市》一书中论证说，"我们将会给予都市人类学一种更狭隘的定义，使都市人类学集中关注城市现象本身"（汉内斯，1983：20）。他担心的一点是，都市人类学由于缺乏强有力的学科形象，可能会被定义得过于宽泛。然而，应该将汉内斯的立场及其同行的主张区分开来，后者参照的是一种关于城市的人类学，即将城市具体化为一种具有特殊和独特特征的专门社会制度。

帕尔多和普拉托与诸如古特凯恩德（1983）和索撒尔（1983）强调城市类别分类的概念化划清了界线：他们宣称"都市人类学应该仅仅被理解为一种在城市区域中开展的（或多或少经典的）人类学研究"（帕尔多和普拉托，2012：8）。他们厌倦了关于"都市的（urbain）"和"都市人类学"术语的概念的无休止讨论，近来主张谈论"在都市环境中开展的人类学研究"（普拉托和帕尔多，2013：79）。帕尔多和普拉托的立场如此，但这不妨碍我们应该说明城市环境的特性。我们赞同帕尔多和普拉托认为具体化和分类毫无用处的观点，但是对于清晰的概念化的执着还是促使我们给"都市的"这个术语下一个定义。我们赞同以下断言，即在一个越来越城市化的世界中，"我们可以认为当代都市人类学就是人类学"（帕尔多和普拉托，2012：17；普拉托和帕尔多，2013：100）。这意味着人类学研究的主体是在城市环境中进行的。但是"城市"环境中的人类学研究与"非城市"环境中的人类学研究有何区别？如果没有区别，那么"都市人类学"和"在城市环境中开展的人类学研究"这两个术语将没有意义。

这个问题应该明确地与围绕在城市中或关于城市的人类学的论战相区别，虽然二者之间肯定有一种联系。在20世纪70年代和20世纪80年代初存在一种情况，即"这种慷慨地将所有类型的关注、观点和发现融合起来，同时对能够构成它们的共同点的东西又相对漠不关心的方式,强化了都市人类学似乎缺乏一种协调一致的和独一无二的概念结构的形象"(汉内斯,1983:20)。为了克服这种情况,在此期间存在试图定义"都市的(urbain)"这一术语的尝试,不过无果而终。这些尝试没有成功的原因有很多。在那些试图定义一种**关于**城市的人类学的研究人员中,只有一部分试图探寻城市的"形而上学本质"。像汉内斯那样的某些研究人员仅仅试图集中关注城市的典型现象。而帕尔多和普拉托放弃了对"都市的"术语进行任何定义,他们想让城市空间向多种多样的人类学研究开放,向多种多样的与其他学科的合作开放。他们关于城市**中**的人类学的主张一方面对于研究实践具有毋庸置疑的优点,另一方面不足之处是没有给出一个总的学科定义。

论述都市人类学的早期著作非常在意对这门社会文化人类学子学科的特征进行定义。在今后对都市人类学进行定位时,一项敏感的任务是将都市人类学及其相邻学科及子学科进行区分。从历史层面谈论这一问题时,我们在选择术语时应小心谨慎,因为社会文化人类学的表述只适用于当代发展。历时与共时的反思之间的接合开辟了一个无限广阔的调查领域。我们在此仅关注人类学与社会学的交织。这两门学科均是19世纪的产物。有充分资料表明,人类学与社会学沿袭着美洲、英国、法国及德语国家这四条道路。在《一门学科,四条道路:英国、德国、法国及美国的人类学》(2005)一书中,弗雷德里克·巴特、安德烈·金格里希、罗伯特·帕金以及西德尔·西尔弗曼描述了这些不同传统。克里斯·汉恩揭示了"强烈的'西方'色彩",承认"仅仅挑选四种(传统)显然是不合适的",肯定了由于组织方面的原因而被排斥的"俄罗斯人类学的丰富传统或者中国和印度人类学的最新进展"的重要性(vi—iii)。书中四篇关于人类学史的论文指出了这四种传统之间以及人类学和其他学科之间的多重联系。在法国,至少直到第二次世界大战,社会学和人类学之间的紧密关系显而易见。在英国,社会人类学长期以来阻碍了一门完全的社会学的发展,但从20世纪60年代开始,事情发生了变化。在德国,社会学经历了重要的理论和经验的发展,以惊人的方式与人类学脱钩。作为20世纪上半叶重要人类学家摇篮的奥地利也走过相似的道路。在此我们主要研究美国的独特状况,因为芝加哥学派对人类学家产生的影响有据可考。

对人类学和社会学学科主要代表人物的传记的研究使得我们可以追溯不

同传统之间联系的根源。威廉·伊萨克·托马斯是1892年在芝加哥大学建立的美洲第一个社会学系前二十年的关键人物，他在20世纪80年代末在德国柏林大学和格丁根大学学习，在那里，他发现了莫里茨·拉撒路、海曼·施泰因塔尔和威廉·冯特这几位心理学家的作品。这些经历促使他阐发了社会心理学理论（巴恩斯，1948）。他对理论和经验分析都很敏感，成功地弥合了思辨社会哲学与社会调查运动这两种趋势之间的鸿沟，二者可说是芝加哥大学思想环境的特征（汉内斯，1983：39）。

罗伯特·埃兹拉·帕克也受到德国知识分子的影响。1899—1900年，他在格奥尔格·西美尔的指导下在柏林大学学习哲学和社会学；在法国斯特拉斯堡度过了一学期（1900年）及在德国海德堡大学度过了三年（1900—1903年）之后，他在新康德主义哲学家威廉·温德尔班德以及地理学家阿尔弗雷德·黑特纳的指导下获得博士学位，博士论文题为《大众与公众：一种方法论和社会学研究》（*Masse und Publikum: Eine methodologische und soziologische Untersuchung*）（1904）。毋庸置疑，西美尔的反实证主义、温德尔班德的价值论以及黑特纳的生物地理学对帕克的思想产生了影响。在帕克于柏林逗留期间，西美尔完成了他的论文《大城市与精神生活》（2006）。西美尔以这一论文对城市社会学的创立做出了贡献。费迪南·滕尼斯（1963）的《共同体和社会》对于帕克也产生了同样重要的作用。

帕尔多和普拉托多次强调滕尼斯关于共同体（Gemeinschaft）和社会（Gesellschaft）的概念对于"城市生活、制度和社会关系特征的早期的人类学理论化"（帕尔多和普拉托，2012：5；普拉托和帕尔多，2013：81—82）具有重要性。事实上，只需考虑滕尼斯对整整一代社会学家产生的直接影响就足以说明问题。然而，这种历史重构冒险忽视了以黑格尔的《法哲学》为基础的对共同体和社会的最初现代诠释，也冒险忽视了这种诠释对于19—20世纪社会理论发展的意义（卡尔滕巴赫尔，1994）。滕尼斯不只是一位理论家，他也对田野调查做出了重要贡献；因此，他更多的是引起了社会科学专家而非苛刻的纯哲学家的关注。黑格尔的概念工具具有另一种意义。黑格尔在借助老的公民社会（societas civilis）概念并赋予其一种新意义的同时，锻造了公民社会的现代概念。在黑格尔那里，社群和社会概念深深地扎根于道德性（Moralität）和伦理性（Sittlichkeit）的概念空间中，它们不仅是实践哲学的范畴，也是人类历史的准则。然而这些准则不应只赋予某一个个别的历史发展阶段，它们属于人类心灵的基本取向，这些基本取向的历史根源肯定是多种多样的，但是在当代共存于同一个社会中，即对个体性的寻求与对社群的渴望（卡尔滕巴赫尔，2008：269）。

这种革命的概念化开辟了社会理论此后的发展道路。不容忽视的是，在这种语境中总被提及的迪尔凯姆的概念"满是德国哲学的元素"（阿多诺，1976：7）。黑格尔哲学对于欧洲大陆社会学家产生了根本作用，但实际上对德语国家的人类学家却未产生如此重要的作用。然而，黑格尔的辩证哲学结构却能帮助我们解决都市人类学理论发展过程中的形形色色的矛盾，首先譬如概念化问题。

在20世纪20年代末，都市社会学开始重视量性研究方法并远离民族志。在芝加哥，在制度层面上，1929年社会学系和人类学系的分开设立就是具体体现。"帕克熟知一种忽视质性数据的方法所蕴含的风险，但是他想迎接科学社会学的挑战。当时科学尤为重视测量。"（汉内斯，1983：49）

路易斯·沃思和罗伯特·雷德菲尔德的著作开始尝试界定城市并论述一些能把握城市环境的范畴。在很长一段时间内，他们对于城市生活的分析影响了社会学家和人类学家，即便他们的思想明显受到马克思和恩格斯、滕尼斯、西美尔和迪尔凯姆的影响而缺乏原创性。

中欧思想家对于英国社会人类学的影响并不十分明显。马林诺夫斯基是一个特例。他在奥匈帝国末期的思想环境中长大，深受恩斯特·马赫和威廉·冯特的影响，之后进入伦敦经济学院学习，师从查尔斯·加布里埃尔·塞利格曼和爱德华·韦斯特马克（盖尔纳，1988），他的两名学生奥德丽·理查兹和戈弗雷·威尔逊在中非开展了早期实地城市研究。营养人类学领域的先驱理查兹在本巴部族开展了创新性田野调查，本巴族是深受北罗得西亚工业化地区的城乡人口迁移问题影响的族群之一（理查兹，1939），无论是否总是"正宗的马林诺夫斯基主义者"（库珀，1999：119），她理所当然是一位功能主义的人类学家。1938年被任命为罗兹－列文斯顿研究所第一任所长的戈弗雷·威尔逊，在赞比亚布罗肯山（Broken Hill）市民中展开研究，考察城乡关系中的失衡。威尔逊像理查兹那样，在其理论进路和田野工作的方法论方面是一位功能主义者。他在罗兹－列文斯顿研究所的继任者马克斯·格卢克曼是牛津具有强烈马克思主义倾向的结构主义－功能主义者,此后被视为曼彻斯特人类学学派的奠基人。格卢克曼在教育上主要受拉德克利夫－布朗的影响,而拉德克利夫－布朗又深受迪尔凯姆的影响。我们在格卢克曼的著作中重新发现了迪尔凯姆社会学的元素。结构主义－功能主义进路在格卢克曼的诸多弟子中至关重要,但法国社会学的直接或非直接的影响就微弱得多了。他在罗兹－列文斯顿研究所的接班人和同事的简历表明职业生涯并非总是局限于唯一一门学科。例如克莱德·米切尔起初是名具有社会学和心理学背景的社会工作者,在第二次世界大战后他因机缘巧合接触了人类学,在入职罗兹－列文斯顿研究所之后,施展了社会学方面的才干,主持了大量研究并对约 1.2 万人进行了访谈(米切尔,1956)。

20 世纪 60 年代,功能主义丧失了其优势。取而代之的是新进路的多元性,这些新进路的大部分源自语言和文化转向。都市人类学的上升可以被定位于这一以人文社会科学中的彻底变革为特征的时期。社会文化人类学进入了一个深刻自我反思的阶段,这种自我反思当前以形形色色的形式进行,不能仅仅视为学科史中的另一次危机。安德烈·金格里希认为,"社会文化人类学跨越了一个走向一个跨国的和世界的批判研究阶段的长期转型过程"(2010:552)。这意味着国家传统时代逐渐走向末路。金格里希认为,人类学中的国家取向阶段随着第一次世界大战以及美好年代(la Belle Époque)的科学国际主义的终结而开始于 20 世纪初。然而国家人类学传统的根可上溯至 19 世纪的民族主义。金格里希主张用"跨国化"一词来描述社会文化人类学最近的变迁并将其与"国际化"概念相区别,因为这种"国际化概念意味着一种合作,合作倚仗的是其重点仍然继续在国家界线内界定的实体"(2010:554)。他将"跨国化"视为一个既是描述性的又是起规范作用的概念。换句话说,他认为我们应该在推动跨国研究的同时意识到国家和准国家的传统不会完全消失。对于金格里希来说,某些国家中人类学传统仍然富有生命力表征着一种积极观点:"国家人类学遗产的精华已成为国际人类学的组成部分,在未来对学科进行编史时将是一个决定性的和具有启发性的要素。"(出处同上)如果在这些国家传统中,有什么继续与地方研究、区域研究、准国家研究和跨国研究模式共存的话,那么在"国际"概念被否弃时,什么概念最好地表达了这种共存?那将只能是"跨国"概念,如果它被从辩证层面看待的话,也就是说被视为一个从整体上看既包括其反面又包括其本身，包括对同一性和差异的认同的概念。在这种意义上，跨国化并不以形形色色视角的同质化为目标，而是以对一种多元化的保护为目标，在这种多元性中，每个人均处于论战中并准备质疑其立场。

在当前的转型进程中，弱小学科承受着被边缘化的风险。为了捍卫这些学科，学科代表人物应该表现出令人信服的科学特点并明确地界定自身的能力。这就是为什么对于认识论和方法论的反思如此重要。金格里希发现，社会文化人类学领域的认识论论战仍欠发达。他尤其批评一点，即讨论总是几乎只建立在欧美认识论遗产的基础上，认为在跨国化进程中，其他传统明显也同样应得到重视（2010：560）。这种要求与跨文化哲学及其他跨文化研究的要求如出一辙，它们呼吁关注众多学科中的概念化的文化维度（卡尔滕巴赫尔，2011）。

在我们上文提到的人类学研究的四种欧洲传统框架中，英美遗产对都市人类学的发展是决定性的，然而，忽视其他传统的直接或间接影响将是一个错误。都市人类学的历史应该考虑到理论的互相渗透以及思想的循环交流。对思想接受史的具体认识将有助于更好地理解都市人类学与相邻学科及子学科之间的复杂关系。

*

本文的研究出发点是对"都市人类学"术语的含义进行反思。鼓励大范围的研究进路而不是将其局限于某些范式将是卓有成效的。此外，有必要指出都市人类学领域的特点，以免使其丧失特殊的品质，或再次融入一般社会文化人类学或分割为多个子学科。乍一看，"都市民族志"一词似乎较少疑问。即使这只是部分地真实，但这至少使我们可以集合所有形式的在城市环境中开展的民族志研究。当然，"都市民族志"概念与"都市人类学"概念并非完全吻合。二者的出发点均是民族志，民族志无疑是二者的主要特征，但理论框架因其研究的独特视角而有差异。因此可以说，都市民族志接纳人类学家、社会学家、经济学家和政治学家，但他们生产不同的民族志，同时田野调查与所采用的理论框架是不可分的。

近几十年的批判运动促使社会文化人类学陷入一种深刻的自我反思之中，

在理论和方法论层面产生一些不可逆的变化。都市人类学也未逃脱这些变化。在质性社会研究的相邻学科中，一种无休止的自我批判导致了一些反作用。与这些过度阻碍相比照，都市人类学保持了一种行动的方向以及介于一种批判的自我评价与一种实用的田野调查进路之间的合理平衡。理论论战是有必要的，但应避免陷入以往的过激之中。

Wolfgang KALTENBACHER: *POSITIONNEMENT DE L'ANTHROPOLOGIE URBAINE: FEUILLE DE ROUTE POUR UNE HISTOIRE DES IDÉES*
(*DIOGÈNE*, No. 251-252, 2015)

参考文献：

阿多诺, Th. W., Adorno, Th. W. (1976) «Einleitung», 收入 É. 迪尔凯姆, in É. Durkheim, *Soziologie und Philosophie*, pp. 7—44, Frankfurt a. M.: Suhrkamp。

安萨里, G. 和纳斯, P. J. M.（主编）, Ansari, G. et Nas, P. J. M.(éds) (1983) *Town-Talk: The Dynamics of Urban Anthropology*, Leiden: Brill。

巴恩斯, H. E., Barnes, H. E. (1948) "William Isaac Thomas: The Fusion of Psychological and Cultural Sociology", 收入巴恩斯, H. E.（主编）, in Id. (éd.), *An Introduction to the History of Sociology*, pp. 793—804, Chicago: University of Chicago Press。

巴特, F.、金格里希, A.、帕金, R. 和西尔弗曼, S., Barth, F., Gingrich, A., Parkin, R. et Silverman, S. (2005) *One Discipline, Four Ways: British, German, French, and American Anthropology*, Chicago: University of Chicago Press。

登青, N. K. 和林肯, Y. S., Denzin, N. K. et Lincoln, Y. S. (2011) «Preface», 收入 N. K. 登青和 Y. S. 林肯（主编）, in N. K. Denzin et Y. S. Lincoln (éds), *The Sage Handbook of Qualitative Research.*, 4e éd., pp. ix—xvi, Thousand Oaks, CA: Sage。

福克斯, R. G., Fox, R. G. (1977) *Urban Anthropology: Cities in Their Cultural Settings*, Englewood Cliffs, NJ: Prentice Hall。

盖尔纳, E., Gellner, E. (1988) " 'Zeno of Cracow' or 'Revolution at Nemi' or 'The Polish Revenge: A Drama in Three Acts' ", 收入 R. 埃伦等（主编）, in R. Ellen et al. (éds), *Malinowski between Two Worlds: The Polish Roots of an Anthropological Tradition*, pp.164—194, Cambridge: CUP。

金格里希, A., Gingrich, A. (2010) "Transitions: Notes on Sociocultural Anthropology's Present and Its Transnational Potential", *American Anthropologist*, 112 (4): 552—562.

古特凯恩德, P. C. W., Gutkind, P. C. W. (1983) "New Directions in Urban Anthropology", 收入 G. 安萨里和 P. J. M. 纳斯（主编）, in G. Ansari et P. J. M. Nas (éds), *Town-Talk: The Dynamics of Urban Anthropology*, pp. 22—37, Leiden: Brill。

汉恩, C., Hann, C. (2005) "Foreword", 收入 F. 巴特、A. 金格里希、R. 帕金和 S. 西尔弗曼, in F. Barth, A. Gingrich, R. Parkin et S. Silverman, *One Discipline, Four Ways: British, German, French, and American Anthropology*, pp. vii—ix, Chicago: University of Chicago Press。

汉内斯, U., Hannerz, U. (1983) *Explorer la ville: éléments d'anthropologie urbaine*, traduction et présentation par I. Joseph, Paris: Minuit。

黑格尔, G. W. F., Hegel, G. W. F. (1999) *Principes de la philosophie du droit* [1821], trad. par J. -L. Vieillard-Baron, Paris: Flammarion。

卡尔滕巴赫尔，W., Kaltenbacher, W. (1994) *Freiheitsdialektik und Intersubjektivität in Hegels Rechtsphilosophie*, Frankfurt a. M.: Peter Lang。

卡尔滕巴赫尔，W., Kaltenbacher, W. (2008) "Universalität der Vernunft, Pluralität der Religionen: Indien und Europa"，收入 H. 纳格尔－多切卡尔、W. 卡尔滕巴赫尔和 L. 纳格尔（主编），in H. Nagl-Docekal, W. Kaltenbacher et L. Nagl (éds) , *Viele Religionen—eine Vernunft? Ein Disput zu Hegel*, pp. 265—280, Wien: Böhlau/Berlin: Akademie Verlag。

卡尔滕巴赫尔，W., Kaltenbacher, W. (2011) "Che cosa è la filosofia interculturale? ", *Cirpit Review*, 2: 11—16, www.raimonpanikkar. it/upload/allegati/60.pdf。

库珀，A., Kuper, A. (1999) *Among the Anthropologists: History and Context in Anthropology*, London-New Brunswick, NJ: Athlone Press。

米切尔，C., Mitchell, C. (1956) *The Kalela Dance: Aspects of Social Relationships among Urban Africans in Northern Rhodesia*, Manchester: MUP。

帕尔多，I. 和普拉托，G. B., Pardo, I. et Prato, G. B. (2012) "Introduction: The Contemporary Significance of Anthropology in the City"，收入 I. 帕尔多和 G. B. 普塔托（主编），in I. Pardo et G. B. Prato (éds) , *Anthropology in the City: Methodology and Theory*, pp. 1—28, Farnham: Ashgate。

普拉托，G. B. 和帕尔多，I., Prato, G. B. et Pardo, I. (2013) "Urban Anthropology", *Urbanities*, 3 (2): 80—110, www.anthrojournal-urbanities.com/journal5/index.html。

帕克，R. E., Park, R. E. (1904) *Masse und Publikum: Eine methodologische und soziologische Untersuchung*, Bern: Lack & Grunau。

理查兹，A., Richards, A. (1939) *Land, Labour and Diet in Northern Rhodesia: An Economic Study of the Bemba Tribe*, Oxford: OUP。

罗尔瓦根，J. R., Rollwagen, J. R. (1991) "Urhan Anthropology (The Journal): A Personal History", *Urban Anthropology and Studies of Cultural Systems and World Economic Development*, 20 (4): 361—372。

西美尔，G., Simmel, G. (2006) *Die Großstädte und das Geistesleben* [1903], Frankfurt a. M.: Suhrkamp。

索撒尔，A., Southall, A. (1983) "Towards a Universal Urban Anthropology"，收入 G. 安萨里和 P. J. M. 纳斯（主编），in G. Ansari et P. J. M. Nas (éds), *Town-Talk: The Dynamics of Urban Anthropology*, pp. 7—21, Leiden: Brill。

滕尼斯，F., Tönnies, F. (1963) *Gemeinschaft und Gesellschaft: Grundbegriffe der reinen Soziologie* [1887], Darmstadt: Wissenschaftliche Buchgesellschaft。

作为城市遗产的都市性

米歇尔·劳滕贝格 著

马胜利 译

20世纪70年代，随着重读路易斯·沃思的著作，都市性成为都市人类学的重要议题（普拉托和帕尔多，2013）。都市性的提出旨在表明，城市是一种特殊制度，与农村截然不同。作为表现多样性、对外开放、文化和亚文化异端的最佳场所，城市也是"集中生产文化"的场所：外来的"思潮"会在此汇成汉内斯所称的"包容性旋涡"（2010：249）。都市性会使城市不仅仅是个建筑、组织和居住的密集空间，而成为"对居民有特殊意义的场所……使'我们是谁？'的问题富有含义"（普拉托和帕尔多，2013：13）。由于有了都市性，城市才得以成为城市，而有别于乡村，以及市郊、别墅区或环城地带。包括人类学家、建筑师、艺术家在内的所有作者，尽管他们未必公开言明，但大都认为都市性的概念与"中心城市"[1]及其特色相关。实际上，除了城市自身的性质外，都市性主要表现为一种关联，一种公共空间和城市功能间的动态链接，一种由陌生路人关系、对场所的依恋、复杂的流动方式，以及社交性所构成的氛围，一种生活艺术，一种维护公共空间共同利益的伦理（皮雄、埃贝尔和佩德里，2014）。

因此，都市性与具体的和涉及人际关系的城市观念相关。这种观念既不是新产生的，也不是人类学家所独有的。20世纪初的三位伟大知识分子，即社会学家格奥尔格·西美尔、哲学家瓦尔特·本雅明和评论家西格弗里德·克拉考尔最先提出了这种观念。他们建议把现代城市理解为一个以经验不连续性、资本主义、符号泛滥和商品化为特征的地方（弗里斯比，1986）。弗里斯比认为，他们主张研究经验的局部化、社会关系的亲密性、对街头市民和城市景象的感觉。他们还主张研究我们对过去的想象，以及我们如何为获得城市的物质性而转让铭记于心的形象。当时与本雅明同在巴黎的莫里斯·哈布瓦赫把上述形象称作集体记忆。所以，都市性也指生活在城市者所具有的特征，它把生活方式、知识、能力和为人之道与我们记忆中的特定地点紧密结合在一起。即便是源于遥远的古代，它似乎与欧洲和西方的现代性也不无关联。

然而，都市性的上述概念似乎不再能成立。一些人类学家指出了它的局限性，尤其是在理解非西方城市方面的不足：这些城市多为不同领土和生活方式的交织，市民互动不是在城市空间和社会框架中进行，而主要在老乡或同社群中进行，这样有利于与故乡保持联系（帕里，2012）。[2] 无论在欧洲还是在世界其他地方，城市的概念似乎正在被难以定义的都市化空间所淡化。城市之间出现了越来越多的建筑密集区，令人难以确定其城市功能。那里的生活与市民居住的大量小镇没有多大区别。这不正是三十多年来人们所说的"城市末日"吗（雄巴尔·德洛韦，1982）？萨斯基亚·萨森2005年发表的一篇短文对"都市性"一词提出质疑：都市性的说法包含过多的西方世界主义观念和公共空间的伦理观念。她主张用"城市特质"（cityness）取而代之，以便"发现可用各种方式构成的都市性"[3]（2005：2），并提醒人们：在某些大城市，都市性在社群中已失去了共同含义。

但这并不意味着都市性的消失，它依然是用来理解西方城市的概念，其定义应当是：人们通过居民和访客创建的社会安排，以及他们的实践和表象来挪用空间的方式。用伊萨克·约瑟夫的话说，都市性是使社会不断应对城市变化的一种方式，是一种生存之道，是"都市社会对自身的加工"（1984，被福雷引用，2010：2）。但是，我们也确实感到都市性的推广产生了问题。我们应当根据世界所有城市最近发生的变化，对都市性进行重新思考。都市性可以指市民所特有的全部品质，或是人们与城市间的特殊纽带，还可以表达抽象市民的理想，或修饰在历史名城生活者的传记。但是，现在很难断言都市性可囊括人们在城市空间看到的所有生活方式（如果它曾做到过这一点）。这些生活方式越来越多且日渐多样化，因此人们不再认为有哪个"市中心"是其最佳表现地点。然而，有些研究人员、地方当局和专业人士依然顽强捍卫都市性概念。[4]它为什么会重新受到重视呢？在此，我们不打算对这一概念展开认识论研究，也不想统揽它在当代的使用情况（这可能需要有人来写），而只是想提出以下假设：都市性今后不仅涉及城市的遗产和记忆表象，也涉及生活的实践和方式。[5]为阐明看法，我们将简略地提出圣艾蒂安市的例子。[6]最近已有多部有关该市的专著出版，[7]其主旨在于让公众了解出自学术圈的研究成果。

"圣艾蒂安——看不见的遗产？"[8]

圣艾蒂安市是法国第一次工业革命的象征，它曾把煤炭业、冶金业和纺织业结为一体，并先后成为制造武器和自行车的基地。在今天的法国，圣艾蒂安仍属于工人（机械制造和工艺纺织业）占人口较大比例的少数几个城市。该城还是大型商业企业的摇篮：在那里创建的卡西诺超市（Casino）是如今仅存的大型企业；法兰西制造公司[9]（Manufrance）是首个国有大型邮购企业。基于这种历史，该市还建立了两个博物馆：艺术与工业博物馆于1889年建立；由煤矿工程师协会发起的煤矿博物馆于1991年开馆。另外，在工业史与工业美学设计的传承方面，2009年建成的工业美学设计城是促进工业技艺、公共空间改造和企业界互动的全国性文化机构。

在以往的圣艾蒂安，"从烟囱冒出的浓烟变成了后来的火炬"（瓦雄，2013：93），19世纪的旅行者对此印象颇深，他们把这里称为"独眼巨人的洞穴"或乏味的英国伯明翰。如今，该城也和其他许多城市一样，似乎对遗存工厂持犹豫态度：是用制度和政策来保留著名场所的历史和与之相关的想象，将其载入当地的神话，以便在需要时加以重温；还是将其作为超越历史和故土的，关于工业痕迹的社会记忆、传统承诺和丰富实践。事实似乎表明，在博物馆之外还有大量遗产，在旅游景点之外还有许多城市景观，在官方的话语之外还有其他记忆和历史。我们可以举两个例子。从20世纪50年代起，摩洛哥的，尤其是阿尔及利亚的矿工便是井下劳作的主力。现在他们都敢于在民族学家面前讲话。他们很少光顾煤矿博物馆的日常展览，但当有关于矿工的新展览开幕或新书发行时，[10]他们便会偕同家人前来。有些人还是第一次踏入博物馆。这是因为，他们开始意识到自己曾是该城社会史和工会史的参与者（戈蒂耶，2013：166）；他们很愿意回忆当年在"阿拉伯街区"咖啡馆聚会的场景：他们在那里听音乐，玩纸牌，会同胞。如今，他们认为是自己促进了故乡卡比利亚与圣艾蒂安城之间的紧密联系，并努力捍卫这种记忆。尽管他们的回忆隐约显露出井下工作的艰辛和远离家人之苦，但主要是表明了他们对圣艾蒂安的发现，对该城社会生活的参与，对分享这些回忆的渴望。

第二个例子是2011年对蒙雷诺区"摩天"塔楼的拆除。该区在20世纪70年代初建成了本市最后一片社会住宅。民族学家安娜·朱昂·康塔维拉收集了有关资料，圣艾蒂安市出版的一本小册子也提到过此事。塔楼的拆除曾引发圣艾蒂安人的分歧和辩论。该区居民以72%的多数票赞同拆除这个据说每天下沉几厘米的建筑。而捍卫记忆人士、建筑学校教师和其他圣艾蒂安人则试图阻拦拆楼，因为在他们看来，该建筑是当时城市规划的象征，是法国绝无仅有的特色建筑（塔楼顶上建有水塔），是圣艾蒂安的城市标志，是为来圣艾蒂安的游客指路的"灯塔"（朱昂·康塔维拉、卡杜尔和桑凯，2014）。分布在城市各处的数千人观看了拆除场面，他们手持照相机、录音机、智能手机和摄影机。[11]不同的立场引发了冲突：一些人认为塔楼属于历史古迹，所以应当保护，有人还上书文化部要求挽救该建筑；另一些人则认为该建筑是功能主义城市规划的最后化身，而这种规划是造成"郊区病"的原因；有些人十分眷恋这座塔楼，认为它在其住区是本城的象征，有助于拉近该住区与整个城市的关系；还有些人认为它集中体现了"优先城市化区域"（ZUP）的社会和城市问题。这些立场反映出，拆楼问题的关键在于如何看待城市遗产和集体记忆。圣艾蒂安的现代建筑记忆开创了报刊亭出售大众出版物的先河。

这些受到好评或只保留在记忆中的建筑、城市景观和城市实践的特殊之处在于，它们突显了过去几十年中常被蔑视的生活框架，以及那些认同元素和当地社会元素往往被低估的生活氛围和场所。但问题的关键尚不清晰：反对拆除"摩天"塔楼的动员理由是保留其建筑特色和在城市景观的标志功能，并且是以"卑微者"的名义。然而参加活动者大都不是该住区的居民。

这种记忆传承和遗产化方式可称作"软性"方式，[12]它与圣艾蒂安所在的地区以及当地的沟通方式密切相关。然而，几乎一切有民间和族群特色的东西都会潜在地商业化。在这种背景下，任何个体或集体的符号生产都会获得经济价值。因此，一个社会群体的"独特性"会很快成为商品：在圣艾蒂安，尽管在博物馆陈列的移民记忆和"艺术与历史名城"接待处组织的城市漫步（蒙雷诺区也被纳入其中）完全不具商业性质，但最近已开始有人兜售彰显圣艾蒂安的"嘎嘎"话[13]和城市套语的T恤衫了（beausseigne.com等）。城市遗产和集体记忆会受到两面夹攻：一方面，三十年来文化同质化的进程不断加速，观念浪潮和文化交流蓬勃发展（汉内斯，2010），无论圣艾蒂安的煤矿遗产还是当代建筑都躲不过这一潮流；另一方面，文化差异和地方观念的表现日益显著和加强，其目的在于抵制全球化和戴维·哈维所称的时空压缩（1990）。于是，文化遗产和集体记忆陷入矛盾的境地：它们既能通过旅游业、地方风情和异国风物消费培育全球化市场，同时又能成为抵御新资本主义的工具；它们既能丰富各种普遍形式（经济的、文化的、法律的），又可促进特殊形式的保留（拉巴迪和朗，2010：11 s.）。由于当地背景不适合，圣艾蒂安的遗产商品化现象并不严重，况且我们曾提到工人记忆如何有助于反资本主义的要求（劳滕贝格，2012）。在其他地方，例如在邻近的里昂，功能主义先锋建筑师托尼·加尼耶和著名的里昂丝织工人，即工人运动和无政府工团主义的英雄们便成为城市遗产化的主要资源。该城1998年被列入了世界遗产城市名录。并非所有城市都与其历史维持同样的关系，即便它们很想投入遗产化活动。

城市改造，遗产和记忆的复杂性

如果更仔细地观察便会发现，反映城市社会多样性的遗产和记忆的复杂性并非新生事物，它甚至属于现代都市性的核心。莫里斯·哈布瓦赫的社会学早已把城市集体记忆作为主要内容，并得以向城市具体性开放。他没有像后来许多研究那样堕入记忆物化的陷阱（让斯布热，2011）。实际上，处于公共政策与居民实践之间和想象与占有之间的城市还是一块记录历次活动、过往历史、公共整治政策，以及冲突和破坏的"隐迹领土"（科尔博兹，2009）。城市是流动的空间、运动和交汇的场所。它还是广义文化（汉内斯，2010）和狭义文化（在芝加哥的传统中指族群文化）的最佳场所。

20世纪90年代初，城市研究和记忆与遗产研究中同时出现了转向。根据地理学家阿什·阿明和城市设计家斯蒂芬·格雷厄姆的说法（1997），这个时期的主要问题是坚持多样性的概念。他们发现，西方国家出现都市时尚后，城市研究开始蓬勃发展。作家、社会学家、地理学家、哲学家都开始重新观察城市，并将重点放在其特殊性方面。他们反对一些作者关于全世界都将出现大体一致的都市性的预言（阿明和格雷厄姆，1997：412）。在一个实现全球化的，绕流主要城市和特大城市进行空间重组的世界里（卡斯泰尔，1989），规则会更加变化无常（思里夫特，1994）。然而，城市的多样性依然会通过本地景观（克拉泽，2012）、我们所看到的图景（罗宾斯，1996），以及为争取财产和当地商业的尖锐斗争体现出来（祖金，1995）。

在丰富的城市认识论中，城市研究围绕的三个重大问题都与遗产有关：城市中心的再发现、城市在经济发展中的作用、关于"创造性城市"的讨论（阿明和格雷厄姆，1997：413）。但阿明和格雷厄姆认为，这些进路并不能反映城市的多样化和内部的多样性，因为它们过于依赖当代主要的意识形态，即把经济当作扩展城市中心的主要动力（卡斯泰尔，1989）。这些进路能确切说明新型城市与金融经济、数字创意和传媒工业有关，但若把它们用于所有城市和所有街区便是错误的。城市的定义应当是："共存于经济、社会和文化变动的总体化网络中，把场所、思想和知识联系起来的多种空间、多种时间性和多种关系网"（克拉泽，2012：418，转引自德马泰，1988）。按照米歇尔·阿吉耶的看法（1999），城市还包括贫民窟、有色人种居住区和郊区，即他所称的"禁地"和市中心当局管不到的地方。这里的人们虽生活贫困，但也会按照其他规则来创造日常生活。应当避免像都市政治家那样，幻想通过消费来实现城市统一（祖金，1995）。城市始终是分化和隐形歧视的场所，即便所有居民都成了消费者。这种多样性是城市社会文化活力的基础，与之相伴的是各种时间性和集体记忆。保留上述多样性有助于促成公共政策与公民自决之间其他形式的务实合作。

在此期间，遗产和集体记忆成了重要的政治和社会赌注。就法国而言，从 1976 年到 2002 年，由地方或中央当局负责的，属于城市政策安排的记忆和遗产行动共有 196 项（德博，2005）。记忆问题尤其涉及外来移民现象，20 世纪 70 年代以来，历史学家和社会学家关于工人记忆的重要研究成果纷纷问世。1996 年是个重要时期，这一年上映了亚米娜·本吉吉根据移民口述，反映法国阿尔及利亚移民状况的纪录片《移民记忆》。时常在街区影院和社会活动中心放映的这部影片引起了众多讨论。此后又出现了大量关于这一主题的研究，民族学家、社会工作者和艺术家们涉入其中。大部分此类行动主张加强地方的社会联系和介绍鲜为人知的移民历史。人们要求艺术家，甚至民族学家或多或少变成社会工作者，介入旨在"重新激活社会联系"的项目。尽管出现了对地方性的关注，但法国的城市政策依旧属于典型的雅各宾主义（多泽洛，2006）。上述行动不能把重点放在族群归属感方面或抬高另类集体认同。城市记忆成了"公共行动的新主题"（福雷，2005）和获取国家和地方当局补助的"秘诀"，更重要的是城市少数族群往往被视为源自传统（罗兰，2009）。在上述关注降温几年后，对集体记忆和遗产的研究在 2010 年代的法国又再度复兴。继联合国教科文组织 2008 年举办"跨文化对话年"后，对移民的研究尤其活跃。在文化部赞助下，一个向协会和文化界开放和研究"遗产制度与跨文化实践"（ipapic.eu）的科研团体于 2010 年建立。其主要行动旨在使移民的记忆和他们在公共空间的社会遗产得到更好的承认，"创建桥梁以及共同的兴趣和认同领域，而不是阐明差别……"（德维莱，2013：62）这些科学和文化政策的指导思想和政治框架依然属于雅各宾主义。

总而言之，20 世纪 90 年代起出现的城市背景使上述研究集中在两大问题上：一个是遗产问题，另一个是记忆问题；它们与上文谈到的全球化和差异化两项运动联系在一起。一方面，有些研究把对过去的社会占有与市中心的"中产阶级化"、城市创新和所谓"创造性街区"联系起来：在这里，遗产成了城市资格的要素。另一方面，许多研究关注往往有众多移民的平民区的社会记忆，认为收集他们的记忆是尊重文化多样性和领土社会平衡。然而，上述两大问题都与城市变化的总进程有关：土地价格上涨、资本主义金融化、可导致社会紧张的城市人口演变（哈维，1990；思里夫特，2005）。这一进程既有利于以土地收益为目标的城市遗产化，也有利于贫困社区居民遗产记忆的"增值"。因此，遗产和记忆被当选官员大量列入日程，并成为公共政策工具，尽管各国的框架会有所不同（劳滕贝格，2012）。

然而，把所有遗产和记忆行动都纳入公共政策框架是不对的。这往往是由于行动者本人对生活和工作场所的记忆和历史越来越感兴趣（史密斯、沙克尔和坎贝尔，2011），这也验证了英国历史学家拉斐尔·塞缪尔很早提出的假设（1994）。他认为，提高集体记忆的社会文化价值是普通人用以创造自身历史的方式，是其遗产常遭否认的社会群体为在集体叙事中争夺一席之地所使用的杠杆。所以，这不是简单的遗产"扩张"，而是对更深层的政治和社会赌注做出的回应。这种赌注是对民主制改造的响应，也是对保证民主活力的平等予以关注（罗桑瓦隆，2011）。这种现象与城市社会复杂化的总运动有关。在这一运动中，各社会群体都要求以不同的方式介入公共领域。圣艾蒂安的例子向我们表明，在遗产和记忆领域，社会动员和公共制度是相辅相成而不是相互对立的。我们所面对的并不是上层强加的遗产化与"下层"涌现的进程在相互对抗，而是遗产行动的联合、协调和互补。对遗产行动的理解在于考虑到当地的背景。[14]

结论：应当重视都市性

尽管有起伏变化，都市性在我们心目中依然享有一定地位。它如今成为政治家、城市规划家、社会科学专家和城市体制外的，乃至另类行动者们坚决捍卫的对象。大家一致认为，都市性的价值应超出其各组成部分之和。从公共当局的观点看，都市性的遗产化是指通过城市景观、建筑外观和街道规划方面的经济和法规手段来保护它，这意味着防止"传统"城市逐渐瓦解，保留城市的"特性"。这种遗产化优先涉及的是市中心，有时也涉及有工业遗迹的平民住区，同时伴随着对居民记忆的再现。这离杰尔姆·克拉泽描述的"民族城市/公园"（2012）并不遥远，工人和平民的怀旧感取代了民族性，记忆冲突取代了地产赌注。但是，艺术家、研究人员、活动分子和一般居民把都市性视为祖产，他们力图通过表演节目、推介著作和举行公共讨论将其重新激活。这两种境况更多的是相互补充而不是相互对立：无论是捍卫表面的认同还是捍卫居民习惯，这都是在捍卫都市性。纪念性建筑、建筑外观、工业遗迹、纪念牌、工人花园，这些已显得不足：它们的意义在纪念性活动、讲述历史和制作图像中才得以体现，并表达出不同于"中产阶级化"和"旅游化"遗产美学的东西。正如格奥尔格·西美尔所说，在经济和地产之外，都市性遗产化的意思就是追忆过去的"都市生活方式"。我们试图保留的不仅是城市本身，更是城市的价值。这代表了"另一个市民的时代"[15]。他虽然已经不在了，但我们心中仍在延续他的回忆。

Michel RAUTENBERG: *L'URBANITÉ COMME PATRIMOINE DE LA VILLE*
(*DIOGÈNE*, No. 251-252, 2015)

注：

[1] "中心城市"指市民聚居区中的主要城市。

[2] 这种立场可以商榷，因为除了维也纳和旧金山外，汉内斯（2010）还以加尔各答为例来说明城市的文化维度。

[3] 本文作者翻译。

[4] 可参见里昂大区《第三千年》杂志（2010年3月）所做的概括。

[5] 我们在2012年首次提出这一假设，当时所依据的是关于圣艾蒂安工人文化的回忆。该活动属于摇滚音乐节（劳滕贝格，2012）的一部分。

[6] 圣艾蒂安是法国排名第14大城市，第6大居民点，位于里昂西南方55公里处。

[7] 在六、七本专著中，我们只列举三部，即戈蒂耶（2013）、朱昂·康塔维拉、卡杜尔和桑凯（2014），以及皮雄、埃贝尔和佩德里（2014）的著作。

[8] 取自一期《法国工业考古学》杂志（61/2012）的标题。

[9] 圣艾蒂安武器与自行车制造公司的商业名称。

[10] 2012年为人类学家卡特琳娜·戈蒂耶的研究举办的临时展览，以及煤矿博物馆出版的一部大型著作。

[11] 其中有些人是应研究人员的要求而这样做的。

[12] 我们称其为"软性"形式，旨在区别于将遗产与保护挂钩的制度化和持久性形式，即通常是制定法规、纳入博物馆或命名为（历史性、国家级……）古迹的方式。

[13] "gaga"即当地方言。

[14] 应当指出，研究上述两种情况的倡议都来自马克斯·韦伯中心的人类学家们。

[15] 该术语借用自若阿内斯·法比安，旨在形容民族学家及其场地之间的关联。

参考文献：

阿吉耶, M., Agier, M. (1999) *L'Invention de la ville: banlieues, townships, invasion et favelas*, Paris: Éditions des Archives contemporaines。

阿明, A. 和格雷厄姆, S., Amin, A. et Graham, S. (1997) "The Ordinary City", *Transactions of the Institute of British Geographers*, 1997, 22 (4): 411—429。

卡斯泰尔, M., Castells, M. (1989) *The Informational City: Information, Technology, Economic Restructuring and the Urban-Regional Process*, Oxford: Blackwell。

雄巴尔·德洛韦, P. H., Chombart de Lauwe, P. H. (1982) *La Fin des villes: mythe ou réalité？* Paris: Calmann-Lévy。

科尔博兹, A., Corboz, A. (2009) *De la ville au patrimoine urbain: histoires de forme et de sens*, textes choisis et assemblés par L. K. Morisset, Québec: Presses de l'Université du Québec。

德博, J. M., Debost, J. M. (2005) «Les actions "mémoire/histoire". Commentaires sur ce paysage de l'action socioculturelle», 收入 A. 布吕斯通（主编）, in A. Bruston (éd.), *Des cultures et des villes: mémoires au futur*, pp. 41—54, La Tour d'Aigues: L'Aube。

德马泰, G., Dematteis, G. (1988) "The Weak Metropolis", 收入 L. 马扎（主编）, in L. Mazza (éd.), *World Cities and the Future of the Metropolis*, pp. 121—133, Milano: Electra。

多泽洛, J., Donzelot, J. (2006) *Quand la ville se défait: quelle politique face à la crise des banlieues?* Paris: Seuil。

法比安, J., Fabian, J. (2006) *Le Temps et les autres: comment l'anthropologie construit son objet*, trad. de l'anglais par E. Henry-Bossonney et B. Müller, Toulouse: Anacharsis。

福雷, C., Forêt, C. (2005) «Mémoires citadines: un nouvel objet d'action publique», 收入 A. 布吕斯通（主编）, in A. Bruston (éd.), *Des cultures et des villes: mémoires au futur*, pp. 25—40, La Tour d'Aigues: L'Aube。

福雷, C., Forêt, C. (2010) «Urbanité: une manière de faire société mise à l'épreuve par la fragmentation urbaine», *Millénaire 3*, www.millenaire3.com/ressources/urbanite-une-maniere-de-faire-societe-mise-a-l-epreuve-par-la-fragmentation-urbaine, Lyon: Direction Prospective du Grand Lyon。

弗里斯比, D., Frisby, D. (1986) *Fragments of Modernity: Theories of Modernity in the Work of Simmel, Kracauer, and Benjamin*, Cambridge, MA: MIT Press。

戈蒂耶, C., Gauthier, C. (2013) *D'ici et de là-bas: Timezrit/Saint-Étienne, mémoires de mineurs*, Saint-Étienne: Puits Couriot/Parc-Musée de la Mine。

让斯布热, S., Gensburger, S. (2011) «Réflexion sur l'institutionnalisation récente des memory studies», *Revue de Synthèse*, 132 (3): 411—433。

哈布瓦赫, M., Halbwachs, M. (1967) *La Mémoire collective*, Paris: PUF。

汉内斯, U., Hannerz, U. (2010) *La Complexité culturelle: études de l'organisation sociale de la signification*, trad. de l'anglais par A. Battegay, P. Joseph, D. Mandagot et H. Maury, Bernin: À la Croisée。

哈维, D., Harvey, D. (1990) *The Condition of Postmodernity: An Enquiry into the Origins of Cultural Change*, Oxford: Blackwell。

约瑟夫, I., Joseph, I. (1984) *Le Passant considérable. Essai sur la dispersion de l'espace public*, Paris: Librairie des Méridiens。

朱昂·康塔维拉, A.、卡杜尔, R. 和桑凯, C., Juan Cantavella, A., Kaddour, R. et Sanquer, C. (2014) *Les Tours, symboles de ville*, Saint-Étienne: Ville de Saint-Étienne。

克拉泽, J., Krase, J. (2012) *Seeing Cities Change: Local Culture and Class*, Farnham: Ashgate。

拉巴迪, S. 和朗, C.（主编）, Labadi, S. et Long, C.(éds) (2010) *Heritage and Globalisation*, London: Routledge。

帕里, J., Parry, J. (2012) "Comparative Reflections on Fieldwork in Urban India: A Personal Account", 收入 I. 帕尔多和 G. B. 普拉托（主编）, in I. Pardo et G. B. Prato (éds), *Anthropology in the City: Methodology and Theory*, pp. 29—51, Farnham: Ashgate。

皮雄, P. 和埃贝尔, F. 和佩德里, A.（主编）, Pichon, P., Herbert, F. et Perdrix, A.(éds) (2014) *Atlas des espaces publics: Saint-Étienne, une ville laboratoire*, Saint-Étienne: Publications de l'université de Saint-Étienne。

普拉托, G. B. 和帕尔多, I., Prato, G. B. et Pardo, I. (2013)"Urban Anthropology", *Urbanities*, 3 (2): 79—110, www.anthrojournal-urhanities.com/table-of-content5.html。

罗兰, A., Raulin, A., (2009) «Minorités urbaines: des mutations conceptuelles en anthropologie», *Revue internationale des migrations européennes*, 25 (3): 33—51。

劳滕贝格, M., Rautenberg, M. (2012) "Industrial Heritage, Regeneration of Cities and Public Policies in the 1990s: Elements of a French/British Comparison", *International Journal of Heritage Studies*, 18 (5): 513—525。

劳滕贝格, M. 和塔迪, C., Rautenberg, M. et Tardy, C. (2013) «Patrimoines culturel et naturel: analyse des patrimonialisations», *Culture et musées*, hors série, *La muséologie: 20 ans de recherches*: 115—138。

罗宾斯，K., Rohins, K. (1996) *Into the Image: Culture and Politics in the Field of Vision*, London: Routledge。

罗桑瓦隆，P., Rosanvallon, P. (2011) *La Société des égaux*, Paris: Seuil。

塞缪尔，R., Samuel, R. (1994) *Theatres of Memory, 1: Past and Present in Contemporary Culture*, London: Verso。

萨森，S., Sassen, S. (2005) "Cityness in the Urban Age", *Urban Age Bulletin*, 2, downloads. lsecities.net/0_downloads/archive/Saskia_Sassen_2005-Cityness_In_The_Urban_Age-Bulletin2.pdf。

史密斯，L.、沙克尔，P. 和坎贝尔，G., Smith, L., Shackel, P. et Camphell, G. (2011) *Heritage, Labour and the Working Classes*, London: Routledge。

思里夫特，N., Thrift, N. (1994) "On the Social and Cultural Determinants of International Financial Centres: The Case of the City of London", 收入科布里奇，S.、马丁，R. 和思里夫特，N.（主编），in Corbridge, S., Martin, R. et Thrift, N. (éds), *Money, Power and Space*, pp. 327—355, Oxford: Blackwell。

思里夫特，N., Thrift, N. (2005) *Knowing Capitalism*, London: Sage。

瓦雄，M., Vachon, M. [sans titre] (2013), in *Saint-Étienne, regards d'écrivains! Du XVIIIe au XXe siècle, de la ville verte à la ville noire*, Saint-Étienne: Gérard-Michel Thermeau。

德维莱，S., de Ville, S. (2013) «Culture et démocratie: le pari de la réciprocité culturelle à Bruxelles», *Culture et recherche*, 128: 62—63。

祖金，S., Zukin, S. (1995) *The Culture of Cities*, Oxford: Blackwell。

都市人类学争论和对治理的经验研究

保拉·德维沃 著
彭姝祎 译

谁隶属于谁？

基本上凭定义就能判断城市研究是跨学科的研究。人类学家、社会学家、政治学家、地理学家和经济学家经常在共同研究课题中碰面。研究"对象"——真正的城市是什么？——的复杂性要求我们必须借助不同层面的分析。与此同时，我们还需要设法生成一种解释范式，以便把各个层面的知识加以整合。事情显然并不新鲜，不过问题在于确定每个学科的专家如何通过同其他学科合作来推动对城市变迁——特别是全球化面前的城市变迁——的进一步认知，这一点从理论层面来看似乎不难，因为新一代学者往往以开放的姿态海纳百川，打破学科界限，并从不同的视角来阐释同一个主题。但实际上，我们看到至少存在以下三大主要困难。

首先，教条主义在各学科仍然普遍存在。在城市研究中，对城市是什么、应该成为什么和能够成为什么等问题，不同的理论背景和研究方法往往带来不同的观点。譬如，正统的经济学进路强调城市的管理者或企业家角色；社会学把城市看作脆弱、不确定和风险丛生之地；人类学则长期对城市视而不见，因为该学科传统上只关注城市以外的社群。那么如何整合这些学术观点呢？

由此便引出第二个困难。为避免学术范式的复杂性和差异化，很多学者试图将城市"物化"，正如哈维所言：

在绝大多数时候,"城市化"研究与社会变迁和经济发展是相脱节的,在某种程度上人们似乎可以把城市看作一场额外演出,或是更为重要而根本的社会变迁的消极衍生品。有时候人们觉得,不必对城市进程的奥秘和性质进行任何深入挖掘就能够理解科技、空间关系、社会关系、消费习惯、生活方式等的发展演变以及资本主义史上所有的标志性变化。(1989:3)

城市的社会建构可以结合市场、政治辩论、互利互惠和组织等四个基本进程来分析,这四个进程规范了制度、经济和社会生活。我们可以通过这些规范来解释空间层面的变化以及影响着经济与贸易、社会结构和城市化现象的变化。

经验研究有助于避免城市教条主义和正统进路常犯的"观念决定论",田野调查有助于理解社会行为者为何互动、逻辑何在以及采取怎样的社会策略。这样一种经验性的视角能避免我们把研究对象"物化",因为这是把城市进程放在经济和政治发展的积极视角下来考察。

不过问题仍然在于如何从整体上来研究城市和城市化。观念上的困难很多。要拒绝进路的僵化,就必须思考由谁来决定什么重要?决定标准又是什么?不能简单地认为,从田野调查出发,在空间内找出研究主体和客体,就能保证有效掌握假设和结果。调查工具也是城市研究的一个重要组成部分。大量文献证明,必须在参与性观察、案例研究、访谈和问卷等量性研究和质性研究方法之间找好平衡。此外还可以补充一点,即我们要观察空间层面的特定社会进程,有形形色色目标和利益、各不相同的社会角色在该进程中通过环环相扣的空间实践来彼此影响,相互作用。

在资本主义社会,这些空间实践有着明确的阶级维度。这并不意味着我们可以这样来解读所有的社会实践,实际上,很多研究者指出,空间实践能够获得并造就"类型化的"、激进的和官僚-行政的内容(我只列举某些可能比较重要的方面)。但在资本主义时代,起支配作用的是与资本流动息息相关的形形色色的阶级实践、劳动力的更新换代——以及对劳动力进行管控的必要性——以及阶级关系。所以困难在于寻找合适的切入方

法，以便专门研究进程和对象之间的关系，而不是把"对象"进行无用的"物化"。（哈维，1989：5）

然而，如果我们能够确定一个专门的方面来研究，为什么还要对这些环环相扣的空间实践感兴趣呢？因为从理论角度来看，这有助于理解人类生活的社会再生产方式。城市社会学家维卡里·阿多克，最近在名为《城市问题》（2013）的著作中尝试探讨了这个主题。她分析了一系列研究成果，对看待城市研究的方法提出了一些问题。她把移民、贫困、治理和住房看作当代城市中影响日常生活的根本问题。人工制品——建构方式、生产空间和资源系统极其重要，因为大量的社会进程是通过人工制品来具体传导的，甚至是由人工制品驱动的。

在这方面，我发现帕尔多和普拉托《城市中的人类学：方法论和理论》（2012）的《序言》令人振奋，这本书再现了都市人类学的飞速发展及其在城市化进程中遇到的困难，两位作者为新的研究范式奠定了基础，他们写道：

> 我们相信，这本书是个严密的整体，它在参与理论讨论的同时，避免了抽象的泛泛而谈。理论讨论强调了在当代城市空间和跨学科背景——其特点是对这类研究的方法论和田野方法进行长期而误入歧途的争论——下进行民族志研究的复杂性、可行性和重要性。（帕尔多和普拉托，2012：3）

他们还强调，这本书探讨了从经验角度理解城市活动的必要性，他们和维卡里·阿多克的城市研究进路一致。他们强调：

> 经济关系，城市空间谈判，与社会性别、文化认同和多样性有关的复杂性，城乡关系，地方-超地方难题以及公民权问题，是进行比较的主要问题，对作为人类学家的我们来说，这既是理论兴趣之所在，也是研究义务。（出处同上）

正如我们所见，地理学家、社会学家和人类学家这些明确划分为三类的研究者一致认为，若把针对城市化所带来的主要问题而进行的空间实践整合在一起，定会有很大的收获。从这个意义上来看，我们选择在城市中（或在城市之外）开展研究以及为何这样选择就为我们的研究增加了一层政策含义。

这就涉及我们的第三个问题：如何把研究结论运用到实践中。如何使研究成果参与决策并发挥作用？无疑，我们既需要获得当代城市问题的相关知识，也需要找到解决问题的方法，正如帕尔多和普拉托所言：

> 恰恰由于人类学的发现不仅有实证基础，而且往往是对固有观念的质疑，所以这些发现不仅引起了其他学科的关注，而且吸引了学术界以外的人，这足以让我们感到振奋。此外，希望人们对我们所从事的城市研究的日益关注能够鼓舞我们撇开那些固有的偏见、似是而非的异议或狭隘的唯我论，尽可能从整体上继续我们的实证研究方法。（帕尔多和普拉托，2012：20）

我们可以把这个建议拓展到其他学科。

接下来，我要论述一个观点，即实际上，城市治理概念能够帮助我们克服上述的三大困难。我的论述以对治理的积极研究为依据，而不只是巧辩术——对"物化"的巧辩术？在学术论文中，巧辩术已经给"治理"概念造成了损害。在这种视角下，我们似乎应加倍重视经验研究的作用，因为官方和非官方（政治、经济和社会等）机构之间的互动规范着，并通过持续的再阐释进程持续塑造着空间实践。这种辩证法的效应通常是模糊的，而且只有在不同的领域和时刻可见。而其他视角则认为应该对城市和治理进行静态考察，这种观点持续影响着某些城市研究。

治理和空间实践

如果从治理的角度来探讨城市研究，则社会实践网似乎首先是机构行为者——公共的或私立的——协调行动，从而生产地方公共产品的场所。治理意味着集体行动，因为经济、社会和国家领域被合而为一，治理方式是基于利益的谈判，这些利益与在碎片化和不确定的环境中所定义的国家利益不同（德维沃，2004、2006；帕尔多和普拉托，2010）。因此治理有助于巩固社会秩序。但是，治理的成功与否取决于在治理过程中出现的各种因素，我们永远无法预言形形色色行为者之间的互动会产生怎样的结果。管理方式会视具体环境下所掌握的物质和非物质资源的不同而不同，而经验进路是阐明这种多样性的关键。

我们首先来关注一下目前有关城市治理的争论现状，借助城市研究领域的进展，第一个要观察的领域是城市在经济和国际贸易领域的活力。对城市治理的争论曾在很大程度上帮助我们认识城市的变迁方式。具体到欧洲而言，争论诞生了若干治理方式（约翰，2001；茹夫，2005）和不同的解释方式。

近些年，治理在城市研究领域日益受到重视。人们曾就治理的局限性进行回应、辩论。我们发现人们对"治理"一词的使用普遍具有一定的时效性。雷纳特·迈因茨（1999）的奠基性研究创建了一个概念模型并引发了政治治理理论的一系列变化。他的著作引起了对该问题的大量论述。正如她写道的，人们对"治理"——长期被混同于"统治"（gouverner）行为——这个词的理解起先局限为狭义的"引领"（pilotage），之后它才有了更加丰富的含义，指不分层级的协调方式和社会秩序的基本形式。迈因茨描述了治理理论范式的变化，为适应欧洲化和全球化进程所带来的经验挑战，治理理论的范围不断扩大。

这里我们可以看到三种主要观点：第一种聚焦于政府关系在国家、地方和地区三个层面的变化；第二种关注欧盟在民族国家政策中不断上升的作用；第三种研究全球化现象（勒加莱，2002；鲁宾逊，2007；萨森，2008）。这三大分析轴紧密相连，环环相扣。它们旨在阐明空间改造的意义及其对经济进程的影响。

国家干预的削弱或转变往往导致政治和行政机器在中央或地方层面的重组（切拉塞，2006）。在某些城市，这些整治导致了政治和行政机器的互相竞争。在另外一些城市，它们则携起手来，解决共同面对的问题。该进程有时将城市"管理者"变成了城市"企业家"（entrepreneur），有时则反过来引发了机构行为者之间的新型合作，并引导人们确定整合程度更高的政治干预领域（哈维，1989；萨森，2001）。

在城市治理（或城市体制或城市增长联盟）研究中，人们曾努力探索能激发集体反应的新模式，以便克服市场失灵和国家失灵（斯通，1989；洛根和莫洛什，1987）。研究城市治理的政治学家曾不无道理地强调，城市治理一方面能改变公民社会，另一方面能激发参与性民主意识（登特和罗丝，2005）。这十分符合欧洲的情况。欧洲城市在历史进程中曾经是商业、文化中心和多样化的政治自治体。然而正如杰索普指出的，撇开那些对"治理"的溢美之词不谈，我们没有任何理由相信治理失灵好于政府失灵。换言之，治理进程和政府的管理进程不是线性的，它们甚至总是不完善的。该进程的局限和间断性引起了城市研究专家的兴趣。

局限性与政府失灵及治理失灵对城市改造的影响有关。随着新自由主义管制方式的大行其道，国家预算受到大幅度缩减，这大大降低了地方和地区政府的活动余地，面对由此造成的财政紧张，人们不得不日益在地区层面寻求解决方案，地区和地方政府不得不学习如何面对国家财政拨款的减少：大多数时候，除了开征新的地方税或提高现有税率外，他们别无他法。与此同时，他们还得面对公共服务的不断缩减，或设法资助开展相关的服务，包括借助私有部门，从而改善城市生活水平。概言之，公共机构的活动范围逐步转移到了行政系列的外围。

地区和地方政府必须对地区层面的四分五裂或边缘化（德维沃和萨科，2008）承担更多责任。因此，随着中央政府逐步失去引领社会的能力，作为"集体行为者"的城市会扮演更加重要的角色。不过对城市的这种设想往往是幻觉。

市民的日常期望与实践受到其城市环境体验的影响，他们的活动范围会随之受限或扩大。正如我们所见，资本主义模式最初表现为制度安排、司法框架、政治和行政体系以及权力等级，它们支配着人们的日常实践并制约着人们的行动。然而，在资本主义的活力下，城市空间始终处于变动状态：城市活动永久地摆脱了一成不变的局面。在长期变动的构型中，拔得头筹的是那些通过"有效"治理而改善了竞争力的城市。

为维护地方利益，显然也不能忘记自身利益，城市的政治负责人变成了城市的公共"管理者"。为在经济需求和社会需求之间求得平衡，他们在出台经济发展政策的同时配套出台了再分配措施，为市民的社会流动和福利创造了新契机，同时也树立了自己的管理者形象。

上述就是对近期城市研究的综述，其中显然还应该加上一大批其他学者的不同贡献（茹夫，2005；萨森，2008；博拉斯和勒加莱，2010；帕尔多和普拉托，2012）。不过他们的研究成果存在一些共性，我们在此归纳如下。

我们特别注意到，城市被视作而且确实也是社会和经济基础设施最能参与全球竞争的地方。在福特主义盛行的时代并受凯恩斯主义的影响，经济发展取决于城市提供后勤保障、组织与服务、人力资源等良好竞争环境的能力。长期以来，城市政策始终未引起充分重视，部分原因也在于新自由主义政策的大行其道。不过时过境迁，人们开始重新审视城市在国际分工中的作用，其中一个重要原因在于金融、电信和传媒等行业的扩张。换言之，在这些行业中，尖端科技部门是关键因素而且需要持续升级。经济空间的重组过程促进了所谓"世界"城市的发展。巴黎和东京的特点都在于有能力吸引金融投资和人力资源（萨森，2001）。

这些首都重绘了自己的城市地理，彼此间也通过复杂的政治、文化和经济交流实现了互联互通。发展中国家的大都市也奋起直追，纷纷效仿。在建立国际联系的同时，每个城市都在经济领域培育了自己的"一技之长"，锚定一个专门领域来发展，如制造业、文化产业、时尚等。全球主要城市通过金融和人力资本交易以及产品和服务交换构成了一张城市网，透过这张网，我们可以看到它们在国际生产分工、劳动和文化分工中的位置。这张网显然也是资本主义发展的结果，它需要装备精良的空间来实现繁荣。

城市政治和行政阶层的代表有效兼顾了政治改革和经济发展。一方面，他们极力鼓励外来金融投资；另一方面支持发展人力资源和科技。最出色的"世界"城市成功实施了既鼓励经济增长，又吸引私人投资公共项目，以便改善基础设施的政策。所以它们既成功地对基础设施进行了升级换代，又避免了对城市空间的破坏。不过在此背景下，城市政策受到了下列双重挑战的削弱：一方面，城市政策必须要在日益全球化且竞争日趋激烈的经济面前保持城市的一流地位；另一方面，它遇到了我们上述的偏差（écart）而且必须结束这种局面。这样一来，城市政策执行起来就会遇到一定的困难，这将反过来影响政策效力（德维沃，2013）。

经验研究表明，善治和有效治理——自由市场、民主代议制、依法治国——原则的确立普遍欠完善（德维沃，2006、2013；帕尔多和普拉托，2010），这意味着，私人利益可以掩盖在普遍利益之下；对由国家创办的官方机构的解释、使用、选择、合并与建立，可以口是心非，表里不一。民主政府的复杂性和不完善为非官方行为者开辟了活动空间，它们可以通过半官方（officieux）机构追求私人和公共利益。这些机构以元规则为基础，所谓元规则，就是贯彻、选择、强加和违反官方规则的规则，官方机构则随之没落，尽管其官方性质使它们有机会在日后东山再起（罗丝－阿克曼，1999）。

城市如何避免出现上述局面？城市政策如何朝着刺激经济发展、反对社会排斥、方便市民参与公共决策的方向发展？接下来我就谈谈这几个问题。

我们知道很多团体和个人耗费了大量的时间和精力来逃避管理：这就是反复出现的社会的"不可管理性"问题的根源。从城市的角度来看，这个问题尤其有趣，正如博拉斯和勒加莱（2010）观察到的。这两位作者提出了若干疑问：比如，城市的哪个部分、部门或者群体实际受到了管理？哪些地方管理得较弱？哪些地方被放任自流？哪些地方逃避了管理？尽管不可能对所有问题都一一作答，但是针对某些特定行动的主题和背景展开经验研究，倒是个不错的开端。

在历史上，城市管理最初是为了打击非法行为、贫民窟、流动人口，防病控病以及管理贫困的边缘街区。今天，城市治理应该考虑到城市的非法面，即形形色色看不见的行为——如非法移民、贩毒团伙、私人对政治活动的非法资助等——以及移民创业等边缘群体可能发生的积极改变。

在官方和非官方行为体之间的辩证关系上，我们有大量的实证数据（帕尔多，1996：第二章；帕尔多，2012a；斯皮里扎基斯，2010；范阿舍、伯能和杜内伍德，2014）。发展研究、公共政策研究、环境研究以及都市人类学、经济学和其他学科的讨论往往围绕着官方和非官方部门的积极与消极方面展开。在欠发达国家或发达国家的欠发达地区，政府和国际组织（世界银行、欧盟）创造社会资本的一大重要举措是制订旨在施行参与式治理的地区或城市专项计划，其基本观念是把政治和行政部门的责任转移到国家体系的外围，让地方行为者来负责本乡本土的发展，这是地区和城市政策的新方向，其核心是加强公共机构、经济行为者和公民社会间的信任关系。发展政策从自上而下和中央集权的模式向这种自下而上模式的转变以自治、责任和对公共行动的管控等原则为基础。

由此可见，有必要研究具体的治理实践。在规则解释和责任划分尚不明确、模棱两可的背景下，最终出现什么样的新型地区治理取决于领导变化进程的行为者(麦圭尔,2011)。我们由此提出如下问题:"当无人管理时谁在管理?"经验研究表明,某些情况下是腐败的精英网或者非法组织在起作用,有时候甚至是两者联手。

随着国家作用的减弱,监管形式也逐步变弱,公私部门的界限变得更加微妙,进而导致了地方网络的逐步兴起。公共政策的复杂性在上升,与此同时,国家设计组织规则和针对共同问题制订解决方案的能力在下降(贝维尔,2011)。在对国家演变进程的研究中,诞生了几种治理研究模式。我们发现,不同的制度结构有时候能带来相似的公共政策(布罗尼、克劳奇和柯伊内,2005;卡帕诺和利皮,2010)。

在很大程度上,对非官方部门的计划化、城市化和空间发展的经验研究是在"官方"计划化领域之外进行的,通过这些研究,我们揭示了在发展中国家及以外地区所发生的、表面看来不可控的空间组织进程。此外对过渡现象的研究还揭示了计划化在社会主义国家的作用(普拉托,2010)。

正如范阿舍、伯能和杜内伍德(2014:667)提出的:

> 一些学者强调了非西方国家的计划化及其意识形态的局限性。阿纳尼娅·罗伊(2009)十分细致地分析了印度的城市发展。她注意到,非正规性是城市化的一种形式,它既促进了发展,也束缚了发展。柏瑞福德以及其他学者指出了在计划化的重大问题面前非洲法律改革的潜力和局限。他们不仅阐明了官方机构在这种特殊背景下所面临的困难,而且指出了制度变迁的成本和不确定性(柏瑞福德,2011;本亚明森和肖斯塔,2008;沃森,2002)。改革计划在准备阶段的构思和研究本身就是不确定的,我们不能把计划化本身看作一项中性的、由专家牵头并服务于公共利益的事业(思罗格莫顿,1996;本亚明森和肖斯塔,2008)。

所以有必要详细研究非官方部门在治理进程中的作用。

跨越官方和非官方部门的治理

我从三个问题着手来论述该问题。在我看来,这三个问题在有关城市治理的争论以及围绕这些争论展开的经验研究中占据着核心地位。在此我尝试对这些观点进行综述，从而表明它们之间如何搭建联系。

我们的假设前提是，"治理"的概念——无论如何定义，即无论官方还是非官方（范阿舍、伯能和杜内伍德，2014）——在很大程度上是一个把公共政策方方面面的决策过程复杂化了的创新，它主要基于如下事实：即治理意味着或公或私的种种行为者在各个"层面"和各个"领域"的合作。这些行为者在某种制度框架内，为了共同的福祉而活动，同时不忘追求自身利益。不过，这种合作并不会自发地产生，它取决于各个方面在治理进程中的作用。

我建议以下假设作为出发点：（1）占据"结合"位置的行为者能够扮演好自身的角色。（2）治理的质量主要取决于位于"结合点"的行为者采取怎样的行动以及如何治理潜在的困难。确切地说，在有明确政策目标的情况下，治理的质量主要取决于行为者整合治理机制中的各个方面的能力。如果有这个能力，他们就会成为实现既定政策目标的关键角色。在理论层面，我们常常尝试为下列这类问题寻找答案："谁"是制定公共政策的行为者，"谁"在决策过程和法律的落实中发挥着决定性作用？他们的行动"在何种程度上"能解决大家面临的共同问题？不过对这项或那项政策结果的分析取决于有关行为者围绕自身利益和动机所采取的策略。我们应当考察这些策略、利益和动机如何与行为者所处的环境相联系，以及行为者如何解读官方或非官方的、支配着其活动领域的规则。

这种以相关行为者的角色为主轴的分析视角，同时要求我们考虑公共行政部门的深刻变化，也就是说，从中央集中协调的公共干预方式向混合而复杂的组织模式的过渡。对公共行为进行再定义，使之充分反映这种更加灵活、更难预测和更不稳定的治理方式，这能够提高行政角色的活动余地，这些行政角色既求助于人力资源也求助于自己所掌握的关系资源（帕尔多和普拉托，2010）。由此产生的制度活力是新型行政活动的源泉（库珀和布雷迪，1981；德维沃，2004；多伊格和哈格罗夫，1987；辛克莱，1999）。这些新型的活动以及与之相伴生的规章条例，把连接各治理层级——无论公私——的机制复杂化了。因为这些活动着重强调了"谁"是整合过程的发起者，并且首先强调了这对其他相关行为者意味着什么（比富尔科和德莱奥纳尔迪斯，2006；德维沃，2006、2013；勒加莱，2011；迈因茨，1999）。

我认为对制度活力进行经验研究的一个方法，在于从突破传统的、以规制为根基的、"理想化"的治理视角来考察合作/互惠的调节。这种不入流的方法引导我们重新审视"庇护主义"关系（clientélisme）。艾森施塔特和罗尼格是这样定义"庇护主义"的：

> 这些复杂的社会安排被称为"雇主－主顾"关系。归根结底，这是一种对制度秩序的关键因素如资源配置、权力和交换关系及其在社会中的合法化等加以规制的方式。（艾森施塔特和罗尼格，1984：209）

与上述对"庇护主义"的描述一致，很多专家往往把腐败定义为一种交换体系，通过该体系，公共负责人以有利的决策来换取资金。学界特别是社会学、人类学和政治学界有相当长的把庇护主义和腐败作为一种社会或政治规制来研究的传统，而且专注于城市机器中出现的官僚主义和帮派。为了理清这些问题，不要忘记，以私人关系为基础的"非官方"治理为"官方"治理提供了模版，后者很晚才在经合组织成员国的经济发展史上成为必须。因此，非官方治理既可促进经济进步，也可妨碍经济进步。有鉴于此，当分析非官方治理和官方治理机制的互相影响和作用时，就要仔细观察治理模式中的各方所追求的目标是否一致。它们的互相作用致使体系发生了变化，体系又反过来把官方治理和非官方治理的要素再次对接。这样一种再配置将取决于背后隐藏的权力和利益构型。所以改善治理的前提是在众多领域同时开展运动和活动，比如促进经济增长和多样化，不断加强中产阶级和国家的责任，鼓励对公职人员论功行赏，保证媒体独立从而确保公共事务透明等，这几项是应当考虑的，但并不局限于此。

我们还需要了解一下集体利益是否受到保护以及如何受到保护。尽管治理观念确实提倡在公共决策中形成透明共识，但是也很有可能出现下列情况，即利益纠纷可能导致分歧，而在分歧的处理上，那些引领变化进程者的权能就变得至关重要。在这里，管理和治理的关系似乎是公共行政转变进程中最为敏感的方面之一，它引发了机构在地区层面的再配置，并且恶化了个人利益和普遍或社会利益的调和。我们当然可以指望公共行动的中立和透明，然而，手握行政权者，无论是谁，往往都会谋一己之私，所以在出现利益分歧和冲突时，他的决策就显得至关重要。与这种设想相反，我赞成帕尔多的观点，他指出：

> 无论民主治理模式存在怎样的不完善……其关键原则都是不可触犯的。其中一项原则是，立法过程不能有利益倾向。其他关键原则还包括：（1）管理权需要权威，以便理顺公民和治理之间的关系；（2）权威的确立取决于它的成功和基层对其合法性的认可。基本前提是，权威必须公开建立在公正、负责和透明执法的基础上。（2012b：65）

步帕尔多后尘，我做些补充，在城市背景下，对治理的研究应该融入更为广阔的、针对社会生活的调节机制和性质而进行的实证考察。这要求研究者和专业人员都要有足够的耐心，因为知识的深入需要时间。有时候我们难以精确评价城市治理所带来的新构型、官方和非官方行为者在其中的对接以及它们之间永恒的辩证关系。我们看到，这种辩证关系经常产生模棱两可、出乎意料的结局和与预期目标的差距，同时导致了行为者之间的对立而非合作。概言之，这种辩证关系和"理性"的公共行动模式一样有"无效"的风险，而这是城市治理新模式想要克服的。管理和治理给予我们的主要教训或许是，我们在试图理解城市政策时的误判和失望，是因为低估了生活及人类活动的复杂性。

Paola DE VIVO: LE DÉBAT EN ANTHROPOLOGIE URBAINE ET LA RECHERCHE EMPIRIQUE SUR LA GOUVERNANCE

(*DIOGÈNE*, No. 251-252, 2015)

参考文献：

本亚明森，T. 和肖斯塔，E., Benjaminsen, T. et Sjaastad, E. (2008) "Where to Draw the Line: Mapping of Land Rights in a South African Commons"，*Political Geography*, 27 (3): 263—279。

柏瑞福德，S., Berrisford, S. (2011) "Unravelling Apartheid Spatial Planning Legislation in South Africa: A Case Study"，*Urban Forum*, 22 (3): 247—263。

贝维尔，M., Bevir, M. (2011) "Governance as Theory, Practice, and Dilemma"，收入 M. 贝维尔（主编），M. Bevir (éd.)，*The Sage Handbook of Governance*, pp. 1—17, London: Sage。

比富尔科，L. 和德莱奥纳尔迪斯，O., Bifulco, L. et de Leonardis, O. (2006) "Integrazione tra le politiche come opportunità politica"，收入 C. 多诺洛（主编），C. Donolo (éd.)，*Il futuro delle politiche pubbliche*, pp. 31—58, Milano: Mondadori。

博比奥，L., Bobbio, L. (2006) "Le politiche contrattualizzate"，收入 C. 多诺洛（主编），C. Donolo (éd.)，*Il futuro delle politiche pubbliche*, pp. 59—79, Milano: Mondadori。

博拉斯，O. 和勒加莱，P., Borraz, O. et Le Galès, P. (2010) "Urban Governance in Europe: The Government of What？"，*Metropoles*, 7: 1—41。

布罗尼，L.、克劳奇，C. 和柯伊内，M., Burroni, L., Crouch, C. et Keune, M. (2005) "Governance caleidoscopica, debolezza istituzionale e sviluppo locale"，*Stato e Mercato*, 75 (2): 423—453。

卡帕诺，G. 和利皮，A., Capano, G. et Lippi, A. (2010) "Gli strumenti di governo stanno cambiando? Aspetti teorici e problemi empirici"，*Rivista Italiana di Politiche Pubbliche*, 2: 5—30。

切拉塞，F. P., Cerase, F. P. (2006) *Amministrare: l'economia, la società. Ragioni, competenze, soggetti*, Milano: Angeli。

库珀，J. 和布雷迪，D., Cooper, J. et Brady, D. (1981) "Institutional Context and Leadership Style: The House from Cannon to Rayburn"，*American Political Science Review*, 75 (2): 411—425。

德维沃，P., De Vivo, P. (2004) *Pratiche di concertazione*, Milano: Angeli。

德维沃，P., De Vivo, P. (2006) *Ricominciare: il Mezzogiorno, le politiche, lo sviluppo*, Milano: Angeli。

德维沃，P., De Vivo, P. (2013) "Symbolic Policies and Citizenship: The Case of Naples"，*Urbanities*, 3 (1): 22—41, www.anthrojournal-urbanities.com。

德维沃，P. 和萨科，E., De Vivo, P. et Sacco, E. (2008) "Dopo lo sviluppo locale: ricostruendo tracce e prospettive di una strategia di intervento"，*Quaderni di Sociologia*, LII (48): 39—56。

登特，B. 和罗丝，L.（主编），Denter, B. et Rose, L.(éds) (2005) *Comparative Local*

Government in Europe, Basingstoke: Palgrave。

多伊格，J. W. 和哈格罗夫，E. C., Doig, J. W. et Hargrove, E. C. (1987) *Leadership and Innovation: A Biographical Perspective on Entrepreneurs in Government*, Baltimore-London: The Johns Hopkins University Press。

艾森施塔特，S. N. 和罗尼格，L., Eisenstadt, S. N. et Roniger, L. (1984) *Patrons, Clients and Friends*, Cambridge: CUP。

哈维，D., Harvey, D. (1989) "From Managerialism to Entrepreneurialism: The Transformation in Urban Governance in Late Capitalism", *Geografiska Annaler, Human Geography*, 71B (1): 3—17。

杰索普，B., Jessop, B. (2003) "Governance and Metagovernance: On Reflexivity, Requisite Variety, and Requisite Irony", 收入 H. P. 班（主编），in H. P. Bang (éd.), *Governance as Social and Political Communication*, pp. 142—172, Manchester: MUP。

约翰，P., John, P. (2001) *Local Governance in Western Europe*, London: Sage。

茹夫，B., Jouve, B. (2005) "From Government to Urban Governance in Western Europe: A Critical Analysis", *Public Administration and Development*, 25 (4): 285—294。

拉斯库姆，P. 和勒加莱，P., Lascoumes, P. et Le Galès, P. (2007) "From the Nature of Instruments to the Sociology of Public Policy Instrumentation", *Governance*, 20 (1): 1—21。

勒加莱，P., Le Galès, P. (2002) *European Cities, Social Conflicts and Governance*, Oxford: OUP。

勒加莱，P., Le Galès, P. (2011) "Policy Instruments and Governance", 收入 M. 贝维尔（主编），in M. Bevir (éd.), *The Sage Handbook of Governance*, pp. 142—159, London: Sage。

洛根，J. 和莫洛什，H., Logan, J. et Molotch, H. (1987) *Urban Fortunes: The Political Economy of Place*, Berkeley, CA: The University of California Press。

马里奥托，S., Mariotto, S. (2007) "Globalizzazione e città: le lepri del capitalismo", *Stato e Mercato*, 75 (1): 79—108。

迈因茨，R., Mayntz, R. (1993) "Governing Failures and the Problem of Governability: Some Comments on a Theoretical Paradigm", 收入 J. 库伊曼（主编），in J. Kooiman (éd.), *Modern Governance: New Government-Society Interactions*, pp. 9—20, London: Sage。

迈因茨，R., Mayntz, R. (1999) "La teoria della governance: sfide e prospettive", *Rivista Italiana di Scienza Politica*, XXIX (1): 3—20。

麦圭尔，M., McGuire, M. (2011) "Network Management", 收入 M. 贝维尔（主编），in M. Bevir (éd.), *The Sage Handbook of Governance*, pp. 436—453, London: Sage。

帕尔多, I., Pardo, I. (1996) *Managing Existence in Naples: Morality, Action and Structure*, Cambridge: CUP。

帕尔多, I., Pardo, I. (2012a) "Entrepreneurialism in Naples: Formality and Informality", *Urbanities*, 2 (1): 30—45。

帕尔多, I., Pardo, I. (2012b) "Exercising Power without Authority: Powerful Elite Implode in Urban Italy", 收入 I. 帕尔多和 G. B. 普拉托（主编）, in I. Pardo et G. B. Prato (éds), *Anthropology in the City: Methodology and Theory*, pp. 53—78, Farnham: Ashgate。

帕尔多, I. 和普拉托, G. B., Pardo, I. et Prato, G. B. (2010) "Introduction: Disconnected Governance and the Crisis of Legitimacy", 收入 I. 帕尔多和 G. B. 普拉托（主编）, in I. Pardo et G. B. Prato (éds), *Citizenship and the Legitimacy of Governance*, pp. 1—23, Farnham: Ashgate。

帕尔多, I. 和普拉托, G. B., Pardo, I. et Prato, G. B. (2012) "Introduction: The Contemporary Significance of Anthropology in the City", 收入 I. 帕尔多和 G. B. 普拉托（主编）, in I. Pardo et G. B. Prato (éds), *Anthropology in the City: Methodology and Theory*, pp. 1—28, Farnham: Ashgate。

帕里, J., Parry, J. (2012) "Comparative Reflections on Fieldwork in Urban India: A Personal Account", 收入 I. 帕尔多和 G. B. 普拉托（主编）, in I. Pardo et G. B. Prato (éds), *Anthropology in the City: Methodology and Theory*, pp. 29—51, Farnham: Ashgate。

普拉托, G. B., Prato, G. B. (2010) "The 'Costs' of European Citizenship: Governance and Relation of Trust in Albania", 收入 I. 帕尔多和 G. B. 普拉托（主编）, in I. Pardo et G. B. Prato (éds), *Citizenship and the Legitimacy of Governance*, pp. 133—151, Farnham: Ashgate。

鲁宾逊, W. I., Robinson, W. I. (2007) "Theories of Globalization", 收入 G. 里策（主编）, in G. Ritzer (éd.), *The Blackwell Companion to Globalization*, pp. 125—130, Oxford: Blackwell。

罗丝－阿克曼, S., Rose-Ackerman, S. (1999) *Corruption and Government: Causes, Consequences and Reform*, Cambridge: CUP。

罗伊, A., Roy, A. (2009) "Why India Cannot Plan Its Cities: Informality, Insurgence and the Idiom of Urbanization", *Planning Theory*, 8 (1): 76—87。

萨森, S., Sassen, S. (1991) *The Global City: New York, London, Tokyo*, Princeton: Princeton University Press。

萨森, S., Sassen, S. (2001) "Global Cities and Global City-Regions: A Comparison", 收入 A. J. 斯科特（主编）, in A. J. Scott (éd.), *Global City-Regions: Trends, Theory, Policy*, pp. 78—95, New York: OUP。

萨森, S., Sassen, S. (2008) *Una sociologia della globalizzazione*, Turin: Einaudi。

辛克莱, B., Sinclair, B. (1999) "Transformational Leader or Faithful Agent? Principal Agent

Theory and House Party Leadership", *Legislative Studies Quarterly*, 24 (3): 421—449。

斯皮里扎基斯, M., Spyridakis, M. (2010) "Between Structure and Action: Contested Legitimacies and Labour Processes in the Piraeus", 收入 I. 帕尔多和 G. B. 普拉托（主编）, in I. Pardo et G. B. Prato (éds), *Citizenship and the Legitimacy of Governance*, pp. 153—170, Farnham: Ashgate。

斯通, C., Stone, C. (1989) *Regime Politics: Governing Atlanta, 1946-1988*, Lawrence, KS: University Press of Kansas。

思罗格莫顿, J., Throgmorton, J. (1996) *Planning as Persuasive Storytelling: The Rhetorical Construction of Chicago's Electric Future*, Chicago: University of Chicago Press。

范阿舍, K.、伯能, R. 和杜内伍德, M., Van Assche, K., Beunen, R. et Duineveld, M. (2014) "Formal/Informal Dialectics and the Self-Transformation of Spatial Planning Systems: An Exploration", *Administration and Society*, 46 (6): 654—683。

维卡里·阿多克, S., Vicari Haddock, S. (2013) *Questioni urbane*, Bologna: il Mulino。

沃森, V., Watson, V. (2002) *Change and Continuity in Spatial Planning: Metropolitan Planning in Cape Town under Political Transition*, London: Routledge。

民族志：弥合质性-量性之分

杰罗姆·克拉泽　著
萧俊明　译

引　论

　　近百年来关于是使用量性方法还是使用质性方法的论战可谓针锋相对，其激烈程度时强时弱。最近，它被称为"古生代辩论"（福拉里，2014）。本文以自传式民族志的形式展开分析，探讨有关当代都市社会研究中使用民族志及其他"质性"研究方法的若干问题。文章还以自传体进行叙述，因为对于社会科学家以及他们所研究的对象而言，传记可以解释我们在其中演练学术技艺的学术生活世界的许多事情。质性研究与量性研究之间的关系不是逻辑的，而是社会的。当我们进行我们的研究时，我们是在共有的社会生活世界中进行研究，是与作为社会组织的组成部分的同行们一同，是在他们中间，也是为了他们进行研究。社会研究本身就是一个社会行为，我不是第一个提出这一论点的人（参见西库雷尔，2004）。

　　我在我所有的工作中强调由马克斯·韦伯（1991[1921]）首次提出的社会学理解（verstehen）方法。韦伯认为，当社会行动者能够从他们与之互动的他人的位置来构想自己因而能正确预料他人的行为时，人类社会才成为可能。我们可以认为社会依赖于这种共同或共享"文本"。社会科学家同样受限于这些约束。韦伯将社会学定义为：

……一门科学，其目的在于解释社会行动的意义，因而对社会行动的进行过程及产生结果的方式做出因果说明。本定义中所说的"行动"是指行动者视之为主观上有意义的人类行为……

我们所说的"意义"可以指：（a）个别行动者在某一特定历史场合或若干行动者在某些情形中近似平均的实际意向所含有的意义；或（b）以一种抽象构建的纯粹类型赋予被当作各种类型的行动者的意义。无论就哪一种情况而言，"意义"都不可以按照某种形而上学的标准被视为总归是客观"正确"或"真实"的。这就是关于行动的经验科学如社会学和历史学与任何先验学科如法学、逻辑学、伦理学或美学之间的差别，后者旨在从其研究对象抽离出"正确"或"有效"的意义。

（1991[1921]：7）

德语动词 kennen 和 wissen 也可以让我们领悟韦伯的新康德主义的社会学理解（吕特盖尔斯和斯勒尔斯，2004）。wissen 是指事实上的知道，而 kennen 则指熟悉某物，对其有实践知识。虽然普遍认为质性研究，尤其是民族志将研究者带入了研究对象的世界，所以 kennen 一词对它是最适用的，但是我认为，民族志产生科学数据并且产生和检验理论，因而它也可以让我们从这个意义上来理解 wissen 一词。

我在下文某处会明确地表明，我不会为民族志及其他"质性"方法采取一种通常的防卫姿态来对付其据称高高在上的量性兄长，而要为近距离研究的独特价值点赞。唯有通过近距离的、细密的研究，我们才能进入主观世界从而使深入了解其他人的社会生活得以可能。由于我本人的研究进路是视觉进路，所以我们不妨从作为一种近距离视觉实践的都市民族志谈起：

当我们穿过一个我们以前未曾走访过的城市空间比如一个居民住宅区时，我们就像旅游者那样用我们的眼睛来破解我们周围嘈杂和平静的线索和暗示。我们可能会问自己，这是一个安全的地方，还是危险的地方？我在这里受欢迎吗，还是尽早离开此地？这是什么样的住宅区？住在这里的人是穷人还是富人？他们是什么肤色，什么民族，信仰什么宗教，而且这些有多重要(或者为什么重要)？有些事情在大街上就可以搞清楚，比如有没有卖东西的。合法的商人搞得很招摇，打出醒目招牌来招揽顾客，而销售违禁物品的小贩打出的招牌则很巧妙。但是对在行的顾客来说，一望便知。（克拉泽，2012：1）

看起来社会构建的人类学与社会学之间的分隔不时地创建出两个平行领域，其中之一由"文化"统治，另一个由其连体孪生兄弟"社会结构"主宰。民族志学者低人一等，被视为社会科学的说唱艺人，不过是对量性"大男孩"所分析的城市生活说三道四的评论员而已。我们的著述经常被当作纯新闻话语而不屑一顾，或者充其量值得做进一步的量性调研。当德塞尔托在散步活动中创建城市时可能写下了与我有同感的陈述（1985：129）。民族志学者将批判观念编织成关于他们经过的地方的叙事，这些地方的普通人的平凡空间实践通过不断变化的表象使其社会能动性成为可见的。

民族志提供了普萨撒斯所谓的现象学之桥，即把普通人所做的与社会科学家就其所做而说的连通起来的桥梁（1973：16）。通过一种融合进路，可以在符号学、现象学以及符号互动论中发现城市理论中可直接观察的东西。民族志，或我们基于经验的科学实践所需要的"厚"描述，或其他"更薄"的质性和量性方法，必须是可根据其自身来解释的。按照科利尔、西赖特和布雷迪的观点，"厚分析的一种类型是格尔茨（1973）所谓的'厚描述'，即以人类行为对于所涉行为者的意义为着眼点的解释工作。除了厚描述，许多形式的详细知识，如果得以有效利用的话，可以大大强化描述和因果评估"（2004：72）。

正如在所有由社会组织的系统中，社会科学研究是层级制的。因此，质性研究者一般地，民族志学者具体地感觉需要参照那些被视为更高阶的研究来"证成"他们自己的实践。在民族志内部，存在着一个从高到低的等级排列，即从古典到自传式民族志再到短期自传式民族志。我想，处在最底层的是我经常从事的短期视觉自传式民族志工作。

如今，自传式民族志是常见的质性研究实践，尽管它经常因缺乏严密性而受到批评。安德森指出，自传式民族志大多是唤起式的或情绪型的，其倡导者依赖于"后现代的感受性"，并"使自己远离于现实主义的和分析的民族志传统"。关于社会科学方法的更坚实的根基，他提出一种"分析"版本的研究实践,在这种研究实践中,研究者(1)是研究小组或研究环境中的一名正式成员,(2)作为正式成员出现在研究者发表的文本中,(3)致力于一项以提高对广泛的社会现象的理论理解为着眼点的分析研究议程(安德森,2006:375)。这种实践"与植根于传统符号互动论的质性研究是一致的"(安德森,2006:374)。这种进路的一次有趣应用出自施利希特曼和帕奇。他们援引比尔尼耶(2006:412),将他们个人的故事与学术故事合并起来创造了一种叙事,这种叙事"不是严格学术性的,因为它含有个人的东西,但……也不是严格个人的,因为它含有学术性的东西"(2013)。

在平克和摩根(2013:352)看来,诸如在视觉人类学和视觉民族志中使用的短期民族志并非是低等的,而是一条备选的认知路线。他们引证英戈尔德的观点,同意单单民族志并**不是**人类学,而是一种不同的学术探索,其目的是"以细致观察和长期的第一手经验所磨炼的精确性和感受性"描述"我们以外的人们的生活"(2008a:69)。

> 然而,我们所创制的短期民族志并未脱离它在人类学中扎下的学术之根。它从人类学民族志——发端于20世纪末"写文化"辩论的反思转向(克利福德和马库斯,1986)及其遗产(詹姆斯、霍基和道森,1997)——的当代演绎中汲取了这一观念,即人类学民族志是与而不是就参与者做研究(英戈尔德,2008b)。因此,我们所定义的短期民族志不同于它在其他学科中的使用,因为它是通过显然是人类学的理解世界和在世界中存在(以及与世界共存)的方式形成的,而且有助于这种理解和存在方式。(平克和摩根,2013:359)

我采取的不是防卫策略,并且认为一种方法的价值不应依赖于它对另一项甚至是相关的研究项目的服务。这就如同考察同一天体的天文学家与航天员之间的差别。这不仅仅是同那种能够从不同的立场获得的知识一样重要的密切程度问题。尽管质性方法是对量性方法的概括,但是前者并不要求后者的确证。二者之间的紧张状态经常被表述为二分的,其实只需关注一下简单解释学便可说明其原因所在。

按照卡尔滕巴赫尔、帕尔多和普拉托在本期(《第欧根尼》第251—252期)

阐述的看法,"当代都市人类学……完全超出了古典人类学的范围,因为它根据具体的研究视角、目的及地理位置采用——并改动——其他学科的方法。关于城市的人类学研究往往关注城市生活的复杂性和民族志方法论的应用。加上第三要素——具体的研究目标,这导致了多种多样的进路以及新范式挑战"。他们特别指出,关于西方城市的社会学研究在以往占据了主导地位,并且指出,尽管要坚持跨学科性,但仍需要"论证都市社会学与都市人类学之间的差别"。

我个人的经验是,学术学科及子学科更多的是为与解释学目的截然对立的政治目的服务的。这就是说,我们不必成为有资质的人类学家或社会学家才可以使用人类学或社会学学科的方法、理论和技术。尽管我不喜欢"解释学"这个字眼,但是我从事研究的现象学社会学强调的,如果不夸张的话,是这样一种要求,即理解社会事件需要理解参与者/创造者自身如何理解这些事件。因此,民族志学者如何理解他们自己的活动是关键问题。

伽达默尔认为,"真理"与"方法"之所以冲突是因为探索人文科学的进路是冲突的。一种理解一个特定文本的进路是模仿自然科学,而另一种进路意味着它的解释要求了解文本作者的原初意图。在伽达默尔看来,虽然意义不能被还原为作者的意图,但是它依赖于解释的语境。他认为,人们具有"效果历史"意识,并且被嵌入形塑人们的特定历史和文化。这些"前见"影响他们的解释,但是它们不是解释的障碍,而是解释的先决条件。这就是说,学者通过把一个文本同其自己的背景联系起来来解释这个文本的历史。按照马尔帕斯的观点,伽达默尔的著述,连同海德格尔的著述"并非否认方法论关切的重要性,而是强调方法的作用有限,作为一种对话、实践和情境化的活动的理解是第一位"(2013)。

    从客观解释学协会的视角来看:标准的、非解释学的量性社会研究方法只能被证成,因为它们允许一种产生数据的捷径(而且科研"经济"产生在特定的条件下)。尽管社会科学中的常规方法论态度证明质性方法是探索性或准备性活动,紧接其后的是作为实际科学程序(确保精确性、有效性和客观性)的标准化进路和技术,但我们则把解释学程序视为社会科学中获取精确和有效知识的基本方法。(http://www.objectivehermeneutics.com/，亦参见奥弗曼，1987）

在这方面，我本人学术生活世界的社会构建不无借鉴意义。1961 年，我在印第安纳大学人类学 - 社会学或社会学 - 人类学系初识了姊妹学科人类学和社会学。在一年级课程排列中，人类学是第一门入门课程，社会学是第二门。二者的主要区别在于人类学家研究文化，比如做事的规范或方式，而社会学家研究身份或地位，以及它们在社会结构中的关系。顺便提一下，当这个系拆分时，社会学系的显著特征是强调量性、统计，而人类学的特征是民族志。

正如孔子可能会说的，20 世纪 60 年代这十年对崭露头角的社会学家来说是一个有趣的时代。在特纳看来，逻辑实证主义"的作用在于为'科学'地位诉求提供源泉，逻辑实证主义的理论模式开始被求助，或以其自己的方式被追随"（特纳，2007：27；亦参见哈尼，2008：26—27；威利，1979）。在 C. 赖特·米尔对帕森斯派及其他"宏大理论家"进行批评的同时，皮季里姆·索罗金与诸如富兰克林·H. 吉丁斯和乔治·伦德伯格这样的量性社会学家展开了较量。"这些文本反映出美国社会学由于量化及其科学地位而遭受的分离之痛，这种分离是理解后来对逻辑实证主义的接受的关键所在。"（特纳，2007：26）索罗金在《现代社会学及相关科学中的新潮与怪癖》中写道：

> 年轻一代的社会学家和心理学家明确宣称，在以往的全部几百年中，他们的领域没有任何重要的发现，只是产生了一些模糊的"扶椅哲学"，这些学科的真正的科学时代仅仅是在二三十年前随着他们自己及圈内成员的研究成果的发表而开始的。我们这些号称特别的客观、精确和科学的社会学和心理学哥伦布们，不知疲倦地把这种错觉当作科学真理来重复。因此，他们几乎不提及过往的任何社会和心理学思想家。即便提及时，也几乎不掩饰他们对于那些不讲究科学的因循守旧者的优越感。（索罗金，1956：3—4，引自哈尼，2008：129）

除了经常提及的质性 - 量性之分，另一个经常被错误表述的方法论两分是描述研究与分析研究之分，后者由于意味着需要量化而被赋予了大大高于前者的"科学"地位。也就是说，它的有效性和可靠性依赖于对公式和 / 或数字的采用。分析意味着从数据创造新的知识，截然不同于单纯的描述知识。演绎与归纳也常常被表述为相互排斥的两分，而未注意到它对分析归纳的有价值的综合。

人类学与社会学的友好分离在某种程度上反映了兹纳涅茨基版本的分析归纳的演化，他的分析归纳最初是作为对格拉泽和斯特劳斯完全是质性的"扎根理论"的一种量性（枚举）方法论和理论创新而提出的。从当时来讲，对用逻辑演绎法从已经建立的理论得出的假设进行量性检验，成为博士研究生必须要做的事情，那些愿意采用默顿"中层理论"的假设的研究生需要做一些微小的调整。最终的结果是，限定社会科学家的与其说是他们研究的对象，不如说是他们使用的方法。就是在印第安纳大学（1966—1967 年）受艾尔弗雷德·林德史密斯（1937，1968）短期指导期间，我接触了兹纳涅茨基创立、林德史密斯在其关于阿片成瘾的著述中加以提炼的分析归纳的理论生成法。

关于分析归纳有许多定义，简单地讲，就是产生关于一种现象的假设，然后根据接连不断的观察对假设进行检验这样一个过程。如果一个假设失败，那么或者对现象重新定义，或者为了包含例外对假设进行修改（特纳，1953；塔克，2007；帕斯卡尔，2011）。然而，"分析归纳究竟有什么意义仍然是一个谜，虽然从罗伯逊和特纳尝试对它做出澄清到现在已经过去了四十多年。这让博识的批评家和倡导者得以为了适合自己兴趣而转变立场，而那些寻求公正评价的'局外者'最终陷入迷惑与失落"（戈登堡，1993：162）。

在奥克塔伊看来，分析归纳，或常量比较法，演化成一种古典民族志进路，这种进路产生了对于社会生活的丰富理解。其意图并不是像发展理论那样检验理论。它把斯特劳斯的符号互动论和质性描述进路与格拉泽的分析兴趣和量性方法混合起来。首先是"中层理论"的发展。他们之所以批评"传统的芝加哥风格的都市民族志，是因为这种民族志提供了详细的描述但未产生会对实践有用的理论。他们还批评了当时（1967 年）流行的那类'逻辑-演绎'理论，因为它主要基于思辨与演绎，而不是以经验为基础"（奥克塔伊，2012：13；亦参见格拉泽和斯特劳斯，1967）。

除了社会学自身内就研究方法而产生的学科内冲突，我还在印第安纳大学通过人类学了解了"人类关系区域档案"的"量性"逻辑。人类关系区域档案的基本作用是将一种方法论语言转换为另一种方法论语言。它是一个全球数据库，收录了关于大约400个不同文化群的全文民族志可供查找和使用，进而通过一种专门为快速精准检索某些文化和论题的具体资料而设计的独特方法进行跨文化比较（http://www.yale.edu/hraf/guides.htm）。理想的文件是长期居住在研究对象中间而产生的详细描述。每页资料按照《文化资料大纲》建立索引和编码（默多克等，2008）。《文化资料大纲》含有700个主题分类，外加一个用于未分类资料的、编号为"000"的类别。所有类别分为79个大主题划分，每个主题被分配一个从100（方向）到880（青少年、成年、老年）的三位数字代码。在每一个大主题划分中，划定9个以上的特定类别。这样，民族志既可用于质性研究，也可用于量性研究。

我后来接受的现象学和常人方法在当时正处在边缘。这种两败俱伤的冲突的最好例证是《普渡大学常人方法论研讨会文献汇编》（希尔等，1968）。常人方法论者如哈罗德·加芬克尔与量性社会学家如卡尔·许斯勒（他在印第安纳大学教我统计学）之间交流的这些文稿读来像是讲两种不同语言的人之间的会话，还带有稍加掩饰的羞辱之词。

在我的下一站纽约大学，印第安纳大学的分裂经历仍在继续。在那里，让所有学生铭记于心的是结构理论和量性方法。罗伯特·比尔施泰特（1970）告诫麦基弗、默顿和帕森斯将所有其他内容从他的理论课中排除出去。我在那里完成的一篇论文受到了奖励，我在文中抨击了欧文·戈夫曼的行为主义，认为它对我们的学科如斯金纳心理学一样危险。在为期一年的统计学课程（描述和分析统计学）中，我因在逻辑层面上分不清质性与量性方法而受到训斥。在长达一年的（量性和质性）研究方法课程排列中，难得提到民族志。如今的社会学系的研究生课程大多专门开设质性方法课，其中民族志是一个主要论题。

我在纽约大学最后完成的一篇论文是关于量性方法的，我在文中提出，考察者选择量性方法还是质性方法是一个"口味问题"。我将社会科学置于社会语境，并且写道，我们应该将各种文化和亚文化作为研究方向。我的研究方法课导师赫伯特·门泽尔教授在回应我关于方法选择的问题时答道，"这取决于你的面包哪面涂黄油"。但是，我相信我的论文仍然只能得个"B"。在关于对立的研究方法论的学术讨论中，由于每一种研究方法论已经在该领域建立自己的特有空间，所以它们的经济和政治意蕴往往被忽视。质性研究的隔都化为学术事业家创造了一个机会，因此也创建了如今已完全成熟的、专门的质性研究期刊、会议、资金来源、荣誉奖项以及教学和行政职位。

如今，在新旧都市社会学的倡导者之间的，或者像弗拉纳根所描述的，在"探索城市生活的文化、组织及社会心理后果"的文化主义者与"关注城市更广泛的经济和政治影响"的结构主义者（1999：385—398）之间的理论辩论中，这些相当粗暴的量性－质性两分和文化－结构两分还在延续。这对社会学中的城市文化主义视角来说是相当重要的。正如博雷尔所见，"人们理解他们所居住的、曾经居住的或希望建设的世界的方式与他们**实践**其文化的场所不无关联"（2006：175，黑体为原文所标）。博雷尔批评了美国都市社会学的几个学派（芝加哥学派、城市政治经济学派、洛杉矶学派），并创建了一个由城市文化主义者组成的新学派，这些"城市文化主义者明确地考察人群与场所之间的符号关系，以及个人为了理解他们的世界而赋予场所以意义和价值的方式。事实上，他们观看的是已建成的环境的发展和再发展，以此作为一种理解文化价值观、文化理念以及文化实践的手段"（2006：180）。

我从艾伦·布卢姆的都市社会学课程学到了现象学和常人方法。布卢姆与其合作者彼得·麦克休的反射分析社会研究是社会学的一个颠覆性版本。我上他的课时，印象尤为深刻的是人类学社会学家欧文·戈夫曼的著述，他在当时是社会学这门学科所厌恶的人，讽刺的是，他后来成为美国社会学协会主席。我的第一个教职是在布鲁克林学院社会系任教，该系最近才从社会学－人类学系分出来。在某些情况下，教师们选择他们自己的归属。因此，布鲁克林学院长期由起始于海兰·刘易斯、奥斯卡·格兰茨以及费利克斯·格罗斯的质性和民族志研究一脉的社会学家把持着。

按照凯的观点：

> 质性研究是被称为民族志研究、自然主义研究、人类学研究、田野研究或参与观察研究等调查方法论的通称。质性研究强调观察自然环境中所发现的变量的重要性。变量之间的互动是重要的。详细数据是通过可供直接引用的开放式提问来收集。采访者是调查不可或缺的一部分……这与量性研究不同，量性研究试图以客观方法来收集数据从而提供有关关系、比较以及预测的信息，并且试图将调查者从调查中排除出去。（1997）

在"硬"科学中，比如社会科学想要效仿的分析化学，事情更为直接一些。定性分析旨在鉴定一个未知物质的成分或化合物。"这个样本里含有什么？"回答了往往是简单的是非问句。定量分析确定一个物质的特定化学成分含量。定量分析问的问题是"有多少？"效仿定量规范建立的定性分析模型是典型的，甚至对于民族志的最佳论证——比如斯莫尔（2009）的论证，他曾开玩笑地说，"我需要多少案例？"——也是防卫性的。然而，斯莫尔强烈地告诫民族志学者不要向为统计描述研究设计的模型撤退，并且要求他们改进他们自己的模型。

>……许多研究领域的民族志学者……与量性研究者没有知识交流，不期望后者成为评论者，也不需要根据一大堆询问类似或相关问题的量性研究来评价工作。（然而，在）都市社会学中……民族志学者必然与那些受到截然不同的传统训练的学者明争暗斗，这些学者号称对同样的问题具有专门知识，并且很可能采取一种方法上的统一。
>
>一般地讲，（质性）进路需要的是逻辑推论而不是统计推论，需要的是案例而不是基于样品的逻辑，需要以饱和而不是表示作为研究的明确目的。这些进路产生了逻辑上更可感的假设和各种更透明的经验陈述。无论什么方法，面对当今交叉方法话语和批评的民族志学者应该追寻更适合于他们的独特问题的另类认识论假定，而不是向为统计描述研究设计的模型撤退。
>
>（斯莫尔，2009：28）

大部分质性研究导论似乎是在为从事质性研究进行辩解或道歉。西库雷尔（2004）则不然，他在几十年前就曾指出，量性研究者的发现也受到实践其技能的社会和心理环境的影响。"我不是反对量化、形式化或建立模型，而是不想追求与探讨的研究现象不相称的量性方法。"

他这样回应针对他的《社会学中的方法与测量》的批评：

>我所关注的是社会科学家何以经常忽略不同的研究分析者由于以不

同的方式使用各种方法而产生的偏差。没有避免这类偏差的办法。我们能做的充其量是努力查明这些偏差,并在我们讨论我们的结果时加以考虑。《社会学中的方法与测量》一书并不企图揭示我们应该如何使用不同的方法创建各种测量数据。我只能凭借我所从事的多项经验研究来捍卫自己的立场。该书有意写成纲领性的。我已发表的和要继续发表的后续研究证实了我认为可以或应该做的事情。(2004:5)

总结与讨论

从最早的芝加哥学派的都市民族志到当今的都市民族志,质性方法与量性方法在寻求可靠有效的研究结果中一直是互惠的。以我的经历来看,大部分"群际"相关问题都是对生态和原子论的推理谬误导致的结果进行解释的问题。正如鲁索所描述的:

> 生态谬误即是从聚集测量数据推出个体行为。例如,罗宾逊指出,在个体中基于二进制(比如,美国的黑人和文盲),或在地区中按照比例(比如,人口中黑人和文盲的比例)测量两种特征之间的相关关系一般是不一致的,甚至可能带有截然相反的迹象。反之,在分析个体行为时忽略了行为发生的环境,原子论谬误便产生了。(2006:102,注7;亦参见罗宾逊,1950)

至于天文学家与宇航员的对立观点,大型量性研究的一个特殊的问题是其在当地层面的误用。例如,在关于选举数据和选民调查分析中,民族志研究可以揭露生态谬误,即只根据关于群体(大群体)数据的分析而错误推演出关于个体(或小群体)的结论。我在为拙著《民族性与机器政治》(克拉泽和拉塞尔,1991)做田野工作时就是这样的情况。

1977年,政治专家和权威依据大型选民调查和其他专家的意见,曾预测纽约州最强力领导人之一斯坦利·斯坦古特会在民主党的一次小初选轻松获胜。但是,他被一个不知名的最后时刻替代候选人击败。专家们远距离无法看到当地正在发生的事情。唯有近距离研究才能发现失败的原因,失败与政治俱乐部的结构和运作以及人际和群际关系有关。我在"最后选战"时期的一段田野工作经历节选可以说明当时的情况。

竞选时期分派给我的第一项任务是确定我们的候选人的选民吸引力，并创建一个在选举期间"可拉票"的选民的名单。我得到了一份根据投票地址登记的民主党选民的名单。我所在地区是一个显出衰败和种族过渡迹象的独户和双户住宅大区。我的工作还有记录各种问题和选民的其他关注。这种信息使竞选战略家能够调整他们的努力。虽然登记选民名单只有一年之久，但是仍然居住在这个社区的登记选民还不到一半，而他们的替代者不是登记选民。许多新住户是没有选举权的移民，而且几乎都是黑人。更重要的是，那些登记为民主党人并且可能投票的人是反斯坦古特的。这些人是犹太、意大利和爱尔兰老人，长期居住在该社区，他们以近来大肆宣传的"养老院丑闻"和"死刑"作为他们激烈反对的理由。我尽量做到彬彬有礼，并提出谈谈问题，但是徒劳无用。总的来讲，那些似乎支持麦迪逊俱乐部候选人的选民是新落户的黑人住户。对俱乐部来说，唯一值得庆幸的是该地区选民不足。

拉票的最佳时间是在傍晚，那时人们都在家，或者是星期六去非犹太人区，星期天去犹太人区。在理想的情况下，拉票不是首要的和唯一的与选民的接触。拉票人还应该是对选民非常了解的人，并受选民喜欢。有一个事件很说明问题。一名拉票人被派到一个他不再居住在那里的选区。不幸的是，与他分居的妻子仍住在这个街区。他妻子的朋友和亲戚对他非常不满，因此苦了俱乐部候选人了。在另一个例子中，初次上阵的拉票人在一座住有许多登记选民的大型公寓的门厅里被一位居民"拦截"。这位为反对派工作的居民利用这个机会来滋事，当人们都出来看发生了什么时，他便开始大声抨击斯坦古特。熟悉这座建筑的拉票人就会知道躲避谁。

当我经过几个晚上的拉票活动之后回到俱乐部时，事情似乎正在恶化。社会区的人们更加公开地对操纵竞选的局外人谈论问题和不满。在竞选行动室，没有任何困难的迹象。当我走进行动室时，他们对我说把我的拉票结果交给一名工作人员，但是在我离开房间与朋友聚会之前，斯坦古特带着几个顾问走了过来，询问事情进展如何。我仍然没有意识到我不应该是坏消息的传递者，尽管我是第一次经历这样的事情，于是

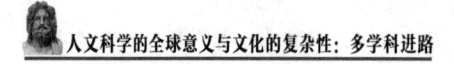

回答说，如果他能得到百分之三十的选票就算是"幸运"了。他的微笑顿时变成了眉头紧蹙。我感到不自在，想把局面说得还有希望却力不从心，于是说道，至少那里的选民并不很多。这无济于事，顾问们无意中听到了我的话，马上打断了谈话，将斯坦古特引走了。（克拉泽和拉塞尔，1991：199—200）

直到选举之后，以及对某些分析而言直到我们的著作出版之后，专家们才开始对失败的原因做出另外的解释。

Jerome KRASE:

ETHNOGRAPHY: BRIDGING

THE QUALITATIVE-QUANTITATIVE DIVIDE

（*DIOGENES*, No. 251-252, 2016）

参考文献：

安德森, L., Anderson, L. (2006) "Analytic Autoethnography", *Journal of Contemporary Ethnography*, 35 (4): 373—395。

比尔施泰特, R., Bierstedt, R. (1970) *The Social Order*, New York: McGraw-Hill。

博雷尔, M. I., Borer, M. I. (2006) "The Location of Culture: The Urban Culturalist Perspective", *City and Community*, 5 (2): 173—197。

比尔尼耶, D., Burnier, D. (2006) "Encounters with the Self in Social Science Research: A Political Scientist Looks at Autoethnography", *Journal of Contemporary Ethnography*, 35 (4): 410—418。

西库雷尔, A., Cicourel, A. (2004) "Aaron Cicourel in Conversation with Andreas Witzel and Günter Mey", *Forum Qualitative Sozialforschung*, 5 (3), Art. 41, Available at: http://www.qualitative-research.net/index.php/fqs/article/view/549/1186 (accessed 11 February 2014)。

克利福德, J. 和马库斯, G., Clifford, J., and Marcus, G. (1986) *Writing Culture: The Poetics and Politics of Ethnography*, Berkeley: University of California Press。

科利尔, D.、西赖特, J. 和布雷迪, H. E., Collier, D., Seawright, J., and Brady, H. E. (2004) "Qualitative Versus Quantitative: What Might This Distinction Mean？"收入 C. C. 拉金、J. 内格尔和 P. 怀特（主编）, in C. C. Ragin, J. Nagel and P. White (eds), *Workshop on Scientific Foundations of Qualitative Research*, pp. 71—76, Arlington, VA: National Science Foundation。

德塞尔托, M., De Certeau, M. (1985) "Practices of Space", 收入 M. 布隆斯基(主编), in M. Blonsky (ed.), *On Signs*, pp.122—145, Baltimore, MD: Johns Hopkins University Press。

登青, N., Denzin, N. (2007) Analytic Deduction, *Blackwell Encyclopedia of Sociology Online*, Available at: http://www.sociologyencyclopedia.com/public/LOGIN?sessionid=4b6c7f369ba6b11325fa92b8f61dee08&authstatuscode=404 (accessed 14 June 2014)。

弗拉纳根, W. G., Flanagan, W. G. (1999) *Urban Sociology: Images and Structures*, Boston: Allyn and Bacon。

福拉里, J. B., Follari, J. B. (2014) "Quantitative/Qualitative: The Paleozoic Debate", *Forum Qualitative Sozialforschung*, 15 (2), Available at: http://nbn-resolving.de/urn:nbn:de:0114-fqs140279 (acessed 9 June 2014)。

格拉泽, B. 和斯特劳斯, A., Glaser, B., and Strauss, A. (1967) *The Discovery of Grounded Theory*, New York: Aldine。

戈登堡, S., Goldenberg, S. (1993) "Analytic Induction Revisited", *The Canadian Journal of Sociology*, 18 (2): 161—176。

哈尼, D. P., Haney, D. P. (2008) *The Americanization of Social Science: Intellectuals and Public Responsibility in the Postwar United States*, Philadelphia, PA: Temple University Press。

希尔, R. J. 和克里滕登, K. S.（主编）, Hill, R. J., and Crittenden, K. S. (eds) (1968) *Proceedings of the Purdue Symposium on Ethnomethodology*, Institute for the Study of Social Change, Department of Sociology, Purdue University, Institute Monograph Series Number 1。

英戈尔德, T., Ingold, T. (2008a) "Anthropology is *Not* Ethnography", in *Proceedings of the British Academy*, 154, pp. 69—92。

英戈尔德, T., Ingold, T. (2008b) "Bindings against Boundaries: Entanglements of Life in an Open World", *Environment and Planning A*, 40 (8): 1796—1810。

詹姆斯, A.、霍基, J. 和道森, A.（主编）, James, A., Hockey, J. and Dawson, A., (eds) (1997) *After Writing Culture: Epistemology and Praxis in Contemporary Anthropology*, London: Routledge。

凯, J. P., Key, J. P. (1997) "Research Design in Occupational Education: Module R 14. Qualitative Research", Available at: http://www.okstate.edu/ag/agedcm4h/academic/aged5980a/5980/newpage21.htm (accessed 10 March 2014)。

克拉泽, J., Krase, J. (2012) *Seeing Cities Change: Local Culture and Class*, Farnham: Ashgate。

克拉泽, J. 和拉塞尔, C., Krase, J. and LaCerra, C. (1991) *Ethnicity and Machine Politics*, Lanham, MD: University Press of America。

林德史密斯, A. R., Lindesmith, A. R. (1937) *The Nature of Opiate Addiction*, PhD thesis, University of Chicago。

林德史密斯, A. R., Lindesmith, A. R. (1968) *Addiction and Opiates*, Chicago: Aldine。

林德史密斯, A. R., Lindesmith, A. R. (1952) "Two comments on W. S. Robinson's 'The Logical Structure of Analytic Induction'", *American Sociological Review*, 17: 492—493。

马尔帕斯, J., Malpas, J. (2013) "Hans-Georg Gadamer", 收入 E. N. 扎尔塔（主编）, in E. N. Zalta (ed.), *Stanford Encyclopedia of Philosophy*, Available at: http://plato.stanford.edu/archives/win2013/entries/gadamer/ (accessed 3 February 2014)。

默顿, R. K., Merton, R. K. (1968) *Social Theory and Social Structure*, New York: The Free Press。

默多克, G. P. 等, Murdock, G. P., et al. (2008) *Outline of Cultural Materials*, 6th revised edition with modifications, New Haven, CT: Human Relations Area Files。

奥弗曼, U. 等, Oevermann, U., et al. (1987) "Structures of Meaning and Objective Hermeneutics", 收入 V. 梅哈等（主编）, In V. Meha et al. (eds), *Modern German Sociology*, pp. 436—447, New York: Columbia University Press。

奥克塔伊, J. S., Oktay, J. S. (2012) *Grounded Theory*, London: Oxford University Press。

帕斯卡尔, C.-M., Pascale, C.-M. (2011) *Cartographies of Knowledge,* New York: Sage。

平克, S. 和摩根, J., Pink, S. and Morgan, J. (2013) "Short-Term Ethnography: Intense Routes to Knowing", *Symbolic Interaction,* 36 (3): 351—361。

普萨撒斯, G. (主编), Psathas, G. (ed.) (1973) *Phenomenological Sociology: Issues and Applications,* New York: John Wiley and Sons。

罗宾逊, W., Robinson, W. (1950) "Ecological Correlations and the Behavior of Individuals", *American Sociological Review,* 15: 351—357。

鲁索, F., Russo, F. (2006) "The Rationale of Variation in Methodological and Evidential Pluralism", *Philosophica,* 77: 97—123。

吕特盖尔斯, M. R. 和斯勒尔斯, P., Rutgers, M. R. and Schreurs, P. (2004) "Weber's Neo-Kantian Roots", *Administrative Theory & Praxis,* 26 (1): 103—111。

施利希特曼, J. J. 和帕奇, J., Schlichtman, J. J. and Patch, J. (2013) "Gentrifier? Who, Me? Interrogating the Gentrifier in the Mirror", *International Journal of Urban and Regional Research,* Epub ahead of print 30 July 2013, DOI: 10. 1111/1468-2427. 12067。

斯莫尔, M. L., Small, M. L. (2009) "How Many Cases Do I Need？On Science and the Logic of Case Selection in Field-based Research", *Ethnography,* 10 (1): 5—38。

索罗金, P. A., Sorokin, P. A. (1956) *Fads and Foibles in Modern Sociology and Related Sciences,* Chicago: Henry Regenry Press。

塔克, J., Tacq, J. (2007) "Znanieck's Analytic Induction as a Method of Sociological Research", *Polish Sociological Review,* 158 (2): 187—208。

特纳, R. H., Turner, R. H. (1953) "The Quest for Universals in Sociological Research", *American Sociological Review,* 18: 604—611。

特纳, S. P., Turner, S. P. (2007) "Defining a Discipline: Sociology and Its Philosophical Problems, from Its Classics to 1947", 收入 P. S. 特纳和 M. W. 里斯乔德 (主编), in P. S. Turner and M. W. Risjord (eds), *Philosophy of Anthropology and Sociology,* A Volume in the *Handbook of the Philosophy of Science* Series, pp. 3—70, Amsterdam: Elsevier。

韦伯, M., Weber, M. (1991 [1921]) "The Nature of Social Action", 收入 W. G. 朗西曼 (主编), in W. G. Runciman (ed.), *Weber：Selections in Translation,* pp. 7—32, Cambridge: Cambridge University Press。

威利, N., Wiley, N. (1979) "The Rise and Fall of Dominating Theories in American Sociology", 收入 W. E. 斯尼泽克、E. R. 弗曼和 M. K. 米勒 (主编), in W. E. Snizek, E. R. Furman and M. K. Miller (eds), *Theory and Research* pp. 47—79, Westport, CT: Greenwood Press。

兹纳涅茨基, F., Znaniecki, F. (1934) *The Method of Sociology,* New York: Farrar & Rinehart。

欧洲城市传统：
一位人类学家眼中的城邦、城区和公民共同体

朱利亚娜·B. 普拉托　著
萧俊明　译

我在本文中首先探讨不可通约性这个疑难问题。我以为，科学哲学中的这个核心问题对理解以往关于都市人类学的讨论的发展过程是至关重要的。然后我提出的问题是：这个疑难是否扩展到当代社会科学中的跨学科讨论，由此而产生的对城市的理解在学术界之外具有怎样的相关性。在对城市欧洲（urban Europe）进行研究之后，我接着对同时包含了城区（urbs）、城邦（polis）和公民共同体（civitas）之意的城市做一分析。最后，我根据我对意大利南部城市布林迪西所做的田野研究对都市民族志的认识论意义进行反思。

不可通约性与城市分类学

人类学家霍勒斯·米切尔·迈纳（因其充满讽刺意味的《加利美阿人的身体仪式》一文在非人类学家中间也很有名）在《现代非洲的城市》一书的导论中写道："除了专家，人人都知道什么是城市。"（1967：11）这里所说的专家是指为这部书撰稿的人类学家、地理学家、经济学家和社会学家。他们的着眼点落于不同"类型"的非洲城市：传统城市、新矿业城镇、商贸和行政城镇。然而，那时这些专家中许多尚不关注城市研究本身，而关注的是所谓第三世界社会中城市与现代化之间的关系。他们想了解农村人如何适应城市生活，尤其关注新的、基于职业的社会经济分层形式的出现，以及族

群和族网的相关性。后来，随着更多的民族志研究在世界城市地区的开展，人类学家与其他社会科学家联手，以图创制一种关于城市的宏大理论——进而对"城市主义"和"城市生活"做出概括，由此引发了一场关于是否存在"都市人类学"这样一种子领域的似乎永不休止的讨论（有关这场讨论的新近综述，参见帕尔多和普拉托，2012；普拉托和帕尔多，2013）。尽管这场讨论的时间跨度达几十年之久，学界"专家"仍在试图回答迈纳的隐含问题："什么是城市？"能否给出一个简单的普遍定义？最为重要的是，一场关于"都市人类学"的新讨论实际上可能具有什么相关性？任何试图回答这些问题的努力都应首先清醒地认识到，有多少城市就有可能有多少理解什么是城市的不同方式。

迈纳的评论让我想起了一次讨论，那是我 1995 年加入肯特大学人类学系不久之后参加的一次讨论。中午在高级休息室就餐时，两位从事地中海国家研究的会员人类学家正在讨论关于意大利一个农村城镇的研究是否应被视为"都市人类学"。当我走进休息室时，其中一位人类学家说道："朱利亚娜是都市人类学家。不妨看看她怎么想。"这让我感到很意外，因为虽然我对意大利南部的一座城市开展了研究，但是我一直"标榜"自己为"政治"人类学专家。紧接着我们就我们每个人认为的"都市人类学"是或者应该是怎样的进行了一般性的讨论。每个人的观点都以对于城市的特定了解或定义作为依据。随着更多的同事（包括非人类学家）加入我们的谈话，很快出现了这样一种情况：我们每个人对于什么是城市都有不同的概念，因而也给出了不同的定义。参加讨论的大部分是英国人，其余的来自欧洲不同的国家。在场的人类学家中许多从事非洲、印度或东南亚研究。这次偶然的午餐时间的交流暴露出：（1）一种"单一"的、从一种语言到另一种语言的直译几乎是不可能的，我们充其量能够做出受文化影响的个人"解释"；（2）人类学家对于城市的理解似乎也受到他们的民族志经验（也即我们每个人开展田野工作的地方）的影响。

这两种考虑激发了我对不可通约性问题的反思，尤其是针对托马斯·库恩的论点进行了反思，即看世界的方式可能有多种，很难"科学地"确定哪一种是对的或真的。人类学家自埃文斯-普里查德关于阿赞德人思想体系的力作问世以来，就已对复杂的"文化转译"和不可通约性问题不陌生了。有趣的是，库恩关于不可通约性的分析在一定程度上受到人类学讨论，特别是迈克尔·波兰尼对埃文斯－普里查德著作的反思的影响，波兰尼的反思激发了一场关于不同学派的科学家是否"有不同的思想，讲不同的语言，生活在不同的世界"（1958：151；亦参见 1952）的讨论。[1] 库恩理论的一个重要的、在这里最相关的方面，是认为不可通约性超出了语义学范围的观念。为了充分理解不可通约性，我们不妨从分类学上对它进行界定。我们应该考虑到：（1）相互竞争的范式以不同的方式对概念进行归类；（2）正是这种不同的归类（分类）造成了不同范式的倡导者之间的基本沟通问题；（3）这些类别或范畴不能通过"简单的"定义来学习，而是通过科学训练和先前的研究经验来学习。这样，按照库恩的观点，由于概念差异先于语言的应用，所以将转译与解释等同起来会在分析上造成误导。转译本身是一种近乎机械的活动。反之，解释是一个过程，也即展开对种种假设的转译的过程。解释如同学习一种新语言；也就是吸收一种新词汇，并且记住不可能孤立地学习的各类概念。因此，解释是一个学习过程，其中包含着期望的产生。

  库恩的不可通约性概念恰恰使中性对比语言的观念问题化，而这个观念使我们得以选择具有最多的经验证实内容的理论。在前面提到的午餐时间的交流中出现的恰恰是这种分类上的不可通约性。当我们试图将概念或范畴从一种语言转译为另一种语言时，这种不可通约性就变得尤其明显。结果某些语言比另一些语言更"可通约"。例如，就城市聚落的定义和分类而言，英语似乎是最不可通约的语言之一。英国英语对于"城市"和"城镇"的归类就是说明做出一种严格的语言转译之困难的例证。首先，"城市"是"皇室制诰"或皇家宪章授予的一种法律地位，与"城市化"（在规模和人口密度的意义上）的程度了无关联。在历史上直到 1888 年，一个聚落要被授予城市地位就必须有一个大教堂。因此，像英格兰的伊利（大约 2 万居民）或威尔士的班戈（大约 1.5 万居民）这样的有大教堂的小聚落早就有了城市地位，而至今仍有拥有几十万居民的大"城镇"在法律上不能称自己为城市。例如：米尔顿凯恩斯（超过 20 万居民）作为 20 世纪英国"新城市"典范的缩影，尽管规模不小，但在法律上是一个城镇。授予城市地位的标准定期修改，并且做出了种种努力以图给出关于城市和城镇的明确定义。[2] 然而，当一个城镇被（相当模糊地）描述为一个比村落大但比城市小的聚落（原文如此！）时，并没有对"城市"的范畴给出任何定义,"城市"范畴只是一个"法律地位",给予被授予这种地位的城镇的不过是声望。在某些情况下,城市地位与那个地区作为其中一部分的广阔的集合城市并不吻合(比如,想一想作为大伦敦一部分的威斯敏斯特市)。在另外一些情况下,"城市"地位适用于一个地方行政区,它包含了若干城镇和乡村地区,是根据地方政府所在的主要聚落命名的。坎特伯雷市(的区议会)就是一个绝好的例子,该市的扩展范围大大超出了坎特伯雷城市聚居区。英国关于城市、城镇、行政区、城市地区以及大都市地区的法律分类之复杂需另文再叙,这里我们不妨聚焦于"休息室"讨论中出现的一个重要问题,即,这种分类对于一位社会科学家具有多重要的意义?它是否意味着如果我研究如伊利这样一个地方,我便可以称自己为"都市"人类学家?而如果研究像米尔顿凯恩斯或伯恩茅斯(超过40万居民)这样的地方,则只是因为它们在法律上不具有"城市地位"就不能被视为"都市"人类学家?

当然,人类学家早就承认,规模是"城市性"的无力标示。[3] 然而,人类学家如同其他社会科学家,未能就是否有界定"城市主义"的普遍参数达成一致。[4] 最为重要的是,我们需要提出的问题是,语言的不可通约性是否意味着最终引向理论概括的比较分析是不可能的。如果我们沿循迈克尔·波兰尼探讨不可通约性的进路——他以此为基础批判了实证主义及伴随的制定普遍的社会法则的企图,那么我们就有陷入那种使比较毫无用处的相对主义的风险。在我看来,当库恩提出不可通约的范式不是彼此分离的对立面而是互为补充时,他是设法精准地处理这一问题,因为这可能有助于评估人类方法论如何能够处理显然是不可通约的城市现实。这需要进一步反思。

我在下一节将简要探讨19世纪关于城市和城市生活的社会学理论化的某些方面。然后我将提出,古代城市理想类型(比如城邦和公民共同体)的某些特征总体来看可以为当代比较分析提供一种"中立"的沟通语言。

城邦、公民共同体及城市主义

分类学意义上的不可通约性以及语言中立性这个疑难一直困扰着都市人类学史,引发了多种多样的讨论,比如,非洲文化研究者与印度文化研究者之间的讨论、关于城市类型分类的讨论、关于城市主义的本质的讨论,以及关于这一学科子领域的性质的讨论——后者提出的问题是，我们是应该在城市中实践人类学还是应该实践关于城市的人类学（关于新近的讨论，参见帕尔多和普拉托，2012）。有趣的是，最初的人类学讨论试图产生普遍的模式和说明，似乎并未充分考虑世界各地城市传统的具有社会学重要意义的多样性。

考古发掘揭示了印度河流域、中国、安第斯山脉、中美洲以及撒哈拉以南非洲（后者的城市变异远在阿拉伯影响到来之前）这些不同地区的多种多样的城市变异。城市聚落的多样性表明，一些城市人口稠密；另一些城市没有庞大的关联性人口，但或者是政治首府，或者是重要的宗教中心；还有一些城市是重要的商贸中心。大多数理论不考虑这种多样性，而试图按照一元论的原理（按照一个单一原理）来说明古代的城市主义和城市化。此外，西方学者重点关注的往往是欧洲聚落或地中海和近东（尤其是美索不达米亚）的古代文明。值得注意的是，那些从事非洲研究的人类学家也受到这一学术传统的影响——或许像迈纳主编的文集所指出的，这是因为他们主要关注的是现代化研究，殖民或后来的后殖民时期的城市化被视为现代化过程的必然结果。

人类学讨论在很大程度上受到19世纪社会学对城市的概念化的影响，尤其是受滕尼斯（2002）、迪尔凯姆（1997）通过沃思（1938）和西美尔（1950）完成的概念化所影响。这一讨论后来有一部分去探讨西方学者的民族中心论偏见，这些偏见强调，最具影响的社会学理论依据的是关于欧洲和北美工业城市的分析。令人感到意外的是，早期的"都市"人类学家实际上对马克斯·韦伯的《论城市》（1958）一书不屑一顾，或者说从未公开认可。但是我认为，虽然韦伯基本上是依据欧洲中世纪城市——及其古代前身城邦和公民共同体——来描述城市的"理想类型"，但他为对在民族志上各不相同的城市进行比较分析提供了一种更具综合性的语言。值得注意的是，尽管以往的理论家只关注欧洲城市，但韦伯从比较的角度来审视世界各地的城市传统，强调不同的文化和历史条件会产生不同类型的城市。

韦伯首先拒斥了单纯依据规模和人口密度的城市定义。他从经济、政治、行政和军事角度来厘定城市的性质。他将城市描述为一个自由自治的共同体，这个共同体由通过选举参与决策过程的自由和自决的公民组成。事实上，在韦伯看来，这种城市理想类型，如果除了具有经济上的相对优势（具体地讲，具有一个伴随有商贸关系的市场）外，还具有一定程度的政治自治、一个自治的民选政府以及部分自治的法院和法律，如果它在军事上能够自立自卫并具有各种促进社会和公民参与的联系方式或组织，那么它代表了一个真正的"城市共同体"。韦伯认为，从这个意义上讲，作为"城市共同体"的城市只出现在西方，偶尔出现在近东。按照韦伯的观点，东方，特别是印度和中国受到种姓和行会关系的限制，这些关系凌驾于城市传统的相关性之上。这并不是说韦伯无视东方城市传统的相关性，他恰恰指出，这些传统大多不将城市公民权利视为城市人的一种特殊地位。

请允许我强调一点，韦伯是以古代和中世纪的西方城市形态作为起点来展开其分析的，他以古希腊和古罗马传统也即城邦和公民共同体作为主要例证。这两个词经常被误译为"城市"，但是城市一词并不能表达古代城邦和公民共同体的本质。这两个词表示的是一个社会公民（polites 和 cives）体，这些公民由给予他们责任和权利的法律聚集在一起。在亚里士多德看来，城邦是一个政治共同体，它的发展标志着家庭和村落经济——两个分离的领域——的结束，因为它将私人领域（家庭经济）和公共领域（共同善）集中在一起。

在给韦伯的著作所写的序言中，唐·马丁代尔正确地将韦伯的分析放在关于欧洲城市理论的一节中，并得出结论认为，欧洲理论家所谓的"城市时代"似乎要结束了（1958）。马丁代尔的意思是说，城市聚落的规模和数量以一种终结城乡差距的方式在增长和继续增长。据说这种城乡差距在20世纪中期以前是工业社会的特征——他认为，整个社会已经城市化。

如果我们所说的城市化只是指人口稠密的建成区的增长，那么，鉴于所谓的大都市地区在世界各地的迅猛增长，我们可能会认同马丁代尔的看法。然而，"城市"不仅仅从建成区的意义上，而且，正如我所指出的，从生活方式、行为、社会互动以及经济活动等的意义上超出了城市的行政界限。运输和通信的发展促进并加速了这一过程。此外，我们必须考虑到，在20世纪最后20年中，城市经历了一种双重的人口变化过程——这个过程仍在继续，对城市生活产生了社会、经济、文化和政治影响。一方面，随着人们迁往郊区去生活和工作，原住民人口减少。另一方面，除了城乡（内部）迁移，城市中的外国移民也在增长（这是新近才出现的现象），尤其是来自贫穷国家的移民或来自冲突地区的寻求避难者。这些新移民往往使接纳城市毫无准备，因为它们不具备接纳新来者的结构和服务。这些新来者是复杂现象，他们引起与原住民的冲突，但也营造了各种形式的合作（关于欧洲城市的新近著作，参见例如帕尔多，2009，2012a）。

值得强调的是，城市一词在这里并不单纯指地理或物理空间。它指的是城市居民特有的品质。最为重要的是指公民权利，即"个体"的公民权利、经济权利以及政治权利。因此城市应该同时被理解为城区、公民共同体和城邦，也即理解为建成区、公民社会联合体以及政治共同体。只注重其中一个方面将会落入不可原谅的简单化。

个体，包括城市个体，只有对共同善做出贡献才具有权利。我们在希腊城邦和罗马公民共同体中看到了"公共"领域超越私人领域的崛起。然而，私人领域并未消失，它成为罗马人所谓的"共和国"（res publica）的组成部分。从人类学的视角来看，这种城市共和国可被视为一个"整体"，它包含了政治、法律、经济和文化——其中包括宗教和物质文化，以及那些应该保护个体和共同善的机构。城邦和公民共同体[5]的组织和作用相当于一个城市国家，中世纪的公社（comuni）在某种意义上是其继承者。韦伯在其著作中所强调的正是这种由一个近乎自治的城市组织构成的理想类型。对都市人类学讨论有影响的19世纪理论家则不同，他们大多重点关注下辖于一个更大的领土和政治统一体——民族国家——的城市。

我们应该问的是，这些城邦和公民共同体范畴是否并在多大程度上有助于社会科学家理解当下局面。自20世纪下半叶以来，近乎自治的、"弹性的"和自足的城市作为一个行政、经济和政治核心实体重新出现在地域、国家和世界政治的驱动力中。城市的核心作用不断增长。在21世纪的第二个10年，大量资金以城市的可持续发展和提升所谓的"小城市"作为目标。甚至像"未来地球"这样的规划也极大地倚重城市地区（其中包括中小规模城市，但尤其是大都市地区）的环境可持续性和经济弹性。

因此，马丁代尔城市时代行将终结的论断可能完全适用于19世纪出现的工业城市，那是失范的城市、懒散的城市、个人主义社会的城市。当然，这个论断不适用于旨在同时作为城区、公民共同体和城邦的城市。这样的城市在社会学上变得越发重要，我不妨依据我在布林迪西所做的民族志对此做一说明。

布林迪西的政治和城市身份

当我在 20 世纪 80 年代中期开始对布林迪西的研究时，我的兴趣是考察正在意大利发生的政治变化。[6] 具体而言，使我感兴趣的是新的政治形态，在我看来这些新的政治形态在试验运行新的政党组织模式，后来证明确实如此。其中之一称为"为了变革的天主教徒和教友"。"为了变革的天主教徒和教友"是在 1985 年行政选举市议会时作为一份选举名单成立的，它将政治立场明显不和的政治活动家聚集在一起，包括称为"民主存在"的天主教团体、议会外左翼政党"无产阶级民主"（当时是意大利最极左的政党），以及分裂出来的绿色政治家。绿色政治家大多是前社会党成员，他们加入了全国环境联合体"环境联盟"。尽管只获得了 40 个议会席位中的两席，"为了变革的天主教徒和教友"多年来在当地政治中发挥了重要作用。1987 年，在支持由共产党、基督教民主党和共和党形成的联合执政时，他们特别具有影响。然而，"无产阶级民主"也在这一年脱离了"为了变革的天主教徒和教友"。

意味深长的是，"为了变革的天主教徒和教友"不是一个孤立的地方现象。它汲取了 20 世纪 70 年代在意大利出现的所谓"公务员名单"的经验，主要反对被称为"党阀政治"（partitocrazia）的政党执政体制，但也推进解决具体的社会和民事问题。已建立的政党强烈批评这些公务员名单，指责其地方党派偏见过重，因而是对整个国家的和谐治理的潜在威胁。这些名单上的成员对于这种批评进行了迎头反击，他们争辩说，他们当然是"基于地方"，行政机构的任务就是处理地方问题。但是，他们信守政治革新必须从地方善治开始这一原则与党派偏见了无关系。

这种对需要"重新发现"始于地方层面的"政治意义"的注重，在 20 世纪 80 年代，尤其是随着全意大利的地方团体试图起草一项全国共同纲领，越发具有意义。这些地方团体自称为"城市政治运动"，其参与者主要是那些认为基督教民主党代表不了他们的天主教徒。在布林迪西，他们形成了"民主存在"团体。这些运动的发起是受 1980 年在巴拉莫成立的一个政治联盟的鼓舞，该联盟意味深长地称为"为人的城市"（这里，阳性名词"人"应该意指人类）。这些参与者的主要论点是，意大利以城市为主，传统政党及其政治纲领的缺陷和矛盾在城市境况中暴露无遗。因此，他们认为，"城市政治"

和"城市政策"注定要成为全国的政治导向。他们还认为,虽然他们的政治之根"在各个城市"——因为它们反映不同的地方境况和需要——但是他们的目标和范围是全国性的。

尽管拒绝公务员名单这个标签,"为了变革的天主教徒和教友"还是立足于地方。不过它要解决的问题则远远超出了地方层面,这也符合我所概述的进路。"为了变革的天主教徒和教友"起初的三个组成部分共有的主要论点基本上是一种反资本主义意识形态,即强调环境问题并强烈批判现行政治制度。其政治纲领明确表达了所有这些论点。为了理解他们的纲领,我们还应该联系意大利南部的经济发展政策以及当地的经济形势来简明地论述一下"为了变革的天主教徒和教友"形成的背景。

布林迪西是受20世纪60年代旨在振兴南部的落后经济的经济政策影响的意大利南部城市之一,这些经济政策要最终解决所谓的"南部问题"。其中一个主要方面是南部的工业化。然而,80年代初,布林迪西正经历着工业衰退和高失业率。还使其城市身份遭受严重挑战的是计划在其周边建设一座发电站,这将削弱港口的商业和旅游活动,而这历来是该城市的一项主要经济财富。"为了变革的天主教徒和教友"将建设发电站视为布林迪西"制度、行政、政治、道德、经济、社会和环境危机"的证据("为了变革的天主教徒和教友"选举纲领,1985)。选举名单的形成是试图将三个团体此前一直独自进行的战斗制度化。他们宣称,他们现在团结起来为公民"真正"参与城市治理而战,这将"克服政党官僚制,给城市带来真正的发展机遇"(出处同上)。

尽管取得了初步成功,但"为了变革的天主教徒和教友"还是在1990年解体了。我在别的著述中曾详尽讨论过他们的活动、政治纲领以及解体的主要原因(例如,普拉托,1993,1995,2000)。这里,权且指出一个关键的方法论和理论问题。虽然我最初的目的是研究政治变革,但我很快意识到,要想了解当地的政治驱动力,我必须考虑城市生活的其他方面,诸如经济和社会过程以及微观与宏观层面之间的关系。这一进路在人类学中并不新。就城市欧洲而论,帕尔多《在那不勒斯经营生存》(1996)一书不失为对一个欧洲城市进行"整体论"的人类学研究之范例,它考虑到了政治、经济和文化等诸多方面。最为重要的是,帕尔多提出应该从过程的角度研究这些方面,审视个体能动性与制度之间的关系,考察个体合目的和合理的行动如何可能影响结构变化。受这一进路启发,当我开始进行我的布林迪西研究时,我试图了解个体政治活动家和公民个体联合体对政治变革的影响程度可能有多大。我既考察了在制度内运作的人群,也考察了在制度边缘或制度外运作的人群。同时,出于对公民与他们选出的代表之间的关系的关注,我提出了制度在多大程度上允许公民充分参与共和国治理这一问题;换言之,我要问的是,城市的执政是否民主。结果发现,经常违反民主程序并不只是布林迪西的一个重大问题,事实上,这是最终导致意大利政党制度变革的问题之一。[7]这些"变革"的实际影响令人质疑(亦参见帕尔多,2012b)。尽管发生这些显然是革命性的变革,但是当权者继续拿民主过程当儿戏,非民选"专家"太过经常地被任命到地区或国家政府以及城市行政中的关键岗位。

多年来,许多最初参与"为了变革的天主教徒和教友"团体的活动家继续为"重新发现"始于地方层面的政治而竞选,也就是说,还是借助"城市政治"和"城市政策"来竞选。我在定期更新的田野考察中记录了他们的活动。然而,在我最近一次田野考察中,我意识到,如果我想了解布林迪西当下的城市境况,我的研究需要吸纳新的元素。具体而言,"城市政治"和"城市政策"必须考虑欧盟关于城市地区的新立法和来自要求城市"市场化"的新自由主义政策的压力,而关键在于对这种考虑所达到的程度做出估计。由于意大利这一部分地区的城市传统,布林迪西以及周围的城镇不可能成为一个统一的"大都市地区"。但是,它们必须一方面要接受对于环境可持续性和城市弹性的要求,另一方面要领悟旨在吸引投资的自我标榜的意蕴。随着这些过程影响到世界各地的城市地区,我相信人类学家对我们了解他们如何在地方层面得以接受可以有很大的帮助。

作为结束语的反思

我已经说过,语言的不可通约性对关于都市人类学的讨论影响很大。在考虑继续关于都市人类学的讨论是否与当今相关之前,我已指出以往的缺憾是由近乎排他和夸大地注重19世纪基于对欧洲和北美工业城市的分析的社会学理论所致。然后,我又指出,更密切地关注韦伯的著作或许会有助于人类学家接受世界各地的城市传统的多样性。

当我提出对于当代城市的社会学分析应该考虑构成"城市共同体"的城区、公民共同体以及城邦等方面时，我并不想强行一种新的西方模式。当然，作为一位人类学家，我充分意识到文化、经济和地缘政治差异，意识到对于共同善、公共空间、公民和个人权利以及公民参与的不同文化理解。事实上，我所提出的研究当代城市的进路只有在世俗和民主价值观盛行的背景下才可能充分有效。例如，如果研究宗教意识形态作为主流的背景则需要一种不同的进路，因为宗教意识形态否认民主和自由公民权利的基本原则。

我的观点是，当代学术研究似乎大多不能摆脱19世纪末20世纪初的那种城市观念，而这种城市观念已不再符合现实生活。"城市"已经转型，而且要继续转型。按照韦伯的意思，可以说，并不是作为城区的城市（或许我应该说城市的"意象"）产生城市生活的不同品质，而是新的历史条件决定"作为城市人"的新含义的产生，它影响我们对于共同善和在一个共享"城市空间"中的关联生活的概念。这种共享"城市空间"不只是物理建成空间（城区空间），而且是公民共同体和城邦空间，它越来越在虚拟空间中得到体现。人类学在所有这些中的作用是什么？

虽然像萨森（1991）这样的社会学家可能主张一种关于当代城市的一般理论，但是人类学的任务是揭示和探讨上文提到的民族志差异。因此，即便我们认同萨森的观点，即各个"全球城市"具有同样的金融、经济和贸易突出地位，同样巨大的全球实力和影响，作为一位人类学家我也不禁要问，全球城市自身之间的共同性超过它们与其国家的其他城市的共同性在多大程度上是真实的。因此，我们应该问的是，它们作为突出和强力的全球中心在文化上调和到什么程度。为什么，比如我在东京、巴黎、纽约或伦敦的经历表明它们相互之间是截然不同的？是什么使这些城市相互不同，即便它们都是"全球城市"？

然而，人类学所能做的不只是揭示具体的文化差异。我以为，人类学方法论通过一种比较分析可以使显然不可通约的成为可通约的。这种比较分析不仅探讨差异性，而且探讨相似性；并且，在这一历史节点上，不仅探讨对超国家规则支配的那种官僚"同质化"模式的各种各样的抵抗形式，而且探讨想使这些"官僚模式"适应（而不是屈服）当地现实的种种企图。

这并不是说此学科范式比彼学科范式更正确或更真实，因为社会学和人类学这两个学科确实是互补的。此外，真正的科学理解应该超越官僚学科分类，尤其是考虑到这种分类往往产生误导性学科假定和误解。有趣的是，经济合作与发展组织在 2011 年仍然将社会－文化人类学划为社会学的一个子领域。当然，这种分类是建立在对学科范式和方法论的严重误解上，受到了坚决的反对。但是，这种对立蕴含的不只是一种官僚斗争。这种论争包含了批判的认识论问题，诸如知识生产和这种知识的生产方式。

一些学者对待分类太过认真，并且坚持向他们的学生教授其学科的某种单一观点，这种单一观点必然遗漏学科历史和知识生产的重要方面。当在学科内部进行分类，导致（正如我们所看到的）就我们应该怎样"标签"自己展开乏味的讨论时，这就更成问题了。我相信，一个坚持将自身分为各个子领域的学科在知识上终归要冒险一死。此外，并非毫不相干，这种碎化吸引的资金必然越来越少。当然，学科或子学科分类最终是一个毫无新意的权力问题。这是一种通过特殊的知识构建而行使的权力，因而看上去像是一个"理论"问题，其实是一个政治问题，无论就学术政治而言，还是就现实政治而言。

Giuliana B. PRATO: EUROPEAN URBAN TRADITIONS:
AN ANTHROPOLOGIST'S VIEW
ON POLIS, URBS *AND* CIVITAS
(*DIOGENES*, No. 251-252, 2016)

注：

[1] 耐人寻味的是，哲学家－人类学家迈克尔（米哈利）·波兰尼原本受的是物理化学方面的训练。

[2] 例如，20世纪初，英国内政部宣称，渴望获得城市地位的"城镇"至少应满足以下三个标准：人口密度，地方大都市特征（这意味着一种独特的身份并且是一个广阔地区的中心），地方政府档案。1972年《地方政府法》推出了新的标准和规则，要求要维持城市地位的城市应被颁发新的皇室制诰。不遵循正确法律程序的"历史"城市失去了其城市地位（就如罗切斯特的情况）。欧盟规则实行一种新的城市地区分类，反倒使这种复杂性有增无减。在英国人口普查报告中，城市地区被称为"建成（不是城市）地区"。

[3] 小的"同质化"城镇可以充分展示沃思（1938）所认定的城市主义的某些方面。应该指出的是，沃思本人认识到大都市的影响大大超出了其行政界线。"城市"观念和行为往往也超出了这些界线。

[4] 值得注意的是，沃思的城市主义因其民族中心论而受到批评，它基于一种只存在于特定地点和特定时间的城市模式（参见帕尔多和普拉托，2012；普拉托和帕尔多，2013）。

[5] 在罗马法中，civitas表示的是公民共同体及公民作为具有义务和责任的臣民的法律地位。由此引申，civitas是按照一项特殊条约或一种法律上定义的关系与罗马有关联的城邦。

[6] 我在1987年到1988年之间断断续续地进行了6个月的初步田野工作，在1989年到1991年之间进行了15个月的扩展田野工作。随后进行了若干次更新田野考察。2012年，我进行了一项新的扩展田野考察。

[7] 例如，在布林迪西，在关于建设新发电站的决策过程中市议会并未进行商议。此外，地区和国家政府对关于此事的民众商讨结果置若罔闻。

参考文献：

迪尔凯姆, É., Durkheim, É. (1997) *The Division of Labour in Society* (1893), New York: Free Press。

库恩, T. S., Kuhn, T. S. (1962) *The Structure of Scientific Revolutions*, Chicago: University of Chicago Press。

马丁代尔, D., Martindale, D. (1958) "Prefatory Remarks: The Theory of the City", 收入 M. 韦伯, in M. Weber, *The City*, ed. D. Martindale & G. Neuwirth, pp. 9—62, Glencoe, Ill.: Free Press。

梅特拉尔, J., Métral, J. (2000) "Entretien avec Jean Métral", 收入 J. 梅特拉尔（主编）, in Id. (ed.), *Cultures en ville ou de l'art et du citadin*, pp. 3—22, La Tour-d'Aigues: l'Aube。

迈纳, H. M., Miner, H. M. (1967) "The City and Modernization: An Introduction", 收入 H. M. 迈纳（主编）, in Id. (ed.), *The City in Modern Africa*, New York-London: F. A. Praeger。

帕尔多, I., Pardo, I. (1996) *Managing Existence in Naples: Morality, Action and Structure*, Cambridge: CUP。

帕尔多, I., Pardo, I. (2009) "Dynamics of Exclusion and Integration: A Sobering View from Italy", 收入 G. B. 普拉托（主编）, in G. B. Prato (ed.), *Beyond Multiculturalism: Views from Anthropology*, pp. 103—122, Farnham: Ashgate。

帕尔多, I., Pardo, I. (2012a) "Entrepreneurialism in Naples: Formality and Informality", *Urbanities*, 2 (1): 30—45。

帕尔多, I., Pardo, I. (2012b) "Exercising Power without Authority: Powerful Elite Implode in Urban Italy", 收入 I. 帕尔多和 G. B. 普拉托（主编）, in I. Pardo & G. B. Prato (eds), *Anthropology in the City: Methodology and Theory*, pp. 53—78, Farnham: Ashgate。

帕尔多, I. 和普拉托, G. B., Pardo, I. & Prato, G. B. (2012a) "Introduction: The Contemporary Significance of Anthropology in the City", 收入 I. 帕尔多和 G. B. 普拉托（主编）, in I. Pardo & G. B. Prato (eds), *Anthropology in the City: Methodology and Theory*, pp. 1—28, Farnham: Ashgate。

帕尔多, I. 和普拉托, G. B.（主编）, Pardo, I. & Prato, G. B.(eds) (2012b) *Anthropology in the City: Methodology and Theory*, Farnham: Ashgate。

波兰尼, M., Polanyi, M. (1952) "The Stability of Beliefs", *British Journal for the Philosophy of Sciences*, 3: 217—232。

波兰尼, M., Polanyi, M. (1958) *Personal Knowledge*, London: Routledge & Kegan Paul。

普拉托, G. B., Prato, G. B. (1993) "Political Decision-Making: Environmentalisms, Ethics and Popular

Participation in Italy", 收入 K. 米尔顿（主编）, in K. Milton (ed.), *Environmentalism: The View from Anthropology*, pp. 174—188, London: Routledge。

普拉托, G. B., Prato, G. B. (1995) *Political Representation and New Forms of Political Action in Italy: The Case of Brindisi*, PhD Thesis, Available at EThOS, British Library, UK, http://ethos.bl.uk/OrderDetails.do？did=1&uin=uk.bl.ethos.365862。

普拉托, G. B., Prato, G. B. (2000) "The Cherry of the Mayor: Degrees of Morality and Responsibility in Local Italian Administration", 收入 I. 帕尔多（主编）, I. Pardo (ed.), *Morals of Legitimacy: Between Agency and System*, pp. 57—82, Oxford: Berghahn。

普拉托, G. B. 和帕尔多, I., Prato, G. B. & Pardo, I. (2013) "Urban Anthropology", *Urbanities*, 3 (2): 79—110。

萨森, S., Sassen, S. (1991) *The Global City*, Princeton: Princeton University Press。

西美尔, G., Simmel, G. (1950) "The Metropolis and Mental Life" (1903), in *The Sociology of George Simmel*, translated, edited, and with an introduction by K. H. Wolff, Glencoe, IL: Free Press, pp. 409—424。

滕尼斯, F., Tönnies, F. (2002) *Community and Society* (1887), Newton Abbot: David & Charles。

韦伯, M., Weber, M. (1958) *The City* (1921), ed. D. Martindale & G. Neuwirth, Glencoe, Ill.: Free Press。

沃思, L., Wirth, L. (1938) "Urbanism as a Way of Life", *American Journal of Sociology*, 44 (1): 1—24。

下篇

美学与文学

哲学与艺术：美学的景观变化

柯蒂斯·L. 卡特　著
杜　鹃　译

一、与艺术及哲学有关的美学

　　自 20 世纪初以来，诸如瓦尔特·本雅明、莫里斯·梅洛－庞蒂、吉勒·德勒兹以及阿瑟·丹托这些观点不同的哲学家在从事美学研究的过程中像他们的前辈黑格尔、歌德及其他人在 19 世纪那样，时常纠结于哲学与艺术之间的动态相互作用。本文的第一部分将考察 20 世纪的四位主要美学家的美学理论如何反思这种相互作用。在每个个案中，哲学家的理论都关系到与各自探讨美学问题的进路最直接相关的艺术发展。本文的这一部分意在说明近来的西方哲学美学发展与当时流行的艺术的有选择发展究竟是怎样的关系。第二部分将探索其他方面，即在改变现今当代艺术进程的过程中非哲学的社会和技术发展。在很大程度上，这些变化关系到影响艺术的社会态度和经济发展，连同新的技术一起，提出了在过去和现在主要处于主流西方美学范围之外的问题。由于篇幅的限制，本文难以详论这些新发展如何影响美学的未来，但是本文确认了一些为了美学未来发展理应考虑的关键因素，以期当今及未来的美学家将开始思考美学在探索艺术的新发展时需要做出哪些变化。其中包括全球化、艺术市场、社会/政治问题、通俗文化、虚拟现实以及先锋派的新表现。尽管早前的理论可能展示了这些当前发展带来的问题的某些迹象，正如本雅明关于媒体艺术的作用的预测，然而，这些理论的重要性在美学理论中尚未得到充分论述。

瓦尔特·本雅明

本雅明在写于1920年的一篇短文《批评理论》中，简要评论了哲学和艺术各自的作用。如果哲学的任务是在对理念的探寻中进行看似无尽的质疑，艺术则提供"与哲学最为近似的构念……而这些构念自身却不构成哲学"（本雅明，1996：1：218）。在本雅明看来，实际艺术作品的多重性与哲学质疑一起分享对理念的探寻。因此，"艺术作品是哲学问题的理念得以显现自身的方式"（本雅明，1996：1：218）。在这一背景中，艺术批评的任务就是将艺术作品的内容表述为哲学的象征。在这一点上，艺术与哲学的关系看似奠基于19世纪的理想主义或浪漫主义，在后者那里，仍然是认为艺术与哲学都揭示了一种超越特殊哲学质疑及任何艺术特殊形式的局限的理解状态。

19世纪30年代中后期，本雅明在其颇具影响力的论文《机械复制时代的艺术作品》中提出，艺术史已经被作为摄影、电影和广播的基础的技术发明所彻底改变。在本雅明看来，对机械复制的艺术手段的引进导致艺术"灵韵"（aura）的丧失以及大众艺术对其的取代。灵韵指的是在仪式中产生的美，附属于传统艺术。灵韵与对原作的直接理解相关。在机械复制时代，能够达及广大受众的大众艺术取代了像传统绘画这样富于灵韵的艺术。大众艺术因其多重的实例化可以被广大受众分享而有助于政治目的。与艺术的这一发展并行的是物质产品的现代工业流水线生产的生产能力的增长（卡罗尔，1998：119）。

本雅明的美学并未成功地将灵韵从艺术后续的发展中抹去。无论是摄影还是电影都继续展示着灵韵，将其作为连接艺术作品和观众体验的重要手段。另一方面，本雅明正确地预见了传媒艺术会在未来的艺术发展中越来越占据主要的位置。摄影就像电影一样，现在是一种完全确立的艺术形式。类似地，他的理论肯定了依赖于古老技术的原创艺术家的印刻，诸如石印、蚀刻及丝网版画。本雅明的大众艺术理论在现时代在解释由传媒驱动的艺术方面尤其具有影响力，在现时代中，摄影、电影、印制艺术衍生品、广播以及现在基于网络的艺术形式成为了艺术生产和消费的主角。

本雅明提出的理论在改变看待艺术的方式上具有哪些哲学意义？首先，本雅明支持允许"原创衍生品"的摄影和电影，从而质疑了作为唯一原创的艺术作品的观念。其次，本雅明对"灵韵"观念的挑战破除了一种由来已久的、关涉传统美学所认为的艺术鉴赏的核心经验。灵韵十分接近于关于美的经验的传统观念。此外，本雅明提到的大众艺术，通过对可为大众受众所分享的艺术衍生品的复制变得可能，这与作为个人的、沉思的经验形式的美学观念背道而驰。在大众艺术中，个人审美经验被一种分享经验所取代，后者可能既服务于审美目的也服务于政治目的。本雅明作为辩证唯物主义历史哲学的倡导者，将其艺术理论建筑在相应于工业社会生产力的复制之上。在这方面，他支持与大众社会的意识形态方面相一致的艺术理论（卡罗尔，998：118）。

莫里斯·梅洛－庞蒂

梅洛－庞蒂关于哲学和绘画的著述为法国作家近来关于本文主题的思想提供了基础。他的表述与他归之于笛卡尔的观点相反，后者认为，艺术家只能描绘存在着的事物，且一幅画作只能将事物自身提供给正常视觉的东西提交给心灵（梅洛－庞蒂，1993b）。笛卡尔的断言将绘画限制在将艺术作为再现的传统之内，而这是梅洛－庞蒂及其同时代人所反对的。[1]

梅洛－庞蒂的文章，包括他关于塞尚绘画方法的著名讨论——《塞尚的疑惑》（1993b），提供了一种对哲学家和艺术家各自作用的现象学解释。在他对塞尚的研究以及其他关于绘画的文章中，梅洛－庞蒂赋予绘画一个本体论地位，认为绘画的任务是为理解前理论经验中的现象形式提供一个意象的进路（1993a：132—135）。他认为哲学依靠语言和意见同样执行着这一任务。然而，梅洛－庞蒂没有赋予哲学和艺术同样的重要性。比如，他说道，"语言有一种重要的、哲学的、普遍的应用，它要求找回事物本来的面貌——然而绘画却将事物转变为绘画"（梅洛－庞蒂，1993c：117）。此为何意？为了寻找更充分的回答，我们必须参考梅洛－庞蒂的论文《塞尚的疑惑》。在这篇论文里，梅洛－庞蒂进一步反思了哲学家和艺术家的关系。他在这里明确了艺术家的任务不是模仿或再现。他将诸如"对象化、展现及吸引"等语词归于艺术表达行为。梅洛－庞蒂这样评论塞尚，"对于像塞尚这样的画家以及艺术家抑或哲学家而言，创造并表达观念是不够的。他们也必须唤醒一种能够使观念扎根于他人意识中的经验"（1993b：73）。

梅洛-庞蒂对绘画的再现方法的拒斥，反映了欧洲20世纪一战后二三十年代及美国四五十年代的绘画实践的一个转变，或者说，与之同时发生。这一转变首先发生在较早期的超现实艺术家中，比如安德烈·布勒东、安德烈·马松、胡安·米罗、萨尔瓦多·达利、马克斯·恩斯特以及勒内·马格里特，之后发生在工作在美国的抽象表现主义者中，比如威廉·德科宁、罗伯特·马瑟韦尔、杰克逊·波洛克、马克·罗斯科。超现实主义尽管服从于技巧上的许多变化，但仍然集中于创造性心灵的自然表达。超现实主义的发展有两个不同的方向，即自动主义与写实主义。二者都倾向于把反理性主义的无意识作为外在世界的意象来源。自动主义者（布勒东、马松）利用无意识通过自由形式进入意识的过程，关注对来自无意识的情感的表达，而写实主义者（达利、恩斯特以及马格里特）选择创作关于梦的世界的极细微的现实主义细节的意象，试图在梦的世界和关于对象及人的世界之间建立桥梁。

抽象表现主义者的意象同样拒斥传统的基于理性主义的现实主义，更倾向于对非理性的意识的探索。它同样利用了相对于外在世界的内在生命。因此，可辨的意象、文化符号以及对历史的借用在这些作品中占有较少的地位。取而代之的是，艺术家利用了媒介本身的主体性属性以及形式上的抽象属性，包括色彩、形状和线条等视觉元素，以及画布的二维平面性。另外，抽象表现主义者利用非西方文化及美国印第安文化的艺术来扩展他们处理具有不同文化表现的人类意识形式的范围。

吉勒·德勒兹

为了让本文的讨论更贴近当代艺术，现在让我们来考察吉勒·德勒兹关于哲学家和艺术家之间的界限的观点。德勒兹将自身定位为经验主义哲学家，既不属于当前哲学中占主导地位的现象学派也不属于分析学派。他将其哲学和艺术理论奠基于对哲学和艺术各自作用和相互关系的考察，并将其发现应用于关于电影、音乐、绘画的艺术及其他艺术的专门著述中。

首先考察一下德勒兹关于哲学家和艺术家的概论是不无用处的（德勒兹，1995：123—125；另见德勒兹和加塔利，1994：197）。正如在他之前的柏拉图和黑格尔，德勒兹针对哲学家和艺术家之间在概念和文化上的相互作用展开探究。在收于《哲学与权力的谈判：1972—1992》中的一篇关于哲学的文章中，德勒兹将哲学和艺术放置于与科学——而非宗教——相对的位置，而在黑格尔的三段式中艺术和哲学与宗教相配。德勒兹认为，哲学、艺术和科学这三门学科的每一门都表现了一种创造性的努力。并不存在像在黑格尔的艺术哲学中那样把某一门置于另外一门之上的优先顺序。每一门都按其可能性沿着不同的轨迹发展。哲学的目标是创造新概念。它的任务不是对其他事物的单纯的反思或沉思，而是与艺术和科学一起，作为一种创造性活动发挥作用。"哲学史并非一个特别具反思性的学科。它更像绘画中的肖像画。生产精神的、概念的肖像。"（德勒兹，1995：136）与哲学不同，艺术的目的是创造感觉集合体，以此作为思想的辅助工具。而科学的目标是创造功能。"伟大的艺术家同时也是伟大的思想家，但是他们用知觉和情感而非概念在思考：画家用线条和色彩思考，正如音乐家用声音思考，电影制作者用影像思考，作家用语词思考，等等。"（史密斯，2003：vi—ii）

尽管哲学和艺术具有不同的作用，但随着艺术和美学的发展，哲学和艺术可望进入共鸣和交流的关系。德勒兹极力表明，哲学作为一项创造性事业，其难度丝毫不亚于创造新的视觉或听觉艺术作品或创造新的科学功能。哲学家对艺术家创作的作品进行监督或反思，这不是个问题，反之亦然。哲学和艺术就像"不断交织的两个主旋律"（德勒兹，1995：125）。关键在于，哲学家和艺术家互为中介，在创造的过程中相互帮助表达自身。概念包含知觉（由感觉及其关系组成的包，其存在与是否被具体的个人所体验无关）和情感（超出自身经历的生成）。概念、知觉和情感这三者组成了不可分割的力量，在哲学和艺术之间往复（德勒兹，1995：137）。德勒兹将这些概念应用于电影、绘画、文学和音乐。艺术不是对形式的复制或虚构，而是对力量的体现，这一原则适用于所有艺术。因此，没有具象艺术（德勒兹，2003：56）。

德勒兹结合他对弗朗西斯·培根的绘画的理解，展开论述了其著述中关于美学的重要方面。德勒兹的想法似乎确实开始于绘画并兴起于在概念（哲学家的贡献）和情感（艺术家的贡献）之间建立起来的共鸣。这一结合的结果形成了德勒兹的著作《弗朗西斯·培根：感觉的逻辑》的基础。培根的绘画属于当代艺术最具影响力的作品，问世于艺术史中最令人关注的时期，在这个时期，一些理论家宣布了作为有意义的真理之声的艺术的终结。培根在他对新的绘画方式的追寻中，不去理会这些对他而言陈旧的再现和抽象理论。但是他并不放弃绘画。而德勒兹的研究提供了美学的一种新进路来支持培根的尝试。培根绘画中的人像摆脱了具象。也就是说，它们不是对绘画之外的世界中的人物或模特的复制。它们也不是理性构想出来的抽象的几何结构，而是产生于艺术家对绘画过程本身中的物质元素（色彩）的处理。就这方面而言，它们的目的是释放存在，或释放在再现之下起作用的力量。在艺术家处理身体的物质性和创作画作所需的材料时，正是感觉的力量赋予绘画以生命。

阿瑟·丹托

从20世纪60年代起至今，作品最直接地与艺术的发展相交叉的哲学家，可能就数美国哲学家阿瑟·丹托了。在他职业生涯的不同阶段，丹托曾做过视觉艺术家、美学家以及从1984年起在《国家》杂志从事艺术批评。作为艺术世界的圈内人，丹托通过他艺术家和批评家的角色，同时也作为艺术哲学家，在评论哲学与艺术的关系问题上处于一个独特的地位。类似地，他也熟知艺术在21世纪初的现状。他认为艺术的自我反思有助于对艺术概念的哲学理解。比如，他探讨了为什么两个看上去相同的对象（例如，沃霍尔的布里洛盒子与仓库里的一个布里洛包装盒）却只有一个能算作艺术作品的问题（丹托，1994a：12，13；另见丹托，2001：428）。它们之间的差别一定基于某种知觉观察以外的理由。我们需要一种艺术理论来区分这二者。

在1960年之前，丹托一直将艺术史理解为在一段特殊时期由相关发展组成的叙事，这个时期的艺术家的着眼点集中于模仿方面的进步演化或者用艺术形象来诠释世界。丹托认同现代主义批评家克莱门特·格林伯格的观点，即对于20世纪的艺术家而言，自我界定成为了"现代艺术的核心历史真理"（丹托，1994b：326；另见格林伯格，1960）。自从20世纪初马塞尔·杜尚用工业生产的小便器、铲雪锹和瓶架将其著名的现成作品引入艺术世界以来，事情尤其如此。在格林伯格看来，现代艺术由于聚焦于绘画本身的介质的反错觉平面性，因而在抽象中达到了顶峰。

在丹托看来，当安迪·沃霍尔在1964年将他的布里洛盒子作为艺术推出时，就艺术家而言的自我界定实践促使艺术史和哲学美学到达了顶峰。对艺术史而言，这意味着一种叙事本身的传统发展已经终结。至于美学，丹托将"布里洛盒子"解释为对艺术哲学的贡献，这似乎瓦解了之前人们所理解的哲学和艺术的区别。用丹托的话来说，"我的思想是，艺术以对其自身身份的哲学自我意识而告终"（1994b：326）。起初，丹托似乎在暗示，当艺术在现代艺术之后能够自我意识并反思自身意义时，艺术就转变为哲学。但是，他澄清说他并不是说艺术真正变成了哲学，而只是说，通过唤起人们注意从模仿到抽象以及概念艺术的转变，艺术成为了它自身的自反性理解的一部分。

丹托拒斥格林伯格对具体艺术媒介（比如绘画）的纯粹性的强调，以及抽象是艺术史中的必然终结阶段并会被多元主义所取代的观念。与此类似，丹托认为，艺术哲学应该在原则上能够适应任何的以及所有的发展。在丹托看来，传统阶段的艺术史随着现代主义在20世纪60年代的终结而告结束，艺术从此步入了后历史阶段。"我将后历史艺术看作在客观多元主义的条件下产生的艺术，我的意思是，不存在历史指定的艺术发展方向。"（丹托，1994b：328）另一方面，丹托并不相信所有对艺术的未来理解都源于艺术自身。毋宁说，他将这一任务返还给了哲学。"艺术并不像艺术史发展到了哲学层面那样变成了哲学。艺术创作将一直延续。但就自我理解而言，我不认为它能将我们带得更远。"（丹托，2001：428）也许，丹托将所有对艺术的未来理解都限制在哲学上的理由，就是丹托的这一断言，即在他看来，他延伸到艺术上的多元主义并不适用于哲学。然而，如果我们考虑到哲学同样也表现为不同的形式：仅提及几个西方变体，如唯心主义、实在论、经验主义、实用主义、现象学以及分析哲学，那么事实上，哲学中的确同样存在着多元主义。另外，艺术本身为什么不能在未来继续揭示对自身的进一步理解并对人类存在及文化的其他方面有所启迪，也是含糊的。尽管丹托没有给我们关于所有这些问题的答案，但是他关于哲学和艺术各自作用及协作作用的观点超出了之前的大多数美学家。他关于艺术终结的反思——最初归因于阅读黑格尔的《美学》——原来并非指艺术的终结。确切地说，指的是关于艺术史的一种特定叙事的终结。这意味着，艺术家以及他们在其中运作的文化，可以自由地实践并且支持任何形式的艺术，其中包括新达达主义的再度出现、新超现实主义、新表现主义、抽象派、具象派、新波普艺术、传媒艺术以及无论什么在未来可能出现的创新。正如我们看到的，丹托在艺术方面对多元主义的承认随着艺术迈进21世纪最终证明是正确的。

丹托对艺术与哲学关系的重构所面临的主要问题是双重的：首先，在后历史时代的彻底多元主义的年代,如何将艺术与非艺术区分开来;其次,怎样创制一种能够解释过去、现在和未来的一切艺术的哲学艺术理论。乍一看——丹托有时似乎是在调侃——根据无限制的多元主义,任何事物都可以被看作艺术。但是,即便是回过头来看是一件艺术作品的沃霍尔的"布里洛盒子"和不是艺术作品的布里洛包装盒,也需要一个不同的答案。关于第二个问题,丹托在寻找黑格尔绝对精神的对等物——这是导致艺术史发生变化的基础——时似乎公然作为本质主义者而出现。一种如此重大的理论可能在区分艺术与非艺术时也发挥着关键作用。

丹托的这一部分研究导致他提出了一种深层解释理论,这将至少能在理论上判定发生在一种风格多变的现象学之下的艺术创作的不可通约性。正是在深层解释层面,人们才有可能分辨什么可以以及什么不可以被评价为艺术。在这点上,丹托的观点似乎需要对艺术的普遍理解的可能性,这种理解不会遭受历史的颠覆,而是对艺术的未来状况的开放。理论性的答案必须由哲学而非艺术史给出(丹托,2007:121—129,尤见126—129)。显而易见,艺术世界的宣言并不足以告诉我们什么是或什么不是艺术。艺术史时代的先例也未必能够彻底认可未来艺术家的新创作。也许,艺术的共性正是通过对于多种多样、无所不包的具体艺术作品的密切并全面的不断关注,才得以继续显示自身。某些情况下,这一共性可能会引发一个我们认作美的回应。其他情况下,也即在似乎不存在美学特征或者美学特征不那么重要的情况下,这种回应就可能是某种更接近于哲学理解的东西。有时,艺术——如果是以难以言喻的方式——提供给我们的体验也许只不过是一次单纯打动我们并丰富了我们的体验的精神爆发。无论这一回应是以感觉经验(亚历山大·鲍姆加登)还是以知性快乐(伊曼纽尔·康德)的方式给予我们,它都是由相关艺术作品所提供的体验来决定的。

二、非哲学因素与艺术和美学的发展

本文接下来将考察影响着当今艺术不断变化的多样状况的非哲学因素。主要任务是确认所选取的影响着艺术实践的变化的关键文化因素,进而引向当今艺术。这些因素只是今天出现的影响美学未来的某些因素,但不是唯一。[2]这一部分将以当代艺术的目标结束。

哲学与艺术：美学的景观变化

格特鲁德·斯泰因在1938年关于毕加索的文章中，记载了在20世纪初首次面对毕加索作品时对于这位艺术家的感受。在那个时代，即便是现代画家也仍将其工作奠基在再现之上，并且，经常以其所处的环境为参照。她发现，"画家总是喜欢马戏团，即使现在的马戏团被电影院和夜晚酒吧所替代，他们也愿意去回忆马戏团的小丑和杂技演员"（斯泰因，1979：13）。毕加索，与其同时代的其他艺术家一样要依靠梅德拉诺马戏团，在那里，他们可以与小丑、杂耍演员、马匹及驯马师密切接触。

斯泰因这样描述她与兄弟利奥第一次见到的毕加索的画作："这幅作品绘制于哈乐根时期的伟大时刻，充满优雅、精致和魅力。"（1970：13）斯泰因用于描述毕加索《花篮女人》（1905）的语言使用了诸如优雅、精致和魅力这样的词，这种语言在毕加索的风格走入1909年的立体主义时期后，立刻不再适用。在毕加索立体主义绘画中，线条更为有力，色彩更为生动，形象也从以观察为基础的再现转变为一种或多或少的纯粹心灵构建，正如毕加索在1932年绘制的《静物与郁金香》之中体现的一样。很难预见毕加索已被视为现代艺术的早期作品与毕加索创新转变之后的作品之间的变化。这些变化反映了20世纪初以来文化的不断变化。比如，眼见为实的真理以及基于这一信念的科学都失去了意义；因此，不再像19世纪所预设的，必须要有一个模型以供绘画。与此类似，对于存在于一副画框中的图画的需求也终结了。

这些变化的原因是什么？是因为人的改变吗？当格特鲁德·斯泰因指出人们并非真的随着代际的更迭而改变，她也许是对的。就我们所知的最为久远的历史来看，人类与其先人大体相同；他们有相同的需求、相同的欲望、相同的美德以及相同的品质和弱点。斯泰因认为，除了所见的事物，一代与一代之间的确没发生什么改变。变化了的是"观看和被观看的方式"。因此，艺术中的改变反映了每一代人生活方式、受教育方式以及他们活动方式的变化（斯泰因，1970：17，18）。

20世纪是以艺术观念的大爆炸开始的。首先，这些发展是围绕着三种不同活动形成的：发明了操纵实物的新方式，引入了概念化艺术替代了以绘画、雕塑或其他实物为基础的艺术，以及可为艺术家利用的先进的传媒艺术技术。比如，在绘画中操纵实物的新方式带来了绘画风格的激增，从未来主义到立体主义到达达主义、超现实主义、抽象表达主义，再到沃霍尔的波普艺术，并在今日还在继续。并不是所有东西都在改变。纵观绘画风格的演进，毕竟艺术家们没有放弃这样的概念，即绘画是一种二维对象，包含画布、画板或某些其他可以作画的预制平面。确实，绘画对象在材料、技术、形式以及内容方面与传统方式相比发生了彻底的改变。但归根结底，绘画保持了作为一个二维平面的物质性，其主要特征源于为了创作一幅再现的或抽象的图像而对色彩、形状和线条的技艺纯熟的操纵。1917年在纽约推出作品《泉》的杜尚，以及主要在欧洲和美国的达达艺术家们通过将关注点转移到概念艺术——在概念艺术中，观念成为了艺术的核心元素——而彻底改变了艺术对象的观念。对于以概念为基础的艺术的吸纳在当代艺术中仍是一个重要元素。

不久之后，绘画及其他传统人工制品转向了上文提到的传媒艺术。正如之前提及的，本雅明试图借助对艺术作品的去神秘化以及用可以通过大众传播技术获取的艺术来取代作为个人沉思作品焦点的灵韵，将艺术对象从传统创作手段中解放出来。本雅明在20世纪30年代的著述中展望了在新技术传播媒体中的艺术的未来。摄影、电影和广播已然启动，电视正在发展。但是即便是本雅明也难以想象产生了如今的网络艺术世界的视频、电脑、互联网以及数码技术所带来的可能性。

这些转变同时影响了艺术生产与消费。艺术生产发生了转变，不再是那种仅需个体艺术家掌握对颜料、画笔和画布的使用的相对单纯的模式。而媒体艺术家需要诸如照相机、胶片和碟片这样的技术手段的支持，以及摄影作品和电影生产手段、电影院、电脑及数码图像的支持，还有一个精锐的制作团队的支持。现在的制作需要艺术家们的合作，需要他们在装置设计、表演和演奏、编辑、传输上的一系列技能以及生产这些作品所必需的工作室空间。接下来在20世纪后期出现了包括抽象表达主义、波普艺术、极简主义和色面派在内的接二连三的艺术运动。后现代主义带来了作为行为艺术的复兴的装置艺术以及大批对于艺术多元主义的其他贡献。

处于今日艺术最前沿的是一场称作参与艺术的运动。这一运动扩展了20世纪50年代阿兰·卡普罗及其他"垮掉的一代"引入的偶发艺术概念。参与艺术摒弃了诸如绘画和雕塑这样的传统艺术的对象。取而代之的是为艺术家和参与者提供了个人体验的直接参与（波利亚克，2011：85—87）。[3]这一运动在一定程度上是对包括互联网、电视和电影在内的二维媒体世界的反动。

参与艺术也是对以消费者为基础的文化的反动。对于艺术家而言，这也是一种针对诸如博物馆和画廊等文化机构的批评形式。这个运动已经从诸如尼古拉·布里奥《关系美学》以及克莱尔·毕晓普的《参与》这样的理论著作中获得了认可（布里奥，2002；毕晓普，2006）。博物馆也不甘落后，像芝加哥的当代艺术博物馆和旧金山艺术博物馆以及其他博物馆都举办了这种新艺术形式的展览。当今的艺术家在他们踏入与科学家的合作并为了寻找艺术表达的新源泉而重新审视日常生活的同时，继续扩展着他们的运作领域。

影响当代艺术实践的问题

现在我们转向当代艺术领域，哪些主要的文化发展影响着当今艺术家看待并创作艺术的方式？这其中包括全球化、艺术市场、新兴的民族多样性、社会变迁问题、通俗文化以及先锋派在当代艺术中的延续。这些主要力量中的每一项都对当代艺术具有重要影响。

全 球 化

全球艺术（global art）包含通过文化交流或商业参与国际艺术世界的各种类型的艺术，比如绘画、雕塑、摄影、电影、视频艺术、数码互联网艺术以及概念艺术、装置艺术和行为艺术。当代艺术世界中的全球化，从广义上理解，是伴随世界贸易、文化交流、环球旅行的增长以及交通运输能力的提升，伴随后殖民时代本土文化的再度觉醒和对不被排斥的要求而发生的。尽管全球化并不是历史的新发展，但是这个词在1980年以前的学术文献或日常用语中极少使用。

然而，显而易见的是，当代全球艺术向国际艺术市场注入了新的生命并扩大了艺术家和文化机构在世界范围创新性合作的机会。从积极的方面看，全球艺术增进了观念和艺术的跨文化流动，并且促使不同文化的民族之间为了相互理解而通力合作。它通过观念、视觉形式和材料赋予艺术家个人更大的创作资源，而不考虑他们具体的文化或地理起源。这意味着，艺术家们可以利用一种关于艺术资源的不断演进的通用词汇以及与其他文化的艺术家的显著增多的合作机会。那么，艺术家们在他们的创作事业中可以利用他们自己文化中积淀的传统，还可以利用其他文化的创新。

至于当今的艺术实践，全球化的实质与后现代主义不无关联。弗雷德里克·詹明信在其《后现代主义或晚期资本主义的文化逻辑》一书中，将后现代主义确认为第一个产生于美国（之前的所有范式都产生于欧洲）的文化范式（詹明信，1998：54; 另见埃里亚韦茨，2004）。后现代主义承认，全球市场和全球生产循环连同其明显的视觉特点所带来的商品化是当代艺术的驱动力。新的全球帝国具有多个地理中心，而不是只具有像巴黎或纽约那样的一个中心，并且不以民族主义为基础。无论是语言，抑或历史、传统和民族主义都不能代表主导力量。艺术家本身在其身份不依赖于特定的地点或文化的意义上往往在地理上被边缘化。来自北京、德黑兰和圣保罗的艺术家在伦敦或纽约得以展示的机会与在任何其他中心一样。因此，英国艺术展或者仅关注美国艺术家的惠特尼美术馆双年展这样的观念再不能根据国界来想象。

当代的全球艺术机构包括双年展、艺术展览、画廊、拍卖行（比如苏富比和佳士得）以及博物馆。在这个环境中，焦点落于艺术家的作品制作，这种制作意在通过美学的或概念的理解对文化做出贡献，并被认为具有艺术价值。它并不包含纯粹为了个人表达的业余艺术家的作品或纯粹为商业目的制作的艺术。

在某些文化中，艺术制作有许多层次：获得政府资助的艺术家、加入地区及国家艺术协会的艺术家、艺术学院及大学艺术系成员以及自由职业艺术家。在当代国际艺术世界中表现最为突出的是自由职业艺术家，因为他们的作品最有可能具有持久的名望而吸引博物馆和其他文化机构的兴趣。从长远来看，这种艺术对于艺术市场也是最具吸引力的，即使不是即刻的。这些国际艺术家通常在多重地点工作。比如，中国当代艺术家徐冰在纽约和北京工作，谷文达在纽约，印度艺术家安尼什·卡普尔在伦敦工作。

当代全球艺术世界的一个十分引人注目的方面是艺术双年展，目前全世界大约有60多个。双年展是一项重大的国际和非商业性展览，每两年在一个重要城市举办，对崭露头角的当代艺术家的作品进行展示。艺术家受组织机构邀请得以展示而非出售他们的作品。一次双年展，比如威尼斯双年展，一般都有一个主题，并且可能以主办国的艺术家为焦点。

虽然巡回双年展有助于全球化过程，但它也对全球艺术的游牧性质的发展负有责任。双年展艺术家往往从一个城市迁至另一个城市，从而在主办城市指派的国际策展人的引导下展示他们的作品。策展人可能最初从事博物馆展品收集和展览工作，或是艺术批评家，也会沿循这条由巡回双年展不断变换的地理位置所开创的游牧路线。类似地，巡回双年展的瞬变特征对艺术家将偏爱的艺术媒体从绘画和雕塑转变到摄影、视频艺术和数码艺术也有影响。从实践的角度看，这些传媒艺术比绘画和雕塑更为便携且更不易在运输中被损坏。

全球艺术使关于当代艺术和艺术机构的讨论更进一步地超越了关于艺术的后殖民话语。正如汉斯·贝尔廷指出的，艺术的全球化造成了"将文化用作他性的标识和防卫的攻击性地方主义与无视地理、历史和认同诉求的跨国艺术"（贝尔廷，2007）这两种力量之间的张力。随着后者对普遍性的要求以及前者对传统的坚持，或者说设法支持根植于本地或民族传统的全球艺术，世界范围的艺术的未来仍将处于转变之中。因此，我们不可能在现在预言全球艺术的未来。

相应地，对于全球艺术的推动引发了复杂的文化和心理问题。共享相同视觉环境和具体艺术实践的所有权的人们是否适应艺术中导致对本地文化的背弃的彻底变革，还要拭目以待。尽管现代艺术的作品已经问世了一个世纪，许多人仍难于适应。来自当前神经科学研究的证据表明，持续经受某些形式的视觉条件作用可能导致认知方式的转变，这支持了本地艺术实践在艺术制作和艺术鉴赏方面发生改变的可能性（埃尔金斯，2007：96—105）。然而，包括经济及政治利益的压力在内的其他因素也会影响人们对艺术实践的接受。无论如何，由于艺术中当地与全球的利益冲突而造成的持续张力将在塑造全球艺术的未来方面发挥重要作用。

艺术市场

与全球化紧密相关的是国际艺术市场。展销艺术品的国际艺术博览会同样代表了国际艺术的一个重要手段。香港巴塞尔艺术展、荷兰的马斯特里赫特艺术博览会、迈阿密海滩巴塞尔艺术展、芝加哥艺术博览会、迪拜艺术博览会、伦敦的弗里兹艺术博览会、马德里当代艺术博览会、上海国际当代艺术展以及首尔的韩国国际艺术博览会，是全球艺术市场转让的主要载体。艺术品经销商、收藏者和博物馆代表时常出入这些博览会来为各自的艺术企业挑选艺术作品。事实上，国际艺术博览会为全球艺术赞助人提供了观念交流和社会化的机会，并提供了一个交易平台。正如艺术的全球化，艺术博览会的参与者们的思维模式也是全球化的。

遍布世界几乎所有大都市的私人画廊和艺术品拍卖行同样有助于艺术的

全球化。比如，在北京的798艺术园区，你不仅会看到中国艺术家的作品，也会看到来自美国、欧洲和世界其他地方的艺术家的作品。纽约的切尔希艺术区和巴黎、柏林、伦敦及东京的相似场所，定期提供来自中国、印度、日本和世界其他地区的艺术品。

像佳士得和苏富比这样的国际拍卖行对于全球艺术的市场销售体系同样重要。这些主要的拍卖行总部设在伦敦和纽约，在全球各大城市设立代表处。比如，佳士得在30个国家都设立了代表处并定期在许多城市——包括北京、迪拜、莫斯科和孟买以及纽约、伦敦及其他欧亚城市——举办艺术品拍卖。苏富比在包括布宜诺斯艾利斯、加拉加斯和里约热内卢的美洲以及通过设在亚洲、欧洲的代表处提供拍卖服务。由于画廊和拍卖系统与许多艺术博览会和双年展一样并不局限于当代艺术，它们通常为全球领域内更广泛的艺术活动提供了一种重要的媒介。正如彭博网站在2009年12月所报导的，世界范围的拍卖业绩在2003年至2007年间增长了八倍。由于艺术市场对总体经济的依赖，在2008年至2010年间，销售量有季节性下跌。然而，名作的艺术市场价格在2013年又再度上扬。当代艺术拍卖日益增强的主导地位进一步证明了全球艺术的影响。

正在兴起的多文化（民族）影响

代表了不同民族文化的艺术家们在遍布全世界的多元社会中运作，越来越有助于当代艺术的形成。比如，在美国，有不同的民族起源、讲不同的语言、信仰不同的宗教的人有数百万之多，这个数字还在不断增长。解决文化差异的可能性不断挑战着艺术家及公众。正如历史学家阿瑟·小施莱辛格在意识形态冲突缓和的1991年向总统艺术与人文委员会所做的演讲中所提醒的，"人类……重新步入了一个充满民族和种族仇恨的可能更为危险的时代，因为更为快捷的交通运输模式以及为了在别处寻找更好生活的梦想而逃离专制统治激发了这种仇恨"（施莱辛格，1991：1）。施莱辛格关于民族融合将在21世纪成为重要问题的告诫，在包括欧美部分地区在内的许多地方都成为了现实。18世纪的法裔美国人赫托尔·圣约翰·德克雷夫科尔在其《来自一个美国农民的书信》中所表达的对于来自不同背景的人们放弃民族差异而支持一种新的国家认同这样一种社会的愿望，尚未完全实现。相反，20世纪晚期显示出，美国社会正在被日益增长的要求所挑战，即要求承认拉丁裔美国人、西班牙裔美国人、非洲裔美国人、亚裔美国人、伊斯兰裔美国人以及美国印第安人的文化差异。这些发展向艺术家同时提供了挑战和机遇。比如，对于在美国工作的艺术家的一个结果是，博物馆展览中的艺术制作和再现的多样性不断增长。对于博物馆及其他艺术组织来讲，如何在艺术制作及展示上表现多样性仍是一组处于考察中的问题。

社会/政治状况

在美国及世界其他地区工作的艺术家越来越关注对社会状况的反思。对于环境、安全、性别及种族认同、排外性、侵犯自由、反对战争以及对倡导和平的关注在艺术家的作品中正变得日益突出。仅举几个例子就足以说明这一点。

随着印度从后殖民发展阶段发展为一个独立民族国家，对艺术作为社会变革的手段进行反思的艺术家们的焦点从民族主义转向与阶级、种姓和性别有关的、更为具体的碎片化的问题。20世纪90年代及之后的艺术家们越来越在绘画、雕塑以及行为和媒体艺术中采用再现手段来解决这些问题。比如，画家苏伦德兰·纳迪尔（生于1956年）在其文化符号作品中使用甘地的躯体来创作带有社会寓意的艺术。

在南非，威利·贝斯特尔（生于1956年）用部分由从垃圾站收集的材料加以转化而构建的图像来评论种族隔离制度和后种族隔离制度的社团利益问题。这些问题包括一贯的种族态度、社会暴力和缺乏自由，以及真相与和解委员会和命令人们按肤色划区隔离的集团地区法的失败。贝斯特尔的纪念碑式雕塑《安全警卫》象征着南非的缺乏自由（佩雷斯-维加，2009）。

墨西哥行为艺术家和作家吉列尔莫·戈麦斯-培尼亚（生于1955年）超越了20世纪初的墨西哥壁画家的社会抵抗绘画，从墨西哥-拉丁美洲-美国边界文化问题的角度，探索了诸如文化认同、文化多样性及性别等问题。他的作品的焦点落于诸如移民、跨文化和杂交认同，以及棕色身体政治等论题，尤其关注不同文化和种族之间的冲突和误解。他几乎用尽全部的当代媒介来探索这些论题，包括"行为艺术、装置、实验广播、视频、摄影及装置艺术"以及实验性诗歌和写作。

通俗文化（广告、时装、好莱坞电影、电视娱乐节目、涂鸦艺术和连环漫画）

自 20 世纪 60 年代波普艺术兴起并持续超越后现代时代以来，艺术和通俗文化之间的界限越来越含糊。事实上，通俗文化是一个在美学方面有争议的概念。尽管波普艺术并非通俗文化，它还是利用了某些同样的意象。通俗文化一般与通俗、搞笑、日历艺术、真人秀、肥皂剧及其他形式的消遣艺术相关，而后者与意在培养思想、情感及社会评论的艺术相比较时被认为缺乏实质内容。然而，随着人们思想更为开放，或者说更少需要知性内容及艺术形式，这一界限变得越来越含糊。当艺术家经常性地利用基于商品的商业世界——充斥着广告、时尚、好莱坞电影、娱乐电视节目以及街头涂鸦艺术和连环漫画——的意象与概念时，将艺术和通俗文化截然分开变得越发困难。在某些情况下，在艺术中被挪用的通俗文化的意象或对象在视觉上与其非艺术的来源无法分辨。这一发展的一个后果是如何区分艺术与非艺术的问题再度出现。

虚拟现实：由网络空间探索产生的仿真

静止的照相机、录像机和电脑是将视觉艺术家从画笔和画布的局限中解放出来的第一批工具。这些由信息和通信技术带来的革命可能性，极大地改变了艺术家创作创新作品的可能性。技术带来的最新贡献是虚拟现实。1992 年，伊利诺伊大学的虚拟现实艺术家创作了一个虚拟环境原型，预示了对这一媒介的艺术运用的潜力（拉什，2006）。虚拟现实给予艺术家以新的资源，因为它产生的计算机模拟环境可以模拟现实世界或想象世界中的真实物理存在。

总的来说，虚拟现实引入了无限可能性，这甚至威胁到取代我们在人类以往历史中赖以建构我们生活的时空现实。这些新的可能性格外吸引最敢于冒险并富于想象的当今的艺术家们，因为正像德国哲学家约斯·德米尔所指出的，驱动他们的是，"不那么在乎现实是什么的问题，而是现实能成为什么的问题"（2010：255）。

当代艺术实践中的先锋派

先锋派运动在整个 20 世纪及之后的时期一直扮演着新艺术源泉的角色。即兴创作是先锋派艺术的核心实践。即兴创作取代了艺术制作的等级体制。它带来了集体参与的艺术实践并利用了开放形式概念。开放形式为既有艺术结构局限下的重复提供了另一种选择。一旦采用了开放形式，创作过程本身往往保持着一种流动状态，从而最终形成最后的艺术产品。这一开放形式的概念不仅包含艺术家的变化，也包含受众的变化。受众在先锋派作品中看到的往往只是一个观念的众多可能的现实化中的一个。艺术过程会导致受众的主动参与。即兴创作为什么对艺术如此重要？首先，即兴创作是抑制历史意识的一种手段。而抑制历史意识是打破在艺术实践中现存惯例与新发展之间的因果链条所必需的。即兴创作带来的是希望，即人们会发现某些在体系化的先入为主的过程中找不到的东西。因此，即兴创作是一种确保包括新范式在内的新鲜材料源源不断地涌现的手段。

也许，在20世纪晚期的当代艺术创新中，最为清晰的例证要数行为艺术。这种艺术形式在20世纪80年代至20世纪末这段时期格外重要，并在当代艺术实践中仍占一席之地。行为艺术是反戏剧的，因为它无视传统戏剧的规矩。相反，行为艺术由实验的现场艺术活动构成，这些活动不是戏剧，尽管它们可能包含讲话和肢体动作。日常生活中的动作取代了程式化的表演技巧。一件行为艺术作品除了艺术家的独特选择之外再无规则。它包含绘画、音乐、短片，或者仅仅是日常行为和言谈。行为艺术蔑视商业市场，因为它的作品不为销售。它们甚至往往不被重复。这些运动在20世纪20年代的达达主义表演以及在黑山学院艺术家中心的艺术生活中就有先例。行为艺术在达达主义的意义上是反艺术的。它意图质疑艺术和美学的界限（戈尔德贝格，2010；另见卡特，1992—1993）。

行为艺术总难于符合传统美学家在艺术观点上的期望，也就不足为奇了。1980年，笔者邀请比利时艺术家让·法布尔在美国美学学会的年会上展示一场行为艺术作品。法布尔表演了他的独角作品《艺术之后》。这个作品中表演的动作包括脱衣服、将蓝色李维斯街头服饰换成白色的，用警察标识尸体位置的方式画出轮廓，切破手指并将血与水混合（盛在杯里提供给一位观众），用剃须膏覆盖面部和头发，用剃须膏在镜子上写上"聪明（smart）"。接下来，艺术家反复照镜子，让镜子照到他自己的形象并对着镜子刮胡子、洗脚、踱步并做出各种姿势，包括丑角的姿势。艺术家在表演的间歇在镜前沉思，每次沉思过后，他都用教官的口气大声喊出连续的数字："一""二"，一直喊到十三。45分钟的表演让作为观众的美国美学学会成员困惑并愤慨。其中就有著名的美学家门罗·比尔兹利，他在激动之中宣称这一事件与艺术没有任何关系。[4]

当代艺术的目标

每一位艺术家都可能考虑提出的问题是：我为什么做这个？它的更大目标是什么？在某种程度上，艺术家会认为仅仅在个人层面上回答这些问题就足够了。或者，艺术家发现，创作艺术的过程有其自身固有的报偿。然而，如果艺术家想要超越个人的愉悦和满足，其他考虑可能适用。艺术市场为获得商业成功提供了可能性。美国及其他地方的艺术品经销商真的是在艺术院校中苦心挖掘，希望能找到下一个安迪·沃霍尔或凯斯·哈林。《纽约时报》2006年5月15日的一篇文章报导称，人们看到纽约一位著名的画廊总监，在一名风险投资家的陪同下，考察哥伦比亚大学和耶鲁大学的艺术系，来物色新的艺术天才（沃格尔，2006；另见克劳，2006）。关于这种做法对年轻艺术家的未来的长远影响，存在着大量争论。

艺术家的另一个选择是，避免单纯为个人满足和经济利益而寻求创作艺术对象，考虑为了更大的社会益处而创作艺术。在某些社会中，艺术家的制作被用来传达社会或意识形态信息。在另一些社会中，艺术家可以选择成为社会及政治变革的声音。下面举的例子尤其值得关注，在诸如斯洛文尼亚这样的东欧后社会主义和共产党国家，随着斯洛文尼亚脱离南斯拉夫，艺术家成功地推进了社会的民主进程，塑造了国家的未来（埃里亚韦茨，2003）。上文引用关于艺术家当前工作的例证说明，艺术家如今越来越关注努力影响社会的变革。

笔者宁愿冒听上去有过于理想主义之嫌而提出这样的观点，即艺术为在服务人类方面发挥更大的作用提供了巨大的可能性。任何一个想在艺术史中名垂青史的艺术家都要受到这样的挑战，即超越仅仅为满足自己对艺术制作过程中的愉悦的痴迷或沉溺而去制作艺术对象的诱惑。超越这些诱惑并获得艺术的伟大需要些什么？笔者在此处想向当今的艺术家建议两个目标：第一个是将艺术看作产生给人以启迪的（即在更为宽泛的意义上的教育）知识和理解的一种手段。第二个是将艺术看作目标在于解放或社会变革的社会活动的一种形式来从事艺术活动。要实现这些目标，利用包含人类艺术潜能的观点的——基于"激情与智能和艺术天赋的融合"——乌托邦式主题是不无裨益的（贝尔，1962：405）。艺术作为产生知识和理解的一种手段，将艺术家拉进了由哲学、科学和技术带来的观念领域。与社会变革相关联的艺术赋予艺术家以塑造社会价值观的角色，并投入追求社会正义的民主活动。

三、结 论

诸如本雅明、梅洛-庞蒂、德勒兹和丹托这样的哲学家会一致认为，艺术和哲学以重要的方式交叉左右了我们近来对美学和艺术的理解的方向。它们不同的方法论涉及过去的一个世纪以来出现的多种多样的艺术制作路径。驱使本文提及的哲学家们做出其选择的，主要是他们公开尝试直接探讨哲学和艺术的关系，以及对现当代艺术的某些主要方向的见识。这当然并不意味着其他人忽视了这样的关注。然而，这些哲学家从西方欧陆哲学和分析哲学思想的代表性主要流派来探索美学，从不同的视角展示了对哲学与艺术关系的多种关注。东方、非洲以及世界其他地方的哲学家在这一主题上有其自己的视角。

那么，主要的问题就是，文章第二部分提到的这些新发展对于美学的未来的意义是什么？这些发展使我们超越了第一部分考察的哲学美学和艺术的现存关系。一个选择是，在美学的发展中，如果有的话，仅仅像过去一样依靠更为传统的艺术形式继续搞美学。一个更好的选择是——这也是我所赞同的，严肃对待这样一种需求，即基于艺术中的新发展而对哲学美学不断修改。比如，本文提及的发展是如何影响我们对艺术定义的探索的？这些发展无疑支持一种对艺术概念的开放而非封闭的理解。在艺术的这些新形式中，有一些似乎并不依赖于传统的美学特征，比如美。相反，它们指向了其他经验，比如参与艺术指向了出于社会化的目的运用艺术。艺术中的全球化和民族多样化引发了对经济考虑的作用以及对艺术和文化认同的关系的探讨。比如，在阐述有关艺术及其社会作用的当代思想时考察艺术市场的作用能得知什么值得美学关注的东西？一位丹麦画廊主、一位艺术家以及一位法国经济学家近期的一项工程要"创造一个能反映世界上一万名艺术家的状况的艺术作品"，这说明在美学讨论中进行出于市场考虑的更紧密合作在当前是可能的（邦斯多夫，2010：60）。[5] 或者，虚拟现实是如何改变我们探索艺术媒体问题和艺术与艺术之外的世界的关系问题的方式？在我看来，通过认真考察艺术中的新发展并在美学中打造类似的新发展，我们可以在理解上收获极大的丰富性，更不用说美学的持续相关性。考虑到这些因素，美学的视野显然需要超越哲学,并对艺术所受到的各种影响所产生的见识保持开放,因为美学表达了任何对艺术的未来理解。有没有关于这些发展的指导原则呢?上文提到的艺术家的两个目标对美学家的工作同样适用。在这方面,美学家同样将艺术视作产生知识和理解的一种手段,并且/或者视作影响社会变革的一种手段,他们将在艺术家中找到积极自愿的搭档,这些艺术家会不间断地在他们的工作中探索新的领域。

Curtis L. CARTER:
PHILOSOPHY AND ART: CHANGING LANDSCAPES FOR AESTHETICS
(*DIOGENES*, No. 233-234, 2012)

注：

[1] 可能将梅洛－庞蒂的前理论理解的观念与雷诺·巴尔巴拉关于本性的理解相联系会有所助益。巴尔巴拉认为，本性是意义的自动生产，即本性的意义并不是由思想设定的。因此，可能正是在人的本性中，艺术家找到了在艺术中得到表达的东西。参见巴尔巴拉（2001）。

[2] 考虑到笔者在准备这篇论文时的时间空间上的局限，大量其他有关因素，诸如对艺术有影响的女性主义和性别问题，在此不能一一论及。类似地，目前关于这个论题的探讨同样未论及东方/西方美学的重要发展，这些我在别处有所论述。比如，参见卡特（2011）。

[3] 波利亚克（2011）调查了一项称作参与艺术的新运动的新近发展。亦参见旧金山现代艺术博物馆的展览，"参与的艺术"（2008—2009）。

[4] 1980年10月，让·法布尔的表演《艺术之后》在美国马凯特大学赫尔法尔剧院举办的美国美学学会年会上上演。这是出席活动的大多数人观看的第一个行为艺术作品。法布尔的工作包括行为艺术、大尺度先锋戏剧、视觉艺术及电影。

[5] 结果是3D摄影作品《云》，它"使用了艺术品数据库的数据比较了私人画廊和公共画廊展览的数字"，这些数字关涉场地威望以及与商业和体制成功及民族和性别表现相关的其他因素。等式中缺少的是美学家的观点。

参考文献：

巴尔巴拉，R., Barbaras, R. (2001) "Merleau-Ponty and Nature", *Research in Phenomenology*, 31 (1): 22—38。

贝尔，D., Bell, D. (1962) *The End of Ideology*, New York: Collier Books。

贝尔廷，H., Belting, H. (2007) "Preface to Conference Program", *The Interplay of Art and Globalization: Consequences for Museums*, Vienna, January 25-27, Vienna: Research Center for Cultural Studies。

本雅明，W. S. B., Benjamin, W. S. B. (1996) "The Theory of Criticism", 收入 M. 布尔科克和 M. 詹宁斯（主编），in M. Bullcok and M. Jennings (eds), *Walter Benjamin: Selected Writings, I*, 1913—1926: 217—219, Cambridge, MA: Harvard UP。

本雅明，W. S. B., Benjamin, W. S. B. (2003) "The Work of Art in the Age of Reproducibility", 收入 M. 布尔科克和 M. 詹宁斯（主编），in M. Bullcok and M. Jennings (eds), *Walter Benjamin: Selected Writings, IV*, 1938-1940, pp. 251—284, Cambridge, MA: Harvard UP。

毕晓普，C.（主编），Bishop, C. (ed.) (2006) *Participation*, Cambridge, MA: MIT Press。

邦斯多夫，C., Bonsdorf, C. (2010) "Dots Joined", *The Art Newspaper*, 217, October: 60。

布里奥，N., Bourriaud, N. (2002) *Relational Aesthetics*, trans. S. Pleasance and F. Woods, with the participation of M. Copel and Dijon: Les Presses du réel。

卡罗尔，N., Carroll, N. (1998) *A Philosophy of Mass Art*, Oxford: Clarendon Press。

卡特，C. L., Carter, C. L. (1992—1993) "Beyond Performance: Re Jan Fabre", 收入 J. 法布尔，in *Jan Fabre: Texts on His Theater-Work*, pp. 13—26, Brussels: Theater Am Turm。

卡特，C. L., Carter, C. L. (2011) "The Avant-Garde in Twentieth Century Chinese Art", 收入 M. 怀斯曼和 Y. 刘（主编），in M. Wiseman and Y. Liu (eds), *Subversive Strategies in Chinese Contemporary Art: Western, Criticism and Chinese Aesthetics Art*, pp. 295—321, Leiden: Brill。

克劳，K., Crow, K. (2006) "The (23-Year-) Old Masters", *The Wall Street Journal*, April 14: W1。

丹托，A. C., Danto, A.C. (1994a) "Introduction: Philosophy and the Criticism of Art", in *Embodied Meanings: Critical Essays and Aesthetic Meditations*, pp. 3—14, New York: Farrar Straus Giroux。

丹托，A. C., Danto, A. C. (1994b) "Art after the End of Art", in *Embodied Meanings: Critical Essays and Aesthetic Meditations*, pp. 321—333, New York: Farrar Straus Giroux。

丹托，A. C., Danto, A. C. (2001) "The Work of Art and the Historical Future", in *The Madonna of the Future: Essays in a Pluralistic Art World*, pp. 416—443, Berkeley: University of California

Press。

丹托, A. C., Danto, A. C. (2007) "Embodied Meanings, Isotypes and Aesthetical Ideas", 收入 S. 费欣(主编), in S. Feagin (ed.), *Global Theories of the Arts and Aesthetics*, pp. 121—129, Oxford: Blackwell。

德勒兹, G., Deleuze, G. (1994) *Francis Bacon: logique de la sensation*, Paris: Éd. de la Différence。

德勒兹, G., Deleuze, G. (1995) *Negotiations: 1972-1990*, trans. M. Joughin, New York: Columbia UP。

德勒兹, G., Deleuze, G. (2003) *The Logic of Sensation*, trans. D. W. Smith, New York: Continuum。

德勒兹, G. 和加塔利, F., Deleuze, G. and Guattari, F. (1994) *What is Philosophy?* trans. H. Tomlinson and G. Burchell, New York: Columbia UP。

德米尔, J., De Mul, J. (2010) *Cyberspace Odyssey: Towards a Virtual Ontology and Anthropology*, Newcastle upon Tyne: Cambridge Scholars Publishing。

埃尔金斯, J. (主编), Elkins, J. (ed.) (2007) *Is Art History Global?* London: Routledge。

埃里亚韦茨, A. (主编), Erjavec, A. (ed.) (2003) *Postmodernism and the Postsocialist Condition: Politicized Art Under Late Socialism*, Berkeley: University of California Press。

埃里亚韦茨, A., Erjavec, A. (2004) "Aesthetics and Globalization: An Introduction", *International Yearbook of Aesthetics*, 8: 3—14。

戈尔德贝格, R. (主编), Goldberg, R. (ed.) (2010) *Everywhere and All at Once. An Anthology of Writings on Performa* 07, Zürich: JPR Ringler。

格林伯格, C., Greenberg, C. (1960) "Modernist Painting", 收入 R. 科斯特拉内茨(主编), in R. Kostelanetz (ed.), *Esthetics Contemporary*, pp. 198—206, Buffalo, NY: Prometheus Books。

詹明信, F., Jameson, F. (1998) "Notes on Globalization as a Philosophical Issue", 收入 F. 詹明信和 M. 目良(主编), in F. Jameson and M. Meyoshi (eds), *The Cultures of Globalization*, pp. 54—78, Durham: Duke UP。

卡普罗, A., Kaprow, A (1993) *Essays on the Blurring of Art and Life*, ed. J. Kelley, Berkeley: University of California Press。

梅洛-庞蒂, M., Merleau-Ponty, M. (1993a) "Eye and Mind", 收入 G. A. 约翰逊(主编), in G. A. Johnson (ed.), *The Merleau-Ponty Aesthetics Reader: Philosophy and Painting*, pp. 121—149, Evanston, IL: Northwestern UP。

梅洛-庞蒂, M., Merleau-Ponty, M. (1993b) "Cezanne's Doubt", 收入 G. A. 约翰逊(主编),

in G. A. Johnson (ed.), *The Merleau-Ponty Aesthetics Reader: Philosophy and Painting*, pp. 59—75, Evanston, IL: Northwestern UP。

梅洛 – 庞蒂, M., Merleau-Ponty, M. (1993c) "Indirect Language and the Voices of Silence", 收入 G. A. 约翰逊 (主编), in G. A. Johnson (ed.), *The Merleau-Ponty Aesthetics Reader: Philosophy and Painting*, pp. 76—120, Evanston, IL: Northwestern UP。

佩雷斯 – 维加, I. , Perez-Vega, I. (2009) "Willie Bester: An Artist Resisting the Injustice in Post-Apartheid South Africa", paper presented at the workshop "Law and Society in the 21st Century", Berlin: Vereinigung für Recht und Gesellschaft, www.rechtssoziologie.info/berlin 2007/。

波利亚克, B. , Pollack, B. (2011) "You're Engaged", *Art News*, January: 85—87。

拉什, M., Rush, M. (2006) "Virtual Reality Beyond Technology", *New York Times*, January 6。

施莱辛格, A. M., Schlesinger, A. M. (1991) *Reflections on a Multicultural Society*, Washington, DC: President's Committee on the Arts and Humanities。

史密斯, D. W., Smith, D. W. (2003) "Deleuze on Bacon: Three Conceptual Trajectories in the Logic of Sensation", translator's introduction to *Francis Bacon: The Logic of Sensation*, pp. vii—xxvii, Minneapolis: University of Minnesota Press。

斯泰因, G., Stein, G. (1970) *Gertrude Stein on Picasso*, E. 伯恩斯 (主编), E. Burns (ed.), New York: Liveright Publishing Corp。

沃格尔, C., Vogel, C. (2006) "Warhols of Tomorrow are Dealers' Quarry Today", *New York Times*, April 15。

艺术对哲学特权的剥夺

卡罗勒·塔隆－于贡　著
杜　鹃　译

在20世纪的前75年间，这样的观念主宰了艺术话语，即艺术是以自身为目的、自我指涉的，艺术仅需关注自身及其具体的形式问题。但是，围绕某些标着"后后现代主义"的作品的话语却往往证明了与上述相反的、离心的而非向心的观点：这样的作品据说"质问"、"质疑"世界，并对关于世界的"既有观念进行挑战"以及"进一步的反思"。这部质问词典收入了一长串条目：它包括"提供思考世界的方式"、"质问处于矛盾中的人类"以及"要求我们对自身发问"。艺术家就是"动摇我们良知的基础"或"彻底打乱我们的思维定式"的人。[1] 艺术不再被认为是独立于世界之外、以自身为目的的实践，而是与超艺术领域直接相关的活动。这一联系就是批判性质疑的联系。

煽动性的思想，激发性的反思，用批判的眼睛看待世界，所有这些表达都暗示着苏格拉底式的哲学基础。在柏拉图的《申辩篇》中，哲学家以其老师苏格拉底的口吻发表演说，并将自身比作牛虻。苏格拉底将自己描述为"被神指派给这个城邦；这个城邦就好像一匹高大的良种马，由于身形巨大而动作迟缓，需要某些虻子的刺激来使它活跃起来"。他继续说道，"我就是神指派给城邦的那只虻子，我整天飞来飞去，到处叮人，唤醒、劝导、指责你们"（30e）。苏格拉底利用他的问题的刺激作用，揭示意见的基本脆弱性，揭露偏见，消除那些没有充分理性基础的大众信仰和信念。显然，所有的哲学在本性上并不都是如此苏格拉底式的；对柏拉图而言，还有第二条道路，即对知识的阐明和概括。笛卡尔的《哲学原理》和霍布斯的《法的原理》更多的是产生于这第二种事业。但是第一种，苏格拉底式的道路仍旧常有人光顾——人们可能会想到康德的批判或罗素的著作——每个实例都或多或少地独立于或关联于第二个方向。因此，对于哲学宝库而言，首要的是，为了防止思想沦为僵化的意见，仍存在着不断被激活的、对于批评的需求。

当今与艺术相关的意见采用了哲学批判质疑的词汇，意在借此将苏格拉底对话的功能赋予作品，将刺虻——这是用于苏格拉底的另一个别称——的角色赋予艺术家。

因此，在艺术被哲学接管的黑格尔时期之后，正如阿瑟·丹托在其著作《哲学对艺术特权的剥夺》（*The Philosophical Disenfranchisement of Art*，又译《艺术的终结》，1986）中所做的理论阐述，我们正被引领着去考虑这样的当代情境，即艺术正在接管迄今为止一直为哲学或哲学家知识分子把持的特权：批判性地质疑世界的角色。这一**艺术对哲学特权的剥夺**变得如此普遍、如此主流，以至于不服从任何质问的正是它自身。但是，这正是艺术应当去做的，只有这样，艺术才可能实现其被上升到平起平坐的程度的纲领：如果艺术就是对意见的舒适而怠惰的确定性加以质问并质疑，那么它同样应该要求对**作为批判质问的艺术**进行质疑。

我在此将首先考察当前范式的历史起源方面，接下来考察艺术在何种意义上以及在何种条件下，能采用哲学的批判功能。为了使这一探寻具有充分的尖锐性，就必须将第二个问题限定在艺术的一个特定范畴中。问题会因所探讨的是基于语言的艺术还是视觉艺术而显得十分不同。我特别挑选从后者着手，因为它与这样一个论点相关，即批判性质问的观念自相矛盾的程度如同它广为泛滥。因此，这一研究的第二部分所产生的结果将仅适用于视觉艺术。

显然，在柏拉图的著作——其对画中的形象尤为批评，柏拉图谴责它为散布模仿的毒药——中找不到证据来证实视觉艺术可以作为批判性思想的工具的论点。这一观念对中世纪来说也十分不可思议。绘画和雕塑长期被算作机械艺术的简单事实证明在那个时代没有人会想到使它们成为一项知性活动，尽管这当然不意味着这样的艺术没有意义。与此相反，它们的形象（画家的形象和"形象苦工"）饱含意味；它们的内容显然充满了意义。《天使报喜》、《下十字架》或一幅战争场面都具有相当的知性深度，它不仅与观众的审美感受力,更与他们的认识能力密切相关。但是,这些作品内容上富有意义的事实根本不能使其成为**批判性质疑**的作品。绘画和雕塑可以教诲、指导以及启迪,但它们并不**质疑**。起指导作用的是其内容本身而非属于**模仿**范式的艺术。画家和雕塑家是工匠而非知识分子。

当达·芬奇将绘画定义为一项**精神事业**的时候,他无疑朝着艺术和知性活动之间实现和解的方向迈出了决定性的一步。拉斐尔在梵蒂冈壁画《雅典学院》中通过达·芬奇的形象来表现柏拉图,在区区一个人物中将哲学家和艺术家结合了起来。我们能否通过这两步来理解我们所感兴趣的当今意见的第一个前提?显然不能,原因有二。首先,因为在这当中表现出来的是画家地位的变化:但是它们与作品引发批判性质疑的能力无关。诚然,艺术活动正在获得知性深度,但是观众的参与却仍然照旧。其次,尽管我们可以坚持达·芬奇体现了从工匠到"**哲学家**"的转变这样的断言,然而,这仍是在"学者"这个词直至 18 世纪末所保持的十分一般的含义上来讲的。他关于植物学、解剖学、光学和流体力学的研究以及他作为工程师的成就使其不仅是一位艺术家更是一位学者。拉斐尔选择用达·芬奇来表现柏拉图而非苏格拉底,借此将艺术与哲学的第二条道路正当地联系在一起:与知识构建的事业而非与批判性质问相联系。兴起自文艺复兴时期以后——首先产生于意大利而后遍及欧洲——的艺术院校效仿柏拉图的哲学学园之名被称作"学院",这一事实不仅证明了视觉艺术被赋予了崇高性,不再仅仅被视作工匠活动,还证明了对表现了某种哲学观念的视觉艺术的支持。艺术家是学者,但并不是在学者的当今含义上而言的知识分子。因此,艺术对哲学特权的剥夺的起源在上述理解中的艺术和哲学在文艺复兴的和解中是找不到的。

始于 18 世纪的艺术审美化的伟大时期使艺术从其认知定式中暂时脱离了出来。在现代美术观念中,美——**最高**的审美品质——被设置为艺术的根本目的,追求美,避免将美混入会使其不纯的领域:功利主义或伦理上的兴趣,以及知性上的兴趣。艺术,正如康德在《判断力批判》中写道的,应当"只关心形式"。莱辛(1984:55)在其著作《拉奥孔》中明确写道:"我更倾向于认为,只有艺术家在其中有机会展示他自身,并且以美为其首要及终极目标这样的东西才应被称作艺术作品。"认为对美的追求是艺术"首要及终极"目标,就是说艺术除去审美价值外再无其他价值。目标首先趋向于排他性。艺术开始以自我为目的，并且，19 世纪的**为艺术而艺术**（l'art pour l'art）运动简直将这种正在普遍化的艺术观推向了极致。这种艺术概念与一种审美观念紧密相关，后者赋予以康德的无利害性为标记的审美态度一种特权，并要求仅仅关注向视觉呈现的东西的体品质（aspectual qualities）。这种开始在相当大的程度上主宰现代审美的观念是，艺术经验应当是向心而非离心的：即要禁止一切能够将观众带离作品的东西——自然包括作品所表现的东西，但从我们这里所关心的问题来讲，也包括其思想上的影响。如果作品是为了激发思想，那么它不是关于世界的，而是关于艺术作品内在的可能性条件的。

与艺术的这种形式发展同步的，乃是一种发端于 19 世纪的德国浪漫主义、力图将艺术与哲学相融合的显著倾向。但是，那时的"艺术哲学"并不意味着关于艺术的思想，而是来源于艺术的思想。它并不包含对实践的理论化（就像达·芬奇的《论绘画》那样），也不是说明及证成一件艺术作品或运动的话语（就像左拉关于实验小说的文本，或超现实主义或未来主义的宣言），也不是包含艺术家对艺术总的反思的讨论文献（就像杜尚的文集《作为符号的杜尚》）。毋宁说，它包含一种嵌入在艺术自身中的哲学话语。让 马利·舍夫勒说明了浪漫主义革命是如何作为对一场危机局面的回应的：启蒙运动质疑了实在的宗教基础，而康德的批判又动摇了哲学的先验基础。康德卓有成效地证实了人不可能获得关于存在及上帝的知识（理性的理念），因此概念只能是信念的对象。作为对这种关于知识界限的枯燥哲学的回应，浪漫主义表述了它对体现在希腊观念美妙的总体性之中的生命不同方面的统一性的怀念和对形而上学的需求。浪漫主义运动坚信，存在一种制约康德的本体论 - 神学禁令的方式，这种方式就是将渗入这一知识的任务授予艺术。对哲学无法企及的东西，艺术可以获取。当哲学推论显示了它的局限性时，艺术依然可以向前推进（舍夫勒，1992）。因此，浪漫主义革命主要在于一种思考艺术的新方式：艺术既不是生产活动，也不是装饰，更不是游戏或消遣——它是形而上学知识。

浪漫主义同样意味着一种思考哲学的新方式，即哲学必须从艺术中萌发：哲学不再是一种理性的探究手段，一种思想的推论及概念形式，而是一种直觉的和绝对的知识。与柏拉图以追求真理和理性的名义将荷马从理想国驱逐出去截然相反的是，浪漫主义将诸如赫拉克利特和巴门尼德这样的前苏格拉底哲学家－诗人们奉为楷模。

与18世纪的英法心理美学相反的是，浪漫主义以这种方式将意义问题大规模地重新引入了艺术。艺术与其说是狭义的审美问题，不如说是解释学问题。艺术被赋予了一种全新的形而上学使命：提供接近神圣和存在本性的通路，而这是哲学不再能保障的；同时，艺术这样做不再需要沿循推论探究和理性思考的古典路径，而是沿着艺术直觉的路径。这时，艺术家就成为了先知，成为在经验世界和超验之间的媒介。弗里德里希·施莱格尔在其《欧洲文学史》（1803）中写道，艺术家的对象，是"无限，是美，是善，是上帝，是世界，是自然和人性"。艺术不是装饰、消遣或娱乐，而是本体论－神学知识。

然而，如果说上文所述揭示了知性先前在艺术中未被承认的地位，那么造型艺术毕竟没有经历向批判事业的转变。这里有具体和一般两个原因。

让我们考虑第一个原因：浪漫主义把实现哲学功能的任务更多地交给了诗歌而非造型艺术。所有的非言语艺术被还原为文学，而诗歌则是文学的精华。因此，正是诗歌，用诺瓦利斯的话来说，是"对于宇宙的自我意识"。诗歌，作为最出色的浪漫主义体裁，不仅仅是一种艺术形式。因为它的内容遍及其所有不同的决定因素（无限者、自然、人性、善及美，等等）之中。施莱格尔（1958：XI，9）可以因此将哲学和诗歌之间的差异缩小到完全抹杀的程度："难以被一个概念汇总的东西可以通过一个意象来表现；因此，知识的律令导致表现，哲学导致诗歌"。

尽管如此，还是应该注意到，这一浪漫主义艺术哲学并未将艺术表现为一种对世界的批判性质问：它用艺术的元素促进了对于整个宇宙的**理解**。作为艺术的哲学是一种知识，关于存在、灵魂或上帝的知识——这是经典地移交给形而上学的任务；但是，这是一种沿前人未至之路来获得的知识，是一种艺术直觉的知识。问题是知识问题，不仅如此，问题不是关于任何一个领域的知识问题，而是一种关于总体性的知识："因此，在艺术哲学中，我首先意图解释的不是作为艺术的艺术，作为这一特殊性的艺术，而是**以艺术为形式的普遍性**，而艺术哲学就是**以艺术为形式或力量的关于一切的科学**"，弗里德里希·谢林于1859年在其《艺术哲学》（1989：16）中如是说。绝对知识不是质问。然而，当代艺术的解释学却是质问式的解释学。由于这一主要差别，因此不可将浪漫主义视作我们在这里探讨的艺术对哲学特权的剥夺的开端。

更确切地说，我们恰恰应该在阿多诺关于艺术的批判功能的论点所指出的方向上来寻求其起源。在阿多诺看来，艺术在18世纪实现的自律征服是其历史发展中向前迈出的重要一步，这一征服使艺术得以脱离于仪式实践，从贺拉斯关于**功利**的箴言中解脱，以及从阿多诺所谓"富于鉴赏力的品味"（2004：15）中摆脱。但是，这一艺术的自律并不意味着它与世界无关，或者人们必须拒斥它对于现实的任何作用。因此，阿多诺（2004：405）斥责为**艺术而艺术**理论是"一种艺术宗教的心智促狭和绝望狂喜，这种艺术宗教坚信世界是为了一行美妙诗句或一句妙文而创造的"。他由是断言，艺术既有又没有社会功能："只要艺术作品被断定具有社会功能，那就是它的无功能"（阿多诺，2004：297）。这无异于说艺术没有直接功能，而是有间接功能。但是，那种说法确切的意思是什么？

它说的是，恰恰由于艺术是文化的一种自律形式，因而对世界具有批判性的影响。它正是通过其价值观的独立性而发挥作用。艺术是一个独特而又具示范性的领域；并且，它的示范性正是因为它特立独行。艺术的批判功能来自这样的事实，即在任何东西只在与其他东西相关才具有价值的社会中，艺术作品是个例外。艺术只有在自律的意义上，才能对社会采取反对者的立场："通过在自身之中具体化为某种为其自身所独有的东西，而不是遵从现存的社会规范并成为'对社会有用'的东西，艺术仅仅凭借存在来批判社会"（阿多诺，2004：296）。在一个任何东西都要依赖于其他东西而存在的社会中，只为自身而存在的艺术，通过其存在的单纯事实，成为沉默的批判："没有什么是纯粹的，没有什么是仅仅根据其自身的内在法则而建构的，没有什么不是暗含地批判一种朝着总体的交换社会的方向演化的堕落情景"（出处同上）。

如此，阿多诺与18世纪产生的拒斥超越艺术领域的解释学的唯美主义划清了界限，不过，他也不采用产生于德国浪漫主义的艺术思辨理论。阿多诺的论点实际上将自身与德国浪漫主义立场的形而上学和思辨特点拉开了距离。艺术并非使存在的出神经验成为可能，但是，艺术与人类世界、与一个给定社会的此时此地有关，而这会朝着诸如法兰克福学派的马克思主义所构想的社会重生去努力。

此外，阿多诺不认为艺术会通过其内容发挥作用，这一事实导致不能将哲学任务仅仅赋予诗歌。由于阿多诺捍卫的这种功能主义是一种间接的功能主义，所以造型艺术可能的确会被授予这一任务。在阿多诺看来，艺术的批判力量并不在于其概念上的含义。恰恰相反：想要传播批判性判断的愿望就是玩沟通的游戏，而介入文学（literature of engagement）则在这种游戏中陷入迷失。所有以语言为基础的艺术都会因此而将语言用作解构意义的程序，而不是将语言作为能指媒介。赫尔墨斯主义从这一责任出发，将作品的艺术元素从其主题内容或从其作者的意图中分离出去。艺术作品应该"以无言的手势而变得有说服力"（阿多诺，2004：310）。因此，真正的批判并不传播判断，而是去产生**反思的过程**。这是布莱希特对萨特。可见之物与意义之间复杂和不确定的关系从而不再是一个障碍，绘画本身必须杜绝意味过于透明的表现。所以，阿多诺赞扬克利抛弃了他把威廉二世画成金属吞噬者的讽刺画，并在1920年创作的《新天使》中画出了机器人天使，阿多诺认为，画中的机器人天使不具备任何讽刺性或承诺性艺术的可见符号并且"远远飞越这两者"（阿多诺，1992：94）。讽刺画过于明显，过于令人意料之中，显得虚假；而《新天使》却缄默而令人不安："机器人天使谜一样的双眼迫使观众试着去决断，究竟它是在宣告灾难的顶峰还是其中隐藏的救赎"（出处同上）。

因此，艺术作品"批判"、"谴责"、"分解意义"并"引发自我质疑"。阿多诺的词典明显是我们在关于这个话题的当代话语中注意到其存在的那种东西。因此，毫无疑问，我们正是应该在阿多诺的著作之中寻求这种话语的起源。

关于我们用来进行探索的作为批判性质疑的艺术观念的考古学，充分表明这一观念并不具备有些人希望赋予它的绝对性；它既不是艺术的"本质"，也不是艺术天然的最终目标。这一观念植根于艺术思想史上相对晚近的时期；它被限定在给定的时期以及地理范围之内。

我们只能指派给艺术可以或可能完成的任务。而作品实现它们背负使命的能力却极少受到质疑。这个问题似乎是自明的。但是事实并非如此，去考虑艺术在何种条件以及在何种程度上会激发思想，是十分恰当的。由于这个问题根据与每种艺术相适应的媒介会有不同的表现，所以，正是在这一点上，我们应该不再去谈论一般的艺术而是去考虑具体的艺术。因此，让我们在这里仅局限于相对于所有使用语言的艺术而言的视觉艺术。

质疑预设概念。那样的话,在造型艺术中还有没有概念的空间?绘画或雕塑对象,二维或三维的,通过画布、木头、大理石或"混合的技法"构成的对象,能否或是否**支持抽象的以及一般的观念**?概念如何与可见之物相联?

这个问题在表现了具有象征价值的模仿对偶(mimetic doubles)的情况中十分清楚。中世纪和文艺复兴绘画充满着这些象征:百合花表示纯洁,吞噬尾巴的蛇代表永恒,肥皂泡道出了人世上生命的脆弱……这些象征通过一种或多或少自然类比对应的方式让人想到一个概念。将抽象的观念具体化的寓言以身体形式包含了一个概念:在瓦萨里的《正义寓言》中,那位高挑美丽、尊贵庄重的女性**就是**正义。超越了那些通过形态来表达观念的特定形式,所有的中世纪绘画都可以被解读为一种肖像。大卫的《贝利撒留乞求施舍》,或者普桑的《所罗门的判决》或《犹太人在沙漠里采集吗哪》的确意味着这样的构图,用路易·马兰的话来说,它展现的是"可见的与可辨的在其中相互关联的形象化文本"。诸如此类的绘画引发解读、理解及解码。

在现代性之初,意义在**可见之物**中的存在不再是造型艺术追求的目标。莫奈,作为艺术的现代形成的标志性人物,将绘画还原为"赤裸裸的人们所见"(巴塔伊,1983:76)。现代绘画,关注的是所描绘之物的画面性,往往希望抽空任何意义。更准确地说,不论我们考虑的是什么时期的艺术,不言自明的是,图像的表层意义永远超越任何初级意义,超越次级意义的存在或缺失而存在,这种次级意义即帕诺夫斯基所谓的"内容",或换言之,"作品无需向外展示"并无需艺术家必然意识到它而"显示的东西"。因此,如果造型艺术本来想要通过形态表达观念,那么相反,现代性采用一切策略来保持可见之物的纯粹性不受意义的任何介入。**艺术对哲学特权的剥夺**见证了对适于当代的那种意义的怀念。但是,概念在图像中应该以何种形态存在呢?

意义并非像色彩和形状那样被置于可见维度之中。为了理解意义,人们必须辨识出在形象化对象中的符号并理解这些符号的含义。对于任何不知晓这些符号的象征意义的人而言,百合就是一朵花,蛇就是一个生灵。对法国大革命历史一无所知的人不会理解大卫的《抢夺萨宾妇女》包含了调停对立派系的信息。帕诺夫斯基所谓的"初级意义"层面并未得到超越。如果圣托马斯·阿奎那在中世纪能公正地声明绘画能够教育文盲,那也是因为后者尽管并未读过圣经，却耳熟能详，并浸没于一个不断重提圣经的文化中。这种熟知将图像在词汇和句法上的缺陷都隐藏了起来。句法的缺陷的确存在，因为图像无法转置如此基础的知性活动，比如抽象、选择、推论、蕴含以及否定……所有这些思想活动都包含一种完全不适合于表象的**此在**（Dasein）的虚空元素。现在，就像我们之前提及的，所有的符号圣物盒都伴随着存在的积极作用。但是，当人们面对的不再是图像而是缄默的对象时，就同乔瓦尼·安塞尔莫《呼吸》中的一块海绵与两条金属长梁，以及《喘息》中固定在一块金属支架上的几轴线与一条长胶舌的组合，人们便开始与事物缄默而神秘的存在面对面。在这样的作品中没有元语言的空间。可见之物逻各斯上的缺陷在去基督化的公众面对**天使报喜**或**圣母往见**而不得其解的时候清晰地显露了出来。但是，这还应该被进一步延伸：即便当这类知识并非不可或缺，与图像中的意义的关系也总是复杂而迂回的。它假定了一个调节的过程。当这类调节缺失时，可见之物就完全呈现于其多义性之中，向众多的可能话语敞开且不能被还原为任何一种具体话语。让我们看看弗拉戈纳尔的《门闩》：我们应该从中感知到什么？是表现了肉欲以及正在变弱的抵抗？但是，如果追随整幅画作上的一条对角线，就会发现它从情人即将锁上的门闩引向床边小桌上的一只苹果，后者则是代表原罪的符号。因此，这是一幅关于肉体激情的得意之作，抑或一个道德劝诫？这是图像不可避免的多义性的一个绝佳例证。

在任何一幅想要传递意义的绘画中，概念总是难于被隔离。在具象作品中出现的这种情况对那些非具象作品、抽象绘画、组合体和复杂装置来说更是如此。根据这一结论，我们可以理解两个正相反对的观点：一种观点认为，这一表示手段的缺陷是表示艺术无力转置或引发特定思想经验的指标（这是在，比如叔本华对于绘画中的寓意的批评的意义上而言）[2]；另一种观点认为，艺术使我们上升至一个界限之上并超越有限的理解（这种观念在德国浪漫主义中表现得最为清晰，它认为艺术是直觉的、绝对的知识之所在，这种知识比通过推论的、理性的思想而获得的知识更为高级）。在第一种观点中，艺术仍处于概念的近端，因此无法实现它妄称要实现的知性纲领。第二种观点中的艺术则处于概念的远端并开启了形而上学经验，而这是关于理解的哲学无法妄称的。无论是通过持第一种观点的人所认为的艺术的缺陷，还是通过持第二种观点的人认为的艺术所具有的过分的能力，概念都无法在可见之物中找到其位置。这是萨特（1978：3）在其关于丁托列托《耶稣受难》中各各他天空的黄色裂缝的评论中明确指出的："丁托列托并未选用（它）来表示痛苦或用它来激发痛苦。它同时是痛苦和黄色天空。不是充满痛苦的天空或痛苦中的天空；那是痛苦变成了某种东西……也就是说，它不再具有可读性。想表达本性上不能表达的东西，就好像一场巨大而徒劳的努力，永远被扣留在天地之间的半途中。"

因此，当代艺术的质问解释学正是植根于阿多诺**作为批判功能的艺术**的观念，而这一观念本身被列入德国浪漫主义的艺术思辨理论世系之中。但是，一个重大的差异使前者与这一观念产生了距离。在阿多诺看来，艺术的批判功能来自于这样一个事实，即艺术是对文化工业的谴责和对资本主义统治下的社会状况的抗议。换句话说，唤醒批判性思想的任务伴随着对意识形态变革的预期。质疑关联于一种在别处给出的回应：在马克思主义世界观中。大卫以相似的方式希望通过他的绘画为法国大革命的事业服务，就如建构主义者之于俄国革命。但是，我们今日看到发展中的批判性质疑的修辞与任何肯定论点的关联都松散得多，如果还有一些关联的话。宏大叙事的终结使质疑也在其自身之中走向某种终结。

但是，造型艺术并不具备实现这一哲学事业的手段。二维或三维图像的句法缺陷，更不用说那些没有"使用说明"的对象——诸如**现成艺术和装置艺术**的抽象组合——都意味着这样的作品无法囊括所有质疑形式所需的否定性维度：抽象、选择、否定，等等。当克丽茜·科南特将自己的卵子装在贴着"人类鱼子酱，白人原产地"的罐子中出售，声称希望通过这一过程激发关于"生物卖淫及剥削的新形式"的反思时，她是**代表**她的作品在讲话，并使其作品说出作品无法独自说出的东西。只有这种腹语能表明，在本性上超越逻各斯层面而演化的造型艺术能够完成哲学只能作为推论活动而从事的任务。因此，我们不应该将罗森贝格所称之为的"令人焦虑的对象"[3]的某些作品所激发出的惊讶甚至困惑，与某些人希望看到的这些作品所激发出的不是关于自身而是关于世界的质疑混为一谈。

人们在面对眼下这个或多或少蕴含着却极少质疑艺术和哲学的任务的融合的观念时，难免会怀疑。这一过度迅速、过于肤浅、过于热切的联姻毋宁更恰当地解释为哲学对艺术的非常久远的魅力的另一种体现,而与之相伴随的是另一种同样久远的魅力,但它构成了一个完全不同的主题,这就是艺术对哲学具有的魅力。

Carole TALON-HUGON: THE ARTISTIC DISENFRANCHISEMENT OF PHILOSOPHY
(*DIOGENES*, No. 233-234, 2012)

注：

[1] 关于这些表达的参考文献可以在塔隆-于贡（2006）中找见。

[2] 参见《作为意志和表象的世界》第三篇，第50节。

[3] "艺术的本性变得不确定。至少，是含糊的。没有人能肯定地说一件艺术作品是什么——或者，更重要的是，不是什么。当一个艺术对象仍然存在时，比如在绘画中，它便是我所谓的令人焦虑的对象：它并不知道它是一件杰作还是垃圾。"（罗森贝格，1972：12）

参考文献：

阿多诺, T. W., Adorno, T. W. (1992) "Commitment" [1962], in *Notes to literature*, V. 2, R. 蒂德曼（主编）ed. R. Tiedemann, trans. Sh. Weber Nicholson, pp.76—94, New York: Columbia UP。

阿多诺, T. W., Adorno, T. W. (2004) *Aesthetic Theory* [1970], ed. G. Adorno and R. Tiedemann, newly trans. by Robert Hullot-Kentor, London/New York: Continuum。

巴塔伊, G., Bataille, G. (1983) *Manet*, Genève: Skira。

丹托, A. C., Danto, A. C. (1986) *The Philosophical Disenfranchisement of Art*, New York: Columbia UP。

莱辛, G. E., Lessing, G. E. (1984) *Laocoon*, [1766], trans. Edward Allen McCormick, Baltimore/London: The Johns Hopkins UP。

罗森贝格, H., Rosenberg, H. (1972) *The De-Definition of Art*, Chicago/London: The University of Chicago Press。

萨特, J. -P., Sartre, J. -P. (1978) *What is Literature?* Gloucester, Mass.: Peter Smith。

舍夫勒, J. -M., Schaeffer, J. -M. (1992) *L'Art de l'âge moderne*, Paris: Gallimard。

谢林, F. W. J., Schelling, F. W. J. (1989) *The Philosophy of Art* [1859], trans. Douglas W. Scott, Minneapolis: University of Minnesota Press。

施莱格尔, F., Schlegel, F. (1958) *Kritische Ausgabe, Elfter Band*, Paderborn: Schöningh。

塔隆－于贡, C., Talon-Hugon, C. (2006) *Avignon 2005. Le Conflit des héritages*, Arles: Actes Sud。

艺术与美学：从现代到当代

阿莱什·埃里亚韦茨　著
萧俊明　译

一

巴尼特·纽曼在一句名言中疾呼："美学之于艺术家如同鸟类学之于鸟儿。"这个断言自从1952年左右被说出以来已经在无数个场合被重复。它的原初受话人是苏珊·朗格，其意图是要诋毁将符号学和语言学引入艺术批评和美学的企图。虽然这句话最经常地被解释为对美学本身的批评，但它还经常地被解释为纽曼对美的批评和对崇高的信奉。然而，这种情境是美国和英国及其"哲学帝国"（理查德·舒斯特曼）而不是欧陆哲学（其中包括美学）的典型特征。在近几十年中，英美"帝国"也经历了一种纽曼的名言尚未察觉的变化：如今"政治、道德和伦理判断以一种40年前不可思议的方式充斥于审美判断的真空"（毕晓普，2004：77）。

40年中发生了什么？我们可否像纽曼可能会做的那样断言说，艺术家不再把美学视为某种不相关的东西？答案是肯定的。阿瑟·C. 丹托回顾说，1964年之后，具有严格和技术规程的哲学著作开始"被艺术世界所抢占，并且成为艺术世界自己的东西，仿佛某种深层的转变在艺术意识中已然发生。一种截然不同的哲学与艺术之间的关系……现在看来是存在的。仿佛哲学现在近乎是艺术世界的组成部分……而在1964年，哲学置身于艺术世界之外，从远远的距离去探索它"（丹托，1986：X）。

尽管美学和相关理论在艺术中找到了回应和知音——正如丹托所见证的，

但是这种关系仍然是不确定的：在过去的20年中，即自20世纪70年代初——当时后现代艺术实践和理论占据主导地位——的文化爆炸以来，大部分美学理论再一次离开了它们曾与艺术共同走过的道路。在过去的20年中，艺术哲学显然走的是自己的路，让当代艺术实践依赖于零星的艺术批评例证，或者依赖于试图选择性地把握当代艺术现象的并不多见的哲学理论。这与艺术领域当时的情境有很大关系，不免让我想起刚才提到的"政治、道德和伦理判断充斥于审美判断的真空"一语，因为占主导地位的新近和当代艺术确实卷入了政治、道德和伦理，频频聚焦于与社会、民族、政治以及其他问题相关的论题，因而使其看似是政治的或政治化的——不是在20世纪主导叙事的意义上而是在米歇尔·福柯的"权力微观物理学"的意义上，难道不是这样吗？换言之，当今的艺术在很大程度沿循现代主义、浪漫主义以及先锋派的传统，仍然追求煽动性、批判性、派别性、颠覆性和"卷入"，这难道不是事实？显然，艺术仍然保持其来自现代性的目标，即使往往没有对应的理论支持。

为了弄清关于某些艺术、美学及哲学观点的故事——多种可能的故事之一——在过去20年中如何展开，我将对某些共同的初始环境做一概述，然后简要地论述某些发现并表述这些环境的理论。因此，我打算对三个理论进行重述。这三个理论所影响的，并且现在仍然在影响的，不仅是有关当代美学的全球观点和看法，还有关于艺术和文化的观点，而且对于后者的影响同样或更加强烈——并不是从决定什么是好的或坏的艺术的意义上，而是从决定什么可被视为艺术本身的意义上认识这种影响。

在过去的40年中，发生了种种从现代主义和现代性向当今的当代性的巨大转变。如今，在从现代性到当代性的这条道路上正在被忽略的一个术语，似乎是后现代主义。然而，尽管批评声不断，但不应忘记，后现代主义是作为伟大的解放者从令人窒息的现代总体化和盛期现代主义突生出来的。用沃尔夫冈·韦尔施1988年的话讲，"贯穿于后现代主义的是这样一种认识，即总体性的到来不可能不把某种特殊性确立为绝对的，然后这种特殊性与其他特殊性的解构产生关联"（韦尔施，1988：25）。

欧洲的后现代主义是作为一种理论和实践的新生事物在20世纪70年代出现。若干年后，取而代之的是一种对后现代新生事物的事实出现的谨慎而不情愿的接受，作为补充的是将它赞扬为新的并具有解放性的文化范式。

然而对后现代主义的批评态度仍然是强烈的。反对它的主要论调是说现代性工程尚未完成，因而仍然具有现实的相关性。某些替代性的和补充性的反身表达也证明了这种态度，其中一些我们仍然在使用，例如"平行现代性"，"第二现代性"，或者就中国而言，"现代化"。

我们如何能够确定过去40年的文化勾勒，尤其是与美学相关的文化勾勒？后现代观念和后现代主义的兴起可以作为一个起点。后现代主义，加之不间断地试图通过与现代性进行划界来确立自己的身份，搞得人们眼花缭乱，或许这在揭示后现代主义的过程中也同样揭示了现代性。从当代的观点来看，后现代主义从本质上讲似乎是一种瞬变现象，但同时这种现象代表了一种更深层的历史转变的文化标识：从工业社会及民族文化和民族经济向后工业和信息社会的转变，当然也是向多国资本和全球主义的转变。

在20世纪80年代初，核心理论问题之一是后现代主义作为最新近的文化主导的存在与本性问题。对于这个问题迄今没有确定的回应，这几乎禁止在我们当前历史情境下提出类似问题。为了确立或许可以成为这一问题的某种可能答案，我将简要地讨论引起受众关注的三个理论。这种关注可能比美学家的关注更广泛，或者不同于美学家的关注。因此，我将讨论尼古拉·布里奥在90年代阐发的"关系美学"、从上一个10年开始的雅克·朗西埃的美学，以及特里·史密斯主要在过去几年发展的当代艺术理论。

其中两位著作者，即布里奥和朗西埃，明确地将他们的理论视为美学理论。布里奥是一位策展人、编辑和艺术批评家，而雅克·朗西埃是一位哲学家。第三位著作者特里·史密斯是一位艺术和建筑史学家——曾以《制造现代》（1993）一书而闻名。虽然几乎不提及美学，但他或明或暗地讨论了与当代哲学和艺术理论有着重要关联的问题。值得注意的是，为了确立其观点并提供有说服力的支持，史密斯使用了大量的艺术例证。

在所有这三种情况中，所提出的理论主要是专门探讨视觉艺术，将这类艺术当作一种优先艺术领域。唯有朗西埃在某种程度上是个例外，因为他也将文学用作一个重要的参照点。所有三位著作者考虑的都是当代或新近艺术，因而提出的理论是要去影响哲学和理论界以及各种艺术世界。这三种理论的著作者也讨论了当代全球艺术。在他们看来，第一、第二及第三世界的艺术之间不再存在可识别的边界。相反，他们认为当代艺术家和艺术越来越错综复杂地联系和交织在一起，使得全球不同部分之间的划界变得不可能或不相干。

二

如果我们说，一个标志着与过去和未来相关的转型的历史阶段是一个发生深刻变化的时期，那么从 1980 年左右开始的艺术和文化阶段就是这样一个时期。其文化主导后现代主义是最后一个基本上在欧美背景中创建并几乎完全在这种背景中理论化的文化范式。

作为一个概念和经验事实，后现代主义突生于建筑领域，恰恰由于这一事实，它见证了一种与以往的主导文学艺术和文化范式并无关联的文化观点。1977 年，英国建筑师和批评家查尔斯·詹克斯出版了一部名为《后现代建筑语言》的著作。"后现代"一词立即成为了一个文化流行语，因为它用一个单一的字眼从概念上将诸多虽然相似却互不关联的文化和社会现象具体化。正如詹克斯在其著作再版时解释道，"当我最初在 1975 年和 1976 年撰写这本书的时候，后现代主义这个词和概念只是在文学批评中非常频繁地使用。正如我后来认识到的，最令人无所适从的是，它被用来表示'超现代'的意思，指的是威廉·巴勒斯的极端主义小说及一种虚无主义和反常规哲学。虽然我知晓这些著作，知晓伊哈布·哈桑及其他人，但我用这个词来指所有这一切的反面：先锋派极端主义的终结、对传统的部分回归以及与公众沟通的核心作用——而建筑则是这种公众艺术"（詹克斯，1987：6）。

建筑作为后现代主义诞生地的作用在哲学和文化理论中也得到了突显。这样，于尔根·哈贝马斯以如下之语从 1980 年开始了他关于《现代性：一项未竟工程》的纲领性演讲论文，他在文中指出，"在 1980 年，建筑师们继画家和电影人之后为威尼斯双年展所接纳。这届首次举办的建筑双年展传出的音符却是令人失望的。我不妨这样来描述：在威尼斯参展的人们形成了一个倒戈战线的先锋派……一位评论员提出一个意义已经超出这次特定事件的论点。它是对我们时代的诊断：'后现代性明确地将自身呈现为反现代性'"（哈贝马斯，1983：3）。

而弗雷德里克·詹明信对后现代建筑则提出了另一种分析，他宣称，"建筑……仍然是受人青睐的审美语言"（詹明信，1991：37）。詹明信还谈到了"后现代空间"，从其延缓了一种认知测绘的意义上将它与崇高概念联系起来。

建筑——通常从"总体后现代主义"的意义而言——在许多方面都是后现代主义的初始范式：正如詹克斯敏锐地注意到的，它是这种公众艺术，意思是说，它的关注点是公众和用户（因而还有市场）。它是对先锋派实验的厌恶；它允许甚至青睐装饰和润饰；此外，它消除了内部与外部之间的障碍，并且促进了我们生活环境的美化，与之携手而来的是我们日常生活对象的装饰和人体的美化。

从这个意义上讲，如果我们从批评理论和先锋派传统来看，后现代主义代表了很多被视为否定的东西。虽然从西欧或美国的视角来看这种观点可能是正确的，但是如果从第三或第二世界视角来看它却是令人质疑的：比如说，在古巴，后现代主义这个词由于它与美国的关联是避讳的。在中国，它是在从"现代的"意义上被理解的，而在前欧洲社会主义国家，它对统治思想（文化的或政治的）的不敬、对折中主义的喜爱以及"随心所欲"的态度，使之成为一种解放性的社会和文化理论。此外，后现代主义在小文化中受到欢迎，这些小文化在以往的现代主义时期始终践行一种挪用和兼收并蓄的文化政策。它们以前的文化实践一直以来被解释为缺乏原创性、复制大义化以及总是后来者的这样一种征兆，突然间这种实践转变成一种积极参与最新近文化创造和潮流的标识。

在 80 年代，齐格蒙特·鲍曼提出假说认为，后现代主义的基本特征是它代表了历史中的一个节点，从而可以从中第一次提出并思考现代性的终结这一问题，并且正是这种可能性代表了后现代主义的实际本质。鲍曼认为，在古典现代性中，任何可以想象的东西都不会超越它而存在（鲍曼，1989）。

从当代的视角来看，这种评论似乎非常正确：后现代主义、后现代性及其理论——无论是鲍曼、詹明信、韦尔施、利奥塔的还是其他人的理论——似乎是主要作为对现代性和现代主义的相互关联的批评而在当今存在，而不是作为设想替代性理论大厦而存在，后者将会或可能颠覆现代发展的巨大创新的具体化。而且，尽管后现代艺术大多是兼收并蓄，并且提供的是意义而非现代主义真实性，但它同时在当今对其超越状况以及历史和存在背景似乎揭示了某种东西：它在看起来无任何东西可寻而只有纯粹或隐晦的表面的地方揭示了一定程度的真实性，因而它揭示了一种特殊的真实性。这种真实性往往关联到后现代对与主体性差异相关的他性例证的承认。

如今的后现代主义与现代主义和现代性相仿。甚至弗雷德里克·詹明信这位可能是全球最有影响的后现代著作者如今也被视为一位现代主义人物和理论家。在他的循环三段式框架中，后现代文化主导拥有所有的现代主义特权，后现代主义揭示了针对其内在艺术性和"看不见"的强制性——从不能测绘其此时此刻的位置的意义而言——的本体论盲目性的历史必然性，这难道不是典型的黑格尔式三元构建？他的理论正如后现代主义本身，越来越像一种经过修改和批判性改造的现代性话语，难道不是吗？

三

"关系美学"是由尼古拉·布里奥在1996年首次提出，并在1998年出版的法文版和2002年出版的英文版同名著作中进行阐发的一个概念。作为法国艺术批评家、策展人和编辑的布里奥还撰写了其他著作（例如，比较晚近的《后生产》）。与布里奥的概念相关、但从未获得同样的国际关注的一个概念是"语境艺术"（Context Kunst），它由奥地利艺术批评家和策展人彼得·韦贝尔创造，并于1993年在奥地利格拉茨举办的同名展览上公开展示。

我应该指出，在我对布里奥"关系美学"的讨论中，我将几乎只依据这部同名著作，因为布里奥的观点一直随着时间而变化，而且有时是相互矛盾的。因此，只以他的单一部著作为参照将便于对他的基本原则进行讨论。

布里奥的著作意在有意识地从理论上或许甚至从哲学上去反思他那个时代也即90年代的艺术。在布里奥看来，他那个时代的艺术的特征，在于艺术家与公众之间的关系和沟通明显确立。正如作者在书的前言中指出的，对90年代艺术的误解产生于理论话语的缺失。他认为，大多数批评家和哲学家不愿意探讨当代艺术实践，所以当代艺术实践基本上仍然是读不懂的。

布里奥意在弥补这一缺陷并阐发一种理论，这种理论在一定程度上从哲学上去把握并合理地解释他认为不仅仅是一种暂时现象的东西——即90年代的艺术，而"关系艺术"是这10年突生的一种特定现象——而且在他看来是拥有一种更实质性的历史意义的艺术。他断言，今天的历史"似乎完成了一次新的转向。在人类与神祇之间的关系，然后是人类与客体之间的关系这个领域成为艺术实践关注的焦点之后，现在关注的焦点落于人类相互关系领域，自20世纪90年代初以来不断进展的艺术活动就证明了这一点"（布里奥，2002：28）。

因此，布里奥宣称90年代的艺术是关系艺术的基本实例和具体化，因而也是关系美学的优先对象。就这方面而言,他在一定程度上重复了黑格尔关于精神的自我意识的发展的论点,但是——类似于朗西埃关于"艺术的美学体制"的概念——并未假设一种对艺术发展的历史封闭。布里奥声称,关系性是艺术的一个普遍特征,它由意大利文艺复兴在艺术中开启,只有在那种情况下艺术才不创造主体间关系,而创造艺术与它所描绘的客体之间的关系。布里奥以其三段式历史框架步诸如雷吉斯·德布雷(《影像的生与死》,1991)和雅克·朗西埃这些新近涌现的法国理论家之后尘。朗西埃将历史划分为类似的构想体制,尽管在他那里这些体制之间的历史划分是模糊的。因此,朗西埃提到"影像的伦理体制"、"艺术的再现体制"以及"艺术的美学体制",它们并不一定相互跟随,但在时间上可以相互交叠。

  布里奥的"关系美学"及其"关系艺术"概念受到了无数的评论和批评,并且还作为其他批评话语的基础。尽管其著作固有许多明显的谬误和矛盾,但是该书不仅在理论家中间引起了关注,而且受到艺术家、策展人、批评家以及所谓一般而言的"艺术世界"的充分接受。正是《关系美学》2002年英文版使该书上了全球艺术地图,使之变成不仅那些关注最新近的美术和新技术(布里奥的主要参照点)的人们,而且那些参与行为艺术甚至戏剧的人们的重要参照点。布里奥著作的成功还证实了他有关缺失关于90年代艺术的理论话语的观察——在这个时期,不仅西欧和美国,而且前苏维埃阵营国家都产生了创造艺术,而后者受到了更为发达的理论反思。对于90年代艺术的批判性理论回应的缺失,或许也与仍然活跃的后现代观念和论点有一定的关系。按照后现代的论点,那个时代的艺术不过是一连串的无意义能指,不允许可与捷尔吉·卢卡奇加以理论化的阶级意识相提并论的认知测绘,在艺术上以其共时的现代主义显现来呈现自身。一方面,西方艺术家面对着来自之前或当时的社会主义国家的政治化艺术;另一方面,面对着新先锋派传统的批判艺术及其抵抗形式。此外,策展人变成了90年代的关键艺术人物,将自身转换为以前由电影和戏剧导演担当的角色,并举办几乎是他们私人的展览,由此确立了策展人的显著主导地位,取代了现代主义艺术批评家先前的角色。由于策展人成为艺术世界的轴心人物,所以他也试图阐发要去创立、反思和支持其策展人实践的原则的理论立场,也在意料之中了。这正是尼古拉·布里奥所做的,这一事实成为其著作影响力的来源之一,而且其著作仍然在世界上产生着影响，无论这个世界是艺术世界还是学术世界。

在其《世纪》（2005）一书中，阿兰·巴迪乌指出，20世纪现代主义艺术的主导部分并不是以物质作品的形式而是以作为某种表演的行为形式出现的。鲍里斯·格罗伊斯做出了类似的断言——但是关于当代艺术的，认为装置艺术和行为艺术是我们当代的本真和主导艺术形式（格罗伊斯，2008）。就此而言，布里奥顺应了这一观点，并且证实这种观察。

布里奥主张表演性、社会语境、传递性，以及就诸如个体主义和客体性这类传统的现代主义价值观的局限性展开对话。布里奥在90年代的艺术中为关系美学找到了经验支持，并尤其在费利克斯·加塔利的哲学中找到了理论支持。按照加塔利的哲学，逐步改造社会的目的是虚幻的。唯一现实的选择是社区和街区委员会类型的、诸如院系之类机构中的日托所这样的微小尝试。在他看来，这类组织起到绝对关键的作用。

倘若真的处在某个世界中的话，那么我们与布里奥处在米歇尔·福柯的权力微观物理学的颠倒世界中。在这个世界中——不妨用布里奥的例子，艺术家里尔克里特·蒂拉瓦尼雅准备了一道美餐，邀请参观者一道享用，或者"加布里埃尔·奥罗斯科把一个橘子放在一家废弃的巴西市场货架上……或在纽约现代艺术博物馆花园里悬挂起一个吊床"（布里奥，2002：17）。在布里奥看来，艺术家用这样的手势在由上层建筑决定的日常手势的狭小空间中做出动作，以此来构成"大"的交流并受交流所决定。换句话说，布里奥推广的艺术并不力争成为现代乌托邦的一部分，或想抵抗当前的社会二律背反（因而延续现代主义的先锋派传统），而是满足于创造"微托邦"（microtopias）。用朗西埃的话讲，布里奥的"艺术不再力图去回应商品和符号的过度，而是回应纽带的缺失。正如（布里奥）所说：'通过所提供的小小服务，艺术家们填补了社会纽带中的裂隙'"（朗西埃，2009：57）。

克莱尔·毕晓普的相关批评指向了布里奥。按照她的观点——没有朗西埃那么政治化并且笔者发现属于最相关和最切题之列，布里奥理论以及他所选的艺术例证的主要问题，在于他推广的艺术要求"一个统一的主体作为亲密共同体的先决条件"，而不是将关系性奠基于（或还奠基于）同一时期的、提供"更适合于当今分离的和不完整的主体"的体验的艺术（毕晓普，2004：79）。

尽管书中矛盾之处频出不断——比如他接受现代性以及形形色色的现代

艺术样式的批判性，同时选择温馨亲密又和谐的社区建设和体验分享作为艺术，但布里奥的著作表明，个人选择即使有失偏颇，却在社会和艺术中产生着巨大的影响。尽管存在不足，但布里奥的关系美学对当代艺术批评产生了强烈的影响。他公正地指出，艺术——任何艺术——的基本特征之一是，并且依然是沟通和人际交流的建立。

四

在《事物的秩序》的前言中，米歇尔·福柯提出了一个这部著作赖以为基础的问题："在已经被'编码'的注视与反省知识之间就存在一个释放秩序本身的中间地带……在所有文化中，在人们也许称之为排序代码的使用与对秩序本身的反省之间，存在着纯粹的秩序经验和秩序存在方式的经验。"（福柯，1994：xxi）

这段源自福柯的引语可以帮助我们对雅克·朗西埃的哲学和美学工程有个大体的了解。这项近几年开启的工程不仅在哲学家中间，而且在当代艺术家和艺术评论家中间产生了明显可见的全球性影响。

正如朗西埃在 2002 年的一次访谈中解释的，"福柯的考古学工程——意在思考某某陈述形式或某某客体构成的可能性条件——的某些东西让我挥之不去"（朗西埃，2003：209）。朗西埃认为福柯著作中相关的东西，以及让人想起康德的先验哲学的东西，恰恰是他对美学构成和美学作为一个概念成为可能的方式的解释，因此也有助于一个一般艺术概念的阐发。他的美学工程不过是对当前关于现代主义和自主艺术的主导理论的彻底检修。

朗西埃——曾是路易·阿尔都塞的学生并参与其《读资本论》一书的撰写，但后来同阿兰·巴迪乌一样与阿尔都塞分道扬镳——发表过有关教育学和政治哲学的著作，近 10 年中在法语圈以外也很出名，或许成为当下最有影响的研究"美学"的欧陆哲学家。他在一系列小部头书卷、会议论文及访谈中描述，不断地重复以及在一定程度上阐发其观点，用他的话讲，"这使他得以在尽可能小的空间说尽可能多的东西"（朗西埃，2003：209）。在朗西埃自己看来，他坚持重复其美学哲学的若干主要原则。以下是其中几个核心原则：

美学是两个世纪以前诞生的一种话语，是一般地思考艺术的可能性条件。"正是在同一时代，艺术以其不确定的独异性首先与美学或文科系列形成了比照。"（朗西埃，2009：6）"艺术要存在，需要的是一种辨识它的特别注视和思想形式。"（出处同上）特别的注视是艺术的美学体制的注视。然而，如果没有美学作为其先验条件，艺术便不会获得那种独特的普遍化模式，让我们得以在两个世纪谈论艺术，以及对其本性和普遍特性提出质疑。如此，美学进行一种"可感的分配"，也就是说，它以一种特别的方式发展了一种艺术概念——因而发展了整个艺术领域，它吸纳也排除一些其他的制作和创造形式。朗西埃所追求的，是使诸如艺术、批评艺术、自主艺术等范畴成为可能的条件。他认为，艺术的美学体制几乎与美学同时成为存在，它从根本上取代了建立在再现与被再现者的逼真性上的艺术再现体制。美学体制据称拒斥这样的等级制，允许在精英和抽象艺术及工艺美术当中耳濡目染，从而将马列维奇的抽象艺术与包豪斯工程、或司汤达与工艺美术运动汇集在同一屋檐下。

朗西埃试图将美学转变成一种关于当代艺术的解释工具，为此他宣称现代主义——尤其是格林伯格式的现代主义——对于分析过去两个世纪的艺术已经过时，并且产生相反效果。在他看来，现代主义概念——他将其中一部分称为"现实现代主义"（modernitarism）——提出了所有问题，诸如将艺术分隔为形式主义和政治化的先锋主义，或者将如阿多诺和未来主义等五花八门的理论汇集在一起。

尽管某些论点尚有说服力，但朗西埃对现代主义的抨击似乎是不无问题的并有些冒进，尤其是因为这需要对过去两个世纪的艺术进行全面的重新解释。朗西埃断言，艺术就像民主政治：在一个共同体中没有发言权的个人必须要获得发言权，必须为说话和被倾听的权利而战斗。朗西埃的理论同样不无问题。在美学体制中给工艺美术划界也受到了质疑。如今，没有人捍卫朗西埃所斥责的"纯"艺术，并且我们都同意他的看法，即现代艺术是艺术（形式的）元素和超艺术（他治的）元素的机械混合。

那么，按照朗西埃，存在着三种艺术模式或体制，其中，"美学体制"是由19世纪末的美学革命建立的，当时艺术作品被宣称为没有再现特性的艺术，而在以前据称以这种特性区分艺术与非艺术。

自此之后，朗西埃相当坚定地认为，艺术的美学体制延伸到当代性，对于诸如艺术自主性或现代主义/后现代主义两难、关于艺术终结的理论或者关于艺术纯粹性的理论等问题不屑一顾。所有这一切，朗西埃断言，都是由那个虚假假设造成的,即现代主义是一个植根于历史现实的概念,并非只是一种狂欢之后创造的意识形态概念。

五

特奥多尔·阿多诺在其《美学理论》中宣称,"这里的方法原理是,应该从最新近的艺术作品的高度来阐明所有艺术,而不是相反"(阿多诺,1997:359)。

在以上所讨论的两位著作者那里,当代性显然是它们的起点,不过在朗西埃那里这种当代性自相矛盾地贯彻于一个非历史的和共时的连续统,而在这个连续统中,只有起点——大约在1800年左右——被明确标明,然后它便延伸到未限定的当代性当中。

特里·史密斯的理论研究由于直接探讨当代艺术问题而应受关注。如同布里奥,史密斯也探讨了他那个时代的艺术,唯有他那个时代目前也是我们的时代,并且他并没有像布里奥那样将历史部分归入当前时代。而且,如果说布里奥所讨论的艺术包括新近的非欧和非美艺术,但这类艺术大多是那些从其他大洲永久移民到欧洲和美国的艺术家的创作。在史密斯那里,所展现的艺术更受当地所限定和决定,或者说明显地是"全球的"。

史密斯的工程——尤其是在其2009年出版的《什么是当代艺术?》一书中展现的,但在其他出版物中也有展现——试图对当代艺术的总是理不清的头绪做一清理,在似乎是乱七八糟一堆的矛盾的、排斥的或平行的作品和事件中确立某些共同点和共同特征。这些作品和事件显然共享"艺术"这个唯一的名号,它们是通过在一个被称为美术馆、画廊、双年展的环境中或在其他艺术空间/场地/场所中被展示而占有这个名号。它们的共同特征往往与其共有的当地性了无关系,而与它们共同的、相关的或类似的概念有关。而且,正如齐格蒙特·鲍曼在1989年断言的,如果说以往哲学家是"立法者"——例如,想一想黑格尔在决定我们对以往艺术的理解所起的权威作用,那么他们在近几十年变成了"解释者"。如今,甚至这种解释者的角色也已失去其重要性,因为艺术世界的数量已经成为不限定的。正是这样一种情境使史密斯宣称,诸如现代性或后现代性这样的普遍主义将不会实现总体性,也不会允许可持续的和解。

史密斯关于当代性的主要观点可简明地概括为如下论述:"**严格地讲,**

构成当代性的是加速、无处不在、知觉彻底分离的恒常性、观看和评价相同世界的失配方式的恒常性，是非共时暂时性的实际重合，是各种各样的文化和社会多重性的偶然碰撞，所有这些通过突显它们之内或之间的急速增长的不平等而被拼凑在一起。"（史密斯，2005：8—7）

史密斯认为，在当代艺术中，普遍决定与任意多元性之间存在着一种模式。史密斯谈到的模式让我们想到阿兰·巴迪乌在其主要著作《存在与事件》（1988）中作为其本体论提出的集合论。史密斯理论的重要特征，在于它将共同特征的意义局限于一种基于相似而非因果关系的模式。

按照史密斯的观点，当代艺术包含三个构成上述模式的主要潮流：第一个是体制化的当代艺术（等同于一种全球化美学，与新自由主义经济学和艺术体制相关），第二个是前殖民世界内的去殖民化中涌现的一种潮流，包括它在前第一世界中产生的影响。后现代主义作为一个分支包含于其中的正是这一潮流。在史密斯看来，"后现代主义"这一术语过于狭窄，无法指称这个仍在继续的伟大变迁。他认为，后现代主义在今天只不过是一个表示当代性的第一阶段的指示符。

史密斯的当代艺术理论的结果是，对于什么是当代艺术这一问题的答案不是一个而是三个。于是就存在三种相互关联的当代艺术，其本质建立在经验基础之上，但却拥有某些更广泛的哲学特征。这种对当代性及其艺术的解释往往受到批评和诋毁——正如在2004年的一次会议上，一些与会者直截了当地拒绝接受史密斯关于当代艺术的论断。《艺术与文化的二律背反：现代性、后现代性、当代性》（2009）这部文集是该会议的集体成果。

史密斯坚持认为，艺术是当代的表现为无限数量的方式，这再一次提出了非常类似于巴迪乌关于集合论的论点的论述。在集合论中，没有无所不包的数学集合。在巴迪乌那里，这个真理带有普遍性，也就是说，它不仅在历史和地理上有效，而且，像康德的认识论那样，是普遍有效的。由于当代艺术不仅是全球创造和展示的，而且其概念化也是全球的，所以它也是普遍的。

六

在这个简短的概述中，我论述了美学与艺术在近几十年中的某些相遇。它们所见证的是，尽管有诸多的例证证明的是反面，但是美学与艺术在我们试图去充分理解、鉴赏艺术并加以合法化的尝试中偶尔会成为或仍旧是伙伴。

在后现代主义当中或其后发生的是一系列个别的诗学和表达。这一动向亦被某些当代美学和艺术理论发现、展现和分析。我已指出了三种理论。第一种代表了对 20 世纪 90 年代的一个艺术分支的反思。它在一种显然没有现成理论的情况下提出了一种理论。第二种理论代表了一种尝试，即试图彻底审查关于现代性和现代主义的主导话语，将过去和当今的现代艺术瓦解为艺术的美学体制。第三种理论，即特里·史密斯的理论此刻提供了一个起点，因为目前它仍处于一种欠发达状态。它有望对当代艺术的当代性进行重新思考，这是一项极其需要的事业。因此，让我以史密斯的两个命题来结束本文：其一，"当今任何地方的艺术在任何意义上都是当代的"；其二，"当今的艺术在一定程度上仍然是现代的，不过是作为残余而言。它将后现代主义视为一个新近的有用战略宝库，但这些战略全加起来并不等于一个整体"（史密斯，2010）。

我对这两个论述都赞同。这一当代艺术理论是否将获得一种超越源自那种两可性的需要的重要性——这种两可性在于我们如今应该谈及现代还是当代艺术博物馆（还是或许二者都应谈及），还要拭目以待。我们知道现代艺术概念背后的理论，但是哪些理论要在哲学上支持当代艺术博物馆的概念？

Aleš ERJAVEC: ART AND AESTHETICS: FROM MODERN
TO CONTEMPORARY
(*DIOGENES*, No. 233-234, 2012)

参考文献：

阿多诺，T. W., Adorno, T. W. (1997) *Aesthetic Theory*, trans. R. Hullot-Kentor, Minneapolis, MN: University of Minnesota Press。

巴迪乌，A., Badiou, A. (2007) *The Century*, trans. A. Toscano, Cambridge: Polity Press。

鲍曼，Z., Bauman, Z. (1989) *Legislators and Interpreters*, Cambridge: Polity Press。

毕晓普，C., Bishop, C. (2004) "Antagonism and Relational Aesthetics", *October*, 110 (1): 51—79。

布里奥，N., Bourriaud, N. (2002) *Relational Aesthetics*, trans. S. Pleasance and F. Woods, Dijon: Les presses du réel。

丹托，A. C., Danto, A. C. (1986) *The Philosophical Disenfranchisement of Art*, New York: Columbia UP。

福柯，M., Foucault, M. (1994) *The Order of Things. An Archeology of Human Sciences*, New York: Vintage Books。

格罗伊斯，B., Groys, B. (2008) *Art Power*, Cambridge, MA: MIT Press。

哈贝马斯，J., Habermas, J. (1983) "Modernity—An Incomplete Project", 收入 H. 福斯特（主编），in H. Forster (ed.), *Postmodern Culture*, pp.3—15, London: Bay Press; http://www.peripatetic.us/habermas_modernityproject-1.pdf。

詹明信，F., Jameson, F. (1991) *Postmodernism, or, The Cultural Logic of Late Capitalism*, London: Verso。

詹克斯，C., Jencks, C. (1987) *The Language of Post-Modern Architecture*, London: Academy Editions。

朗西埃，J., Rancière, J. (2003) "Politics and Aesthetics. An interview", *Angelaki*, 8 (2): 194—211。

朗西埃，J., Rancière, J. (2009) *Aesthetics and its Discontents*, trans. S. Corcoran, Cambridge: Polity Press。

史密斯，T., Smith, T. (2008) "Introduction", 收入 T. 史密斯、O. 恩韦佐和 N. 康迪（主编），in T. Smith, O. Enwezor, and N. Condee (eds), *Antinomies of Art and Culture. Modernity, Postmodernity, Contemporaneity*, pp. 1—19, Durham, NC: Duke UP。

史密斯，T., Smith, T. (2010) "Contemporary Art of the World Today: Patterns in Transition", unpublished manuscript。

韦尔施，W., Welsch, W. (1988) "Modernité et postmodernité", *Les Cahiers de Philosophie*, 6 ("Postmoderne. Les Termes d'un usage"): 21—31。

明日之美学：再语境化？

彼得·麦考密克 著
杜 鹃 译

谨以此文纪念坂部惠

　　本文的总主题是作为一门学科的美学的未来可能性。[1] 由于美学与某些不同类型的反思往往并存，[2] 所以今日审美反思的若干尚处于萌芽的类型在未来的关键发展，对于美学自身在明日可能的发展新方向具有重要的影响。

　　具体而言，本文有关相当新的审美反思可能给美学带来的未来可能性，而新的审美反思的产生与美学和伦理学传统组合的仍成问题的关系不无关联。这一目标与其说是对这些成问题的关系的标准理解进行批评，不如说是进行补充。本文的立足点主要是美学的而非伦理学的。

　　这组文稿的主旨之一，根据佐佐木健一的建议，是"为美学提供一个不同的语境，来培育这门学科的一个新视野"。提供"不同语境"的一个方式是为美学的未来工作建议可能的新方向。笔者在这里的建议是，美学的某些新方向可以看作产生于我将称作的"再语境化"，对于这种特殊的审美反思，我们不仅要从今日狭隘的学术角度去理解，也要从明日广阔的全球角度去理解。

　　我们今日在伦理上很成问题的全球处境在明日极有可能仍将持续。这一处境构成了我们当今及未来的语境。相应地，美学未来的某些新的可能性可能要包括对某些艺术作品在这些语境中的位置的批判性反思。此外,这种反思可能还须批判地回溯,然后进一步发展以往那种介于美学和伦理学之间的创造性的概念化张力,而这种张力自从A. G. 鲍姆加登在18世纪创建现代美学以来几乎被遗忘。[3]

简而言之,笔者将提出,一种尚处发端的今日审美反思的具体特性预示着若干新的可能性,具体而言,即在未来更为清晰和中肯地表达美学和伦理学关系,以及更一般和更重要地,为明日的美学自身开放新的可能性。

一、美学和伦理学的今日关系

美学和伦理学的当今关系是困难的。[4]这是由于当今美学的某种在其他方面都很重要的反思仍然忽略某些艺术作品的伦理学语境,比如这些作品与许多其他问题,尤其是环境问题的关联。反过来,当代伦理学中某些具有相似重要性的工作仍旧忽视这样的事实,即某些艺术作品的审美经验也可以对伦理判断的发展有所助益,例如对道德感的培养就是如此。接下来,在继续讨论之前,让我们好好回溯一下当今美学和伦理学在人们看来究竟是如何关联的。

按照一个相当标准和十分具有影响力的当代解释,美学和伦理学被认为至少以三种方式相互关联。[5]我们也许可以将这种解释的要旨不失公允地总结如下。

第一种方式始于这样的断定,即一般而言,美学是价值理论的一个分支。[6]由于一般而言伦理学也是价值理论的一个分支,因此,美学和伦理学可以被认为是作为相同理论的不同形式而相互关联。

第二种方式始于这样的断定,即具体来说,美学关注某些对象的内在固有价值,即关注这些对象只对自身而言的价值。由于伦理学同样格外关注内在价值,因此美学和伦理学也可以被认为是作为对固有价值的不同的关注形式而相互关联。

第三种美学和伦理学相关联的方式涉及一个更大的断定。即美学关注的是"通过与对象打交道而得来的感性经验及想象经验的价值,包括自然的及人为的价值,或关注与人类生活有关的对象的内在价值"。由于这个原因,伦理学同样格外关注"对人类行为的评价,关注人类从根本上应该如何行为,尤其在人的相互关系上应该如何行为"（莱莫斯，1999），因此美学和伦理学在格外关注对人类行为的评价上相互关联。

这种对美学和伦理学之间的根本关系的解释无疑是貌似合理的；此外，它也基本正确。然而虽然美学和伦理学的确可以被视为价值理论的相关形式，但是审美的或道德的或其他什么的价值的本性，始终具有强烈的争议性。[7] 因此，任何仅仅依据美学和伦理学是"价值理论分支"一般地论证其相互关联性的论点，仍然过于依赖哲学家和其他学者关于究竟什么是价值的难以达到的共识。也许额外的依据，比如历史依据也应该被考虑？

关于第二种断定即美学和伦理学由于各自都格外关注内在价值的不同形式而相互关联，也存在相似的情况。这里同样如此，甚至可能更甚的是，当今的大多数哲学家仍然感到困惑的是，不仅对价值的本性，而且对多种不同种类的价值，包括所谓的外在及内在价值究竟如何进行精确的划分。[8] 或许还有范畴，比如价值论的模糊性和准确性也应该被确认？

但是，认为美学和伦理学尤其关注对行为的评价的这一更进一步的断定，格外引发争议。这里的问题并非是对于一般而言的价值本性或具体而言的内在价值本性的难以达成的共识；这个问题毋宁说是一种夸张。也就是说，根据在当代专业期刊、编目和评论上定期出现的专业思考的充分证据来看，实际上美学和伦理学的大部分工作都不以评价为中心。

尽管美学中的某些工作的确涉及对艺术作品的评价并产生审美判断，然而美学的大部分工作实际上根本不会带来价值判断。其主要工作是历史的、描述的或解释的等等。比如，人们如今经常在关于文艺复兴时期艺术作品的审美反思中谈及"对艺术作品的解读"而非对艺术作品的评价和判断（希尔曼，1992：5—6）。

此外，尽管伦理学的一些工作也包含对实际行动的评价，规范伦理学的大部分工作却更为关注使得某些行动或在道德上正确或在伦理上善的那些因素。比如，人们如今经常会在关于社会问题的伦理反思中谈及对社会状况的最核心要素的正确识别而非对社会境遇的评价和判断（布里格豪斯和罗贝恩斯，2010：10—11）。也许，运用更为充分的描述，比如解释学的描述会更有收获？

对这些反驳逐一做出令人信服的回应并不困难。然而，显然存在着进一步质疑的空间，而我将在下文再逐一简要地谈到美学和伦理学之间可能更大的相似性。更重要的是，进一步质疑这些关系，可能对未来发展美学和审美反思的可能性是不无裨益的。

在接下来的部分，我将集中关注几种相互作用，不仅是美学和伦理学这两门学科本身的相互作用，还包括尤其在欧洲主要美术传统形成之初的审美和伦理反思的关系，以此来思考美学在未来的几个新的可能性。

二、自制（sôphrosunê）的出现

公元前480年，在希波战争的温泉关战役和萨拉米斯海战的余波中以及紧随古代伊朗人洗劫雅典之后，工匠们将自制作为新伦理德性出现的残片和物证埋于大火浩劫后的雅典卫城废墟的万人冢。[9]

这一证据的可靠年代在大约公元前485年至公元前480年间。它由一些核心雕塑例证组成，证明了从大约公元前480年到公元前450年这段时期从古风晚期的希腊雕塑到古典早期希腊雕塑的转变。[10] 这一历史断定接下来认为，这些雕塑的细节直至今日仍然向我们表明着**自制**的出现。

自制是苏格拉底在柏拉图的《理想国》中认为应受到哲学考察的经典伦理德性之一。[11] 英译一般将其译为**节制**（temperance）。[12] 并有时将其释义为出于对自身局限性的切实了解而行为高尚，或释义为体现出**适度**（moderation）或**自我约束**（self-restraint）。

然而，在当今大多数的英语道德哲学中，对节制的谈论往往趋向于对**适度**的谈论，而**适度**被理解为不仅要避免过度还要避免极端。此外，大多数的哲学反思都从考察作为伦理德性的**节制**转为探讨被理解为"一种在受到其他诱惑时以个人认为最佳的判断来指导自己的能力"的**自我克制**（self-control）（米尔，2005：861；参见米尔，1995）。因此，当下将**自制**主要理解为**自我克制**就扩大了这个词的原始延展。与亚里士多德将作为节制的**自制**限定在伦理领域不同，大多数的当下反思将自制延展到更广的整个实践领域中。

然而，大约公元前460年雅典的伦理创新并不是从较晚的、当代含义的**节制**而言的那种**自制**，也即不是那种作为**适度自我克制**的节制。也不是在节制的同时代含义上的**自制**。毋宁说，雅典的伦理创新是**自制**的前哲学含义，即我们所说的**自我约束**。

显然，**自我克制**、节制和**自我约束**在许多方面都是紧密相关的。我们可以主要从"**自我克制**"节制阶梯（scalar）精神活动——如感觉、情绪、情感、激情和动机——以避免任何极端表现上的含义来理解其在今日的当代表达。并且，然后我们可以将"**节制**"的同时代表达理解为实践"适当的放纵"、适当"满足肉体欲望"的不变意向（亚里士多德，1999：350）。相比之下，我们在此主要从其以下含义上理解**自我约束**，即更进一步地自发减少这些精神活动和感官愉悦的已然是适当的适度表现。

在这些相当严格的意义上，**自制**在今天已经不再是作为**节制**的伦理德性**自制**；自制在今天是**自我克制**。而我所谓的前哲学的、作为**自我约束**的**自制**，既不能被理解为柏拉图和亚里士多德时代所理解的单纯的**节制**，也不能被理解为当代意义上的单纯的**自我克制**。我们现在也许可以推测，**自我约束**的德性在美学上的出现要早于**节制**的德性在伦理学上的出现。

如果我们现在在此正确地理解艺术史，那么我们就可能拥有这样一个例证，即一种特殊种类的艺术史的审美反思先于哲学反思。更具体地说，当今审美反思的一个特殊例证将美学和伦理学之间在过去的某些关系"语境化"（contextualized）了。就此而言，审美反思的确"语境化"了希腊雕塑从古风晚期到古典早期在表现人物上的风格转变。但是，我认为这种特殊种类的审美反思开始发挥更多的作用；它也开始对这一转变"再语境化"。也就是说，在这种质疑中展示的审美反思将这种风格转变部分地放置于一种新的语境中，而不是将这种转变简单地置于它原始的语境中。审美反思在这里开始将艺术作品放置于一个伦理学语境中。然而，这个新的语境仅仅是随艺术作品的问世同时出现。因此，这种语境化的审美反思仍然仅仅是一个开端；它只是开始将那种转变带入美学和伦理学的概念张力中来。

雅典文化在公元前490年和公元前480年经历了两次波斯战争，之后又经历了雅典发生的撤离和洗劫，希腊文明在这个时期从古风晚期转变到古典早期。也就是说，希腊文化对人物的表现从品达的诗歌转向西蒙尼斯的诗歌，从杯画画家奥奈西莫斯的绘画转向瓶画画家克莱奥弗拉德斯的绘画——后者表现卡珊德拉的绘画描绘的是卡珊德拉在特洛伊紧抓雅典娜神像抵抗小埃阿斯的夺命枪矛，从埃斯库罗斯的悲剧转向索福克勒斯的悲剧。

与此同时，雅典对人的雕塑表现发生了彻底的改变（哈利特，1996）。

具体而言，雅典对人物面部的雕塑表现证明了过分欲望无所不在以及不仅仅是**自我克制**而且是我所谓的**自我约束**的必要性，亦即证明了可能明显在当今的全球范围都存在着的某些相似的过度和必要性的无所不在。

在雅典人埋葬的曾经神圣而现在污损残破的裸体男青年运动员雕像当中，有两座雕像后来享有盛誉。它们分别按照其推测的雕塑者和一些现存于头部的闪亮金片而被称作《克里提奥斯少年》和《金发少年》（赫维特，1985：341—342；约翰斯顿，1993；赫维特，1989）。二者的年代可靠地确定为第一次波斯入侵即公元前490年的马拉松战役与第二次波斯入侵即公元前480年的温泉关战役之间的大约十年期间（特勒-卡斯滕拜因，1983）。下面让我们详细考察这两座雅典雕像如何恰当地被认为代表了一种新的伦理德性的出现。[13]

J. 赫维特（1985：344）这样写道，《克里提奥斯少年》和《金发少年》雕像，

> 具有一些（之前的）古风青年雕像（kouroi，希腊古风时期的裸体男青年站像）所没有的东西：精神生活、内在或品性（ethos）。有某种东西施压于他们的心灵之上，并且影响着他们站立的方式：身体现在拥有了一种语言。《金发少年》尤其忧思重重。这两座雕像很可能都是运动员的纪念像，而看上去有些奇怪的是，他们对于胜利——对于他们的个人美德（arête，卓越的德性）——的沉思却没有引起自信或得意，而显然引发了他们对自身追求"卓越"的殊死挣扎的意识、对无力超越的意识。他们行动过，这个世界对他们也有所作用，并且他们以自身之内的告退来进行反作用。他们的雕塑者似乎在非难古风青年雕像（kouros）所做的断言——关于永恒性以及以贵族的方式自动将善与美等同起来（kalokagathia）的断言。这些新的拥有自我意识的青年人似乎一下子接纳了有限性、对自身行为所负有的责任、选择的可能性、流变以及瞬变无常。《克里提奥斯少年》和《金发少年》事实上宣告了一种新的理念，一种新的德性：自制、节制、关于自知的学说以及关于人类有限性的知识——关于卓越的古典学说。

这种事实上不寻常的审美反思可能让某些善于思考的人感到过于主观或说教，或者二者兼而有之。但是，在接受这样的批评之前，让我们再次思考

这种艺术史解释似乎想说明的几个主要论点。这些论点表明，审美反思在这里既不能被理解为过于主观，也不能被理解为说教，而应被理解为一种更为充分的传统的语境化，一种在艺术作品和行为、在美学和伦理学之间的同时期概念张力中的对艺术作品的重要的再定位。

首先，赫维特强调充分认识在更早的、古风晚期对男青年的雕塑表现和其较晚的、古典早期表现之间的对比的重要性。他认为，尽管某些古风时期的雕像表现了比如在没有表情的冰冷笑容中的生动性，然而这两个古典早期雕像表现了一种更大的生动性，因为他们在整个面部表情中表现了人的心智，"内在或品性"[14]。

其次，我们的评论家强调充分认识到古典早期对人的雕塑表现的暗示性，即"仿佛"的重要性。他指的是这些提出了永恒性并将善等同于美的雕像。他在随后的论述中并未提及这些雕像，而是提及了这些雕像所表现的具有自我意识的那些人。最后，他还提及了这些雕像所表现出的那些人"对有限性、对自身行为所负的责任、对选择的可能性、对流变以及瞬变无常的接纳"。

此处的关键观念是将雕像看作拟人化。在赫维特看来，它们并非仅仅表现了某些可能在某次运动会上夺冠的历史人物；赫维特认为，它们还表现了真实的人所具备的某些抽象品质：这两个古风青年雕像"宣告了一种全新的理念，一种全新的德性：**自制**……"这里请注意从简单的同期美学语境向未来的晚期希腊伦理学反思的语境——不仅如此，还有向赫维特的反思得以形成的当代语境——的逐渐变化。

我们在此处似乎拥有了一种审美反思的例证，它提出了美学和伦理学之间的某些关系的更为广阔的语境化，甚至是一种再语境化。在美学中，对一件艺术作品的再语境化包括将该作品置于其被移出的原始语境中重新定位。换句话说，"再语境化在于将作品放置于它的原始的、总体的或全球的语境之中，不同于只考虑原始艺术语境的简单的语境化"。[15]

做一些进一步的澄清是不无裨益的。对一件艺术作品的再语境化是未来的美学及审美反思的新的可能性之一，它不仅包含将一件艺术作品放置在其当代（以及不仅在同期）语境中，再语境化还包含将关于那件艺术作品的当代审美反思"现实化"。

这就是说，作为现实化的再语境化就是使艺术作品顺应艺术作品当今被欣赏时那些共有其全球伦理紧迫环境的人们的关切。这种审美反思并不只是在将艺术作品置于当今的众多当下关切之中的意义上使艺术作品具备现时性：它突显了艺术作品中的某些特征从而使得这件作品具备**相关性**，亦即具备尤其相关的伦理重要性而非只是一般趣味。

然而，应该注意到，此处审美反思的"现时性"观念是合理精确的，因为这一观念以上文中的明确区分为基础，即在过去对艺术作品而言是同期的东西与在现今对艺术作品来说是当代的东西的区分。相比之下，审美反思的"相关性"观念是模糊的，因为这一观念经常与不确定性捆绑在一起，这种不确定性影响着一个社会一直力争建立的、不断变化着的伦理优先性。"在第一种情况中，我们拥有一种合理精确的范畴，而在第二种中，我们拥有一种合理的模糊性的范畴。"（威廉森，1994：尤其参见 216—247）

三、态度、专注和内在

当我们仔细审视这两座雕塑作品的照片时，这两座雕像激发的这一尚处萌芽的再语境化审美反思，使得我们重新考虑这个在美学和艺术史上同样著名的作品的较前段落。赫维特在我下面引用的标黑体段落中阐发了他的审美反思，这种反思远远超越了仅关注风格变化的艺术史细节。

> 《克里提奥斯少年》通过改变重心和身体随意地扭动而变得栩栩如生。身体的一个部分影响着另一部分，而所有的部分又都服从于整体的曲线韵律。正方形的古风青年雕像中始终固有的并严格地控制着雕像的石块最终粉碎，在雕像有限的空间和观赏者所处的不受限的空间之间的屏障也坍塌了。《克里提奥斯少年》不是某些学者认为的民主政治的普通人：他仍是一个贵族政治的形象。但是，民主政治中的贵族的行为一定不同于其在贵族政治中的行为。雅典民主政治的兴起迫使贵族政治调整关于自身的概念及其价值观。因此，贵族政治曾经用来反映并表现自身的形象也必须调整。现在，古风青年雕像并不仅仅是艺术化石：它也是带有政治和社会负载的形象，带着所有的错误联想，表达着所有的错误理想。这也是它之所以不再能如此的原因。无论如何，《克里提奥斯少年》似乎实践着自由意愿并以与我们相同的方式，占据了同我们一样

的空间，呼吸着相同的空气。贵族的**古风青年雕像**是遥远的、不可及的。《克里提奥斯少年》是可穿透的。他几乎是脆弱的。（赫维特，1985：340）

赫维特展示了一种新的伦理德性的兴起，它既是雅典社会和文化对于波斯入侵者的玷污的一种反应，也是一种适应。现在他在他的审美反思中引入一种额外的元素，为此他对严格的艺术史关切以外的东西给予新的关注。

"雅典民主制的兴起"，他写道，导致了一种艺术创新、古典早期风格以及一种伦理创新的诞生：在此我既不将这种新的德性称为节制或适度，也不称为单纯的**自我约束**，而是称为合理的**自我约束**。

然而，赫维特的反思仍旧主要是美学的。"《金发少年》或《克里提奥斯少年》"，他总结道，"表现了一位理想的青年，而非像古风青年雕像那样表现了青年的抽象观念。他们深思。而古风青年雕像，安居于其图式和空间框架中，凝视的眼神越过我们，通过无视人类的局限和无常而将其超越。《金发少年》和《克里提奥斯少年》暂停了下来并且似乎要好好留心一番。他们不再向外而是向内观看，正是他们的内省性与其姿势一起使其具有古典主义色彩"（赫维特，1985：343）。

对人面部的雕塑表现的变化与在雅典被毁后对希腊特权阶层成员而言什么是正确行为的变化是如何同期的，对此所做的评论，远甚于简单的审美或风格上的反思。这里，不寻常的审美反思开始去理解在重大艺术创新和重大伦理创新之间的微细空间中的几个希腊过渡期雕塑艺术作品。从历史的角度来看，这种对某些艺术作品的"再语境化"也许恢复了在希腊艺术中兴起而在其后的现代时期中遗失的艺术和伦理学之间关系的某些方面。在更广的意义上，这些评论甚至提出，"被表现之物的道德意义……对于对象的总体完善做出了必不可少的贡献，并且对于艺术作品内容的（当代的以及不仅仅是同期的）伦理评论会成为艺术作品评论的一部分"（古耶尔，2008：5）。

重新定向

我在此处考虑的是一些相当新颖的当代审美反思，因为它开启了作为一门学科的美学在未来的一些可能性。这些仍然尚处萌芽的审美反思着重于西方文化一个关键历史时期的一种艺术的发展以及一种伦理道德的出现。审美反思的着眼点是当今一种艺术史反思的尚不完整的提示性特征，后者反思的是在古风晚期的希腊雕塑中较早出现的某些艺术创新，它们在一定程度上导致了一场重大伦理创新在稍后的出现。艺术创新首先预示了合理的**自我约束**的这一伦理学的创新，后者在稍后帮助希腊社会调整了他们之前导致自我摧毁的暴力的、尚武精神的文化理念。

如果没有之前希腊雕塑艺术发展上的艺术创新，那么后来的伦理创新还能否出现？如果没有希腊雕塑家将新的反思带入他们的经验，这种艺术的创新还能否出现？并且，如果不展开这种新近的、明晰的、"再语境化"的审美反思，今日的我们还能否批判性地把握这种原初的艺术创新和之后的伦理学创新之间的关系？

未来美学和审美反思的崭新可能性或许恰恰产生于当今的艺术实践在未来得以再语境化的程度。回想一下，在古代波斯的猛攻之下，雅典丧失了一度兴旺的人口。雅典人口被急剧削减，徒剩一群迷茫而手足无措的人，被仓促疏散到诸如埃伊纳这样的临近岛屿上；他们空前的财富被洗劫一空，他们的神庙和雕塑尽遭亵渎，他们的城市完全被大火吞没，而澄明的夜空则几乎湮没在漫天飘浮的灾难性的灰烬之中。

在那场不止是文化浩劫的余波中，艺术家们最先捕捉到一些以传神而无言的形式出现的发人深省的灾后遗迹。由自身模糊的艺术反思所塑造的雕塑形式，之后向悲剧作家和哲学家们提出挑战，要他们去寻找恰当的语词来表达这种沉默而冰冷的教训，让过分骄傲、无限自我肯定以及接下来的不可避免的灾难和傲慢与报应的教训最终令人难忘。很久以后，一些艺术史学家开始展开一种再语境化的审美反思，后者指出了对当今美学和伦理学之间仍未界定的空间中的某些艺术作品再语境化对于未来美学和审美反思的重要性。[16]

也许，作为再语境化的美学和审美反思的某些未来形式可能会卓有成效地扩大我们现在对美学和伦理学、艺术和生活之间恰当界限的仍然十分狭隘的理解。[17]

Peter MCCORMICK: AESTHETICS TOMORROW:
RE-CONTEXTUALIZATIONS?
（*DIOGENES*, No. 233-234, 2012）

注：

[1] 感谢佐佐木健一约我为这期《第欧根尼》特辑（第 233—234 期）撰稿，尤为感谢他对本文前几个版本的十分有益的建设性意见。

[2] 例如参见《关于艺术的争论》，收入图尔明等（1984：349—367）。

[3] 关于 18 世纪的历史背景，参见古耶尔（2008）。

[4] 参见如卡罗尔（2004）。

[5] 这是 J. 莱文森的观点。J. 莱文森在最新近的英语的哲学标准参考书中撰写了关键条目"伦理学和美学"，从这个意义上讲，他的解释可称为"相当标准的"（杭德里克，2005：270—271）。另见莱文森（1998，2003），埃尔德里奇（2003），高特和麦基弗（2005）。为了避免过分有争议的观点和偏好，我将尽可能在下文参照其他的标准参考书。

[6] 价值理论在这里可被相当标准地理解为对被认为有价值的事物的属性或特征的本性的哲学考察（莱莫斯，1999）。

[7] 例如参见齐默尔曼（2001：3）的讨论。

[8] 关于审美价值，参见如贾纳韦（2005）。关于伦理价值，参见齐硕姆（2001）。

[9] 我在此处主要依据波利特（1990）、赫维特（1985：320—355）、博德曼（1991）、里奇韦（1993）以及奥尔茨曼（2010：118—179）。

[10] 在 19 世纪 80 年代，德国考古学家首次系统地发掘出这些雕像。希腊旅行家帕萨尼亚斯在他的时代已经注意到尚未被掩埋的波斯残骸对卫城的重要性。参见哈比特（1985）。

[11] 柏拉图还在《克拉底鲁篇》（411d4—415a7）、《普罗泰戈拉篇》（332b4）及《斐德罗篇》（247d7）中讨论了一般的德性和特殊的自制。

[12] 然而，参见 T. 埃尔文在其翻译注释中的限定（亚里士多德，1999：350）。

[13] 里克特（1970，1968）的著作不失为论述关于从这一时期开始的男性和女性雕像的标准通史，此处我仅主要关注这两个雅典卫城裸体男性过渡雕像的特征。作为过渡雕像，他们不是严格意义上的古风青年雕像。

[14] 注意此处作为品性的"精神（ethos）"的过于一般的德性－伦理观念。关于"精神（ethos）"观念的原初含义，参见弗勒特尔（2007）。

[15] 佐佐木健一，关于我在此处阐述的观点的个人通信。

[16] 但是，请注意佐佐木健一在个人通信中对此的反驳，我希望能在其他场合详细论及。"存在着两个轴线：美学和伦理学，以及古代和当代。你所做的是，为了证明前者关系或联系的相关性，你诉诸一个古代案例，并试图将其置换到美学－伦理学关系的当代语境。

这两个领域的关系在古代例证中清晰地得到了展示。但是，将其置换到当代语境却是可疑的，因为在古代案例中，雕塑蕴含的未来伦理学的萌芽性意义只有在很久之后才为艺术史专家所注意；换句话说，这一意义并没有被任何同时期的人破解。因此，即便你将这个案例置换到我们的时代，我们也不能从这样的方向上期望得到任何积极的东西。"暂且仅作为部分回应，注意，我在此关注的不是置换任何东西。毋宁说，我只是希望建议，为了作为一门学科的美学的未来，除去其他方法外，在某些艺术史著作中进一步发展当今关于美学和伦理学关系的令人耳目一新的审美反思。

[17]关于新近的、仅仅部分成功的再语境化尝试，见麦考密克（2010）。

参考文献：

亚里士多德, Aristotle (1999) *Nicomachean Ethics*, I. 埃尔文（主编）, ed. I. Irwin, Indianapolis: Hackett。

布莱克本, S., Blackburn, S. (2005) *The Oxford Dictionary of Philosophy*, Oxford: Oxford UP。

博德曼, J., Boardman, J. (1991) *Greek Sculpture: The Archaic Period*, London: Thames & Hudson。

布里格豪斯, H. 和罗贝恩斯, I.（主编）, Brighouse, H. and Robeyns, I. (eds) (2010) *Measuring Justice: Primary Goods and Capabilities*, Cambridge: Cambridge UP。

卡罗尔, N., Carroll, N. (2004) "Art and the Moral Realm", 收入 P. 基维（主编）, in P. Kivy (ed.), *The Blackwell Guide to Aesthetics*, pp. 126—151, Oxford: Blackwell。

齐硕姆, R., Chisholm, R. (2001) "The Things that are Intrinsically Good", 收入 J. R. 怀特（主编）, in J. R. White (ed.), *Ethics and Intrinsic Values*, pp. 25—35, Heidelberg: Universitätsverlag C. Winter。

埃尔德里奇, R., Eldridge, R. (2003) "Aesthetics and Ethics", 收入 J. 莱文森（主编）, in J. Levinson (ed.), *The Oxford Handbook of Aesthetics*, pp. 722—732, Oxford: Oxford UP。

高特, B. 和麦基弗, L. D.（主编）, Gaut, B. and McIver L. D. (eds) (2005) *The Routledge Companion to Aesthetics*, London: Routledge。

古耶尔, P., Guyer, P (2008) "Is Ethical Criticism a Problem? A Historical Perspective", 收入 G. L. 哈格伯夫（主编）, in G. L. Hagberf (ed.), *Art and Ethical Criticism*, pp. 3—32, Oxford: Blackwell。

哈比希特, C., Habicht, C. (1985) *Pausanias' Guide to Ancient Greece*, Berkeley: University of California Press。

哈利特, C. H., Hallett, C. H. (1996) "The Origins of the Classical Style in Sculpture", *Journal of Hellenic Studies*, 106: 71—84。

奥尔茨曼, B., Holzmann, B. (2010) *La Sculpture grecque*, Paris: Librairie générale。

杭德里克, T.（主编）, Honderich, T. (ed.) (2005) *The Oxford Companion to Philosophy*, Oxford: Oxford UP。

赫维特, J. M., Hurwit, J. M. (1985) *The Art and Culture of Early Greece, 1100-480 B.C.*, Ithaca: Cornell UP。

赫维特, J. M., Hurwit, J. M. (1989) "The Kritios Boy: Discovery, Reconstruction, and Date", *American Journal of Archeology*, 93: 41—80。

贾纳韦, C., Janaway, C. (2005) "Value, Aesthetic", *The Oxford Companion to Philosophy*, Oxford: Oxford UP。

约翰斯顿, A., Johnston, A. (1993) "Pre-Classical Greece", 收入 J. 博德曼(主编), in J. Boardman (ed.), *The Oxford History of Classical Art*, pp.11—82, Oxford: Oxford UP。

金, J., Kim, J. (2005) "Emergent Properties", *The Oxford Companion to Philosophy*, Oxford: Oxford UP。

莱莫斯, N. M., Lemos, N. M. (1999) "Value Theory", 收入 R. 奥迪(主编), in R. Audi (ed.), *The Cambridge Dictionary of Philosophy*, Cambridge: Cambridge UP。

莱文森, J. (主编), Levinson, J. (ed.) (1998) *Aesthetics and Ethics*, Cambridge: Cambridge UP。

莱文森, J., Levinson, J. (2003) "Philosophical Aesthetics: An Overview", *The Oxford Handbook of Aesthetics*, Oxford: Oxford UP。

洛, E. J., Low, E. J. (2005) "Emergence", *The Oxford Companion to Philosophy*, Oxford: Oxford UP。

麦考密克, P., McCormick, P. (2010) *Aspects Yellowing Darkly: Ethics, Intuition, and the European High Modernist Poetry of Suffering and Passage*, Cracovie: The Jagiellonian UP。

米尔, A. R., Mele, A. R. (1985) *Agents: From Self-Control to Autonomy*, Oxford: Oxford UP。

米尔, A. R., Mele, A. R. (2005) "Self-Control", *The Oxford Companion to Philosophy*, Oxford: Oxford UP。

波利特, J. J., Pollitt, J. J. (1990) *The Art of Ancient Greece: Sources and Documents*, Cambridge: Cambridge UP。

普鲁德富特, M. 和拉塞恩, A. R. (主编), Proodfoot, M. and Laceyn, A. R. (eds) (2010) *The Routledge Dictionary of Philosophy*, London: Routledge。

里克特, G. M. A., Richter, G. M. A. (1968) *Korai: Archaic Greek Maidens*, London: Routledge。

里克特, G. M. A., Richter, G. M. A. (1970) *Kouroi: Archaic Greek Youths*, London: Routledge。

里奇韦, B. S., Ridgway, B. S. (1993) *The Archaic Style in Greek Sculpture*, Chicago: Ares Publishers。

希尔曼, J., Shearman, J. (1992) *Only Connect ... Art and the Spectator in the Italian Renaissance*, Princeton: Princeton UP。

图尔明, S. 等, Toulmin, S. et al. (1984) *Introduction to Reasoning*, New York: Macmillan。

特勒-卡斯滕拜因, R., Tölle-Kastenbein, R. (1983) "Bemerkungen zur absoluten Chronologie spätarchaischer und frühklassischer Denkmäler Athens", *Archeologischer Anzeiger* (1983): 573—584。

威廉森, T., Williamson, T. (1994) *Vagueness*, London: Routledge。

弗勒特尔, F., Woerther, F. (2007) *L'Ethos aristotélicien: genèse d'une notion rhétorique*, Paris: Vrin。

齐默尔曼, M. J., Zimmerman, M. J. (2001) *The Nature of Intrinsic Value*, Lanham, MD: Rowman and Littlefield。

没有审美的美学

詹姆斯·柯万　著

陆象淦　译

笔者在本文的研究中试图考察英语世界内部作为哲学学科的美学现状。更确切地说，笔者试图离析我们认为是这个学科的一系列问题中的一个问题。不过，请允许笔者通过一段多少有点与时代不合拍的引文，从遭到英美美学反对、而且哲学上不可维护的狂热假设的捍卫者之一克莱夫·贝尔开始进行论述。贝尔写道：

> 整个美学体系的出发点应该是一种特殊激情的个人经验。我们把激发这种激情的客体称为艺术作品。（贝尔，1913：6）

贝尔在他 1913 年论述艺术的著作中这样说。他的这个文本若不是为了说明那种无法辩解的形式主义，或者为了证明如果"艺术"一词被用作进行评价的术语，美学所冒的混淆风险，那么在今天关于美学的讨论中几乎没有机会被人引证。然而，还是让我们来考察一下是什么东西使这段引文变得如此不合时宜。

促使当代读者感到震惊的首先一点，乃是审美经验被描述为一种"特殊情感"，从而暗示美学研究毋宁说属于心理学领域。确实，在其最初 200 年的历史中，美学被列入心理学领域。现代美学的基础建立在 18 世纪等同于心理学——亦即道德哲学——的元素上。实际上正是如何解释"趣味（鉴赏）判断"所固有的心理机制所提出的问题，决定了美学进入哲学领域。但愿"判断"

一词别把我们引入误区：在 18 世纪，这种判断是在审美对象所激发而且得到认同的"情感"形式下表现出来。诸如沙夫茨伯里、艾迪生、莱布尼茨、杜博、哈奇森、休谟、伯克、史密斯、孟德斯鸠、艾利森和康德等作者，将趣味视为一种下意识的反应：眼睛在一瞥间完全下意识地发出的"判断"，其原因是无法解释的，甚至无从回顾。趣味的愉悦与产生自"获利希望"或者源于理性行为的愉悦相反，以回应某种感知的感觉的方式"直接渗入灵魂"，或如伯克（1803）所概括的那样，犹如产生自火焰的灼热经验那样"必然"和"立即地"深入心灵。此外，这种愉悦的来源可以因人而异，广泛多样，即使在同一个人心中也随时发生变化。正是对于这个经验领域，对于这个奇异的心理现象，我们今天视为美学创始之父的 18 世纪的心理学家们倾力加以了关注。

因此，在整个 19 世纪的进程中，英国、法国、德国和美国论述"**道德哲学**"、**精神哲学**或者"心灵哲学"的著述，以及稍后的基础心理学教科书，一成不变地囊括论述诸如美、崇高等个人"情感"的章节，或者专辟研讨"趣味情感"、"美感"、"审美情感"和审美感受的篇章，也就不足为奇了。就此而言，提及布洛 1912 年发表并多次重印的论文《作为艺术元素和审美原理的"心理距离"》首发于《英国心理学评论》这一事实，并非无益。

然而，在同一时代，一种新的美学在哲学中成形。它最初受到托马斯·里德的"常识"（sens commun，共通感）哲学和维克多·库辛著作的启迪，后来又受到晚期黑格尔主义和归根结底具有德国唯心主义色彩的这种浪漫主义思潮（例如：谢利，1980）的影响。这种作为哲学分支的另类美学试图抛弃对于心理学的全部敬畏，几乎专一地从事艺术研究。唯其如此，无疑是那个时代的首屈一指的学者本尼迪托·克罗齐在 1901 年能够雄辩地宣称，既然美学揭示表现性，换言之即揭示"表现的精神活动"，那么诸如崇高、悲怆、感动、幽默、抒情之类的"伪美学"范畴应该被驱逐出美学领域，回到它们所属的心理学领域（克罗齐，1904）。另一方面，心理学家们对这种新美学同样极其蔑视。此前 20 年，霍尔在总结美国的哲学教育时断言，美国的美学无非是关涉"被当作趣味的基本守则的……或多或少专断的心理学原理"，对一系列极其广泛的艺术形式进行大体评估，丝毫不想要"解释愉悦或痛苦情感隐蔽的原因和本质"的作为（霍尔，1879：94）。

尽管使用了"情感"一词，但贝尔显而易见站在哲学美学的立场上。事实上，诸如"审美情感"或者"审美幽默"之类的表述在一段时间里曾是哲学和心理学领域共用的术语。贝尔甚至断言，"为什么我们会被某些以某种方式联系在一起的形式如此深刻地感动？"这一问题，换言之即霍尔提出的"隐蔽的原因"问题，"与美学毫无关联"（贝尔，1913：11）。我们在这篇文章开头引证的文句的第二部分无疑表明，贝尔所属的领域是哲学美学，而非心理美学："我们把激发这种激情（审美）的客体称为艺术作品。"用来肯定这种令人强烈感到缺乏逻辑性的立论的坚定语调，再次凸显引文确已过时。

我们能驳倒这样一个论断吗？这个论断不仅把包括康德在内的整个18世纪有关美学的一切理论，而且把贝尔时代之前续写的大部分相关论证统统排除出美学领域，我们能将它驳倒吗？任何人，或至少受到黑格尔的令人热情奋发的影响的任何人，从未肯定审美经验应该与艺术经验合一的情况下，那么这个"我们"又是谁？

我们必须着重指出促成贝尔宣言的这种貌似谬论的因素。美学对象就像整个美学学科一样，直至当时将其认同性建立在一个心理现象——审美经验的基础上，如休谟所说，对于"精神的这一部分"，"大自然抛开顾虑，要哲学放下全部高傲，使之痛感到其圈子的狭窄和成果的平庸"（休谟，2002：126）。如我们所说，贝尔本人宣称其领域的同质性建立在某种"特殊情感"经验的基础上。这种情感维系于对象的单一类型（视觉艺术）及研究人员对其心理基础毫不关心。类似的例证应该能使人对这种限制见怪不怪。试想一下我们研究的另一种特殊的情感，譬如说恐惧。按照贝尔所规定的程序，我们从分离恐惧的一个潜在来源着手，譬如说老虎（且撇开老虎并非总被认为是令人恐惧的"东西"这一事实）：由于我们几乎并不关注自己产生情感的原因，也就是说并不关注我们的情感"为什么"产生，我们将从研究老虎造成恐惧的性质进行追索，而并不以危险概念作为任何参照。这是进行恐惧分析的一种非常方式。

正因为如此，我们今天对前引贝尔论点的时代性错误感到震惊。然而，令人感兴趣的是，**两个论断**——审美经验是一种"特殊情感"；审美经验的对象称为"艺术作品"——孕育这种时代错误的方式。就第一个论断而言，我们可以相信，"情感"一词乃是用来描述审美经验所固有的心理状态的一条捷径，贝尔所使用的词汇的独特性是产生这种效应的唯一原因。但就第二个论断而言,今天就像以往在整个美学史上发生的情况一样,不言自明地显示,艺术经验既非审美经验的必要条件,也非审美经验的充分条件。

既然我们关注的是当代的分析美学,那么为什么从引证贝尔的论点开篇呢？这首先是因为就19世纪末和20世纪初期间的欧洲和美洲的美学状况而言,贝尔很有代表性。笔者之所以选择贝尔,原因很简单：他用两句话概括了整整一个美学时代。他肯定是在不经意间成为黑格尔－浪漫主义传统的继承人之一,在这个传统内部,审美对象乃是艺术,在这个传统看来,艺术的价值被视为"超越时间的"（因为是客观存在的）,因此艺术经验被认为就伦理观点而言是富有意义的。按照这种美学的惯例,研究对象不是能激发诸如表面看来不经意的（或者像19世纪的心理学家们所说的"非现实主义的"）愉悦那样的现象的心理机制,而是艺术所蕴含的"真谛",尽管说得太过夸张,而且多少有点含糊。

本文用贝尔的著作开篇的另一个原因,则在于正是在当时——20世纪最初几十年间,英美哲学内部"分析"方法开始降生。在一代人的时空转换间,贝尔的所有著作已经悉数过时。早在20世纪最后几十年前,在英美美学界内,其用途——但愿还有用——只在于当作一个令人震惊的例子,来说明曾经有过一段时间在美学对象的讨论中能言善辩的空话胜过深思熟虑的思考。然而……

让我们考察一下普通大学生按照时下的分析传统学习美学时所学的东西。试以最近20年间出版的一部通用的美学文选作为样本。汉夫林的《哲学美学》（1992）以提出"什么是艺术？"这一问题的篇章作为开篇。继后的各个章节分别阐释"艺术与情感"、"艺术与社会"和"艺术与价值"。费金和梅纳德的《美学》（1997）在简短诠释普通美学之后,用全书六编中的五编来论述艺术的认同性、艺术家、艺术作品的理解、对艺术的情感反应和艺术能够得到评价的方式。科斯梅尔的《美学：重大问题》（1998）提出的第一个大问题是："什么是艺术？"该书的其余部分围绕下列问题展开：艺术经验与鉴赏、艺术的评价、艺术能教导我们的东西、为什么我们从艺术的痛苦经验中吸取快乐,以及艺术家在艺术中的作用。同样,莱文森的《牛津美学手册》（2003）主要的关注点是艺术的定义、艺术本体论、艺术的解释与评价,该书四个部分中的一个部分分编为论述某些特殊艺术形式的不同章节。高特和洛佩斯的《劳特利奇美学指南》（2005）也将其最后九章用来论述各种不同的艺术，同时没有舍弃事先研讨诸如艺术的定义、艺术本体论和艺术评价、虚构与绘画的表现以及艺术与批评、认识、伦理和创造性之间的不同关系等论题。基维的《布莱克维尔美学指南》（2004）包括两大部分。第一部分在论述艺术本体论、艺术评价、艺术解释、艺术与道德、艺术中的情感等问题之前，探讨了艺术概念的定义。与此相对照，该书第二部分标题为"各种艺术与其他问题"。从拉马克和奥尔森的文集的标题《美学与艺术哲学》（2004）来看，人们期待它或能在美学与艺术哲学之间做出某种区别，但这种期望很快就告破灭。该书按照惯常的划分套路，以论述艺术鉴别问题开篇，接着研讨艺术本体论、美学属性、本意与解释、艺术评价、虚构性、绘画艺术、文学、音乐、通俗艺术，随后再按照十分时髦的写法，大谈自然美学。笔者深知自己对上述情况着墨过多。但我们要明确指出，这一简短的回顾排除了以艺术哲学公开标榜的一切著作，即使它们也很适宜于美学教育。贝尔关于美学应与艺术经验等同的大胆论断，无疑由于其时过境迁的特性而令我们反思，但这种观念似乎变成当代英美美学中的一个公理。

对自然美学和"日常美学"的讨论开始萌发（例如：参见莱特和史密斯，2005）。这样的讨论目前尚处于脆弱的边缘地位。无人承认美学等同于艺术经验，如前引的所有著作所证明的那样，然而英美美学界的几乎所有人无不信以为真。此外，贝尔树立的关于美学——以某一类艺术作品为限——的其他界定，也贯穿于20世纪的分析美学史。事实上，我们可以假设是艺术——通俗艺术和设计——审美经验因素的一个十分广泛的组成部分完全被忽视，在理论上不被信任或者勉强得到容忍。只是在分析具有艺术理论家们认为是美术固有特性的对象时，它才得到承认。20世纪的美学还大力鼓吹普通人的审美经验。一种人为做作的氛围为研究戴上光环。人们感觉到与其说更加深入地洞察我们所熟悉的世界，倒不如说被引入了一个陌生的地域。

显而易见，笔者并非要说存在什么阴谋，更不是要暗示延续美学史的一个特殊时期——贝尔时期——的下意识愿望。人们可以乏味得多地用一个习以为常的学界惰性现象来加以解释：人云亦云。即便如此，当代分析美学的导向并无丝毫不可避免之处。比尔兹利在其《美学：批判主义哲学诸问题》（1958）一书中深刻地分析了他整个学术生涯不懈求解的问题——审美经验的本性。然而，他的著作尽管今天被视为分析美学的经典范例，介入这样一个主题绝非分析方法的代表性行为，就像他认为"艺术"的特征是激发某种审美经验的论述一样（比尔兹利，1983）。想在凯利的四卷本《美学百科全书》（1998）中寻找审美经验本性的总体观点，也是徒劳无功之举。这个论题在前面列举的几本著作中也都明显阙如。科斯梅尔的《美学：重大问题》一书洋洋350页，却只有区区20页用于论述审美经验本性。凡此种种很明显地说明，审美经验本性并非是时下美学的一个重大问题。

任何一个置身于美学领域之外的局外人，无疑会把这种漠不关心的行为看作下述共识的证明：对审美经验概念的一切讨论均属多余；仿佛我们已经充分理解审美经验本性，可以视之为一个既得成果。其实这是一个误区。我们对于诸如"无私"这样的某些概念具有相当一致的共识，足以加以恰当运用，但"无私"这个词的意义本身依然存在某些小小的争议，而且也不能说今天不可能引发更多争论。

在其引人注目的作品《寻常物的嬗变》（1981）之后的著述中，阿瑟·丹托指出，在思考艺术作品的界定标准并断言审美特性并非艺术品固有的特性时，他不得不让审美问题"休眠"（丹托，1993）。这是当代分析美学中描述美学地位的最佳方式（撇开艺术、自然和其他一切之间的全部区别）：休眠。这实际上与贝尔把"为什么"这个心理学的问题移除出美学领域的手法同出一辙。

同时，如果说分析美学把艺术置于美学的核心地位，那么需要有足够的分析色彩才能不止步于贝尔对此词的大胆用法。贝尔将"艺术"一词用作评价性的术语，或者把艺术等同于审美经验对象。因此，"什么是艺术？"这个问题占据近20年来的各种美学文集的显要地位，也就不足为奇了。

不求助美学，关于艺术也有许多话可说。再者，艺术以特定的方式展示一个比审美经验更加"严肃的"主题。它拥有某种意念和意义；如黑格尔所说（1964：I, 29），艺术作品获得了精神的洗礼。艺术品的长处在于其稳定性，这是能激发审美经验的其他一切物品所不具备的。笔者不能确定作为审美对象的某个物品能否代代相传。艺术作品一直上传下承；它就在眼前，存在于世界中。与此相对照，审美经验只是我们心中的感受：如休谟所说，我们的反应是"盲目而真实的"，"放下了全部哲学的高傲"。

因此，在分析美学对艺术的这种重点关注中或许有某种削足适履的倾向。诸如"什么是艺术？"之类的问题完全适用于分析方法及其哲学疗法的期望。"艺术"一词在美学领域之外在评价意义上依然用得很烂。再者，由于艺术能够成为某种审美经验的源泉，而且如比尔兹利所说，它也可能是为了这唯一的目的而存在，所以"什么是艺术？"这个问题对于美学不乏其相关性。

然而，由于艺术经验既非审美经验的必要条件，亦非审美经验的充分条件，我们不禁要问对于"什么是艺术？"的任何一个答案是否与审美经验的理解有最起码的关系。让我们回想一下笔者在前文确立的贝尔的假设与研究以老虎作为唯一标准所引发的恐惧之间的类似性。我们可以进一步深挖这种关系：将重点放在"艺术"的定义上，无异于通过深入研究是什么使得一只老虎成长为老虎（而不是譬如说狮子或者狼），对恐惧进行研讨。

因此，尽管分析美学内部将重点放在艺术上，美学依然反抗充当完全的艺术制度理论，也就是说反对这样一种观念：艺术能够得到很好的描述，根本无需求助审美经验概念（参见戴维斯，1991；马戈利斯，1998；汉夫林，1999，以及前引其他著作）。或许艺术就是艺术，因为艺术界断定如此，但没有人能奉命感受某种审美经验。如果美学的真正对象是艺术，如果艺术的正确定义无关乎我对自己面前的物品的感受（应该不存在这种情况），那么审美与艺术经验的这种等同使得作为感觉官能的审美消失殆尽。18世纪的概念，民间的概念，乃至认为美学是分析某种特殊经验的贝尔的概念都烟消云散，对历史的美学与艺术批评进行区别的可能性也随之消失。

笔者希望，至此已清楚表明，不仅是对笔者个人关注的一个主题的这种漠不关心引起笔者对分析美学的不满。问题比此重要得多。它关乎分析美学可能使得美学毫无实践价值的方式：分析美学将重心置于艺术上，从而使美学更好操作。与当代美学伴生的问题不在于它摒弃了对审美经验的理解，而在于它鼓吹全部美学研究（除开"什么是艺术？"这个问题）可以撇开这种理解来进行。

我们之所以这样说，是因为只要回顾一下当代美学所研讨的"重大"问题，诸如艺术评价、艺术与道德性、艺术对我们的"教导"，等等，那么撇开审美经验的某种界定理论，显而易见就不能深入探索其中的任何一个问题。譬如说，不理解审美经验本性，我们就无从着手论证艺术评价的意义。因为，一件艺术作品的价值是与我们通过它获得的经验的价值一致的。解决办法是要么回到某些客观标准，诸如古典戏剧中的"三一律"或者绘画中的摹真法则等，要么是让艺术史学家们去操心如何根据知名度、创意或者影响来断定艺术作品的价值。除此而外，如果我们没有对审美经验本性的精辟理解，就远不能确定"艺术评价"这一表述本身是不是提出问题的一种方式。

在美学像在美国那样越来越转向艺术伦理学维度问题的情况下，当代分析美学的这种理论缺陷所引发的危险后果无疑表现得最显眼。对这一问题的关注肯定不是什么新东西：19世纪后半叶和20世纪初期的许多理论家都拥护趣味是德性指标的观念，而这样的观念而今仍在充当大部分当代美学的基础。与此相对照，18世纪的美学倾向于确立伦理学与美学之间的类比关系。这毫不奇怪；19世纪生产的一切题材的文本似乎都自然而然采取一种道德说教的口气。但是，上述19世纪和20世纪著述的最令人震惊的一个特点则是包含语式动词"应该"的频率之高；它们含蓄或者明确地提出人们为何**应该**从伦理观点回答某件事情。其间还夹杂着我们**应该**如何界定我们"沉思"的对象，以知道我们的"判断"是否真的属于审美，其实这是用另一种方式来谈论同样的事情。这些伦理问题不可否认是重要的，这无疑可以解释它们出现频率之高。然而，从表面来看，审美经验是某种**抵达**我们心中的东西，所以美学领域如18世纪所认为的那样，确实是这类大脑反应的领域，我们既不能预知，也不能控制，假设一个包含着动词"应该"的问题能够成为美学问题，这肯定是等于提出一个预期理由。

显而易见，这并非意味着排斥探索美学的伦理维度的可能性。或许，如果我们懂得对某个特殊对象发生兴趣的真正意义，换言之，如果我们理解审美经验的过程，就能讨论我们应该如何回答的方式。但只要我们还不能达到这种理解，上述问题就毫无意义。

除了"什么是艺术？"这个问题的重要例外，今天困扰分析美学的所有论题造成了其内在困境。简言之，只要分析美学将审美经验本性置于"休眠"地位，它所研究的关于艺术的这些问题本身就不会有解。笔者在上面提到了分析美学在论述主题的选择中可能存在某种削足适履的倾向，亦即它重新捡起诸如伦理学或者本体论等稳固确立的学科已经谈过的问题的倾向，而不触及实际上构成再生中的——从19世纪被遗弃的命运中再生——审美经验哲学

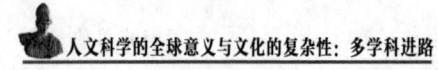

的问题。除了学界的惰性，这种倾向还部分来源于分析传统对于已经很明确的问题进行精确论证、而不是建立包罗万象体系的显见偏好。遗憾的是，就美学而言，这种偏好由于下述问题而受挫：只要我们不能较好地理解审美经验本性，就无从把握各种特殊问题，更不能找到解决这些问题的方式。

James KIRWAN: ***ESTHÉTIQUES SANS ESTHÉTIQUE***
(*DIOGÈNE*, No. 233-234, 2011)

参考文献：

比尔兹利, M. C., Beardsley, M. C. (1958) *Aesthetics: Problem in the Philosophy of Criticism*, New York: Harcourt, Brace & Co.。

比尔兹利, M. C., Beardsley, M. C. (1983)"An Aesthetic Definition of Art", 收入 H.科特勒(主编), dans H. Curtler (éd.), *What is Art?* p. 15—29, New York: Haven Publications。

贝尔, C., Bell, C. (1913) *Art*, New York: Frederick A. Stokes Company。

布洛, E., Bullough, E. (1912) "'Psychical Distance' as a Factor in Art and as an Aesthetic Principle", *British Journal of Psychology*, 5: 87—117。

伯克, E., Burke, Edmund (1803) *Recherche philosophique sur l'origine de nos idées du sublime et du beau* [1759], trad. par E. Lagentie de Lavaïsse, Paris: Pichon。

克罗齐, B., Croce, B. (1904) *Esthétique comme science de l'expression et linguistique générale* [1901], trad. par H. Bigot, Paris: Giard。

丹托, A. C., Danto, A. C. (1989) *La Transfiguration du banal* [1981], trad. par Claude Hary-Schaeffer, Paris: Seuil。

丹托, A. C., Danto, A. C. (1993) "A Future for Aesthetics", *Journal of Aesthetics and Art Criticism*, 51: 271—277。

戴维斯, S., Davies, S. (1991) *Definitions of Art*, Ithaca: Cornell University Press。

费金, S. L. 和梅纳德, P. (主编), Feagin, S. L. et Maynard, P. (éds) (1997) *Aesthetics*, Oxford: Oxford UP。

高特, B. 和洛佩斯, D. M. (主编), Gaut, B. et Lopes, D. M. (éds) (2005) *The Routledge Companion to Aesthetics*, London: Routledge。

霍尔, G. S., Hall, G. S. (1879) "Philosophy in the United States", *Mind*, 4: 89—105。

汉夫林, O. (主编), Hanfling, O. (éd.) (1992) *Philosophical Aesthetics*, Oxford: Basil Blackwell。

汉夫林, O., Hanfling, O. (1999) "The Institutional Theory: A Candidate for Appreciation?", *British Journal of Aesthetics*, 39: 189—194。

黑格尔, G. W. F., Hegel, G. W. F. (1964) *Esthétique* [1835], trad. par S. Jankelevitch, Paris: Aubier。

休谟, D., Hume, D. (2002) *Essais et traités sur plusieurs sujets: Enquête sur les principes de la morale; l'histoire naturelle de la religion*, trad. par Michel Malherbe, Paris: Vrin。

凯利, M. (主编), Kelly, M. (éd.) (1998) *Encyclopedia of Aesthetics*, 4 vol., New York: Oxford University Press。

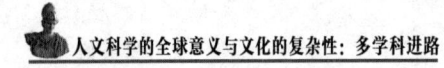

基维, P. (主编), Kivy, P. (éd.) (2004) *The Blackwell Guide to Aesthetics*, Malden, MA: Blackwell Publishing。

科斯梅尔, C. (主编), Korsmeyer, C. (éd.) (1998) *Aesthetics：The Big Questions*, Malden, MA: Blackwell Publishing。

拉马克, P. 和奥尔森, S. T. (主编), Lamarque, P. et Olsen, S. T. (éds) (2004) *Aesthetics and the Philosophy of Art: The Analytic Tradition. An Anthology*, Oxford: Blackwell。

莱文森, J. (主编), Levinson, J. (éd.) (2003) *The Oxford Handbook of Aesthetics*, Oxford: Oxford University Press。

莱特, A. 和史密斯, J. M. (主编), Light, A. et Smith, J. M. (éds) (2005) *The Aesthetics of Everyday Life*, New York: Columbia University Press。

马戈利斯, J., Margolis, J. (1998) "Farewell to Danto and Goodman", *British Journal of Aesthetics*, 38: 353—374。

谢利, P. B., Shelley, P. B. (1980) *Défense de la poésie* [1821], trad. par Fouad El-Etr, Paris: La Délirante。

审美与教化

保利娜·冯·邦斯多夫 著
萧俊明 译

群体之间以及个人之间的理解和误解应该被视为当今的"重大挑战"之一，[1] 因为它对家庭暴力、社会平等、国家之间的侵犯均产生影响。这个问题的一个方面在于是否愿意将其他个人或群体视为值得理解的而接近。无论蓄意与否，缺乏理解助长了暴力、侵略、恐惧和不幸，并且会有碍于发现和实施解决危机的办法。然而，理解其他的个人和群体也是理解自己。从古至今，艺术在理解自身和他人的过程中的作用已在哲学和艺术理论中得到承认。可是，在当代的政策讨论中，更加强势地被提到议事日程上的是艺术在促进健康、学习和经济增长方面的工具价值，[2] 而不是艺术在表述人类状况方面的解释和审美力量。

我为本期《第欧根尼》（第233—234期）撰稿所处的交汇点是审美与教育，同时也是审美与伦理、艺术与政治的交汇点。我想复活作为教化的教育概念，因为与单纯作为教学、培训或上学的教育概念相比，它在解释学上更富有成效（别斯塔，2006；普兰吉，2004）。我认为，教化应该被理解为一个社会和对话过程，在这个过程中人类关系不仅对交流而且对见识的产生都是至关重要的。因此，下文的一个核心要点就是将教化中的强调点从个人转移到社会领域。[3] 第二个强调点是审美。尽管古典教化观念注重美好灵魂的形成，但我要强调意象（image，广义理解的形象 Bilde）在表达、传播和商讨文化价值观中所起的中介和参照点作用。按照这种解释，教化过程不主要是关于如何成为一个有教养的人，而是关于如何借助我所称之为的"形意之象"

（Bild/images）与人类状况紧密结合。

教育视角突显了某些审美维度：尤其是制作和欣赏艺术的社会过程。艺术是文化创造的一个重要领域，并且审美手段在肯定、转变、有时是背叛文化和现存价值观方面起着核心作用。我将通过列举一些例子来表明，艺术在传播和实现一种人类共同觉识方面的力量仍然是一种时下关注的和富有成效的手段。但是与之俱来的是，艺术往往蕴含着一种对个别性和差异性的强烈表达和肯定，这允许甚至怂恿去突显艺术受众在背景、视角、经验以及世界观方面的差异。在审美的创造或接受过程中，我们与他人的互依互动是显然易见的。

在展开审美教化观念时，我把伊曼努尔·康德和威廉·冯·洪堡用作对话者。我在解读康德的过程中追随汉娜·阿伦特（1982），她认为康德的审美判断具有一种基本的社会特性。我对审美判断与康德关于启蒙的短文及其要求公众运用理性的主张进行比较。然后我将考察洪堡的教化观念，他的教化观念中显现出一种审美–表达的社会维度——包括人类多元性与差异性。这为阐述我所注重的挑战提供了材料：审美作为教育，审美作为一个确确实实的教化过程。我所关注的不是审美的历史重构，而是审美在当今可能具有的意义。[4]因此，我在本文结尾时将讨论两个例子来证明艺术在我们这个时代的深层审美和政治关联性。

审美判断力、价值观和共同体

在康德的批判哲学中，审美判断力——我们借以发现某种美的或崇高的东西——具有一种介于理性和想象力之间的中介作用。审美关系是不确定的，它既不受自然法则（科学）支配，也不受道德准则支配。这给予审美判断一种自反判断的独特地位，在自反判断中个人没有可依赖的给定原则。不存在以这样或那样的方式得出结论的逻辑必然性，并且没有始终可以应用的普遍标准。相反，心灵处于运动中，或如康德所说，心灵在游戏中。

尽管康德谨慎地表明审美与道德之间不存在任何必然的关联，但是他关于鉴赏判断的分析以多种方式向伦理和共同体开放。恰恰是纯粹审美判断的不确定性和自反性启迪哲学家做出强调其一般价值关联性的解释。汉娜·阿伦特（1982）将鉴赏判断解读为一个基本的政治价值判断例证。柯克·皮洛

（2000）进一步发挥这一论点，断言是关于崇高而不是关于美者的判断产生了作为评价判断和理解的核心实例的自反状态。崇高作为不和谐和迷思的一个来源，它激发主体反思其自身的道德水准。

《判断力批判》的某些段落明确地指向了共同体与道德。例如，康德（1990：第6节和第32节）表明，某人可以期望他人分享他的判断。在某种意义上，我们因此不是为自己做判断，因为存在着这样一种觉识，即我们要为一个像我们这样的更大生灵共同体分担。就人类的美和艺术而言，尤其如此。人类的美是依附的美或附着的美，审美判断在其中受到观念和理解的影响（康德，1990：第16—17节）。另一方面，就美的艺术而言，我们知道它是人制造的，尽管它显得自然，也就是说，它没有特定的目的；并且我们认为对象起源于人的觉识与判断是相关的（康德，1990：第45节）。但是，康德也将自由的美描述为"道德的象征"，因为它提醒我们注意我们的知性和道德能力以及它们的和谐。此外，我们的审美刻画，比如"雄伟"、"快乐"或"谦虚"展示了某种与道德判断造成的心灵状态相类似的东西（康德，1990：第59节）。[5]

在关于审美判断力的分析的结尾，康德强调通过人文科学知识来培养我们的能力，并且将鉴赏置于更大的人类社会的背景中。人性被描述为社群感和充分交流一个人的思想的能力。艺术在培养社交性、在使不同个人之间能够交流方面具有核心作用，它与道德感的培养密不可分（康德，1990：第60节；亦见第20—22节）。[6]在这个背景下，康德提到了审美教育以及鉴赏作为一个交流领域在社会中的作用，但是并未提及道德准则。[7]

我提及康德美学理论的这些方面是为表明道德和社交性在其中的作用，这种作用往往被忽略。这并不削弱审美判断的自律性。在下文中，我想对艺术的社会特性和审美判断的自律性进行辩护：审美判断是自由的和非强制的。认为审美的更广泛的价值（教育、社会、政治）关联性恰恰与其不可还原为任何一套给定的价值观有关，是不无理由的。美可以抵制我们明确恪守的规范。审美有时达到的深度是任何我们认为理所当然的价值体系所不能达及的。而在这种情况下，审美的功能之一可能是激活僵化的道德判断。

对于康德美学理论的批评指责它扭曲了我们对人类存在的理解，即把人类存在理解为特殊的、历史的和涉身的。这类批评往往把康德描绘成一个体系建造者，对他所生活于其中的历史现实漠不关心。然而，如果我们不忘记康德对审美判断的特殊性和不可还原性的强调，不忘记他关于审美与其他价值观之间的关系的见解，并且将他的美学理论结合他的某些其他著述一起来阅读，那么便可能出现一种更具批判性的和政治性的解释。[8] 如果说道德观念与审美判断之间的关系仅仅在个人经验中被现实化，那么我们可以期望它会受到社会及历史背景和意识形态的影响。

康德关于启蒙的文本，如果结合《判断力批判》来读，便可以产生某些相关的见解。在其关于启蒙的分析中，康德（1784）强调了公众如何以对艺术和共同体具有启迪作用的方式来运用理性。启蒙是一种要求具备某些社会、教育及个人条件的状态。已启蒙的人能够为自己做出判断，他已从童年或受监护状态走出，长大成人。这个成熟的、已启蒙的个人进一步公开地运用他的理性，并且是自律地而不是在他人的引领下运用理性。就此而言，启蒙与审美判断之间的两个相似之处值得注意。

第一个相似之处是判断的公正性。康德关于启蒙的文章着眼于公众生活，而不是道德哲学的理论问题。启蒙最重要的条件是自由，而最重要的自由形式是公开地运用自己的理性的自由（康德，1784：484）。对作为共同体的人民而言，启蒙尤其表现为一种关注和好处：在启蒙状态中，个人的公开判断是为整体而不是他自己服务。而且，单一个人很难凭自己赢得多数。但是，并非任何群体都可以被视为公众：康德区分了公开运用理性和私人运用理性。在公开运用理性中，学者通过其著作对公众（世界）说话（康德，1784：487）。私人运用理性是指一个有限范围，比如公职人员工作中的有限范围。在这个范围内，为了使事情顺利进行，理性的运用受到限制。然而，最终成为一位学者（知识分子）是担当一个角色，亦即任何人为了就具有普遍利益的问题说话而可以和应该在任何时候担当的角色。如果，比如一位负责一个教区信众的神职人员，让自己处于受监护状态，这是一件荒唐的事情（康德，1784：487—488）。

那么，康德所考虑的公众利益问题在一方面可能具有普遍性，但在另一方面似乎与实际的社会组织有关。强调后一方面我们可以将启蒙观念更新为一种对人类差异更加公正的解释。通常，对意识形态和社会纠纷的公正争论和合理解决需要了解传统和情境，即一种对相关人群的生活的理解。对于这类问题的判断切不可脱离前后背景，同时也是公开的，这种公开是康德意义上的公开，也就是说，判断要经受普遍的而不是局部的讨论和评判。况且，只有当社会情境公开时，也就是说，当足够的不同声音被听到时，判断才能得到公正的评价。尽管我们确实能够，而且往往应该为他人说话，但是归根结底我们不能代替他人说话。

审美判断如同经过启蒙后运用理性，并不以个人为中心，尽管个人在此同样是以一种预设和确立其自律性的方式行事。判断尽管是主观的，但并非关于我觉得有审美价值的东西，而是关于我在特定的情况下认为任何人都觉得有审美价值的东西。而我的判断必然要受我的背景所影响。关于审美判断，尤其是关于艺术发生着带有挑战性的争论，这些争论往往显示了不同的人类历史和价值观。康德（1990：第56—57节）断言说，尽管问题不能通过争辩来解决，但是这样的讨论是有意义的。审美判断的自律意味着我的判断的形成不是被迫的，也无需去看他人期望、认为或觉得合适的东西。[9]然而，重要的是，自律并不意味着脱离人类同胞，对他们的关注毫无意识。相反，就鉴赏——或一个公众问题——展开争辩是关注具有共同利益的问题的迹象。由于不存在给定的标准，争辩可以使我们觉识到社会或道德规范的特性和地位。

我想引起人们关注的康德的第二个审美和启蒙的交汇点是艺术的公众特性。艺术总是为一个共同体，为欣赏而制作的。艺术是对人类世界的表述、见解和解释。自现代以来，艺术被确立为批评的对象，在根本上成为确确实实的康德意义上的公众艺术：为任何人、为"世界"而制作。[10]汉娜·阿伦特在《积极生活》（1960：第23—24章）中给予了艺术一种与行动和自由相关的特定角色。政治行动是价值观得以表达、公开、落实的地方。这是自由王国，新的观念可以在这里诞生。艺术属于制作或制造领域，以政治行动表达的价值观在这里获得了存在和永久。从这个角度来看，艺术，"所有事物中最永久的因而也是最现世的"，它的作用并不主要是创造价值观，而是通过可感形式使之成为一个具体的、现实的存在（出处同上）。

艺术亦可被视为一种行动形式，尤其是在当今。无论我们是否承认它有可能创造价值观，无可争辩的是，艺术的作用在于兼容价值观，使之成为公共的和共享的，因而可以被公开欣赏和批评。艺术是一种包含观念和价值观并运用审美表达手段的公众的、文化的实践。在教育过程中给予它一种特殊地位的恰恰是其公众的和审美的特性。

教化的审美和社会维度

古典教化观念植根于人是上帝的形象（Bild）这一基督教观念，与现代美学一同兴起于18世纪末。启蒙讨论中仍然着眼于人的形成，但是强调点改变了：人不应成为上帝那样，而应形成和发展其自己为人类服务的力量。在与教化观念关联紧密的德国思想家当中，我发觉威廉·冯·洪堡关于想象力和艺术在人类自我理解中的作用的分析是富有成效的，可作为当下理解艺术的教育潜能的一个起点。[11]

在洪堡看来，想象力在人类生活中具有一种核心作用。当我们进行想象时，我们的世界就不再局限于现实存在的东西，而我们觉识到了其他的可能性。想象力是一种创造力（Kraft），而艺术是其最重要的领域（洪堡，1904a：127）。正如真正的艺术家是具有精神（Geist）的人，艺术作品充满活力与强度，而且只有这样的作品才能教育（educate）而不只是教授（teach）其受众（1904b）。洪堡在其美学论文中就艺术在主体方面有效的、感觉的和情感的品质进行了广泛的论述。在洪堡对主体性的理解中，他显然认为这些品质具有重要的作用。正如一位评论家写道，"康德要求的自决之路……必须……通过培养人的感官性来行进"（米勒-福尔默，2007：第3节第1段）。

艺术作品是由某个人创造的，而我们对作品的关注与我们对这个人的关注是相关的。[12]然而，尽管洪堡将真正的艺术家描述为不同凡响的人，但其最终的着眼点并不是个人本身，而是艺术如何能够指导我们更多地了解不同品行和不同社会环境中的人们发展关系和世界观的不同方式。个别艺术家通过表达自身有助于更深层和更全面地理解人类；而教化是要点所在（"这个要点就是：人类的教化。"洪堡，1904a：117）。在一段论述教化的片段中，洪堡同样强调每个人都需要与世界联系和互动。我们的内在自我需要外在世界，但是这个世界不是同质的，因为这个世界是在不同的个人之中不同地反映出来（洪堡，1903：287）。人类的教育不能沿循一条线路进行，而是像一个网络一样，其中的关键之处是互动节点。由于"人类只有在社会中才能实现其个人潜能"（米勒-福尔默，2007：第3节第2段），所以人的自我实现只有在具体的社会和政治现实中才成为可能，因为在这种现实中，公民能够自由地进入相互之间的联系和合作关系。并且，理解人的能动性只有依托它发生于其间的复杂历史网络才有可能（洪堡，1904a）。

洪堡关于艺术的思想强调的是某种新的东西的产生，而不是复制或模仿。因此，艺术并不主要是人们获取并拥有的文化资本，它是一种表达、传播和创造的手段。[13] 如果教化一词只是简单地转译为培养或教育，那么它的审美、创造和政治蕴涵则容易被遮蔽。此外，尽管个人是教化的主要对象，但是人类作为一个多样化的甚至异质的整体至少是同样重要的。我此时想做的是继续这种着眼点的转变，将教化的着眼点从个人转向社会，转向艺术和审美的作用。在理解我所提出的审美教化时，强调的不是参与的个人或自我教育，而是一种"形象"（Bild）的表述、解释，以及解释引起的反响。虽然那些参与这个过程的个人具有关键的作用，但是主要目的并不是形成善的（或理想的）人类，而是在一个共有的世界中产生更好的理解，以及或许是更好的行径。换言之，着眼点从个人的道德或其他人格品质转向考虑产生和解释意象的道德作用，产生和解释意象的过程是在共同体中发生的，与共同体有着关联。

在深入展开之前，有必要对形象或意象概念做出限定，但并不减少其丰富的联想。第一，强调 Bildung（教化）中的 Bild 的关键，在于引起人们注意被制作的可感知对象在调解文化意义和价值观中的作用。这样的对象是一致与分歧的潜在的共同关注点：它们被制作，感知，并且通过解释被重新制作。为了强调意象的具体性，我将使用专门术语"形意之象"。第二，在意象与图画之间做出区分不无裨益。如果说一幅图画是一个二维视觉影像，那么形意之象则不局限于任何特定意义。一段音乐或一首诗可视为一个形意之象，而一个形意之象也可以是多种意义的综合。第三，一般而言的意象可能是精神上的，只能为一个人所感知，然而，尽管形意之象未必等同于任何一个物质事物（绘画、雕像），但是它是可感知的和具体的，是被展示或表演的（如在音乐、舞蹈、戏剧或其他表演艺术中），或者如文字作品那样是可反复传诵的。[14] 第四，这意味着形意之象是被创造的，也就是说，是由一个或几个个人有意制作的。第五，形意之象通过被制作必然反映人类的理解、价值观、习俗以及观念。

被制作是形意之象的一个重要属性。德语动词 Bilden 转译为英语，除了其他若干动词外，可作"形成""建造""造型""构造""产生"之解，当然还有"教育"的意思。这些词中的大部分所具有的共同之处是它们都指向了创造,即先前并不存在的特定群集成为存在。此刻,我们可能会想到作为形意之象的艺术作品,想起阿伦特对艺术的理解,后者将艺术理解为往往意味着永久的人工制品,它给予一个具体的和特定的存在以意义和价值。[15] 其实,意义极少是永久的:反之,它要经受商谈,有时还经受遗忘。尽管如此,通过作品的感官存在,特定价值观和信念的存在作为一个共有世界的组成部分被确立(或被挑战)。艺术能动性——可能被若干个人所共有,其中包括评委和解释者——由于两个原因在这个过程中起着核心作用。第一,艺术能动性决定作品的特定审美形态;第二,艺术能动性作为一种使某种东西成为存在的努力,已经是具有重要意义的。但是,作为形意之象的艺术作品一旦成为存在,会继续影响由文化、政治及社会人工制品和叙事所编织的网络,并为后者所影响。对于形意之象的文化生命而言,被感知、被解释、被讨论同被制作一样重要。

按照这种解释,艺术作品是一种把某些意义聚集起来使之成为可感知的从而可为人们感觉为真实的并共有的形成或表述(形意之象)。艺术还允许给它附加新的意义。不用说,这个过程包含了许多不确定性,尤其是涉及到描述实际存在的或未被共有的东西。艺术作品是特殊的,它们在其中得以展示的情境也是特殊的,很难从任何一个单一角度去分析作品及其情境所包含的意义。相反,这要求不同的观点得以表达:它们包括艺术批评,也包括不那么专业、正式和非正式的讨论和反应,并且可能是开放的,随着时间而延伸。

作为共有的审美能动性的教化

当下关于艺术的讨论在很大程度上探讨的是具有挑战性和难于理解的例子。它们包括那些在政治、宗教和性方面具有挑衅性的作品,对于这些作品,有些人认为没有品味,另外一些人则认为具有批判性或令人大开眼界。暂且不考虑可能有些作品从道德上讲是没有欣赏价值的,难于理解的作品恰恰是那些与某些群体的价值体系不和谐的作品。它们与培养出来的品味格格不入,或者说它们打破了禁忌。这可能意味着带有偏见地看待作品因而将其拒斥。同时,在要求付出认知、道德或审美努力的作品当中比在易于欣赏的作品当中更可能找见从审美教化的观点来看是颇有建树的作品。而且,积极的和肯定性的欣赏可能在社会和政治方面是重要的,并且绝不暗含着消极。[16]然而,尤其就难于理解的情况而言，值得欣赏的作品往往需要时间。这是因为它包含着多个层面的变化：如何感知作品，如何理解世界，将自身置于何处。理解上的缓慢并不只是由于接受者的感知过程，还可能是由于背景的变化，或者是由于其他人对作品的反应，以及随着时间而产生的解释。

具有挑战性的艺术作品之难于理解通常并不在于个人的和怪异的观点，而在于我们认为现实或理想中的世界是什么样。艺术在改变人类关系或改变对某些问题的观点方面可以具有重要的作用。为使这一断定言之有据，我将列举两个例子来说明艺术在公然的或暗中的冲突情境中的作用。在这两个例子中，通过艺术而产生的变化都不是解决冲突，而是更充分地理解其他人群，这可能为解决冲突提供比以往更好的基础。两个例子均未以一个其本身作为对世界的解释的特定作品为中心，均未将着眼点落于个人自己可以从艺术学到的东西；相反，二者均突显了艺术在特定背景中的关系特性，以及受众或参与者的多元性。

第一个例子是丹尼尔·巴伦博伊姆和爱德华·赛义德1999年创办的西东合集工作坊。[17] 其想法是让阿拉伯和以色列年轻的专业音乐家去德国魏玛（1994年该地拥有欧洲文化之都称号），白天一同演奏音乐，晚间一起讨论音乐、文化和政治。工作坊的名字使人联想到歌德受古兰经和波斯诗歌启发从1819年开始创作的诗集，而在魏玛这个地方聚集意味深长，因为它是歌德的城市并且距布痕瓦尔德很近。[18] 起初，参与者中间有很大的抵触和敌意，但是这种情况渐渐地改变了。自从开办以来，工作坊每年夏季都要聚集一堂，乐团在以色列和巴勒斯坦地区上演音乐会。

这个工作坊的意义主要取决于其背景。在另一个地方可以从纯音乐的角度来看待的东西在这里无可避免地还具有其他意义。但是，如果音乐经验可以深刻触及存在问题，比如像巴伦博伊姆所说的自由和人类可能性，那么，这些意义在一个暴力和武力至上罕见自由的社会中会成为重中之重，它们与表演和欣赏的关系不是外在的。此外，巴伦博伊姆同乐团排演的音乐有一部分，比如贝多芬的音乐，是在一个自由对大多人而言更多的是理念而非现实的社会中创作的——非常像康德（1784：491）描述的普鲁士，即仅仅是达到了启蒙的精神，而非一种已经实现的启蒙状态。

有很多证据证明了艺术在极权社会或准极权社会中的力量。暴力氛围压制的正是生活中的人性，并且不宽容两可、多元和反讽——任何非单一的东西都不宽容。在这样的情境中，艺术可以成为一种必要的逃避以及对人类尊严和向往的肯定。以色列与巴勒斯坦之间的局势更接近于战争而非和平，各自的宣传和暗示都将对方视为邪恶和危险的。与来自敌方的人演奏音乐并且要演得出色完美，在一种独一无二的演出中和谐地并带有激情地共同制作声音——在这种演出中整体取决于每位音乐家但整体远远大于其个别成员，这在这样一种政治局势中是怪异的，甚至令人不可思议。恰恰是乐团的存在使信念、美、自由、善以及人类的理想得以存活。而且正如巴伦博伊姆所说："他们试图共同做点什么。这简单得就如同……在完成了这一音符之后，他们已经不能再以相同的方式对视，因为他们共有了一个共同的经历。"（巴伦博伊姆和赛义德，2004：10）

西东合集工作坊要求每个人承诺制作某种只有通过与其他每个演奏者通力合作演奏才能产生的东西。最为重要的是，这个过程是艺术和审美的，它要求感觉和情感的投入以及技术和表达技巧。从情感和审美上与音乐的短暂性紧密地结合在一起，突显了演奏音乐那个瞬间的无可否认的现实性。那是一个感觉共同体，但也是表演和制作共同体。作为一个教化过程，西东合集工作坊所创造的东西除了音乐演出之外就是乐团本身，而乐团成为了一种希望的形象。然而，注意这不意味着每个演奏者在每一方面都是好人；它所表明的是，当他们在这样一种历史情境中共同工作并且能够进行这样一场演出时，他们是令人敬佩的。意味深长的是，正如赛义德所指出，演奏者作为"一名艺术家，所关注的不是表达个人的自我，而是表达他人的自我"（巴伦博伊姆和赛义德，2004：11）。

我的第二个例子是一出戏剧，《美狄亚的孩子们》，该剧1975年在斯德哥尔摩首次公演。这部剧作由苏珊·奥斯腾导演，是在对儿童进行了透彻的研究之后与佩尔·莱桑德共同编剧完成的。剧中的主人公是儿童，其主要目标受众也是儿童。该剧大体上以欧里庇得斯的《美狄亚》为蓝本，原剧中的女主角在丈夫背叛她之后杀死了丈夫的情妇，然后又杀死了她和丈夫的孩子。奥斯腾的版本是一部描写从孩子的视角来看待离异的戏剧。母亲只是在孩子的睡梦中杀死了他们，而且父母有一方背叛了孩子。该剧很被儿童受众接受，但在成人当中却引起流言蜚语。争论的中心是剧中的一个孩子爆粗口，但是导演对于现实问题的分析更具揭露性。她认为，伊阿宋和美狄亚同时对他们的孩子既负有责任又缺乏移情沟通从而产生了罪恶感。"显然，成人……想从情感上对儿童看的戏剧完全掌控……戏剧不应该惹起任何对父母的批评或在儿童中造成'忧虑'。"（赫兰德和奥斯腾，2008：4）

与前一个例子相比，《美狄亚的孩子们》这个例子显得有些微不足道。然而，这只是表面现象，因为在许多国家儿童的权利不断地受到侵犯，甚至在世界富有的地方他们的言论自由和文化权利经常未受到尊重。儿童的文化往往是（由成人）思想中带着一种对目标受众的僵化观念制作的。这个受众应该理解的就这么多。换句话讲，受众的规模从一开始就被削减，减到被认为合适的程度。奥斯腾从不采用这种策略，她没有运用转移或安慰的手法，而是在公开演出中以艺术形式表现儿童的实际感觉、幻想和思想。她让孩子们成为主人公，而不是牺牲品。她诱使孩子们以一种暂时摆脱否则必定是其日常生活的一部分的受监护状态的方式来共有艺术和解释能动性。沿循奥斯腾的做法，《美狄亚的孩子们》的演出结束后还进行讨论。那么该剧起到了一种形意之象的作用，其意义是由受众在谈话中构建的，并不以某一最终解释为目标。各种解释允许是两可的，即如同现实生活情境可能具有的那种两可性。

尽管我将教化的着眼点从自我教育转到社会和审美过程，但是求变意愿无疑是教化的一个条件。在儿童艺术和教育中，求变意愿突显了共有艺术和解释能动性的程度问题。就青年而言，对于他们能知、能做和能说的限制往往被认为是理所当然的，但是对他们的生活世界而言，这些限制可能是不现实的，因为他们的生活世界像成人的生活世界一样充满了存在、社会和政治问题。如果限制得很死，受众就被置于一种受监护状态，但这也同样适用于那些错失了从另一个视角去思考和理解的机会的监护人。《美狄亚的孩子们》的难于理解之处在于它戏弄了成人，让他们从儿童的视角来看待自己，并且暗示，儿童具有解释能力，可以影响一个家庭中的力量平衡。

如果儿童对于自己生活中的问题没有发言权，这本身就是一个问题。这应该在审美和教化的讨论中得到进一步的强调。首先，尤其是儿童要接受教育，在过程互动中存在着教育或教化与培训或上学之间的重要差异。一个真正的教育者其本身就要接受教育。[19]在艺术中，制作商/艺术家与消费者/受众的模式可能甚至从根本上就被误导了。就主要是关于人类经验的审美教化而言，允许儿童/受众有多少发言权的问题变得尤其重要。其次，也是由于他们的开放性、好奇心和想象力——从本性上讲是受社会导向的，儿童作为审美教化的主体具有一种示范地位。再次，审美手段（想象、讲故事、图像制作、唱歌、游戏）在人类成长中是至关重要的，各种各样的艺术在全世界各个社会中具有一种核心的文化作用。[20]因此，教育对待审美和艺术的态度有多深刻和多认真这个问题是核心之所在。

结　论

对于传统教化观念的批评指责它是一种理想化的和狭义的人类观（比斯塔，2006：2—8）。有鉴于此，对教化进行重新定向，将着眼点落于通过感觉的、物质的再现或作品（形象）进行反思和交流的能力，表明了一种不同的、非折中的战略。为了使审美实现其教育潜能，必须承认和尊重各种不同观点以及政治和存在冲突中的现实分歧的正当性。西东合集工作坊并不以政治共识为目的，《美狄亚的孩子们》也不是要把父母或孩子从离婚的痛苦中解脱出来。如果艺术要在教化过程中发挥作用，那么它要求我们在解释和鉴赏过程中接受异质性。愿意接受批评和进行自我批评，允许争论和分歧，而不是以确立一个正确的解释为目的，这样做不无裨益。正如我的例子所表明的，无论艺术是否是关于冲突情境的，冲突都以影响艺术经验的方式存在于世界。然而，两个例子也都证明艺术如何能够将实际上从截然对立的视角看待事物的群体团结起来。可以围绕某一特定作品或演出成立一个临时共同体，这至少可以暂时替代旧的群体。这样一个共同体的产生无疑需要互动和对话。寄予的希望是，这个新共同体尽管是临时的，但可以改变个人理解自身和他人的方式，改变他们言谈甚或行为的方式。教化哲学家历来注重自我教育。这一元素——愿意进行自我批评和改变——是必需的，但是发生改变的最终是我们与世界的关系，而不是一个所谓的内在自我。

我以为，我们应将审美与教育的结合视为一个不断提高对世界的觉识、加强与世界的交流的过程，无论世界是指自然界还是其他人类，甚或指作为信使和共同实践、历史及思想方式的构成要素的人工制品。这个过程可以是对话式的和温和的，但它往往并不是一帆风顺的，而是艰难坎坷的，其中包括抵制、不和谐，甚至痛苦。同时，将教化重新定向使之脱离自我，表明了对形成过程的一种更为审美的和艺术的理解。如果将着眼点落于作为形意之象的艺术作品，教化过程可以对对立的观点更加开放。这是一种力量，尤其在我们这个人类差异和理解既是一种挑战又是一种价值的时代。

沿循这些路线反思审美和教育无疑依然以主体为着眼点，但是主体并不是过程的主要终点。换句话讲，头等关注并不是某一特定个人变成一个好人或更好的人。至为关键的恰恰是表述、肯定以及确立可以帮助所有生灵——甚至超出人类——享受更好的生活条件的实践和价值观。教化的最终目标不是个人，而是人类和自然界。在我所提出的解释中，教化意味着愿意从根本上对文化进行重建，而非仅仅传承所继承的价值观。通过濡化，个人成长为文化再创造的潜在行为者，而不是继续作为高雅文化的被动侍者或消费者。艺术和审美经验在这个过程中具有核心作用，因为艺术按照现代美学的理解，是一种允许甚至怂恿自由和不确定的反思的实践。艺术还是这样一个领域，在那里我们可以比在许多其他文化和社会体制中更加彻底地使我们自己、我们的孩子或其他所谓缺少知识的个人摆脱受监护状态。

Pauline von BONSDORFF: *AESTHETICS AND* BILDUNG

(*DIOGENES*, No. 233-234, 2012)

注：

[1] "重大挑战"目前已列入欧洲关于未来科学政策讨论的议事日程，从人文主义的观点来看，关于文化问题的考虑缺失得令人震惊。例如，参见《伦德宣言》及其附录，www.era.gv.at/space/11442/directory/11495/doc/12942.html。

[2] "艺术在医院"项目至少从 20 世纪 90 年代初就已运行，关于艺术和教育，参见班福德（2006）。关于艺术与商业，见达尔森（2004）。这些举措中许多是受欢迎的，但是它们的报告往往注重结果，其方式经常稍嫌机械。

[3] "Bilden" 一词在当今仍旧大多用为反身动词（"sich biden"），指自我教育。参见努伊斯尔（2010）。

[4] 我之所以将康德和洪堡联系起来有三重理由。第一，尽管二者都对他们自己那个时代和后来的哲学家产生了强烈的影响，但是他们的思想所包含的一些值得关注的并且仍然与当下相关的观念和见解尚未得到应有的关注。第二，观念和概念——特别是关于审美和教育的，具有一种历史维度和一种效果历史（Wirkungsgeschicht），不可能将它们与观念和概念分离开来，而应该加以探究。在这一点上，不妨比较梅洛-庞蒂（1995），他强调思想和历史的相互依赖以及思想的物质性。第三，历史距离化是实现作为审美教化之核心的共同性、差异性和个别性的途径之一。

[5] 然而，类比在道德教育中充其量是一种可能的手段。

[6] 共通感作为表明社群性和交流的双重意义在沙夫茨伯里那里已经存在，参见埃斯库巴斯（2004：20—21）。

[7] 在阿伦特看来，这个注重实用的着眼点恰恰是康德晚期思想的核心，然而她强调这些观念从未得到充分表述。

[8] 关于一种强调康德美学的批判和规范特性的解读，参见克劳瑟（2010）。摩根（2000）将康德置于其历史背景中，注意到了其"盲点"，但是将它们视为康德思想的活力征兆，而不是错误。

[9] 合适的东西可以理解为是指皮埃尔·布迪厄（1979）意义上的品味。那么，具有好的品味意味着学会了一种感知和欣赏对象的方式，而在感知和欣赏过程中，判断自由实际上被放弃了。

[10] 艺术的公众性可能不只是一个西方传统的问题。在其自然主义的艺术理论中，丹尼斯·达顿指出，艺术在所有文化中都是在各文化的成员当中被欣赏和讨论的（达顿，2009：54—55）。

[11] 我们讨论中的核心人物的姓名除了洪堡之外，还有约翰·哥特弗雷德·冯·赫尔德、

摩西·门德尔松，以及后来的格奥尔格·威廉·弗里德里希·黑格尔。洪堡是歌德和席勒的亲密朋友，他们关于审美教育的观点受洪堡影响。参见埃斯库巴斯（2004：89—98）。洪堡的美学文章（1904a）是对歌德的《赫尔曼与多萝西娅》所做的一种讲解。

[12] 关于这一点，比较一下米克尔·迪弗雷纳关于艺术作品世界的讨论会收获不小；参见迪弗雷纳（1992：221—257）。

[13] 洪堡对"文化"概念甚至是批判的，一个有教养的人不过是受过机械训练毫无个人投入的人（洪堡，1904a：304）。这种强调类似青年瓦尔特·本雅明的强调，参见多彻蒂（2003）。

[14] 这里口头诗歌尤其值得关注。口头诗歌朗朗上口，具有既定的形式，即使不被表演时也存在于人们的心里，不是其他地方。但它属于制作语言：有韵律、意境、张力，以及其他审美品质。

[15] 亦可比较保罗·克劳瑟关于艺术的定义，他从跨文化的角度将艺术定义为"人为意象的形成力"（2004：37）。

[16] 关于现代主义先锋派（冲击）与共同体取向（对话）艺术相互对立的审美战略的值得关注的讨论，参见凯斯特（2004）。

[17] 参见巴伦博伊姆和赛义德（2004：尤见3—13），以及乐团的网页www.west-eastern-divan.org。

[18] 布痕瓦尔德被有意建在魏玛附近，一个背叛文化价值观的例证。

[19] J．A．霍洛（1959：77—78）所强调的一点。

[20] 例如，参见达顿（2009）和迪萨纳亚克（1995）。

参考文献：

阿伦特，H., Arendt, H. (1960) *Vita Activa*, Stuttgart: W. Kohlhammer。

阿伦特，H., Arendt, H. (1982) *Lectures on Kant's Political Philosophy*, ed. and with an interpretive essay by Ronald Beiner, Chicago: University of Chicago Press。

班福德，A., Bamford, A. (2006) *The Wow Factor. Global Research Compendium on the Impact of Arts in Education,* Münster: Waxmann。

巴伦博伊姆，D. 和赛义德，E. W., Barenboim, D. and Said, E. W. (2004) *Parallels and Paradoxes. Explorations in Music and Society,* 古泽利米安（主编），edited and with a preface by Ara Guzelimian, London: Bloomsbury。

别斯塔，G. J. J., Biesta, G. J. J. (2006) *Beyond Learning. Democratic Education for a Human Future,* Boulder/London: Paradigm Publishers。

布迪厄，P., Bourdieu, P. (1979) *La distinction. Critique sociale du jugement*, Paris: Minuit。

克劳瑟，P., Crowther, P. (2004) "Normativity, not Cultural Theory: Aesthetics in the Age of Global Consumerism", 收入 A. 埃里亚韦茨（主编），in A. Erjavec (ed.), *International Yearbook of Aesthetics. Aesthetics and/as Globalisation*, 8; 29—42; www2.our.nl/fw/hyper/IAA/。

克劳瑟，P., Crowther, P. (2010) *The Kantian Aesthetic. From Knowledge to the Avant-Garde,* Oxford/New York: Oxford UP。

达尔森，L., Darso, L. (2004) *Artful Creation-Learning Tales of Arts in Business,* Frederiksberg: Samfundslitteratur。

迪萨纳亚克，E., Dissanayake, E. (1995) *Homo Aestheticus. Where Art Comes From and Why,* Seattle/London: University of Washington Press。

多彻蒂，T., Docherty, T. (2003) "Aesthetic Education and the Demise of Experience", 收入 J. J. 乔因和 S. 马尔帕斯（主编），in J. J. Joughin and S. Malpas (eds), *The New Aestheticism*, pp. 23—35, Manchester/New York: Manchester UP。

迪弗雷纳，M., Dufrenne, M. (1992) *Phénoménologie de l'expérience esthétique*, Paris: PUF。

达顿，D., Dutton, D. (2009) *The Art Instinct. Beauty, Pleasure and Human Evolution,* New York, Berlin, London: Bloomsbury Press。

埃斯库巴斯，É., Escoubas, É. (2004) *L'Esthétique*, Paris: Ellipses。

赫兰德，K. 和奥斯腾，S., Helander, K. and Osten, S. (2008) "Konstnarlig barnteater-en dialog om betydelsen av scenkonst for barn", 收入 B. 容克（主编），in B. Juncker (ed.), *Born & Kultur-det aestetiskes betydning?* www.bin-norden.net/?download=3binkh.pdf。

霍洛, J. A., Hollo, J. A. (1959) *Kasvatuksen teoria. Johdantoa yleiseen kasvatusoppiin*, Porvoo, Helsinki: Werner Söderström Osakeyhtiö。

洪堡, W., Humboldt, W. (1903) "Theorie der Bildung des Menschen. Bruchstück" [1793], *Gesammelte Schriften*, Band 1, pp. 282—287, Berlin: B. Behr's Verlag。

洪堡, W., Humboldt, W. (1904a) "Asthetische Versuche. Erster Teil: über Goethes Hermann und Dorothea" [1797—1798], *Gesammelte Schriften*, Band 2, pp. 113—323, Berlin: B. Behr's Verlag。

洪堡, W., Humboldt, W. (1904b) "Über den Geist der Menschheit" [1797], *Gesammelte Schriften*, Band 2, pp. 324—334, Berlin: B. Behr's Verlag。

康德, I., Kant, I. (1784) "Beantwortung der Frage: Was ist Aufklarung?" *Berlinische Monatsschrift*: 481—494, www.uni-potsdam.de/u/philosophie/texte/kant/aufklaer.htm。

康德, I., Kant, I. (1990) *Kritik der Urteilskraft* [1790], Hamburg: Felix Meiner Verlag。

凯斯特, G. H., Kester, G. H. (2004) *Conversation Pieces. Community and Communication in Modern Art*, Berkeley, Los Angeles, London: University of California Press。

梅洛-庞蒂, M., Merleau-Ponty, M. (1995) "Éloge de la philosophie", in *Éloge de la philosophie et autres essais*, pp. 13—69, Paris: Gallimard。

摩根, D., Morgan, D. (2000) *Kant Trouble. The Obscurities of the Enlightened*, London/New York: Routledge。

米勒-福尔默, K., Mueller-Vollmer, K. (2007) "Wilhelm von Humboldt", *Stanford Encyclopedia of Philosophy*, plato.stanford.edu/entries/wilhelm-humboldt/。

努伊斯尔, E., Nuissl, E. (2010) "Bildung", European Association for the Education of Adults, www.eaea.org/index.php?k=15098。

皮洛, K., Pillow, K. (2000) *Sublime Understanding. Aesthetic Reflection in Kant and Hegel*, Cambridge, MA: The MIT Press。

普兰吉, K., Prange, K. (2004) "Bildung: a Paradigm Regained", *European Educational Research Journal*, 3 (2): 501—509。

欧洲景观的当代意义

拉法埃莱·米拉尼　著
贺慧玲　译

景观史：哲学观念与艺术再现

我们首先通过对启蒙时期和浪漫主义的起源进行当代解读，来考虑景观构建的方式。每个时代和每种文明都按照其文化产生了自身的景观。在古希腊，由于一种巫术的和泛灵论的心智，人类与自然是统一的；在中世纪的欧洲，这种统一表现为一种基督教超验观念；在近现代，科学和艺术史决定了一种凝视的产生，人与自然之间的分离借此导致了景观的发明。艺术史经历了多个阶段。布克哈特不无道理地将景观的审美发现追溯至意大利文艺复兴。至于对于空间的绘图再现，在18世纪和19世纪，人们就发现在一些地图上，山岳和湖泊的描绘存在某种视觉偏差，仿佛是些主观印象。之后得益于摄影术和其他科学仪器，这些偏差得到了纠正。然而，在我们心里，景观超越了时间，我们往往认为景观是拥抱生机勃勃大自然的一种方式。如果说历史、语言和文化的重要性不容忽视，那么表达地点、物理实体、记忆和感受的如画风景的外观，则似乎总是一种绝对。哪怕是与自然美的特殊表现相关的短暂感受，对我们来说也似乎是与普遍相关的一种体验，是个体与万物同在的一种认同。这种感受对过去与未来都是一样的。

我们往往认为，可见事物和我们精神状态之间的精神统一，在人类那里自发地产生。景观是一种精神形式，在景观中，视域和创造性相互汇合，因为每一次看的行为均会在观者那里创造一个"理想的景观"。我们的先人已经通过一种共同意识,即参与世间生活的共同意识,将我们的观看和感觉能力进行了转化。审美体验就是人们在看和感觉时所感知的这种统一的精神进程。西美尔在20世纪初将这种现象进行了归纳,将这种精神反应称作"情绪"(Stimmung),即景观的基调和气氛。施莱格尔曾提出要超越自然(physis)和精神(psyche)之间的区分(《柏林讲演》,1801—1802),西美尔步其后尘,分析了对距离和光线的感知所激发的情感程度。不同的感知现象形成了一种统一性,这种统一性包括导致艺术情感和直觉感知的一种心理反应的所有可能细微之处(西美尔,1988)。当我们观察和挑选客体时,我们的所作所为通常像艺术家那样不那么具有技术意义。我们事实上以一种创造性的方式在观察和挑选客体。我们根据对世界产生的印象理解和诠释景观。这同一种独创性精神将我们从美学引至艺术。西美尔写道:"当我们不再把一处景观视为自然客体的集合时,我们便拥有了一件**初生状态的**艺术品。"(西美尔,1988:372)

在近现代,景观的"情绪"包含双重意义:一是标志着浪漫派感受性的无限的理想;二是科学研究的鉴赏,就像在洪堡那里一样。就第二种意义而言,景观的特征,如山岳的轮廓、环境中的雾、漆黑的树林、涌向岩壁的湍流,与人类的愉快生活之间保持着久远和神秘的关系。

"对于观看的批评"源自我们关于古老与现代以及诸如园艺和耕作等生产性活动的反思。这种批评旨在回答以下问题:是我触发了我周围事物的美,还是我周围的事物不依赖于我而展现它们的美?自18世纪以来,人们使用了一些指称品味范畴的术语来回答这一提问,如美、优雅、崇高、别致、"我不知道是什么"、新哥特式风格。这些复杂的观念与古典主义、巴洛克、洛可可、浪漫主义这些伟大的风格模式一样,与我们对景观及其审美维度的感知和我们对自然的感觉紧密相关。事实上,每一处景观均属于人,人作为自由的创造者,凭借能力、想象和技术,通过活动改造、构建和转变自然世界。

景观本身可被视为艺术产品,被视为人的自由行动或情感的效果;在里特尔(1963)看来,景观是人的自由在自然中的体现。但是里特尔同样强调了视域使人顿悟的方面,将其视为以沉思为目的的自然的体现。在以技术转型为主导的历史之外,一旦功用主义功能衰竭,人类便能找回失去的统一性。他断言说,"神圣的"自然已经成为了"失去的"自然。在重新找寻这些失去的价值观时，他并不建议回到古代人的素朴，反而建议人们可以通过诗歌和具象艺术的审美中介，意识到人与自然之间的断裂——这种断裂已经被科学观察和15世纪以来绘画透视法的引入所证明，重新找寻统一性。里特尔认为，景观是一个普遍概念，是由现代性为现代性而发明的，与宇宙理论密不可分。在启蒙时期，论述景观的第一批理论家，如希施费尔德和吉拉尔丹，以这个概念作为其思想主旨。

我们所看到的现实不单是审美的，它也是伦理的。施温德（1950）受 E. 施普南格尔关于文化形态学理论的启发，将景观视作可与所有其他人类创造物媲美的艺术品，但它复杂得多。当一位画家在作画时，一位诗人在写诗时，一整个人群在创造一处景观。景观乃是其文化储存库，带着其思想的烙印：这种统一化元素保障景观具有一种穿越时代的连续性。自希罗多德以来，关键不再是描述地球一部分表面，而是要描述包括一个民族及其文化的居住区。正如凯雷尼（1980）所断言的，精神寻求景观；在精神和景观之间存在一种亲属关系。自然与文化相互渗透：自然视域指导和激发着创造性行为。凯雷尼在重新诠释由弗罗贝尼乌斯提出的情感反应范畴时说道：这种精神状态使得我们能够消除将我们与过去分离的距离，靠近景观背后所隐藏的过去，如此使我们适应神话形象的遥远记忆。

审美鉴赏的培养

通常认为，景观是一个现代概念，它与文艺复兴以来的绘画发展紧密相关。景观同时也与科学发现和旅行的审美体验紧密相关。由此产生的结果是，我们拥有绘画的、文学的、地理的和想象的景观。以上的初步评论表明，景观是艺术家主导完成的一种文化构建或历史创意，是一种持续到19世纪的观念，即如罗歇（1997）所提出的，是某种介于园林设计和大地艺术之间的东西。然而，景观的审美维度不能仅仅从艺术再现层面来说明。我们应该考虑在人类经验本身的复杂背景中人与自然的关系。从这点来看，景观是一个相对的和动态的实体，从古到今，自然与社会、凝视与所凝视的物体不断地在其中相互作用。观察行为绝对是现代的，但是观察所揭示的东西却反而可以是非常古老的。

这使得我们考虑审美鉴赏的变迁。过去的三个世纪见证了观察技术的发展，与之相对应的是大量的诗学。我们的眼睛受到绘画、摄影和电影变迁的制约，逐渐将这些呈现和再现景观的方式同化为审美对象。然而这只是一种古代性好的现代表现。

追随18世纪初盛行的"壮游"之风，英国年轻的贵族痴迷于对于他们来说神秘莫测的崩塌欲坠的残垣断壁。他们像艺术鉴赏家那样收集了这些废墟的心理意象。一种强烈的想象为此提供了支撑。根据废墟、岩石构造、山岳全景或汹涌的大海，他们构建一些感觉意象，就像一位画家用视窗取景和突显某一客体。这是从美学上赋予建筑或自然的某些部分以活力的方式，它们被选来形成一个庞大的目录，即审美愉悦的一种圣物箱。取景也是通过怀旧方式进行追忆的一种技法。在接下来的几十年里，所有旅行者均受到这种审美鉴赏的影响。创作所使用的原则借鉴了绘画技法，绘画技法后来也应用于摄影和电影中。然而这些贵族旅行者带来了他们的绘画知识并且进行了反思：毋庸置疑，17世纪的伟大风景画作存在于他们心里，在无意识层面对他们产生了影响。对作为一种看世界手段的视窗的发现，特别是弗朗德勒大师们对视窗的使用，也对这些贵族旅行者产生了影响。视窗被应用于被认为是向世界开放的绘画，具有双重效应，促使观者自然地进入景观中，从而打破了传统视角所独有的三维意象。这是弗朗德勒学派的一次重要的发现（同镜子的发现一样），尽管我们不能像罗歇所声称的那样明确断言，视窗将田野转化为景观。这种再现方式作为能够将周围世界的某些部分孤立开来的工具，同样也增加了其审美价值。18世纪的"收藏家"将绘画领域的这种透视技法引入美学领域，并赋予其以独创性，使其富于情趣。景观视窗（框架、有时是划分所描绘空间的十字形）几乎成为浪漫派绘画的一种思维定式，这在之后的众多文学描述中不难看到。

框架和视窗技法意味着一种观点，即对自然世界某一方面的复制。全景（视域）一词指的是通过运用透视法来描绘一个场址，人们借此理解和复制现实。尽管风景画画派的再现方法多种多样，但是场景在大约四个世纪中的发展根据的是同一原则，即通过合理的法则对外部现实产生心理意象。因此要对风景绘画和景观绘画做出明确区分，或者要在18世纪初的都市近郊风景画法和更直接地表达野生自然的普遍主题的景观绘画之间做出区分，是很困难的。事实上，与凡·维特尔、帕尼尼、皮拉内西、马列斯基、卡纳莱托、贝洛托和瓜尔迪这些名人同时代的风景画家乃是意大利的首批英国游客。同时代名人还有 J. C. R. 德圣-农、J. 乌埃尔、哈克特、奈特、维旺·德农、歌德、申克尔及他们的追随者。极富情趣的壮游酝酿了对全景视域的激情。现实就像古董收藏家的庞大鉴赏目录。

当代景观：美学、伦理和政治

当代景观的意义是什么？继自然美的愉悦、古文物鉴赏、情趣和灵韵之后，美学最新近的贡献是试图将政治转化为美学和将美学转化为政治。20世纪美学的一个显著特点是通过大众媒体推动遥远国家之间关系的新的、非物质的敏感性和灵活性。这种发展不再等同于异国情调或引证传统，而毋宁说是技术、传媒、生活方式和环境之间的杂交。艺术、美和社会生活成为关于不确定性和短暂性的美学的面具，这种美学反过来吸纳了景观。

当前的状况包含着景观的变迁及景观身份的消失。自人类首次凝视地球以来，景观在不停地改变。直到19世纪，变迁是缓慢的，甚至不易觉察。在工业化和城市化的推动下，这种变迁有所加速。

2008年，有一半的世界人口在城市地区生活。在欧洲，这一比例高达80%。人口密度因相关国家而异，人们注意到朝相反方向发展的一种新趋势，即城市居民去相对偏僻的农村地区居住。

除了自然现象（地震、火山喷发、土壤侵蚀，等等）之外，景观的嬗变源自人的干预。在20世纪下半期，重大的经济和政治变化改变了马赛、波尔多、南特、巴塞罗那、伦敦、热那亚、那不勒斯这些港口的运作并部分地改变了其农业腹地的经济。在欧盟内部，在共同农业政策的影响下，生产的密集和耕作的现代化使得更大的农业开垦得以进行，导致由小农场构成的广耕文化景观的消失。关于土地使用的立法（小农场汞齐化、大规模排水和土地复垦）更加剧了这种现象。尤其自60年代以来，海滨和冬天白雪皑皑的山区任旅游业日益发展，各种娱乐活动兴起。与此同时，城市的发展以及公路、高速公路和铁路基础设施促使新的城市出现。

这些变迁对欧洲景观造成了多重影响。后果依国家不同而不同，首先取决于每个国家如何尽力调节景观及环境政策（与工业和农业开发、能源、公路和铁路、旅游建筑领域等相关）的影响。这种影响的一个突出例子是像在丹麦、西班牙、德国和法国那样，由核电站、风力发电场等能源生产设施产生的影响。

在农业景观中，果园、小葡萄园、小养鸡场等是其常见的参照点，利用它们所占据的空间成为了农业景观转型的主要特点。随着农村人口的减少，这种趋势导致在清除了自然障碍的土地上的耕作更加集约化，大农场发展起来，集约种植特定作物。这种趋势也表现为一种特殊的耕作方式，即温室种植或塑料大棚种植，就像在冲积河谷或在地中海沿岸那样，那里大片的田地均覆盖着塑料大棚，生产反季节的水果和蔬菜。除此之外，在自然障碍与机械化相抵触的地方，农业活动退化了，或采取对所谓保护区进行保护的政策。在某些情况下，如在山区农业中，农业工人利用特定种植的好处，因此依然是其土地的所有者。但这些受限的区域通常借助国家资金而被重新植树造林。

应指出，作为这一普遍趋势的极少例外之一，德国成功地保留了一部分小规模耕作和"传统的"做法，而波兰是近几年来农业劳动者有所增加的唯一欧洲国家，但这是一种特殊情况。波兰的经济自由化将众多劳动者从就业市场驱赶出来，因而促使向小自耕农模式耕作的回归，即便这集中在国家的少数地区。

景观变迁的不同方式有三点共同之处。政府试图通过发布与土地使用相关的裁定书来使景观有序化。首先，努力保护受到威胁的和属于特定集水区的景观。其次，试图建立环境公共善的理想状态（例如：保障水质和供应安全、限制自然风险或与人类活动相关的风险）。最后，努力保护和修复景观，甚至将其创建为社会和经济生活的框架，且具有交换价值和使用价值。这些裁定书的得以接受取决于欧洲人如何理解他们居住的或逗留的国土。

景观的多样性及其身份问题

看法也有所改变。人们对于景观变化的理解也远不简单。即便是积极的变化也极少长期对所有人有益。一旦这种改善引发的欣喜消散，舆论会有所改变。第二次世界大战前夕，无人会想去批评德国和法国的高速公路建设，第二次世界大战后，也无人去批驳法国南部林荫路或树栅的破坏。沼泽地排水，在乡村架设高压电线，建设密集的综合住宅群来取代棚户区，也未受到更多争论。情况随后发生了彻底变化。自60年代以来，学者们向世界发出的忠告，以及一些信息的传播告诉我们，农业和工业技术对健康、食品质量、动植物以及公民安全等会产生有害效应。得益于这些忠告和信息，我们意识到了技术进步也能具有不利的后果。

耕作和建筑的方式，以及我们对土地的理解和再现，促使我们改变先前的景观概念。旅游业的巨大扩张以及其他的重大人类干预大大改变了城乡关系及城市和乡村的特征。

随着统治自然环境的经济和社会力量的转型，景观也在发生变化。这种变化的到来是缓慢的——经济学家经常提及管理这些变化的困难——因为这些变化受制于土地所有权与各种以普遍公共利益名义在地方层面实行的公共政策之间的辩证关系。欧洲国家是法治国家，公民不能为所欲为。在景观应该表达的价值观中，身份在欧洲占据着关键位置。然而有必要保存欧洲景观的身份吗？这种身份是如何变化，又是如何保持的？身份与美学、景观形态与景观被感知的方式之间的关系如何？

景观的身份表达了双重意义。第一，一种景观似乎等同于另一种景观，因为它们具有同样的特征、规划和功能。意大利的托斯卡纳景观与法国内地普罗旺斯的景观（橄榄树、松树、葡萄树和柏树）如出一辙。第二，通过表达指涉某些人群的特殊认同，通过提供一种地方层面的个人认同，一种景观的特性得以揭示。托斯卡纳景观与普罗旺斯景观有多方面的不同，比如建筑形式不一样，另外托斯卡纳景观是没有薰衣草种植的。

第二种意义的景观身份并不是永久的。如果知道这种身份的人去世而又"后继无人"，这种身份便会消失。欧洲许多朝圣之地遭到遗弃即是这种情况。不过大的朝圣地除外，如西班牙的圣地亚哥－德孔波斯特拉、西班牙的埃尔罗西奥、葡萄牙的法蒂玛、意大利的洛雷托。此类（几乎）被遗忘的景观包含无数由农村或城市实践所创设的场址：村镇洗衣场的洗衣妇、路边的牧鹅女或牧羊女、村庄广场的磨刀工、售卖产品的卖奶者或卖乳酪者、田地里的耕种者与耕牛或耕羊，以及宗教或世俗的列队行进队伍。半个世纪前，如此多的画面场景使得人们能够辨认一些场址，它们如今不时地被修复或再创造（洗衣场、普罗旺斯地区的干砌石房子或普利亚的圆顶石屋）。

归根结底，景观的身份是某种能够被创造或再创造的东西。景观专业人员的作用在于，关注被忽略的东西，再次给景观一种地方的或超地方的意义，指出环境、经济和社会的功能障碍，如自19世纪以来遭到遗弃和破坏的散布着风车和水车的景观。近几十年来，一些协会、大学研究人员或某些个人经常出于旅游或休闲的目的，重新赋予过去景观的这些代表性特征以生命和意义。高速列车站的建筑和环境创造物（阿维尼翁或普罗旺斯地区艾克斯）、柏林新的公共花园、巴黎原始艺术博物馆、马德里中心火车站不那么怀旧，自诩推动了可能在未来能吸引一些仰慕者的新的环境身份。

我们将始终寻求一种景观的个人或集体身份。在决定因素中，不得不提到每种景观的特征。这些特征在社会危机或个人危机时期（背井离乡/定居）是重要的标志。这些特征并未逃脱景观风尚或某些既定的模式。但这种对身份的寻求是成问题的，甚至是危险的，因为它可能扼杀所有的变化观念、差异观念和创新观念。巴尔干战争是最近的一个例子：不同的社群仰仗一种建立在土地和景观基础上的身份，表达了只是加剧紧张关系的一些要求。

发生变化的不仅是景观的形态及其构成因素，景观的生物物理和社会功能均发生了变迁。这些生态的和社会的方面并未获得一致的承认：事实上，某些思想流派否认景观具有任何生态的和社会的维度，而是更偏好景观的审美价值，不愿将景观局限于生态学或社会学。然而，广为承认的是，景观包括所有这些方面。根据在多个领域开展的大量实地调查判断，对于大多数人来说，景观蕴含美或和谐，即便美或和谐并不局限于它们的审美意义：和谐也表达了人类应与自然保持的关系；个体也应该相互之间构建和谐。一处美景——被先验地确定的美景，从原则上说应该不能受到污染，也不能有社会冲突。

然而，一种美的凋零并不是因为它的外观。一处景观的损毁在于其生态和谐的丧失，以及在于暴力和社会分隔等社会问题的出现。例如，郊区的一处城市景观的损毁不仅因为其外在的不美观，而且因为它与贫穷、犯罪、失业或污染相关。

欧洲景观在发生或快或慢的变迁，它特有的多样性和财富面临削减的威胁，旅游业所提供的利润越来越依赖最著名景点的游客接待量。由于知名度小一些的景点具有地方利益，因此有一种趋势是使景观成为不朽的露天博物馆，或者将景观转化为大规模的自然修复项目。博物馆城市业已存在：由13座塔楼主导的意大利的圣吉米尼亚诺城已经成为托斯卡纳一处不可回避的吸引旅游业的信标。拉提姆地区的小城市托斯卡尼亚也是这种情况。除了旅游商店之外，城市的大部分是荒僻的。在法国，处于普瓦蒂埃沼泽中的18世纪的布鲁阿吉村，险些成为鬼城，15年来得益于地区的和国家的旅游业才有所复活。西班牙的科瓦鲁维亚斯是另一个这样的例子。由于旅游经济的支持，这些越来越多的欧洲景点成为了休闲中心。历史古迹为接待游客而组织起来，就业与旅游花销相联（酒店、饭店、古董店、商店等）。这些历史古迹，或更确切地说，一些寺院，凝固着景点的记忆，为商业目的所用。

同样，乡村的某些部分能够成为露天博物馆。这比在建筑物多的环境中建露天博物馆更为困难，因为没有耕作田地或饲养牲畜的农场主，就没有乡村。在欧洲乡村保护区，在对身份遗产的保护非常明显的地方，人们往往将乡村的某些部分融入博物馆，保护它们的环境功能，甚至农业功能，同时引入新的用法。

虽然这些传统的乡村空间在一个特定的历史时刻充当了模型或艺术灵感的来源，我们仍称其为文化景观（kulturlandschaft）。地方人群想保护这些景观的意愿证成了能确保景观的永久性的农业技术的使用，同时排除了土地开垦的习惯形态。景观仍是农业的景观，但它真正的农场主被剥夺了。

能生的自然，被生的自然

"能生的自然"和"被生的自然"这些表述几年前被 M. 迪弗雷纳重新使用，目的是捍卫一种新的自然哲学。迪弗雷纳并不是从传统的形而上学意义上来解读它们，相反，他断言，人和自然表现为既是相互分离的，也是相互关联的。在这种互动和差异的背景下，他断言说，缺乏一种"艺术的人"（homo artifex），就不会有任何"艺术的自然"（natura artifex），因为"艺术的自然"是一种完全将人类排除在外的幻想。事实上，自然概念是一种文化和历史产物。艺术的自然因而处于自然与人工、自然与艺术的中间。人们有时在原工业建筑向城市景观的融入中看到它；这种以前被视为不自然的东西，一旦它的技术作用或社会作用完成了，最终便能够融入新的城市景观美学范式中。从这种观点看，自然既通过一个人群也通过艺术家而表现为创造自然的，他们的工作在于转化自然。"能生的自然"和"被生的自然"曾经是并且依然是铸模和模仿、真实和技巧方面的创造活动的核心。在艺术方面，城市景观艺术或农业景观艺术，集体艺术或个人艺术，在模仿自然时，通过这同一种自然植入我们头脑中的"天分"，像能生者那样活动。我们用被生者一词是指深深植根于我们意识中的自然。迪弗雷纳深入探查了西美尔、施温德和 E. 施特劳斯的思想，认为人类应该像生活在世间那样生活在自然中，产生由现实勾画的可能性。在这种意义上，人类既是自然力的主体也是其客体。自然、艺术和文化在景观中相会。人们在卢梭、康德、歌德和西美尔的理论中所发现的如画之美因而成为过时的了。

然而，应该以 M. 奥热的方式来考虑这一主题。在这两种对立的立场之间，我们从历史的角度注意到鉴赏的遗迹，后者几个世纪期间形成了一种自然的或城市的景观美学。这种美学基于一种凝视理论，依托具体的看的方式：观景亭、框架和维都塔（即在威尼斯兴起的描绘城市风光的风景画）。所有这些已经出现在三维视觉艺术中，即绘画、摄影和美术电影。如果我们处于迪弗雷纳和奥热的解读的中间，如画之美的衰落和规划的突生显而易见，而植根于文艺复兴时期的欧洲的空想正在灭亡。如果我们从这个角度研究城市化对世界的影响，研究全球化现象和地球的超负荷，显然欧洲最终会不复存在。欧洲的审美价值及其鉴赏标准被超越了。一方面，文艺复兴、巴洛克、如画之美和浪漫世界以及它们的最终表达在 20 世纪终结了；另一方面，一个虚拟世界不停地用图像和信息向我们轰炸，使我们眼花缭乱。这意味着中世纪和卢梭所笃信的沉思和灵韵的终结。在欧洲文明的瓦砾及西方艺术文明和思想的热焰之中，鉴赏呈现出一种新的形态：迷失方向的明显愉悦、中心的消失、由全球化导致的一种总体的均一性。作为城市危机的后果，某些建筑师创造了一些杂交的材料和形态。在全球化的城市空间中，环境相容性的衰落导致垂直花园的发明。著名的城市主义的外中心性在这种非场所中繁荣兴盛。在整个世界，例子俯拾皆是。

我们丢弃了关联和语境，只是追求建筑学客体，人们看到这种建筑学客体源自齐一化建造的城市。今天的城市吞没了物质的和非物质的资源。从美学、人类学和政治学角度来说，这是一个挑战。就像连接城市及城市周围景观的地理学解体了一样，其间有一些小块土地将被新的城市兼并所吞噬。

走向新的景观形态

这样，可以将新的景观美学定位于保守主义和现代主义之间。大城市的建筑师窃取了建筑权，煽动着现代主义自由。他们现在宣称渗入历史城市，解构其几个世纪中形成的、并证明多样风格的平衡。景观的捍卫者出于和谐与协调性动机，秉承一种非侵入式的环境管理观念，试图将景观艺术史的不同积淀（文化、植物的栽种，等等）组织起来，并且再次引入传统的修复技术。城市面对自然公园和保护区而建。保护区在增加。新的审美形态将表达人类的身体性和感受性，导致了两种通常反衬的解决办法：一方面是宽阔的公园和保护区，另一方面是新旧建筑并存的大规模都市。然而，某些大城市的象征性地位居于人工的和自然之间，试图将二者调和起来。在大城市的大面积绿地中，人们创建了庞大的空间体量，而历史古城——记忆的场址被破坏了并被纳入拥挤不堪的混凝土居住区中——寻求一种始终超出能力范围的和谐：精巧的花园以及长长的林荫道所通达的保护空间。

美具有了新的形态。艺术家和哲学家试图理解这种动荡的缘由。虽然传统的审美范畴丧失了其力量，但它们将关注引至同一的内在性和愉悦。正如建筑和当代城市规划所表明的，世界冒险进入一种缺乏感受和激情的制作（poiesis）：这种制作延续着后现代主义将高科技和奢侈的绿色急剧混合的过度。汉德瓦萨的世界、P. 勃朗的植物布局、E. 安巴斯的"绿色"建筑、E. 弗朗索瓦的绿色立面、藤森照信的菜地以及 R. 库哈斯的"新加坡的歌谣"均代表了这种克隆和全息摄影精神。城市形态和自然形态的景观被艺术转化为一种短暂的冒险，转化为土地及其元素的一种回声。

Raffaele MILANI: LA SIGNIFICATION CONTEMPORAINE
DU PAYSAGE EUROPÉEN
(*DIOGÈNE*, No. 233-234, 2011)

参考文献：

奥热，M., Augé, M. (1992) *Non-lieux. Introduction à une anthropologie de la surmodernité*, Paris: Seuil。

奥热，M., Augé, M. (1994) *Les Sens des autres*, Paris: Fayard。

奥热，M., Augé, M. (2009) *Pour une anthropologie de la mobilité*, Paris: Payot。

阿孙托，R., Assunto, R. (1973) *Il paesaggio e l'estetica*, Naples: Giannini。

巴里东，M, Baridon, M. (2006) *Naissance et Renaissance du paysage*, Arles: Actes Sud。

伯克，E., Burke, Edmund (1803) *Recherche philosophique sur l'origine de nos idées du sublime et du beau* [1759], trad. par E. Lagentie de Lavaïsse, Paris: Pichon。

伯内特，Th., Burnet, Th. (1699) *Theoria sacra Telluris*, Amsterdam: J. Walters。

克莱芒，G., Clément, G. (2004) *Manifeste du Tiers Paysage*, Paris: Sujet/Objet。

克拉克，K., Clark, K. (1976) *Landscape into Art*, London: John Murray。

库尔提乌斯，E. R., Curtius, E. R. (1948) *Europäische Literatur und lateinisches Mittelalter*, Bern: A. Francke。

迪弗雷纳，M., Dufrenne, M. (1989) «Le Cap Ferrat», *Revue d'Esthétique*, 16: 57—60。

歌德，J. W., Goethe, J. W. (2000) *Théorie des couleurs*, Paris: Triades。

海德格尔，M., Heidegger, M. (1992) *Grundfragen der Philosophie: Ausgewählte Probleme der Logik*, Frankfurt am Main: V. Klostermann。

康德，E., Kant, E. (1995) *Critique de la faculté de juger*, Paris: Flammarion。

康德，E., Kant, E. (1991) *Beobachtungen über das Gefühl des Schönen und Erhabenen*, Hamburg: Meiner。

凯雷尼，K., Kerényi, K. (1980) "'Landschaft und Geist', Apollon und Niobe", dans *Werke* IV: 80—92, Munich/Wien: Langen/Müller。

克拉格斯，L., Klages, L. (1973) *Mensch und Erde*, Stuttgart: Kröner。

拉塞克拉，F., La Cecla, F. *Contro l'architettura*, Turin: Bollati Boringhieri。

米拉尼，R., Milani, R. (2009) *The Art of the Landscape*, Montreal/London/Ithaca: McGill/Queen's UP。

帕诺夫斯基，E., Panofsky, E. (1936) "Et in Arcadia Ego. On the Conception of Transience in Poussin and Watteau"，收入 R. 克利班斯基和 H. J. 佩顿（主编），dans R. Klibansky et H. J. Paton (éds), *Philosophy and History. Essays presented to Ernst Cassirer*, p. 223—254, Oxford: Clarendon Press。

雷代尔, H., Rheder, H. (1932) *Die Philosophie der unendlichen Landschaft*, Halle/Saale: M. Niemeyer。

里尔克, R. M., Rilke, R. M. (1903) *Worpswede: Fritz Mackensen, Otto Modersohn, Fritz Overbeck, Hans am Ende, Heinrich Vogeler*, Bielefeld: Velhagen & Klasing。

里特尔, J., Ritter, J. (1963) *Landschaft. Zur Funktion des Aesthetischen in der modernen Gesellschaft*, Munster: Aschendorff。

罗歇, A., Roger, A. (1997) *Court traité du paysage*, Paris: Gallimard。

罗马诺, G., Romano, G. (1991) *Studi sul paesaggio. Storia e immagini*, Turin: Einaudi。

罗马诺, M., Romano, M. (1993) *L'estetica della città europea. Forma e immagini*, Turin: Einaudi。

卢梭, J. J., Rousseau, J. J. (1999) *Institutions chimiques*, texte revu par B. Bernardi et B. Bensaude Vincent, Paris: Librairie Arthème Fayard。

卢梭, J. J., Rousseau, J. J. (1968) *Julie ou La Nouvelle Héloïse*, Paris: Garnier。

卢梭, J. J., Rousseau, J. J. (1980) *Fragments de botanique*, dans *Œuvres complètes*, Vol. 4, Paris: Gallimard。

卢梭, J. J., Rousseau, J. J. (1964) *Les rêveries du promeneur solitaire*, Paris: Flammarion。

罗斯金, J., Ruskin, J. (1843—1860) *Modern Painters*, London: Allen, Green and Co.。

谢林, F., Schelling, F. (1983) *Über das Verhältnis der bildenden Künste zu der Natur*, Hamburg: Meiner。

叔本华, A., Schopenhauer, A. (2009) *Le Monde comme volonté et comme représentation*, traduit de l'allemand par Ch. Sommer, V. Stanek et M. Dautrey, Paris: Gallimard。

施温德, M., Schwind, M. (1950) "Sinn und Ausdruck der Landschaft", *Studium generale*, 3 (4—5): 196—201。

沙夫茨伯里, A. A. C., Shaftesbury, A. A. C. (1999) "The Moralists", 收入 Ph. 艾尔斯(主编), dans Ph. Eyres (éd.), *Characteristics of Men, Manners, Opinions, Times*, Oxford: Clarendon Press。

西美尔, G., Simmel, Georg (1988) «Philosophie du paysage», trad. de l'allemand par S. Cornille et Ph. Ivernel, 收入西美尔, G., dans Id., *La Tragédie de la culture et autres essais*, Paris/Marseille: Rivages。

沙马, S., Schama, S. (1995) *Landscape and Memory*, London: Fontana Press。

施特劳斯, E., Straus, E. (1956) *Vom Sinn der Sinne. Ein Beitrag zur Grundlegung der Psychologie*, Berlin: Springer。

维希留, P., Virilio, P. (2004) *Ville panique*, Paris: Galilée。

威特科尔, R., Wittkower, R. (1974) *Palladio and English Palladianism*, London: Thames and Hudson。

是移民文学还是移民题材文学？*
—— 一个争论中的术语

乌尔苏拉·马蒂斯－莫泽
比吉特·梅茨－鲍姆加特纳　著
陆象淦　译

  文学评论界承认，用于界定往往是跨文化的当代文学状态的术语遇到了某种困难。首先是本源上的困难：如何给一种无论从共时性或者历时性的视角来看，本质上是流动和难以划界的题材贴上标签；如何面对被认为20世纪80年代以来首先充斥魁北克，随后扩散到欧洲的表述的爆炸现象；最后的困难涉及在围绕一种超越国界的文学争论中，如何认识传记的范畴能否有理由获得其应有地位。

  我们冒险后退一步：从历史视角来看，在20世纪80年代的魁北克，学术研究在族群的原生态声音大规模出现之初做了名副其实的开创性工作。从1983年开始，诸如《反之亦然》或者《外国佬言语》等著述和刊物为出现在年轻的"民族"文学内部的这一系列文本做出了贡献，表明其幡然醒悟到了自己的多元性和认同问题。为了描述这一现象，评论界运用了一整套探索场域的新概念：

   民族文学，多民族文学，外来移民文学，移民文学，少数民族文学，小众文学，跨文化文学，混血文学；文化社群写作（écriture），边缘写作，漂移写作，中间写作和超场所写作。（西蒙和莱希，1994：393）

面对这么丰富和混乱的术语，必须做出选择。在十多年之后，这样的选择在欧洲找到了其捍卫者和追随者：**移民写作**。但从一开始，其涵义依然是模棱两可的。究其原因，确实在于"本源文化的特殊性成为有待开发的一种优先原料……它丝毫也决定不了写作的特征"（出处同上：394）。这个领域的开拓者之一谢里·西蒙的这一论断追本溯源，从作家的来源视角反对所谓"移民文学"虚假的一致性的观点。

就当前时代而言，相关的由来已久的争论依然不断：人们始终在寻找一个合适的术语，以正确阐释"外来的""跨文化"作家的大量涌现，他们的话语倾向于反映文化碰撞的各种问题，以及（或者）从移民的体验中吸取着营养。无论是在英语、德语或者法语中，都可以看到"外来移民文学"[1]、"移民题材文学"和"移民文学"[2]的概念。除此之外，最近又加上了"移民论题"（Migrance）一词，不幸的是它丝毫也无助于问题的最终解决：因为，如果说"移民论题"主要是指新的写作的美学实践，但颇为矛盾的是，《移民论题》也是研讨法国和世界移民史的一个刊物名称。2012年，《世界报》发表《构建一种法语世界文学》宣言刚满五年之际，以几乎是范式的方式提出相关问题的两部学术著作问世。其中的一部名曰《过客与在法国扎根——法语移民作家（1981—2011）词典》（马蒂斯－莫泽和梅茨－鲍姆加特纳，2012），制定了当代法国移民作家的第一个系统的索引；另一部学术著作系《新法语国家研究》杂志第27卷第1期，发表了专门研讨"移民题材文学"的文献。如果说《过客与在法国扎根——法语移民作家词典》旨在促使"移民文学"以及"移民作家"等表述更具可操作性，那么《新法语国家研究》专刊则为了展现"代表出身自移民或者非移民的当代作家作品特征的写作实践"（贝西和考尔多克，2012：6），提出了"移民题材文学"这一概念。

我们充分意识到这些连其作者本人也表现出保留态度的术语的局限乃至失败，试在本文的后续部分阐明彼此既平行又匹敌的两个术语——移民文学和移民题材文学相交叉的复杂语义场。同时，参照近几十年过程中这个领域所发生的演变，我们希望将它们的趋同与趋异作为一个主题来加以阐释，并主要是从实践的层面论证我们为什么依然选择"移民文学"来指称——请允许我们进行小小的挑战——那些用更新的术语来说走在所谓"后移民"作家前面的作者。

移民文学：定义与动力线

在《过客与在法国扎根——法语移民作家词典》的导言中，清楚地说明了其基本动机：界定来自全世界50多个国家的300位作者的轨迹及其文学创作的特征，他们大多数是在20世纪下半叶乃至最后30多年里抵达法国的。关于第二点同样也做了确切说明：这是一个共同具有某些传记叙事特征的作家群——词典仅限于记录第一代来自异乡的作家，无论就所述主体的层面，抑或所选择的审美手段或传记经历的层面而言，都毫无疑问表明移民文学的所谓一致性是一种假象：无论在个人或者集体的层面上，从一个国家移民到另一个国家的原因是多种多样的，从政治和经济原因到个人教育的原因，各有不同。因此，这部词典的编纂证明谢里·西蒙所提出的主要论点，即移民文学的特征不是一致性，而是多样性的观点是正确的。然而，尽管作者们的声音极其丰富，在参照系、审美和传记的层面上呈现出多样性，但应该说"移民作者"作为一个群体，30年后得到了法国本土的文学界的逐步承认。显而易见，它丰富了当代法国文学并留下了自己的足迹。当代法国文学正在重新奠定自己的基础，而且在某种程度上受惠于移民身份所固有的创造性潜力，以及人类生活的其他一切极端状态或局限状态。

为了论证本文只能回顾某些思考片段的如此复杂的一个问题，词典的编者选择了一个他们觉得比"外来移民文学"概念更有弹性，在题材和审美内涵上更为丰富，更古老但可以用相同的方式操作的词，即"移民文学"概念，或曰"移民作家"概念。如何为这一选择论证？它有什么优势？我们先从验证"外来移民文学"的心照不宣的含意着手。这个标签显而易见将注意力首先聚焦于移民（移出／移入）的具体过程，政治和社会后果（通常是灾难性的并被认为是负面的），以及确定作为出发地点和确切的目的地的抵达地点的地理的、国家的，以及有时民族的隐蔽意义。这个领域的大学者之一米歇尔·拉龙德的论述间接证实了这一点：在他谈到"外来移民文学"时，十分确切地仅指我们爱称之为"移民文学"的一小部分，亦即随着来自老殖民地的大移民潮而伴生的、特殊的后殖民地文学；这样的"外来移民文学"，按照拉龙德的说法（1997：35），接近于"法国文学"、"（新）国民文学"和"'后接触'文学"（安的列斯群岛、印度洋）。在这种情况下，社会政治和传记的隐蔽意图排除了一切美学的思考，最终决定着一个在英语和德语国家流行的术语——(Im)Migrantenliteratur 或者 (im)migrants' literature，被笨拙地译成法语为 "littérature de(s) migrant(s)"，即"移民群体文学"。这种"移民群体文学"至多只能充当"移民文学"的伪同义词，即皮埃尔·哈伦所说的文学作品的集合：

> 一种从其自身中游离、导出的文学的有点超现实主义的形象……被当作移民的社会和人类现实的附属符号，以赋予相关作品独立面貌，其必然后果是表述方式更多地适合于其中最企望获得合法性的那些作品。（哈伦，2008：37）

在《过客与在法国扎根》这部词典中，文学质量问题实际上是一个作者列入上述汇编的标准之一（奖项的评选等）；但是，除此之外，"移民文学"和"移民作家"两个术语在词典中首先是了解一个或多个"他乡"、'此处'和"两者之间地带"的"移民主体"撰写的文学作品集合的同义语。形容词"移民的"并非单指移出－移入的靶向移民运动，而是更多地强调现实存在的运动本身，强调一个这样的迁徙经验所激发的漂移感和多样的交汇感。正是按照这一逻辑，词典的标题突出了"过客"与"扎根"两者之间的反差，将多种多样的可能的迁徙轨迹包罗在一个集合之中。例如，"扎根者"定居法国，是为了留在这里写作和发表作品。"过客"则在经历了在法国学习和写作的具有决定意义的年代之后，就离开法国，或是去其他国家，或是回到其祖国，或者在他们的移民世界的一极或多极来回往返。在这两种情况下，实际的运动使他们注定成为各种文化之间的中介和传播者。他们不可避免地以一种与留在一地想象迁徙后果的所有人完全不同的方式，从习惯的环境中脱身出来，很容易对本国的文化和接待国文化采取一种观赏的视角。克劳斯－迪特尔·埃特勒从心理学和认同的视角深化了这个观点，断言"移民写作"应该注意到：

> 从一个心理体系通过原初的传播综合体向另一个综合体的过渡……在叙事者或者人物的层面上，"移民写作"不停步地将……范式转变和出于复杂情况下的一个心理体系的换位过程搬上舞台。（埃特勒，2000：1741）

概而言之，我们的第一个观点认为，我们所理解的"移民文学"因此是由迁徙滋养的，无论它是否主题化，很少关注社会学家们[3]所推荐的这种文学体系的情态（Befindlichkeit），而聚焦于在一种文化跨界情况下写作的移民主体的构成。而且，如果说在写作者的层面上，人们将人口迁移视为堪与生死等其他生存状态－局限相比的人类关键体验之一（见埃特，2007：26及其他），那么他们很少思考为什么一些批评家如此惊异于我们认为这些作家在他们的作品中对探索我们的全球化的后国家世界尤其敏感。此外，为什么人们认为他们，仅仅是他们，有义务展现这些现实？如果人们断言这些作家对于旅行主体——不论是自愿的或者被迫的，对于甘冒迷失于多个心理和社会参照系的风险的杂交人物，对于见证、进行回忆或者舞台变换的创意具有无可否认的偏爱，那么不容得出结论说他们的艺术创作局限于或者应该局限于开发人口迁移的经验。这就是说，存在着完全不同的另一种纽带，它将这种亲身经历的体验与写作联系在一起：社会心理学研究证明，整个人口迁移状态不仅与新环境造成的参照系和保护机制的迷失伴行，而且同时也产生某种刺激，激发正能量，诸如弹性、活力和创造性，等等（霍尔茨，2006）。我们认为，这种创造潜能造就了近几十年的过程中那么丰富的"来自他乡的声音"的涌现。即使这种特殊的主体或者特殊的写作方式的产生不能完全归功于人口迁移，那么完全可以将人口迁移视为普遍意义上的创造性的一个源泉，是艺术创作特别是文学创作的催化剂。南希·休斯顿如此表达这一观点："流亡无非是允许我们工作特别是写作的幻影。"（塞巴尔和休斯顿，1986：193）或者更进一步："一小点最微弱的摩擦、焦虑、苦恼，一小粒沙子，发出吱吱嘎嘎或者咯咯卡住的声音，乃是文学机车开动所不可或缺的。"（休斯顿，2004：61）

从生产者转向文学产品，引导我们展开第二个观点，我们将从参照系和形式的视角快速阐释（见马蒂斯－莫泽，2008）。在我们视为移民作家的作者中间，并非全体，但其中数量颇多的人耕耘着列入"运动"、"漂泊"和"交叉"诸极的题材园地。这样，就出现了移民在时空层面上的交叉乃至双重视角的问题，亦即向后看祖国和原来的社会，但同时也向前看接待国；回顾过去和现场，但同时也展望尚不确定的未来。这或许是出发的问题，流亡和回来、回忆和遗忘、没有保障的跨界、价值体系的冲突、痛苦或者获得解放的感觉问题，乃至面对一个新世界的自由问题。同时，这丝毫也不排斥一个移民作家可能同样或者"直截了当"地质疑环境问题、伦理问题、恐怖主义或者原子弹的威胁。至于漂泊，主人公们具有发展跨国的混合认同的倾向，顺从于改变的过程，往往是从一个正面的视角来看待这个过程，其结果必然是以幽默来对抗主题的严酷。

就形式的层面而言，运动、交叉、漂泊等同样的参数如在内容的层面上一样有效，这也适用于写作语言的层面。一个文本内的"转换码"可以交替使用语言、方言或者行话。一些作者变成名副其实的双语作家，诸如贝克特、乔兰、布杰德拉等，双语主义证明是"一种时时刻刻的知性刺激"（休斯顿，1999：46）。第三种策略则是将一种语言的特色注入另一种语言，以"在炫耀的语言中保持一种可以说是'奥秘的'语言的基质，使人理解言语下的另一种语言的想象"（迪翁和吕泽布林克，2002：12）。在宏观结构的层面上，声音和叙事视角的碎片化、异质性和多元性是与同质的线性文本背道而驰的。体裁的混杂是常见的，可以看到自传、评论、报纸文章、访谈或者电视播放相互交叉插入，打破了叙事的节奏。同时，现实与虚构之间的界线是可渗透的。除此之外，还加上极端丰富的互文性和跨中介现象的全景，最终汇成一个隐喻的武库——巴别塔、嫁接、器官移植、一条小船的漂移、红树群落，等等，被认为体现了交叉、漂泊、杂交，以及**最后但并非不重要的多样性**。

我们概括勾勒出这种讨论的几条大线索：如果说在法语国家中，"移民文学"和"移民作家"等术语业已确立，那么一些人不可避免地将其与后现代实践联系起来的艺术创作问题、审美和题材的战略与选择确实受到重视，人们在很大程度上意图将艺术作品独立出来，反对将其淹没在"外来移民活动的轨迹"中（吉尼奥罗-艾泽尔，1999）。而且，这类"移民文学"离开了"移民主体"是不可设想的，如我们下面将要证明的那样，"移民主体"是"移民文学"概念创立以来的基本构成因素。求助传记，求助随着人口迁移而产生的写作环境，在此旨在体验随着实际的地理迁徙而感受到的空间和社会心理的不稳定感。这也适用于"后移民题材作家"或者"后移民作家"等新词，据"跨文化：当代欧洲的移民与文学"研究小组的看法，这些新词指涉"移民后代作家，亦即本身并无移民经历，但在移民环境中长大的作者"（热塞，2014），这一论证明确无误地属于传记领域。从这样一个视角，也可以设想扩大"移民文学"和"移民作家"概念的涵义,将同一个共同体或同一个国家内部通常处于中心边缘的"移民"作家包括在内。相反,我们不同意滥用这个术语,使其涵义似乎包含一切而又毫无内容,如一些人对于词组"移民文学"英译成"migration literature"或者"migrant literature"的议论含沙射影所指的那样。由于移民文学是建立在既是传记的又是(或是)题材的标准基础上的,我们不敢苟同诸如"某些非移民完全能生产移民文学"(热塞,2014)之类的论断。非移民或许将生产一部聚焦于人口迁移状况或者一种"移民题材"文学意义上的杂交文体的作品,但由此冠以"**移民作者**"或者"**移民作家**"的头衔,我们觉得路漫漫其修远兮。依据这样的观点,当代一大部分写作,诸如后现代的、后殖民的、女权的、女性的、**跨性别的**,等等,将自动地进入移民写作之列,这是与构建一个综合领域的范式 – 功能意图相关的难以论证而绝对无效的想法。索伦·弗兰克旨在将"移民文学"这个表述的使用扩大至"移民时代书写的一切作品,或者至少扩大至选择人口迁移作为反映主体的作品"(2008:2)的种种论证,说明了这种困境。

向后看:当前争论了无新意

本文所说的术语问题产生于魁北克。两位研究人员为这个术语的起源展开争论:雅克·阿拉尔说他"于1985年研究 N. 卡坦的《声音与图像》卷宗之际提出了这个术语"(2004:8),而海地诗人罗伯特·贝鲁埃 – 奥利奥尔则声称是他对这个术语做了系统阐释。[4] 罗伯特·贝鲁埃 – 奥利奥尔的两篇文章,一篇写于1987年,另一篇与罗伯特·富尼耶合作,写于1992年,今天被认为是这一领域的经典参考文献,就像首先用整整一章的篇幅论述移民文学现象的皮埃尔·内沃的论文集《现实生态学》(1988)一样。虽然诸如雷吉娜·罗宾、谢里·西蒙、西蒙·阿雷尔和皮埃尔·雷罗等知名评论家随后介入了讨论,但我们有权质疑欧洲学术界参与争论的迟缓和犹豫:欧洲依然首先忠实于"外来移民活动文学"的概念,直至10年之后,这个新术语才被引进法国,而这应归功于 C. 肖莱·阿舒尔(1995)和罗萨莉娅·比沃纳(1995)。

如韦罗妮克·波拉(2014)最近所指出的那样,多种原因说明了这种差距。其中之一即是一种国民文学的存在及其权威性:这种文学在魁北克是不存在的,直至所谓的静悄悄的革命很久之后,而在法国,随着国内和国际的各种因素的不断叠合，国民文学成为一个超维度的集体"超我"。不言而喻，在这样一个人才荟萃的环境下，为新移民提供的空间和接待方式是不同的。如果说魁北克的文学界倾向于承认各种文化群体的声音具有"某种批判的特殊性"，甚至视之为"魁北克文学的一个主流"（沙尔捷，2005：5；穆瓦桑和希尔德布兰德，2001：46—47），那么在法国则相反，共和政体的平等原则和中心与边缘之间的陈旧的两极化限制了操作的余地：作家群集于大都会，趋于同化，如果一切顺利，变成为国家机体的组成部分。然而，实际上所有的作者不可能以同样的方式完全融合于选民群体：就长期而言，如果说国民文学吸收了外来者（特别是欧洲本土的）的声音，那么来自旧殖民地移民的声音被降格为"法语国家"之声，而来自其他语言国家而不得不改变语言的移民的声音往往被评判为必须进行写作实践，才能在体系中找到自己的位子。

最后一个评论需从历史的视角提出：如果说此前我们在为一个具有三个翼面——审美的、参照系的，以及必不可少的迁徙意义上的传记翼面的定义进行论证，那么这并非表明对于人类经验的或然性范畴缺乏敏感性。我们对之有深入认识，有着良好关系。因为，关于魁北克对这场争论的贡献已经提到过上千次，却很少有评论谈及对于这个术语的发明者们来说，迁徙的体验是最重要的。贝鲁埃－奥利奥尔和富尼耶这样概括说："移民写作构成由**移民主体**生产的文学作品的微集合。"（1992：12）随之而来的是我们在其他文章中（马蒂斯－莫泽，2007）评论过的对于其内容特征的界定和可能存在的代际划分，以及皮埃尔·内沃对于其审美维度的阐释。因此，在围绕移民文学的争论中了无新意，甚至不存在这个术语朝着贝鲁埃－奥利奥尔和富尼耶提出的"混血文学"范畴的方向扩展的可能。这些文学同样是由移民主体生产的，但甚至包括了魁北克的"祖先"的作品，就整体而言，这些作品以描述移民和外来者状况为己任并自我界定为一种迁徙文学。

移民论题及其写作实践

2008年，也就是在法国、法语国家和移民等法语作者签名的宣言《构建一种法语世界文学》发表后一年，一个新概念——"移民论题"进入了移民写作研究领域。这个术语是两个加拿大女研究员玛丽·卡里埃和卡特琳娜·考尔多克提出的（2008）。但我们要指出，当时被认为是一个新词（加拉格尔，

2011：11）的"移民论题"概念早已存在于20世纪90年代争论之初，是作为一个季刊——专门研讨法国和世界移民历史的跨学科杂志的名称出现的。

卡里埃和考尔多克（2008）以一种过于笼统和尚不很确切的方式为某些文学分析辩护，阐释为何较少关注优秀的移民作者写作的题材，而更多地聚焦于移民写作所固有的美学手法。换句话说，她们选择用审视产品（文学文本本身）的视角来代替审视生产者（作家的传记和可能由此产生的文学题材）的视角。玛丽·卡里埃在其《认同的短视：移民体与魁北克和英语加拿大的写作》一文中，更加明确地将"移民论题"概念同"过客和漂泊者的美学"捆绑起来，这种美学"是与后现代性，尤其是不确定性，语言的不一致性，认同的破裂和混乱，以及记忆、时间和空间的断裂联系在一起的"（2008：57—58）。

这种"移民题材文学美学"（贝西和考尔多克，2012：14）观念，四年后重新作为进一步受限和深化的概念出现在由美国女学者玛丽安娜·贝西和卡特琳娜·考尔多克合作主编的《新法语国家研究》杂志的"移民题材文学"专刊上（2012）。两位主编在前言中阐释了促使她们引入"移民论题"这个新概念来替代"移民写作"概念的动机。按照贝西和考尔多克的看法，"移民写作"特别是"移民作家"的概念过于狭隘地强调作者的出身，过少地考虑"其本身就是移民的、移动的、过渡的、间质性的……"作品（贝西和考尔多克，2012：1）。通过新概念，她们提出应关注这样一个事实，即没有移民经历的作家也能将"移民的元素"植入作品（如在当页脚注中作为范例援引的弗朗辛·诺埃尔的案例），而移民作家未必在其虚构的文本中谈论人口迁移。[5] 关于第一个观点，应该指出，《新法语国家研究》该期专刊的所有文章都未谈到从事移民论题写作的任何一个非移民作家，而关注的恰恰是那些**典型的**移民作家，诸如让·波尔当特、南希·休斯顿、莱拉·塞巴尔、莱奥诺拉·米亚诺、阿卜拉·法尔胡德、陈颖、埃米尔·奥利维耶、纳伊姆·卡坦等人。因此，导言中所鼓吹的移民论题内在观念可以说在具体分析中毫无结果，这是令人遗憾的。但并不因此妨碍专刊本身具有其特殊功绩，亦即揭示了作为文学现象——不仅是魁北克，而且也是法国的文学现象的移民作品的价值，通过其所推崇的视角强调了移民写作的形式和美学的侧面——跨国写作、体裁的杂交性、语言的杂交性、跨艺术实践，等等。

如果更贴近地观察，那么可以看到贝西和考尔多克像玛丽·卡里埃已经做过的一样，回避"移民作家"概念甚于"移民写作"概念，尤其是不无道理地抛开把作品单纯地当作传记和实际经历来解读的做法。但是，她们没有否认存在着体现移民论题写作实践的某种特殊手法，这样的写作实践"影射当身份、归属、语言、文化认知不复被某个集体认同并提出质疑时出现的张力和思考"（贝西和考尔多克，2012：2）。移民论题作为生存的体验（身份的、语言的、空间的）影响着文学实践并在形式和写作层面上体现出来。这一假设使人联想到埃娃·豪斯巴舍（2009）所说的"移民活动诗学"。她与《法语移民作家词典》编者们的想法不谋而合，认为移民文学借助某种无可否认的交融，使用了特别适合于表达文化多样性和文化杂交的观念（豪斯巴舍，2009：117—122）的特殊文学手法（体裁、写作和叙事技术等）。如果说在人物层面上，移民文本选择多重身份的形象，那么在叙事层面上，它往往选择多视角的不同叙事观点和策略。如果说移民的状态在移民写作中通常是与空间、穿越和旅程联系在一起的，从而使埃娃·豪斯巴舍可以谈论某种"地形文学"（2009：118）的存在，那么这在形式层面上反映为空间的诸多隐喻（边界、门槛、第三空间、中间），以及空间的二重性，乃至各种空间的重叠和同时性（往往伴随有时间的二重性/同时性）。拒绝归属和单一性最终体现为语言本身，多语言性、词汇驳杂、表达和自我表达在移民写作中具有压倒一切的作用。按照豪斯巴舍的看法，此外还应加上对于某些修辞和风格元素的偏爱，诸如讽刺间离效果，可以对某些异国情调化的景象、突出的自我－他者意象、思维定式提出质疑的滑稽模仿和搞怪等。

除了上述这些概念化的东西之外，"移民论题"一词还见诸迈克尔·布罗菲和马里·加拉格尔于2011年主编的一本文集的标题《行动中的移民论题——美学、伦理和政治定位》[6]。加拉格尔将移民论题理解为"一种状态或者更好地说一种条件，一种生存情态，一种存在模式"（2011：11），我们可以多少有点荒谬地将之描述为动态中的定式[7]。移民在迁徙之外，如何能保持其移民或者移民论题状态？移民如何能防止在废弃动态性的节点上停滞下来？这是加拉格尔在其导论性的文章《从移民地位到实践中的移民论题》中提出的问题。这篇文章从标题已经把移民主体所得到的体验与实践中的美学手法联系了起来。它研究的核心乃是认识被理解为一种"运动的内环境稳定性，作为中间状态延长的暂停"（2011：13）的移民论题如何导入文学文本的问题。在加拉格尔看来，旅行、路过、穿越、漂泊、旅程、行走乃是与归属和依附的原始观念相对立的这种移民题材文学的关键。

概而言之，我们坚持认为，主张移民题材文学概念的人反对具有移民体验的作家局限于这种体验本身。他们尤其不能接受那些将作品简化为传记式的叙事，承认具有移民经历的作家能够在其虚构的作品中很好地描述移民主体之外的其他主体。反之，有些没有名副其实的移民经验的作者也能够书写移民主体，如法国的保罗·斯梅尔或者德国的雅各布·阿尔尤尼所做的那样，甚至运用移民作家中流行的美学手法。我们觉得这些研究中最令人感兴趣的论断，乃是与移民论题密切相关的题材及作为其必然结果的写作实践的复现。

结　论

贝西和考尔多克在她们的文章中（2012：12）引证了女作家南希·休斯顿。休斯顿发表在《构建文学世界》一书（米歇尔·勒布里斯和让·鲁奥编，2007）的文章中抱怨研究者们有用标签将作家们捆绑起来的怪癖，号召她的同道们进行有礼貌而坚决的反抗，反对这样的现象。虽然从作者的视角而言，这种抗拒或是完全可以理解的，但从研究的视角来看，应该考虑如下两点。

1.研究不仅现在而且永远需要标签和归类，例如文学流派，文学史分期等，以便厘清广泛而驳杂的文学和文化领域。对于一个研究者来说，标签与其说是本质性的，毋宁说是功能性的，它并非试图从本质上去检验作品，而是实现一种导向和组织的功能。

2.作者们认为是负面的各种标签具有正面的功能，它们能够促使评论家和一般读者注意被国家或者国际标准列为边缘的作者群体，例如被文学史长期排除在外的女性作家。"女性写作"这样的标签凸显了题材和所使用的文学手法的特殊性，而专门研究女性作者的文学史的编写，我们觉得体现了文学领域的一种新的意识和新的态势。凡此种种与移民写作正在发生的情形十分相似。被作者们视为"画地为牢"的标签可以给予文学领域以动力，甚至推动一体化的进程。所有的研究者都会同意上述观点，永远应该自觉选择以其推论和述行的力量影响和促进研究对象本身**得以产生**的标签。从这样的观点出发，我们觉得尤其重要的是，选择包容和开放的概念来替代具有排他倾向，专属一个国家、一个民族等的归类。[8] 至于"移民写作"和"移民题材文学"

的概念，两者的焦点有着轻微的差异，我们认为这两种选择都是绝对可行的，因为两者尽管有所分歧，但都抛弃将文化接触理解为两个独立的文化实体之间的交流过程，同时主张一种非二元的逻辑，承认一切文化所有的奇异性、异质性（马蒂斯－莫泽和梅茨－鲍姆加特纳，2012：13）。

Ursula MATHIS-MOSER, Birgit MERTZ-BAUMGARTNER:
LITTÉRATURE MIGRANTE OU LITTÉRATURE DE LA MIGRANCE?
À PROPOS D'UNE TERMINOLOGIE CONTROVERSÉE
（*DIOGÈNE*, No. 246-247, 2014）

注：

　　* 移民文学（Littérature migrante，英文：migrant literature）包括外来移民的作品或者那些具有接待国国籍但不具有接待国传承的作者的作品。外来移民后代的作品也可列入该范畴。移民文学作家的母语并非接待国语言，但他们使用接待国语言作为文学语言，作品面向讲接待国语言的受众。移民文学作品的论题与移民和（或）其他国家和民族的生活和文化相关，主要包括移民经历、对一体化过程的参与，以及认同发展，且具有多样化趋势。

　　移民题材文学（Littérature de la migrance，英文：migration literature）则指专门探讨移民话题的一个文学分支。移民题材文学扩展了移民文学的范围，这样非移民作者或具有接待国传承的作者也有机会进行这种体裁的写作。移民题材文学主要关注接待国社会而较少强调作者的个人经历。与移民文学相反，一个文本可否被划分为移民题材文学，根据的是其论题的内容和叙述的视角，而非作者的个人经历。在20世纪文学史上涌现了大量具有移民背景的作者。从移民文学到移民题材文学的转向即是从对移民作者背景的关注向作品论题和形式设计的一种概念转向。这意味着移民时代的非移民也可创作移民题材文学。——编者注

　　[1] 见英语和德语中的相应词组：immigration literature, immigrant writing, immigrant fiction, Immigrationsliteratur，这些概念见诸米里亚姆·热塞对弗里德隆·林纳和弗兰卡·西诺波利主持的研究计划"跨文化当代欧洲的移民与文学"的描述（热塞，2014）。

　　[2] 见英语和德语中的相应词组：migration literature, literature of migration, migrant literature, Migrationsliteratur。migrants' literature/Migrantenliteratur 一词罕见对译成法语 littérature de(s) migrant(s)。

　　[3] 见马蒂斯-莫泽文中（2006）所讨论的皮埃尔·哈伦和韦罗妮克·波拉的结论性文章。

　　[4] 并见马蒂斯-莫泽，2006和2007；马蒂斯-莫泽和梅茨·鲍姆加特纳（2012：7—18）。

　　[5] 这也是《法语移民作家词典》的编者们所证明的一个观点，见马蒂斯-莫泽（2007：53）、马蒂斯-莫泽和梅茨-鲍姆加特纳（2010：113）。

　　[6] 我们要顺便指出，收集在此书中的大部分文章同样集中于移民作家，诸如 S. 柯基什、R. 罗宾、E. 奥利维耶、F. 程、L. 塞巴尔和 N. 休斯顿等。

　　[7] 加拉格尔参照了詹姆斯·克利福德及其"居无定所"（dwelling-in-displacement）概念。

　　[8] 米歇尔·拉龙德（1997）建议出身自外来移民——这是当时的术语——的作者按照单焦点或双焦点的文化属性分类为"法裔法国人"、"阿拉伯裔法国人"和"非洲裔法国人"。

参考文献：

阿拉尔，J., Allard, J.（2004）«Lettre à Hélène Amrit et Anna Giaufret»，收入 H. 阿姆里特、A. 吉奥弗雷和 U. 马蒂斯－莫泽（主编），in H. Amrit, A. Giaufret et U. Mathis-Moser (éds), *Nouveaux regards sur la littérature québécoise*. pp. 7—9. Innsbruck: Leopold-Franzens-Universität。

贝鲁埃－奥利奥尔，R., Berrouët-Oriol, R. (1987) «L'effet d'exil du champ littéraire québécois»，*ViceVersa*, 17：20—21。

贝鲁埃－奥利奥尔，R. 和富尼耶，R., Berrouët-Oriol, R. et Fournier, R.(1992) «L'émergence des écritures migrantes et métisses au Québec»，*Québec Studies*, 14: 7—21。

贝西，M. 和考尔多克，C., Bessy, M. et Khordoc, C.(2012) «Introduction. Plaidoyer pour l'analyse des pratiques scripturales de la migrance dans les littératures contemporaines en français»，*Nouvelles Études Francophones*, 27(1): 1—18。

比沃纳，R., Bivona, R. (1995) *Nina Bouraoui: un sintomo di letteratura migrante nell'area franco-magrebina*, Université de Palerme, thèse de doctorat。

布罗菲，M. 和加拉格尔，M.(主编), Brophy, M. et Gallagher, M.(éds) (2011) *La Migrance à l'œuvre. Repérages esthétiques, éthiques et politiques*, Bern: Peter Lang。

卡里埃，M., Carrière, M.(2008) «Des méprises identitaires Migrance et écriture au Québec et au Canada anglais»，收入 M. 卡里埃和 C. 考尔多克 (主编)，M. Carrière et C. Khordoc (éds), *Migrance comparée*: *les Littératures du Canada et du Québec/Comparing Migration*：*The Literatures of Canada and Québec*, pp. 57—71. Bern: Peter Lang。

卡里埃，M. 和考尔多克，C. (主编), Carrière, M. et Khordoc, C.(éds) (2008) *Migrance comparée*: *les Littératures du Canada et du Québec/Comparing Migration: The Literatures of Canada and Québec*, Bern: Peter Lang。

沙尔捷，D., Chartier, D. (2003) *Dictionnaire des écrivains émigrés au Québec 1800-1999*. Montréal: Nota Bene。

肖莱·阿舒尔，C., Chaulet Achour, C. (1995) «Place d'une littérature migrante en France. Matériaux pour une recherche»，收入 C. 博恩 (主编), in C. Bonn (éd.), *Littératures des immigrations*, II, pp. 115—124, Paris: L'Harmattan。

迪翁，R. 和吕泽布林克，H. -J., Dion, R. et Lüsebrink, H. -J.(2002) «Introduction»，收入 R. 迪翁、H. -J. 吕泽布林克和 J. 里斯 (主编), in R. Dion, H. -J. Lüsebrink et J. Riesz (éds), *Écrire en langue étrangère. Interférences de langues et de cultures dans le monde francophone*, pp. 5—20, Québec: Nota Bene。

埃特勒, K.-D., Ertler, K.-D. (2000) «Les "écritures migrantes" au Québec et leur oscillation entre identité et différence», 收入 K.-D. 埃特勒和 M. 勒施尼克 (主编), in K.-D. Ertler et M. Löschnigg (éds), *Canada 2000. Identity and Transformation. Central European Perspectives on Canada*, pp. 169—177, Frankfurt: Narr。

埃特, O., Ette, O. (2007) «Literaturwissenschaft als Lebenswissenschaft. Eine Programmschrift im Jahr der Geisteswissenschaften», *Lendemains. Études comparées sur la France. Zeitschrift für vergleichende Frankreichforschung*, 125: 11—38。

弗兰克, S., Frank, S. (2008) *Migration and literature: Günter Grass, Milan Kundera, Salman Rushdie, and Jan Kjærstad*, New York: Palgrave Macmillan。

加拉格尔, M., Gallagher, M. (2011) «De la condition du migrant à la migrance à l'œuvre», 收入 M. 布罗菲和 M. 加拉格尔 (主编), in M. Brophy, et M. Gallagher (éds), *La Migrance à l'œuvre. Repérages esthétiques, éthiques et politiques*, pp. 11—23, Bern: Peter Lang。

热塞, M., Geiser, M. (2014) «Description du projet de recherche en cours "Trans-Cultures Migration and Literature in Contemporary Europe" (sous la direction de Fridrun Rinner et de Franca Sinopoli)», non publié。

哈伦, P., Halen, P. (2008) «À propos des modalités d'insertion des littératures dites de l'immigration ou migrantes dans le système littéraire francophone», 收入 D. 迪蒙泰和 F. 齐普费尔 (主编), in D. Dumontet et F. Zipfel (éds), *Écriture Migrante/Migrant Writing*, pp. 37—48, Hildesheim: Georg Olms。

豪斯巴舍, E., Hausbacher, E. (2009) *Poetik der Migration. Transnationale Schreibweisen in der zeitgenössischen Literatur*, Tübingen: Stauffenburg Verlag。

霍尔茨, S., Holz, S. (2006) «Gender und Migration», asa-programm.de/ueberasa/netzwerk/themen/migration/gender-und-migration.html。

休斯顿, N., Huston, N. (1999) *Nord perdu suivi de Douze France*, Paris-Montréal: Actes Sud-Leméac。

休斯顿, N., Huston, N. (2004) *Âmes et corps*, Paris-Montréal: Actes Sud-Leméac。

拉龙德, M., Laronde, M. (1997) «Les littératures des immigrations en France. Question de nomenclature et directions de recherche», *Le Maghreb Littéraire*, 1(2): 25—44。

马蒂斯-莫泽, U., Mathis-Moser, U. (2006) «Littérature nationale versus "littérature migrante". Écrivains de langue française dans l'entre-deux», 收入 F. 林纳等 (主编), in F. Rinner et al. (éds), *Identité en métamorphose dans l'écriture contemporaine*, pp. 111—120, Aix-en-

Provence：Publications de l'Université de Provence。

马蒂斯－莫泽，U., Mathis-Moser, U. (2007) «La littérature migrante en France. Esquisse d'un projet de recherche», 收入 N. 阿兰巴桑和 L. 达昂－加伊达（主编）, in N. Arambasin et L. Dahan-Gaida (éds), *L'Autre En Quête. Médiations littéraires et culturelles de l'altérité*, pp. 3955, Besançon: Presses Universitaires de Franche-Comté。

马蒂斯－莫泽，U., Mathis-Moser, U. (2008) «La "littérature française" : une littérature qui fait la différence?», 收入 J.-P. 巴扎日、G. 屈斯泰和 F. 马丁（主编）, in J.-P. Basaille, G. Custers et F. Marting (éds), *Le français, une langue qui fait la différence*, pp. 229—236, Bruxelly: FIPF。

马蒂斯－莫泽，U. 和梅茨－鲍姆加特纳，B., Mathis-Moser, U. et Mertz-Baumgartner, B. (2010) «Écrire en français quand on vient d'ailleurs», *hommes & migrations*, 1288: 110—116。

马蒂斯－莫泽，U. 和梅茨－鲍姆加特纳，B.（主编）, Mathis-Moser, U. et Mertz-Baumgartner, B. (éds) (2012) *Passages et ancrages en France. Dictionnaire des écrivains migrants de langue française (1981-2011)*, Paris: Honoré Champion。

穆瓦桑，C., 和希尔德布兰德，R., Moisan, C. et Hildebrand, R.（2001）*Ces étrangers du dedans. Une histoire de l'écriture migrante au Québec (1937-1997)*, Québec: Nota Bene。

内沃，P., Nepveu, P. (1988) *Écologie du réel. Mort et naissance de la littérature québécoise contemporaine*, Montréal: Boréal。

波拉，V., Porra, V. (2014) «Auteurs "français" venus d'ailleurs», *Acta fabula. Revue des parutions*, 15(1), www.fabula.org/revue/document8346.php。

吉尼奥罗－艾泽尔，C., Quignolot-Eysel, C. (1999) «De la migration à la migrance, ou de l'intérêt de la psychanalyse pour les écritures féminines issues des immigrations», http://www.limag.refer.org/Textes/Iti27/Quignolot.htm。

塞巴尔，L. 和休斯顿，N., Sebbar, L. et Huston, N. (1986) *Lettres parisiennes: autopsie de l'exil*, Paris: Barrault。

西蒙，S. 和莱希，D., Simon, S. et Leahy, D. (1994) «La recherche au Québec portant sur l'écriture ethnique», 收入 J. W. 贝里和 J. A. 拉蓬斯（主编）, in J. W. Berry et J. A. Laponce (éds), *Ethnicity and Culture in Canada. The Research Landscape*, pp. 387—409, Toronto: The University of Toronto Press。

印度洋文学中的跨文化迷宫

卡尔帕宁·马里穆图　著

贺慧玲　译

印度洋空间：联系的缆绳

今天，在有关法语后殖民文学的批判和理论话语中，经常援引如下一些概念：混杂性、（起冲突的或不起冲突的）交汇、克里奥尔化，乃至诸说混合（韦尔热斯和马里穆图，2005；博尼奥尔，2013）。过去那些主张抵制、拒斥、争论或回应的范式过于注重善恶二元论，如今已被主张协商和跨文化对话的更为细腻的范式所代替。对印度洋文学的解读也不可避免被重新定向，不再限于在过去的殖民地与其宗主国之间关系的框架内考虑，而是越来越在印度洋框架内考虑。相较于大西洋，印度洋更为突出的特点是由来已久的人口迁移、跨文化碰撞、语言的创设（斯瓦希里语、各种克里奥尔语，等等）以及所谓的混杂文化。这些混杂文化随着交汇的条件处于不断的进化和适应中，无论交汇是否发生于一个对等的框架中。

从这种角度来看，线性时间观念以及对空间的几何与平面理解都已不再，取而代之的是共现（coprésence）时间和相互重叠或交叉的空间层次的概念：但表面上，共现时间存在于当代时刻中，而重叠或交叉的空间层则表现在单一的平面中。正是基于这种对多形态、多中心和混杂世界的把握，我们重新思考移民、交汇、通道和边界的范畴。

如果我们考虑到历史中必然存在的混杂化，那么共现是复杂化的。混杂化使得祖先、出发地、与俗事和圣事的关系、与"笃信者"和"不纯者"的关系均越来越多样化。在克里奥尔土地上居住或生活对主体来说必然意味着：主体对空间和时间性具有多重意识，主体理解边界的存在及边界的相互渗透性，确信"本真性"建立在不纯洁性、网状化和偶然性之上。种种的神话与传说——主体自己所优选的祖先以及他者所选择和援引的祖先的种种神话与传说——以及种种叙事，总是根据居住地而被再读或生产，这些神话、传说与叙事同其他现有的叙述或产生冲突，或相互对话，或相互交叉。

既然考虑到了多元情况，也就需要我们同时注意夹缝之处，在那里存在有扰乱空间、时间和语言的幽灵，使得多元性之间的接合带有冲突性。因此，这些地区的文学作品表面上让人读到或看到被测量的空间和被掌握的时间性，实际上往往不同于叙述的或意识形态的纲要，构建着一些虚幻世界：在这些虚幻世界中，表面上的知识、表面上的描述和表面上的叙述，表明这个虚幻世界是萦绕了各种幽灵的怪事和记忆隐迹的世界。这些幽灵往往是由奴隶制和殖民相互勾结的暴力史所设置的，奴隶制和殖民可以改造这些幽灵，或者至少改变它们的意义。

印度洋经历了与前欧洲帝国、人口贩卖、奴隶制以及殖民帝国相关的不同的全球化，因而不是一个同质的世界，而是一个碰撞、交流和冲突的广阔空间（乔杜里，1990；霍尔，1996；皮尔逊，2004；博雅尔，2012）。欧洲人的游记从未考虑过**作为大洋的**印度洋的跨文化现实。游记的名称本身也存在问题，从"非洲诸海游记""南极四周诸岛游记"这些标题中可见一斑。人们经常称"诸海"而不称"洋"，称"南极四周诸岛"而不称"印度洋世界"。在"地中海世界"、"大西洋世界"、"太平洋世界"以及"加勒比世界"这些概念已经成为日常用语时，印度洋世界观念却并非理所当然。因此，科摩罗、印度、马达加斯加、毛里求斯、莫桑比克、留尼汪的作家往往分别指涉具体的各国和各地，而不被看作属于印度洋这一整体。

印度洋诸社会由既是全球化的又是混杂的文化所构成。所有印度洋世界的这种结构性现实，在克里奥尔空间中看得尤为明显。克里奥尔空间的显著特征是循环往复的冲突性交汇与协商，从而不断地改造着"共同"空间。同时，克里奥尔化进程并未消除与这些克里奥尔世界居民所来自的空间的联系；克里奥尔化进程通过一种不断再创造和再制定工作，即重构记忆和重组想象，来改造这些克里奥尔世界的联系方式。悖论的是，克里奥尔空间变成了这样的地点,在其中,多元的和各自异质的本源空间(Les espaces de départ)能以活跃的方式自我思考。本源空间实际指构成印度洋克里奥尔文化的六个复合世界:非洲、东亚、南亚、欧洲、印度洋岛屿(科摩罗、马达加斯加)以及印度洋穆斯林世界。它们参与了克里奥尔世界的构建,而克里奥尔世界也反过来通过碎片化的交叉重新产生了自己的理解和意义。换句话说,人口迁移、奴隶制、欧洲殖民主义、原初的——或者爱德华·格利桑所说的"隔代遗传的"(ataviques)——文化的抹除造就的这些社会,其构建的起点是这些社会源文化基础的丧失,同时给予这种丧失以另一种意义并使这种基础辩证化。这些社会的构建一方面忘记了"根源"概念,另一方面,在同一运动中,在克里奥尔空间的想象和实践中又重新混合了这同一些"根源"。

印度洋克里奥尔文学不断地使这些主题成为问题域。它们拷问了地点以及如何置身于其中的方式,形形色色的人口迁移及其(历时性的和共时性的)方式,与其他世界的关系及与相邻或相隔的海洋的关系。从某种意义上说,文学似乎充当了海洋运动和这种永远的来来往往的换喻。克里奥尔岛就像一根缆绳,使所有的旅行,所有的偏航,所有的遗憾与所有的希望,以及所有与自我、与他人、与同类、与历史、与记忆、与复杂的和迷宫般的遗产……与突然从中出现的鬼怪的关系调整均是可能的。

克里奥尔化进程促使主体不断地修正源头、历史变化以及克里奥尔地点本身这三者的意义。如果说源头本身就那样消失了,那么历史以及地点神不知鬼不觉地代替了源头,并将一种令人担忧的熟悉性纳入了克里奥尔空间和所有存在移民行为的空间中。其中每每体现出一种要竭力自言的缺失,一种需要填补的空白,一种需要变得可见的隐迹纸本,一种要宣告爆发的灾难。关于根基的话语每每也是摇摆不定的,好像居住就意味着要考虑到这些幽灵,并有必要暂时压制这些幽灵,而经由的途径是系统地纳入多元性、多种声音、多元文化主义、杂交语言、冲突性的交汇,以及奠定这种冲突性交汇的人口迁移。幽灵与人口迁移以一种奇特的方式,使克里奥尔岛屿这个本不是原地性(autochtonie)的岛屿有可能成为克里奥尔原地性岛。文学作品成为种种痕迹、故人和幽灵的一种档案和一种记载;一种受到记忆缺失干扰的被遗忘的档案。那些经过修补、重建和再创的记忆,那些重新构想的称呼,碎片化的传说以及备受渴望的神话,再次让位于作品迷宫中的幽灵。这些幽灵构建了一些非线性的流通与传播空间、盘卷的或呈螺旋形的时间性,在这种时间性中,缺失与空白重新复活,与此处和别处,与过去和现在发生碰撞。

克里奥尔岛屿的幽灵与迷宫

留尼汪诗人安德烈·罗贝尔十七八岁离开出生地岛屿,关于该岛屿,他在其文集《从岛屿到伊勒河》中(2010:60)写道:

> 这里所有人乘船而来
> 这里所有人认识乘船而来的某人
> 这里所有人认识认识乘船而来的某人的某人
> 这里所有人认识因乘船而来而痛苦不堪的某人 [……]
> 这里所有人像在另一个世界中那样生活
> 这里所有人认识像在另一个世界中那样生活的某人
> 这里所有人认识认识像在另一个世界中那样生活的某人的某人
> 这里所有人认识认识因像在另一个世界中那样生活而痛苦的某人的某人

这一关于船的主题,使得人们永远无法认识所来自的世界,永远无法把握人们生活于其中的世界。它明显地象征着,来自四面八方、根基不稳的克里奥尔岛的居民与一个被确定、被感受和被描写为一个充满陷阱和圈套、而并非跨文化和谐神话的世界之间的艰难、痛苦和复杂的关系。这里缺乏跨越边界的任何通行证。任何通道实际上均是陷阱。

因此,毛里求斯和留尼汪的短篇小说不断地强调,这里的空间萦绕着游荡的灵魂以及男女鬼怪。在任何美景之下都有一种恐怖在运作,并随时准备喷发。这一暴力本属于根源性和根本性的。丹尼尔·奥诺雷撰文(2004:9—14)设想了留尼汪岛的产生。它起源于大海对其同胞姐姐天空的嫉妒。[1] 大海受不了天空不仅比她自己漂亮,而且还拥有像太阳、月亮和星辰那样的瑰丽珠宝。这姐妹俩本是大地母亲和"整一性之父"的女儿。大海请求母亲也赠给她一个太阳,母亲告诉她整一性之父只创造了唯一一个太阳。面对母亲的拒绝,大海强行盗取了一部分土地,来做她的私人珠宝和属于她自己的太阳:岛屿就是这样产生的。因此岛屿产生于一种劫持、截肢和撕裂。在岛屿的美丽背后隐藏着这种原初的暴力；岛屿保留着暴力的一些痕迹，这些痕迹随后四处散播。由此产生的影响之一是，呈现在人物面前的世界能在任何时刻提供一条走向另一个可能十分精彩的世界的通道：但这条开放的通道非常迅速地复杂化，变成迷宫，其中等候着形形色色的妖魔鬼怪，我们可在安妮·谢内的短篇小说中（2013：31）读到这一点。但是所有迷宫出口朝向新的迷宫开启，这些新迷宫甚至出现于最为安定的世界的核心。路标设置最多的小径导向一些深渊或洞穴，从中可以随时出现一些来自别处的其他实体，它们跨越了分隔生者与死者的流动边界，并可能使人物面临相反的通道，或者更糟糕，将这些人物堵在边界上，使其成为半死不活的人。在繁花似锦的花园中，有一些品种开辟了走向一个巫术、魅力和魔法世界的通道。那些短篇小说强调了任何空间转型为其他东西、使一些边界从同质的表面中产生的能力。同样的主题见诸长篇小说。皮埃尔-路易·里维埃的《最后日子的笔记》描写了圣丹尼斯市中心的一个私家花园。作者对庭院和"真正的花园"做了区分，但花园的"引人入胜"方面是非常次要的；重要的是栽种其中的药草、香料、作料植物，它们是私家空间中的"另一片风景"，因为这些植物指涉其他世界，指涉其他的旅行历史（里维埃，2002：26）。[2]具有克里奥尔茅草屋花园最经常被视为庭院的一个要素。正因如此，这种多功能空间可以进行所有嬗变和所有隐喻游戏。在阿克塞尔·戈万的《童年的饥饿》中，阿里是学校中一名儿童，是年轻的叙述者所倾心于的莉娜的兄弟，他采了一束野花，想送给女老师，结果这束鲜花变成了一种酱、一种糖煮水果和一种粥糊糊（戈万，1987：58—59）。

不可思议的是，殖民阶段的文学作品已经具有了一种后殖民意识和一种直觉，即意识到以与各地点的关系为特点的误解，以及对萦绕这些地点的幽灵的直觉。它们促进了一些边界的创设，并将通道变为迷宫。

在 19 世纪上半叶，作为留尼汪克里奥尔寓言开先河者的路易·埃里，[3]出版了作品《波旁岛内的探险》，并开创了留尼汪文学景观。这种文学景观被系统地再现为十分恐怖。该景观自身就是恐怖的，因为这里有峡谷、绝壁、溪涧、湿滑的斜坡、陡峭的高峰或者笼罩山顶的大雾天气。但是叙事尤其将写作的主体与幽灵制造的恐怖相对照，这些幽灵所萦绕的与其说是景观，不如说是狩猎、追逐、捕食和激烈反抗空间的遗迹。让埃里感到恐怖的，不是令人眩晕的万丈深渊和登高的困难,而是逃亡的黑奴(Marrons)的存在,这种存在虽然不可触知,但却由所跨越的空间以一种模糊的方式进行再现。作为出游者休憩地的任何山洞,都是在逃亡的黑奴及其追捕者相互对立的大战时期黑奴被屠杀的地方,或者是他们的避难所,甚至是他们的葬身之地。朱尔·埃尔曼在19世纪末以他的方式研究了埃里关于这些原有记忆消失和迷宫般景观的教导。他在1898年出版的《圣-皮埃尔街区的奠基》中,以关于痕迹、通道和隐迹纸本的认识论为基础,产生了一种词源学幻想。他认为,土地、地形和语言的当前状态应被理解为更为古老的、与当代空间-时间共存的另一种世界状态的符号。因此,真正的科学只是一种"残片的科学"。更确切地说,他认为,地名也萦绕着幽灵,那些幽灵带有一种马达加斯加人特有的命名,只有它才真正考虑到地点的真相。特别是,这种马达加斯加人的命名揭示了在只关心捕食和利润的白人居民抵达之后岛屿所经历的生态灾难。因而必须做到能重新划定时空边界,同时在其中布置一些通道。唯有这种词源学努力,才能使人们有可能逃脱不知所云的地名符号的迷宫,才能理解这些地名所隐藏的东西。[4] 对实际意义的抹除揭示了奴隶主构建专属他们的居住合法性,而不给予其他人以这种合法性的意愿。语言学边界的划定在此也具有一种明显的政治的和意识形态的价值。但这种做法事实上揭露了奴隶主的极度恐惧,特别是,这种做法并未抹杀之前的名称,而是让之前的名称像隐迹纸本那样继续存在,而将起名者——马达加斯加黑人奴隶——视为幽灵。地名学本身成了一个迷宫,在那里,一条支线的选择使得另一条支线的路线处于潜伏状态。例如,著名的搜寻黑人奴隶者弗朗索瓦·米萨尔消灭了皮东·马拉瓦拉武的有堡垒保护的黑人奴隶营地,这并未阻止被清除的地名出其不意地回归新地名中:如"黑奴的平原"(Plaine des Cafres)。

时间、空间、命名这种错综复杂的迷宫乃是贯穿殖民作品的恐怖的缘由之一。马里于斯-阿里·勒布隆(1948:118)在20世纪上半叶提出关于留尼汪的一种史诗般的、神话般的和被神话化的历史,这种恐怖被明确地确定为结构性的恐怖,并与人口移动状况以及自始至终对殖民空间的种族化安排相关。

恐怖的景观显而易见,恐怖肯定在虚构的文学作品中也有所再现。题为《黑姑娘》("Cafrine")的短篇小说(勒布隆,1905)为此提供了鲜明的实例。

根据传统殖民话语,人类世界分裂为两部分:一部分是黑人,他们是原始生物,他们的世界是黑夜世界;另一部分是白人,他们是有教养的生物,他们生活在白天。白天与黑夜之间的彻底对立,使得叙述者可以限定黑人的想象空间,但是相反,也使黑人与白人的世界相互脱钩;更确切地说,叙述者不让被统治者的世界隶属于统治者的世界。更有甚者,在殖民视角下,这使被统治者梦想一个没有白人存在的世界。即是说,白天令人疲惫不堪的劳动空间在夜晚转变为一个审美的和自由解放的空间,一个欢愉世界,这种欢愉与作为主人的欢愉和审美对象相反。这种夜晚空间面向的可能性,是其他的亲子关系,以及不同于统治话语所固定的历史的另一种历史:"肯定存在一些地方,在那里,夜晚闲逛的人聚在一块,讲讲故事,围着一口给所有人烹食的大锅跳舞。这便是应该发现的在球状树下或在山沟岩洞中进行的聚会"(勒布隆,1905:265)。

居住。这意味着不再漂泊不定,不再被从一个地方转移到另一个地方,而哪一个都不是自己的地方;找到他的地方、他的住宅和他的花园。例如《黑姑娘》这一作品,可能作者自己也不知道,它在叙述的恐怖中,指出了那些关于原始花园以及种种不一样的花园的其他可能性。这些多样的花园潜在地存在于井然有序的花园之下,而统治正是通过这一有序的花园以一种惊人的方式表现出来。

在两次世界大战之间,面对岛屿空间所产生的恐怖、面对组织和掌握岛屿空间的困难,以及给予岛屿空间令人信服的一种意义和一种谱系的困难,朱尔·埃尔曼在其《大洋的启示》和《圣-皮埃尔街区的奠基》中,将逃亡黑奴的暴力幽灵替代为勒缪里地方的居住者(Lémuriens)的既是幽灵式的又是开化的存在(埃尔曼,1927,1990)。留尼汪、马达加斯加、毛里求斯、塞舌尔群岛可说是一个被吞食的大陆勒缪里(La Lémurie)的痕迹,这个神话大陆的居民从南部给世界带来了知识与文化。克里奥尔"自然"空间成为这些雕塑了岛上的高山、峡谷和悬崖的非凡艺术家的审美创造。令人毛骨悚然的东西变成为一个非常古老的审美进程的结果。由于马达加斯加人——因而包括逃亡的黑奴——在这种传说情节中变成古勒缪里人的直接继承人,总之是他们最为接近的人,恐惧因而更加加剧。在 M. H. 马谢 1951 年出版的小说《克里奥尔巫术:尤多拉或曰魅惑的岛屿》中,我们发现了另一种缓和或平息的企图。这里，与惯常的殖民话语相反，小说试图构建种种通道，使得曾经的奴隶主和奴隶、过去与现在、令人担忧的上等人空间与下等人空间之间的平静相遇成为可能。女主人公尤多拉和她祖母 A. 西尔维、女奴隶卡拉清扫了那些被阻塞的并将世界变为一个错综复杂的迷宫网的通道。因此，通道成为这样的一个场地，她自身的他性和他者的他性可以在其中得到体验。通道的开辟者、迷宫的探索者因而变成记忆和生活的摆渡人。

但是，为了达到这一点，应该做出长期努力来试图——并非真的达到——消除奴隶和逃亡黑奴的幽灵，通过给他们一个坟墓，使之能够完全地住在克里奥尔土地上。[5]同时可能还应该重建太久以来被白人化的谱系的秘密混杂化，终止存在于人物内部的地下秘密墓穴，将主体同其副本分离开，重新确立时间的边界，目的是在当代空间中开辟可靠的通道，这些通道将"克里奥尔化"作为源头和神话学。[6]

人口迁移与错综复杂的交汇

同样，在这种视角下，印度洋文学作品面对作为人口迁移空间的地点，或者反过来说，作为地点的人口迁移这个难题。毛里求斯人马塞尔·卡邦的作品就是一个有意思的实例，尤其是作者作为毛里求斯克里奥尔人，也就是非洲人的后裔，是如何协调与印度世界的关系，例如他在毛里求斯的克里奥尔化，例如他在印度的所见（见拉姆阿哈伊和让-弗朗索瓦，2014）。在这种意义上，卡邦是一个本来意义上的织工：我们注意到，他总是在两种视域之间穿梭来往，一方面是毛里求斯针对印度的多样的、复杂的、混合的视域，另一方面是印度对于毛里求斯的视域。超越了种种的边界，毛里求斯与印度这两个世界互相渗透。

比较一下卡邦创作的印度游记《勒克诺的约会》和他的小说《合十礼》，我们可以看到，小说主人公拉姆是毛里求斯的乡下人，在到达印度之后被印度的传说和诸神萦绕心头。毛里求斯土地的幽灵在毛里求斯岛使其祖先的作品本土化，回过头来又干扰着来印度旅行的克里奥尔人卡邦的话语。传说、叙述和人物的这种来回，这种往返，表明了大洋两岸的世界和人是如何克里奥尔化的。

《合十礼》描写了毛里求斯/克里奥尔的印度世界或印度的毛里求斯/克

里奥尔世界。卡邦将这个世界同他一道带到印度,该世界首先是一个言语世界,从这边到那边全都贯穿着言语的气息。这里强调言语是叙事的生产者,叙事比小说写作的其他要素更重要,这当然意味着,发生在毛里求斯土地上的故事的写作中会出现印度的言语模板。但这种根本的口头性同样也反映出言语在克里奥尔叙事世界中的地位。从某种意义上说,在小说的叙事诗学中,通过对克里奥尔土地的叙述实践,来自古印度的说话方式,跟在克里奥尔土地上锻造的说话方式相互交汇。一整套叙事类似于一种蒙太奇,一种言语之链,我们永远不知道叙述者是谁。叙事的散布依据的是一些人和另一些人的言语,就像依据跨越不断产生并消除的边界的回忆、记忆和交汇那样。对言语根源的解构不会使言语成为捉摸不定的或毫无根基的。它反而使言语处于分享、流通和反复之中;解构使言语对每个人来说均是一种可能性。解构甚至产生沟通和认知话语的可能性,在沟通与认知所处的土地上,它们通常被调整,处于社会的、语言的和种族的被控制地位。与此相反,集体可能性在此成为可转译的奇异性的符号。

在一个地方生存,需要意识到,这个地方就是一个整世界,它自有其复杂性,有其无限的开放性,以使各种事物可以流通,可以存在对话关系和多种声音。但要使这点成为可能,人们只有将鬼魂和幽灵等纳入"居住在此"的条件。然而,这里指的是一种非荒诞的、不让人感到恐惧的幽灵性,它允许关于世界的种种话语,并将人物构建为会说话的主体。

A.塞多胡尔的《阿肖克和其他不那么重要的人物的故事》(2001)采取了另一种方式思考边界问题。该作品涉及再现并重视那些被主流话语看作"一无所有"的人:没有说话声,没有价值,没有财富,没有未来,没有重要性。整部小说上演了根据人物的民族归属以及他们逃脱或跳出封闭状态所面临的困难而做的人物划分。然而,描写年轻的瓦苏的章节解构了这种解读。瓦苏是一名泰米尔青年,他已故祖父玛尼孔的朋友、年迈的克里奥尔黑人巫师莱昂纳尔给他制造了一场梦游,让他克服了对生存的不适。这场时空中的旅行,使他能够跳出民族边界,并能够发现在毛里求斯历史中将所有流亡者、被排斥者和庶民都联系起来的相互依存的纽带,该纽带还把起而反对戒规和统治以及为确认他们作为人的尊严而斗争的人联合起来:逃亡的黑奴、各国的革命者、来自四面八方的移民、各国的流亡者、各个帝国的被殖民者。这部小说暗示了克里奥尔世界中所发生的事。跨文化空间——总之，安身之处——在私密空间和共享空间之间的辩证法的基础上形成，从这一空间中可以突然出现一个共同的但却以不同方式生活的世界。人们可以让自己与自己从内心保持陌生，同时却与他人保持亲近。当代人口迁移促使其他叙事的提出，在这些叙事中，上演了一些与自我及他人保持陌生的自我形象，跨文化移民与跨文化"生根者"保持着透明关系，移民将其最初的跨文化性与当地人的跨文化性相对照，作为回应，当地人也找到了他们的跨文化性。

因此，跨文化问题在这里与另一个问题相交，即作为异乡人并表现为异乡人究竟意味着什么。有两部小说尤其针对这个问题域，即前面提到的A.塞多胡尔的《旧世界的毛里求斯探险者桑贾伊的旅行和冒险》（2009）和留尼汪作者让-路易·罗贝尔的《克勒兹河，你的坟墓》（2006）。[7]这后一部小说的标题将被放逐的移民与其采取防御的身体之间的跨文化裂缝拉大了，[8]而他遭到破坏的生活被搁置在一旁。在这一具体情况下，移民的一切生活都指涉最初的剥夺，即黑奴贩卖；主体只是意义的种种不可能性。这里，无法在空间和时间中自处阻碍了所有与自身以及与他人的关系。这样的迁移体验就像一种放逐，使得任何跨文化协商成为不可能。剩下的只有疯狂，以及对居住的一切可能性的彻底质疑，无论这种可能性源于最初的原地性还是交汇。小说的叙述者、人物、被扯破被撕裂的声音，试图贯穿从奴隶制时期到当代法国的时间和空间：事实上，它们在这种时空中被阻塞，无法传承，无法传宗，无法继承，或者处于前所未有的不可能的纯粹幻想中。如果按照赛义德的说法，思考世界是从在自身地点所发生并将继续发生的具体关系开始的，那么当地点不再产生时将发生什么？

A.塞多胡尔的小说似乎提供了关于跨文化移民或移民之跨文化的一个更令人放心的视域。小说中的毛里求斯岛被再现为一个跨文化、交流和共享世界的地方。然而某些细节却撼动了这种美好的安排。小说标题玩弄起走向"新世界"的欧洲游记小说，玩弄起冒险小说，它潜在地标志着一种叙述和再现的麻烦将出现。"旧世界"既指欧洲文明，同样也指亚洲古老文明，如中国文明和印度文明等。但是对古老亚洲文明的解读方式完全是嘲弄的和戏仿的，经由对一个神秘和深不可测的东方的东方主义再现。读者一开始就面对一个迷宫：故事叙述明确地以迷宫为命题，因为小说中提出了三个迷宫，桑贾伊每次都迷失其中。阿里亚娜不是人们所认为的那个阿里亚娜，弥诺陶洛斯也是被大地女神宰杀的伪装成水牛的恶魔马西沙，尤利西斯是迷失在当代柏林的古代骑士，瑜伽七轮（le chakra）可被看作一个玫瑰园。换句话说，符号表面上的透明性或符号在不同文明间的便利流通，事实上指涉欧洲东方主义者话语所造成的一种被物化的再现。上述透明性使得例如沙克蒂（性力女神）除了可变为杜尔迦女神、卡莉女神或帕尔瓦蒂（雪山女神）之外，还可变为雅典娜，变为西藏苦修士或吉普赛人，使得湿婆神可以变身马戏团团长或非洲鼓鼓手。但是，这些不同主题的迷宫破坏了其他东西。任何旅行都带有一种南辕北辙、迷失方向、遇险的可能性或确定性；任何探险都带有迷失、恐慌和死亡的可能性或确定性。根据小说，在时空中穿行似乎会回到最初的空间；终极迷宫将是心灵迷宫。这里再次涉及一个圈套。出发者将回到一个坟墓，心灵的迷宫只是指涉逃离印度的毛里求斯心灵大师、博学者夏尔马的教导。带启蒙性质的旅行什么也没达及：桑贾伊将什么也没学到，本来不知道的，还是不知道。作品结尾提及跨文化神秘主义者迦比尔，以及世界的宏大话语，并将它作为解释性的幻象，作为部分的文化再现，与此同时，每个人只有通过他自己的文化才能获取他者的文化，并且——神秘莫测，玄奥无比——只有通过对他者文化的沉思才能获取自己的文化："因为远处的一座高山，是一片变为石头的云，而远处的一片云，乃是一座变为蒸汽的高山"（塞多胡尔，2009：255）。

　　边界——它们由没有实际出路的迷宫构成——这一论题在塞多胡尔最近的小说《毛里求斯制造》（塞多胡尔，2012）中更为明显。小说讲述了不断的人口迁移以及连续的穿越边界，即从中国内地到中国香港、从中国香港到毛里求斯、从毛里求斯到澳大利亚多个地区，最后再次封闭于一片靠近原住民环境的贫民窟，小说中的一位主人公创建和管理这座贫民窟，并将其称为路易港，与毛里求斯首都同名。小说人物在所跨越或所居住的不同空间内部通行，如中国内地、中国香港、毛里求斯或澳大利亚，其特征是在迷宫中游荡。小说中的人物无论是谁，均迷失在空间中。在塞多胡尔笔下，即便最为人知、人们踏足最多的世界也是一个迷宫，任何通行均有丧失方位标的危险（塞多胡尔，2012：65）。迷宫的存在是如此普遍，以至于小说人物、儿童们，终于将路易港城转变为迷宫，来习惯于这种昏暗不明的世界秩序。所有的交叉路口都构成边界，这里存在着迷失的危险。迷宫隐藏着恐怖，这是因为，迷宫总被认为隐藏着从过去和从由地点所造成的叙事中突然出现的幽灵，隐藏着可能将主体本身转变为幻影的幻影（出处同上：54）。

因此，所感知的世界不再指涉某种现实，而指涉一种其结果将把一切转化为潜在危险的想象再现。同样，其中一位主人公拉瓦尔和他的女伴弗朗西丝迷失在澳大利亚的山林中。他们希望跟随刚从一个夜间庆典回来的原住民，重新找到归路。这些原住民本来是能帮助主人公走出迷宫的潜在救星，却显得极为焦虑，这甚至归因于他们所谓的对地点的驾轻就熟（出处同上：264）。但是原住民本身只是因为某个看来一副原住民模样的人带路，才重新找到路，这个人后来证明是费萨尔，是拉瓦尔在毛里求斯的发小，与他同时移民到澳大利亚，失去联系很久了，弗朗西丝和拉瓦尔一直在找他，拉瓦尔居然没有认出他来。在拉瓦尔眼中，空间迷宫只会将他变成原住民。无休止地可逆的和不可解释的符号的博弈在这里达到顶峰，因为迷宫事实上在甘蔗田里面弯弯曲曲地延伸，而这些甘蔗田复制了毛里求斯的甘蔗田，就这样，将毛里求斯设置在澳大利亚土地上，而引人走出令人窒息和令人焦虑的迷宫的救命稻草，乃是安装在充当拉瓦尔住所的集装箱上的导航灯。如今，集装箱置于俯瞰澳大利亚路易港的山顶上。

熟悉的景观，当它被认出但显得"不协调"时，它就成了恐怖的对象，因为它令人担忧的熟悉性将景观转变为迷宫（出处同上：265）。符号与事物具有奇异的可逆性，因为是毛里求斯人费萨尔在原住民土地上给原住民当向导，带领他们穿越了将毛里求斯景观搬到澳大利亚土地上的甘蔗田，[9]另外，边缘与中心最终交换着它们的价值观与它们的意义。[10]

关于通道、边界、迷宫、幽灵之间的相互连接的最具说服力的传奇般施动者，乃是从头至尾贯穿作品、从中国香港到路易港（澳大利亚）无处不在的集装箱。显然，集装箱乃是大洋间和大陆间交通的换喻。在小说中，它将承受一定数量的变形以被适应（或者适应）最纷繁多样的情况，但这种最初的功用仍将持续：这将对其他人物产生影响。[11]集装箱作为不管怎样原本运输各种各样商品的箱子，哪怕它具有多种变形，始终会给进入其中或居住其中的人打上标记，并且以或多或少明显的和幽灵般的方式，赋予其商品或移民的地位。因此，集装箱功用的变化使小说中发生的一切均具有一种不合时宜或讽刺的氛围，这种氛围瞄准了主体与其行为之间的、存在与地点之间的不协调。集装箱在叙事和空间中的跨越意味深长：从运送中国商品的工具，到拉瓦尔在毛里求斯路易港华人区的居住地，他父母也住在那里——而这，使得拉瓦尔的父母到处都成为永久的非法者；从临时住所到毛里求斯官方独立庆典的领奖台，从领奖台到毛里求斯学生暴动时城市游击队的武器，从城市游击队的武器到艺术装置（这是在他河里溺水和重生之后），从艺术装置到一个非法移民的秘密藏匿处，然后到一个澳大利亚大学校园中的酒吧，从酒吧到指引原住民的导航灯塔，从导航灯塔到拉瓦尔去世后的丧葬空间，再然后，到焚烧其尸身的柴堆。拉瓦尔跨越他所到达的所有空间的冒险，开始于那个当时还没有成为他父亲的人离开中国。然而，确切地说，集装箱的旅程在于以一种讽刺的方式——如同对所谓解放的政治乌托邦的一种闹剧和一种不屑一顾——完成促使他从中国香港到澳大利亚边境的这样一种迁移。故事叙述的唯一"伟大舵手"只是集装箱的最终变形，它在那指引人们走向迷宫的出口。集装箱是时空的浓缩和积累，它自身保留了所有经过或亲历的时空的痕迹，改变了种种真实的和假想的、内部的和外部的、象征的和非象征的景观，并在其中纳入此前的痕迹。从某种意义上说，讲故事者是一个编码箱（见亚伯拉罕和托罗克，1970），它自身承载着有编码的生物，并导致了一种对人类和各民族解放的幻想进行有分寸的、闹剧般的和讽刺的阅读，从原住民生活方式，到毛里求斯国家的成立、"革命的"政治组织领导人的梦想与争论，以及学生暴动。此外，支持毛里求斯独立，为拉瓦尔被澳大利亚的一所美术大学录取提供了保障。这个国际运输箱，没有确定的根源，转化为艺术装置的成分，为拉瓦尔打开了大学之门。然而这项事业在他父母从香港带来的商品的地位和功用的变化中进行，父母梦想着在异国他乡做买卖致富。正是这堆杂乱的廉价商品，被这位候补艺术家称为"毛里求斯制造"。集装箱不仅表明，艺术工作与滞销商品的利害关系密切到了何种程度，集装箱使这些滞销商品物神化为艺术品，它还表明，这项艺术转变工作是如何建立在误会和幻想之上的，它们存在于对他性的理解中，并准许通过边界，并在另一个地方艺术地安顿。作品文本嘲笑了"白人"后殖民社会——这里指澳大利亚及它的各个大学——的天真幻想，探讨了什么是"原住民"和早先被殖民者的当代艺术。

然而，塞多胡尔的小说带来了一些教诲。就像人们永远不知道来源地一样，人们也永远不理解到达地。出发地从来都只是迷宫通道的一个地点，被移动的和难以破译的边界所跨越。但是最令人不快的教导在于指出，任何人从来都不认识任何人，最铁的朋友关系建立在一个误会之上。费萨尔是拉瓦尔儿时和青年时的伙伴，为了他，拉瓦尔与他一道，从西往东跨越了印度洋，在多年的失散之后，在一场费劲的迷宫调查之后找到了他，在小说结尾，在拉瓦尔的尸身焚烧之后，费萨尔向弗朗西丝宣称：

"哦，他和我，我们共同走过了很长的一段路程。"他叹气并补充说，"奇怪的是，最终，仍然，我从来没有真正认识这个家伙。"（塞多胡尔，2012：306）

但是需要跨越很多边界，经过很多迷宫，才能意识到这一点。

Carpanin MARIMOUTOU: *LABYRINTHES INTERCULTURELS DANS LES LITTÉRATURES DE L'OCÉAN INDIEN*
（*DIOGÈNE*, No. 246-247, 2014）

注：

[1] 在文中，"天空"是一位女性人物。

[2] 这种类型的描写在克里奥尔语小说中也同样常见，如在丹尼尔·奥诺雷的小说或格拉齐耶拉·勒弗纳尔的小说中。

[3] 首批印度洋克里奥尔寓言由毛里求斯人弗朗索瓦·克雷斯蒂安于1820年出版，标题为《一种非洲波波儿琴的尝试》。

[4] "粮食国度的名称是笔者在印度公司的旧规定中注意到的；笔者观察到它也是马达加斯加语 Mahavel 的字面翻译，Mahavel 是仍在达博尔河某段流域使用的通用词语。另一方面，粮食国度也被称作圣艾蒂安，在狩猎界限超过圣艾蒂安河之前；然而，在马达加斯加语中，Tsintetena、Tsinteteny 指的是人们不能穿行的国家，同样，邻近的峡谷被称为 Tsilaos、de Tsilaosa，黑奴不应该离开这个国家，因为白人并未到达此地。"（埃尔曼，2012：371—372）

[5] 然而，曾经的女奴卡拉的墓地代价惨重，一个世纪后，克里奥尔白人，热拉尔·德纳达尔取代了她在洞穴中的地位，人们在这里清除了卡拉的遗骨。留尼汪深不可测的土地需要一个新的幽灵，这冒险无休止地重新开始小说本来试图结束的进程。

[6] 关于从文本精神分析视角研究该小说的有力分析，见卡西拉姆（2014）。

[7] 该部复调小说与《克勒兹河的放逐者》一作中的自传叙事相呼应（见戈斯，2005；马夏尔，2003）。

[8] 关于该小说的更详细的分析，见马格德莱娜·安德里安贾菲特里莫（2009）和马里穆图（2013）。

[9] 这种倒转也体现在以下这一点上，即弗朗西丝和拉瓦尔在放慢脚步时可与原住民和费萨尔保持接触，而一旦加快速度，就会与他们拉开距离："这完全不合逻辑，但是他们无论如何实在没有选择，因为他们在头天夜里长途跋涉，晚上在森林里没睡好觉，又突然醒来，现已筋疲力尽。他们试图在放慢脚步的同时与原住民保持距离，奇怪的是，这也行得通"（塞多胡尔，2012：267）。

[10] "但是，的确如此，这些原住民似乎完全居住在另一个国家，一片广袤的地域，有田野，有灌木丛和孤零零的单生树，就像在那边那座山上的树，它似乎观察着他们缓慢的靠近。拉瓦尔自己寻思道，真奇怪，我们总是认为原住民是边缘人，但是看看他们所居住的边缘是多么广袤。可能我们才是边缘人，躲在海滨的小城里，而他们正在我们所称的荒地上漫步。"（出处同上：271）

[11] 说是"其他人物"，是因为集装箱在小说中是一个完整的人物。

参考文献：

亚伯拉罕，N. 和托罗克，M., Abraham, Nicolas et Torok, Maria (1970) *L'Écorce et le noyau*, Paris: Flammarion。

博雅尔，P., Beaujard, Philippe (2012) *Les Mondes de l'océan Indien*, Paris: Armand Colin。

博尼奥尔，J. -L., Bonniol, Jean-Luc (2013) «Au prisme de la créolisation. Tentative d'épuisement d'un concept», *L'Homme*, 207—208: 237—288。

卡西拉姆，B., Cassirame, Brigitte (2014) *Hantise et survivance chez des écrivains issus de l'espace colonial et post-colonial: Marguerite-Hélène Mahé, Joseph Toussaint, Marguerite Duras*, Ille-sur-Têt: K'A。

乔杜里，N., Chaudhuri, Niki (1990) *Asia Before Europe. Economy and Civilisation of the Indian Ocean from the Rise of Islam to 1750*, Cambridge: Cambridge University Press。

谢内，A., Cheynet, Anne (2013) «L'Écho»，收入谢内，A., in Ead., *Histoires revenues du haut pays*, Sainte-Clotilde de La Réunion: Surya。

戈万，A., Gauvin, Axel (1987) *Faims d'enfance*, Paris: Seuil。

戈斯，J. -P., Gosse, Jean-Pierre (2005) *La Bête que j'ai été. Le témoignage d'un Réunionnais déporté dans la Creuse en 1966*, Amélie-les-Bains: Alter Ego。

霍尔，R., Hall, Richard (1996) *Empires of the Monsoon. A History of the Indian Ocean and its Invaders*, London: Harper & Collins。

埃尔曼，J., Hermann, Jules (1927) *Les Révélations du Grand Océan*, 2 volumes, s. l.。

埃尔曼，J., Hermann, Jules (1990) *La Fondation du Quartier Saint-Pierre et autres textes* [1924], Saint-Denis: Éditions du Tramail。

埃尔曼，J., Hermann, Jules (2012) *Colonisation de l'île Bourbon & Fondation du Quartier Saint-Pierre* [1898], Saint-Denis de La Réunion: Orphie。

奥诺雷，D., Honoré, Daniel (2004) *Contes créoles (La Rénion zanfan lo monn)*, Saint-Denis de la Réunion: UDIR。

勒布隆，M. -A., Leblond, Marius-Ary (1948) *Les Îles sœurs*, Paris: Alsatia。

勒布隆，M. -A., Leblond, Marius-Ary (1905) «Cafrine»，收入勒布隆，M. -A., in Id., *Sortilèges. Roman des races*, Paris: Fasquelle。

马格德莱娜－安德里安贾菲特里莫，V., Magdelaine-Andrianjafitrimo, Valérie (2009) «Les "déportés" de la Creuse: le dévoilement d'une histoire oubliée», *Itinéraires, textes, cultures*: 47—64, itineraires.revues.org/254。

马里穆图，C., Marimoutou, Carpanin (2013) «Se représenter migrant(e)»，收入 Y. 帕里

佐和 N. 瓦布德尔穆门（主编），in Y. Parisot et N. Ouabdelmoumen (éds), *Genre et migrations postcoloniales. Lectures croisées de la norme*, pp. 19—38. Rennes: PUR。

马夏尔，J. -J., Martial, Jean-Jacques (2003) *Une Enfance volée*, Paris: Quatre chemins。

皮尔逊，M., Pearson, Michael (2004) *The Indian Ocean*, London: Routledge。

拉姆阿哈伊，V. 和让-弗朗索瓦，B. E.（主编），Ramharai, Vicram et Jean-François, Bruno Emmanuel (éds) (2014) *Marcel Cabon écrivain d'ici et d'ailleurs*, Maurice: Trou d'Eau Douce。

里维埃，P. -L., Rivière, Pierre-Louis (2002) *Notes des derniers jours*, Sainte-Clotilde de La Réunion: Orphie。

罗贝尔，A., Robèr, André (2010) *D'île en Ille*, Ille-sur-Têt: K'A。

罗贝尔，J. -L., Robert, Jean-Louis (2006) *Creuse, ta tombe*, Ille-sur-Têt: K'A。

塞多胡尔，A., Sewtohul, Amal (2001) *Histoire d'Ashok et d'autres personnages de moindre importance*, Paris: Gallimard。

塞多胡尔，A., Sewtohul, Amal (2009) *Les Voyages et aventures de Sanjay, explorateur mauricien des anciens mondes*, Paris: Gallimard。

塞多胡尔，A., Sewtohul, Amal (2012) *Made in Mauritius*, Paris: Gallimard。

韦尔热斯，F. 和马里穆图，C., Vergès, Françoise et Marimoutou, Carpanin (2005) *Amarres: créolisations india-océanes*, Paris: L'Harmattan。

还有一个故事
——巴西文学中的种族关系与思维定式

保罗·V. 巴普蒂丝塔·达席尔瓦　著

贺慧玲　译

本文将论述巴西话语中黑人与白人之间的关系。自20世纪初以来，巴西社会构建出在内部和外部均摆脱了一切种族歧视的社会形象。然而，这种形象曾经并依然是为维护白人霸权而精心设计的策略。特别是自70年代末以来，活动家和研究者揭示了白人与黑人及原住民之间根深蒂固的不平等。多种族民主的神话在巴西丧失了霸权，至少在大学中和在公共话语中是如此。然而，种族不平等的产生和再生的新旧形式依然存在。在本文中我们试图判定巴西成人文学和巴西儿童文学是如何维持和更新殖民时期的"普洛斯佩罗情结"的。我们以《一千零一夜》故事的讲述者舍赫拉查达的勇敢、不羁和对生活的热爱为出发点。

> 作为既温柔又果断的叙事者，年轻的女寓言家相信一千零一夜的故事是一笔可以战胜沙赫里亚尔单一和血腥故事的财富，因为沙赫里亚尔主子的叙事倚仗其臣民之死，更倚仗其"叙事的齐一性"——即其残忍恐怖的合法性。（埃斯科巴尔，2001：10—11）

我们的论述基于一个假设，即主要的挑战在于对文学、儿童图书和课本中超越了巴西研究近来所描述的同质性的叙事进行定位。从这些多样文学形式中产生的我们的叙事很好地遮蔽了由白人构建的单一故事的痕迹,白人作为人类的"天然"代表,将"他者"视为"离经叛道者"。最终的挑战在于"帕尔马雷斯的工作"[1]:故事应该讲一千零一个(即总是还有一个故事);白人等级的霸权(特别是对黑人和原住民的霸权)应该让位于多元话语。研究表明即使白人的(男性的、异性恋的、成人的和中产阶级的)霸权仍持续着,但叙事成倍增加,众多断裂形式突生。

我们在"多种族民主神话"的教育下长大,如今它仍在发挥作用并回归到某些话语中,因此当谈及巴西的种族关系时,始终有必要对某些论断做出重新表述。预设之一是在我们所生活的社会中,种族主义是结构性的,也是社会构建自身的一种方式(戈梅斯,2008),也就是说,在社会不平等的结构性轴线中包含种族之间的等级。[2] 较之黑人、原住民和茨冈人,白人群体获得了更多的物质和象征财富。我们将聚焦于上述话语背景中白人和黑人[3]在象征财富获取方面的等级差别。

巴西人口几乎是由一半黑人和一半白人构成的,原住民和亚洲人占的比例不到1%。就黑人数量来说,巴西是世界上继尼日利亚之后的第二大黑人国家。然而,在权力场上,白人在物质和象征财富方面的优越性毋庸置疑。

我们将考察这一现实,之后审视可能的革新方案。首先分析巴西下述两大文学领域中的研究。

巴西文学中的黑人与白人

巴西文学中的种族等级根深蒂固,传播广泛,不胜枚举。种族等级充斥于某些阶段或某些文学运动。关于"作为文学对象的黑人"的研究指出,黑人人物寥寥无几,微不足道,而且往往被表现为低人一等的下里巴人:

> 自第一篇描述这片命运多舛的土地的文本以来,一直是一叶障目。片面的视域只感知到某一社会部门的利益,在此不必指出是哪一部门。俄狄浦斯为了更好地了解真相而刺瞎双眼,然而巴西文学在几个世纪中虽然双眼完好但却是失明的。巴西文学并未刺瞎双眼,却未看清它处于由三个具有不同文化的民族组成的国家中。它未刺瞎双眼,却未理解其所有表述自身的方式,因此,巴西文学直到20世纪初一直是一种残疾的

文学。在这个命运多舛的国家中，巴西文学就像俄狄浦斯一样是残疾的。（纳西门托，2006：57）

在现代巴西文学中，达尔卡斯塔格内（2008）研究了 1990 年至 2004 年期间由三大知名出版社出版的所有初版小说（258 部），根据对文学界人士的调查，这些小说被认为是巴西小说出版物中含金量最高的。此项研究显示，在小说人物中，白人占 80%，黑人占 14%。[4] 小说主要人物中白人更加密集，占 85%，而黑人人物只占 12%。在身份可辨的叙述者中白人占 87%，黑人占 7%。经济精英中白人占 92%，中产阶级中白人占 88%，而穷苦人群中白人只占 52%。这些数据与社会性别的交叉带来了一些意味深长的结论："可以看到，在主人公和叙述者中，**白人男性**占有绝对优势，而难觅**黑人女性**的踪迹。"（达尔卡斯塔格内，2008：91）对人物的家庭和爱情关系描写也是白人多于黑人。成人男性人物中黑人占"强盗、走私犯"的 58.3%，而白人占 11.5%；"学生"中白人所占比重大，占 44.2%。这意味着白人人物代表着社会规范，众多指标显示关于白人的文学描写比关于黑人的文学描写更加复杂。

对于黑人女性的文学再现通常基于其沦为"男主子的生殖体和（或）肉欲工具"（埃瓦里斯托，2005：20）的过去这一形象。在巴西文学中，黑人女性是无生殖能力的，因而是祸水。

> 黑人女性的特点是具有兽性，例如在翻捡垃圾时死去的贝托莱扎；具有危险的性欲，例如玷污葡萄牙家庭的 R.巴亚纳；她们的性行为是无知的，例如不理解也不遵从某些社会规范的懵懂女性加布里埃拉。（出处同上）

孔塞桑·埃瓦里斯托（2005）认为，对文学中黑人人物的分析表明，通过掩盖非洲母体在巴西社会中的存在以及黑人女性在国家文化生成中的作用，可以抹杀某些方面。对家庭关系尤其是母亲在诸多话语环境中地位的抹杀，与黑人女性在巴西社会中所承担的角色形成了反差。特别是后－奴隶制废除时期（19 世纪末）以来，黑人女性对于家庭核心起着黏合作用，她们负责群体的生计，充当维系情感关系的中介，承载和传递价值观和文化财富。让我们观察一下我们家庭中的女性并看看她们离由文学话语所产生的陈词滥调有多远。[5]巴西人类学描述了一种母主家庭模式。男人象征着权力，而女人的形象仍是具有凝聚力的家庭主心骨，这在下等阶层很常见。此外，黑人妇女除了扮演着家庭组织支柱的角色之外，还是诸多反奴隶制抵抗运动中的积极分子和领导者（积极参与暴动，领导逃亡奴隶的聚居地——基隆博，领导行会），这样的例子不胜枚举。她们还参与和指导了传统社群和宗教组织，如组织文化运动、在军事独裁结束（20世纪80年代）之后创建了众多黑人妇女组织。结论显而易见：巴西公共话语制造了一些种族化的社会空间，在其中白人和黑人人物以特定的方式行动，而不是社会中存在的种族不平等的简单再生产。在象征层面有对其他现实的积极创作和虚构，它们在特定情况下与社会关系的"物质性"毫无瓜葛。论据是此种意识形态形式（在汤普森的概念中，1990）发挥的作用是为权力的不平等分配赋予确定的意义。在这一特定情况下，一种贬损黑人妇女的话语构建在社会层面限制了黑人妇女获得物质和象征财富，营造了一种贬损这一社会群体的氛围。换句话说，（这种情况下的文学）话语不仅描述种族不平等，同样也制造着种族不平等。

一些作家的作品旨在寻求劣等性特征已然消失的非洲认同。通常情况下，是这些作家打破了惯例。巴西第一部由黑人女性作家写的小说《乌尔苏拉》1859年出版，作者是M. F. 多斯雷斯。该书在很多人否定黑人具有人的条件的时期，从被俘的老妇的视角进行叙事，从而揭露了奴隶制的恐怖。在同一年，"黑人中的俄狄浦斯" L. 伽马出版了他的《诙谐歌曲》，通过反讽鞭挞了奴隶制，并将反讽作为政治斗争的工具。D. 小普罗恩萨（1997）和G. M. 纳西门托（2006b）提出一种类似的区分，即把"从一种有距离的视角将黑人条件看作客体"和"以一种介入其中的态度将黑人看作主体"区分开来（小普罗恩萨，1997：159）。D. 布鲁克萨夫（1986）的开创性研究分为两部分：第一部分研究白人作家并分析思维定式；第二部分研究黑人作家并考察觉悟启蒙运动。作者的种族归属有时被看作刻画一种以巴西社会中的黑人条件为着眼点的**巴西黑人文学**的（必要但并非充分）条件（扬尼，1988：209）。贝恩德（1988：26）认为，"一个第一人称叙事者的出现表明逐渐认识到作为黑人在白人中存在这样一种事实，成为一个起分水岭作用的因素"。小普罗恩萨提出**黑人文学**的双重含义，认为黑人文学是黑人及其后代所创作的文学，具有一种文化特异感；因此黑人文学有可能是"任何人都可以创作，只要黑人文学**聚焦于黑人**或其后代的特殊维度"（小普罗恩萨，2004：185，黑体为笔者所加）。E. A. 杜瓦蒂（2008）断言，一方面，"非洲裔巴西人文学"是巴西文学不可分割的一部分，因为它使用同样的语言和同样的表达形式，另一方面，"非洲裔巴西人文学"又是外在于巴西文学的，因为它不承担"构建国家精神"的使命，它参与的是超越了巴西正典文学工程的一项工程，这项工程旨在"在由非裔生产的文学文化框架内构建一种写作形式，这种写作形式不仅成为他们文化和艺术主体的一种表达，也揭露了将非洲裔排除在文学界和文明本身之外的欧洲中心主义"（杜瓦蒂，2008：22）。杜瓦蒂鉴别了构成非洲裔巴西人文学的标准——**主题**：黑人是主要论题；**作者**：具有非洲血统，或筹划一个认可并愿意接受黑人身份的叙事主体；**观点**：认同来自非洲或非洲人散居地的非洲的历史与文化的世界观；**语言**：基于一种特定的话语风格，运用突显非洲性的韵律、所指以及词汇；意图形成一个非洲裔巴西**读者受众**。杜瓦蒂主张接受一种以"辩证取向"为基础并面向多样性的"多元主义标准"，认为应该综合地而不是以孤立地采取上述标准。

　　上述分类保留了某种灵活性，争议颇多。同样，就马沙多·德阿西斯而言，纳西门托（2006b）指出了其著作中黑人人物的卑微存在以及《布朗斯·康巴斯》中完全抹杀了黑人普鲁登西奥的他性，后者完全复制了他自己曾经遭受的残暴。在另一篇文章中，她分析了马沙多著作中黑人人物的缺失，并断言这种缺失能说明问题：作者忘记将黑人作为小说人物（纳西门托，2002：61）。小普罗恩萨（1999）断言，在其小说中找不到一种确定的非洲视角。杜瓦蒂（2007）汇编了一些论文，其中马沙多·德阿西斯摆出一副非裔的姿态，提出了一系列对既有秩序和奴隶制度的批判论点：

> 他既是编年史家、文学批评家，又是诗人和小说家，但是在其鸿篇巨制中却找不到任何支持奴隶制和所谓黑人和混血人的劣等性的论点。恰恰相反，暂且不论他的慷慨激昂的修辞，对贵族阶层冷嘲热讽地大肆攻击表明了他的世界观。作品所谈论的场所是受压迫者的场所，而这正是将其著作纳入非洲-巴西性框架的决定因素。马沙多虽然是巴西文学院的创始人，并被尊奉为白人作家，但他摆脱了通常从主仆视角赋予自

由人士的角色,摆脱了捍卫贵族精英霸权观点的口技艺人角色。(杜瓦蒂,2008:15)

布鲁克萨夫(1986)认为,黑人诗歌是巴西给予黑人独特关注的文学运动,尽管他也列举了几部散文著作。我们在黑人女性叙事者的话语中看到了这一点,比如在孔塞桑·埃瓦里斯托的诗歌中:

女性之声

曾祖母的声音
是回荡在船舱中
失去童年的
孩儿之声。

母亲的声音
是对白人主子唯命是从的
唯唯诺诺声。

母亲的声音
是在别家厨房尽头
是在去往贫民窟
尘土飞扬的小路上
头顶大包小包的白人脏衣物时
不满的嘟囔声。

我的声音仍然
回应着以血和饥为韵脚的
迷思的诗句。

女儿的声音
穿透了我们所有的声音

本身集聚了

欲言又止的

沉默声。

女儿的声音

本身集聚了

言与行。

昨天—今天—明天。

在女儿的声音中

将听到

生命–自由之声在回荡。

  贝泽拉（2007：128—132）认为这首诗表现了一种不和谐，是一种用打破种族主义和性别歧视的逻辑来进行谱系阐述的方式。沉默不断被打破，遭到挑战。我们不妨以1978年以来出版的黑人作者论文选刊《黑人手册》（现名为 Quilombhoje）为例。达尔卡斯塔格内（2008）考察了打破情节中没有黑人主人公这一惯例的例外情况，断言"黑人人物可能有助于白人读者更好地了解巴西黑人如何生存"（2008：108）。关于A. M. 贡萨尔维斯的小说《颜色缺陷》，达尔卡斯塔格内指出该书"试图摆脱'奴隶营地（senzala）的穷奴隶'模式，因而呈现了一名受过教育的奴隶的生活可能性，她特别是作为一名女性，利用一切机会学习和获取自由"（出处同上：101）。C. 埃瓦里斯托的《P. 维森西奥》让痛苦成为联结主人公和读者的纽带，曝光了黑人群体的苦难。在《圣保罗没有无辜之人》短篇小说集中，费雷斯以一种有别于侦探小说的方式描述了贫民窟现实："人们听到的不是枪声和争吵声，而是作家在其棚屋中的打字声，以及年轻人在讨论就业前景。"（出处同上：105）《黑人手册》的著者之一——H. C. 朱尼尔的文学作品的各个方面被称为一个发出集体声音的范例（奥利韦拉，2008）。

  有些文学评论家对认为与正典一刀两断需要挪用更广义的文化和文学概念这一立场持肯定态度。一种分析视角认为口头叙事充满了文学特征，口述者被看作"处于见证事实和诗歌创作边界的诗人"（纳西门托，2006a：8）。

说唱音乐被当作反抗的叙事表达而受到重视。萨列斯(2004)和伊纳西奥(2008)强调圣保罗的乐队 Racionais MC's 说唱音乐中的身份文学特征。阿道弗(2007)认为巴西坎东布莱教祭典上的口头文化是一种特定的非裔巴西文学表达。

佩雷拉(2008)认为此类著述促成了研讨会的召开,引发了与外国研究者的对话,它们也成为硕士和博士论文的选题。某些研究,特别是作者"促进了课文的编订"(2008:38),扩大了文学大纲中美学问题的辐射范围,"推动了对巴西文学正典的改变"(出处同上)。

这种看法在我们看来似乎过于乐观,我们倾向于将此类变化看作应对所产生的挑战的逐渐重新定位迹象。我们认为:

> 即使是广义的黑人文学在巴西仍处于少数地位,从投身其中的作者数量和黑人文学在批评家和学院内部所激发的兴趣可以看出这一点。这里使用沉默这个形容词是同样合适的:它是一种"沉默的文学",因为通常来讲,该文学并未纳入文学课程、文学手册、教科书,在出版社和书店很难见到,也未收入大学入学考试大纲所列的书单中。除了我们以上列举的情况之外,巴西黑人人群被排除在文学创作领域之外。(达席尔瓦和罗森贝格,2008:90)

知名出版社出版的巴西文学作品中对巴西种族关系沉默不语的往往不在少数。

> 避而不论黑人群体的日常压迫以及歧视给黑人的生活轨迹所造成的障碍。"多种族民主"的持久神话规避了这些公共话语问题——人们可以想见,在这些公共话语中包括小说。(达尔卡斯塔格内,2005:46)

巴西儿童文学中的黑人与白人

我是一个讲故事的人。我想向各位讲述几个发生在本人身上的、关于我所称的"单一故事的危险"的故事。我在尼日利亚东部的大学校园中长大。妈妈说我在两岁时就开始阅读了,不过我认为实际上是从四岁开始阅读。因此我曾是一名儿童读者,当时看的是英国和美国的儿童读物。

我也曾是一名儿童作家,大约在七岁时开始手写一些故事,用彩笔画插图,然后让妈妈读,我所写的故事和我所读的几乎是同一类型。我的所有人物都是蓝眼睛的白人。他们在雪中玩耍,他们吃苹果,他们经常谈论天气,讨论太阳出来时,一切多么美好。(笑声)即便我住在尼日利亚,我仍这样写。我从未出过尼日利亚。尼日利亚不下雪。人们吃芒果。在那里我们从来不谈论天气,因为没有这个必要……在我看来,这表明面对一个故事,我们,尤其是儿童受其影响和脆弱到什么地步。[6]

我们首先大段引用尼日利亚作家的这段话,是因为她的论题和论证与本文的论题和论证相呼应。单一故事将我们引向错误、天真的一概而论、思维定式和实行专制。让我们重新拾起一千零一夜的故事吧。

我们不妨首先仔细地审视一下 C. 阿迪契所言。我们童年时在巴西所读的书不同于英国或北美儿童所读的书。葡萄牙儿童所读的书又不一样。所有主人公都是蓝眼睛?他们都在雪中玩耍?他们都吃苹果?让我们看看巴西的研究告诉了我们什么。

M. C. S. 戈韦亚在对 20 世纪出版的儿童文学进行分析的过程中,遇到了一些针对黑人人物的明显的歧视形式,这致使她对问题进行了深入分析,用了一章篇幅研究这个论题(戈韦亚,2004,2005)。在 1900 年至 1920 年期间发表的巴西儿童文学作品中,几乎看不到黑人人物,也鲜有个例重提奴隶制的过去。在 20 世纪 20—30 年代,黑人人物多起来,但往往被放置在恢复国家民间传说特征的运动中,人物形象刻板,线条单一,完全以欧洲中心主义为参照,让人联想到简单性、原始主义、无知、落后的农村环境以及兽性化的身体特征(戈韦亚,2004:219—262)。在某些故事中能看到黑人人物的影子,他们的角色有时传递相处以及种族融合观念,但总是被剥夺了民族-种族身份,差异总是归结为身体和种族的差异。"此种相处之道的可能存在得益于黑人人物的'白化'……事实上,'白化'理想在对巴西种族关系的社会学分析中很典型,几乎存在于所有文本中。"(戈韦亚,2005:89)

在一份分析 1955—1975 年出版的儿童文学样本的研究中,白人人物在文本中占72%，黑人人物占7%，而在插图中，69%是白人，5%是黑人（罗森贝格，1985）。另一项研究考察1975—1995年这个阶段，更新了罗森贝格的研究时段。该项研究的作者观察到细微变化（巴齐利，1999）。具有夸张的非白人特征的人物比例肯定有所减少，从事高资质职业的黑人人物略有增加。白人人物通常所特有的角色仍保持不变：黑人人物表现度不够，角色不够重要，文学描写不足，从事地位低下的工作。利马（1999：102页及其后各页）同样指出了黑人人物的表现度不够及对他们的刻板化处理。除了比例失调外，某些作品传达了白人和黑人的其他等级化形式。对黑人人物的分析表明许多黑人人物受到重视，某些甚至是主人公（利马，1999；索萨，2005）。但是白人的优越性和黑人的从属性仍保持不变，近来关于2005年由国家学校图书馆项目分发的一套20册"丛书"的研究证实了这一点（韦南西奥，2009）。在作品中可辨明身份的7259位主人公中，3077名是白人（42.4%），448名是黑人或混血（6.1%）。黑人人物表现度不够的状况仍维持不变，但是以一种粗糙的方式表现黑人人物的趋势有所改观（罗森贝格，1985；巴齐利，1999）：作为讲述者或者从事有迹可循的职业的黑人人物增多；黑人是主角；黑人人物具有亲属纽带；作为行动核心的人物较之之前的样本要多；思维定式特征更少了。在这套丛书中，被称为"白色指标"的黑人和白人主人公之比为6.9（即每名黑人人物对应6.9位白人人物），这个比例高于巴齐利（1999）样本中发现的3.6。国家学校图书馆项目（2005年）每套丛书中纳入一两本重视黑人和原住民的书籍，但同时其他著作中黑人是缺失的或者是沉默的，"白色指标"的提高超过了巴齐利研究（考察1975—1995年的首版儿童文学作品）所认为的比值。因此与此前的研究相比，不平等仍然居高不下。这一结果可以解释为具有一种规范价值的白色持久性的指标，尽管参与社会斗争的群体开展了请愿运动，尽管存在关于吸纳非洲文化遗产的法律，尽管诸如教育部继续教育、扫盲和多样性司（SECAD）这样的机构采取干预行动，在国家学校图书馆项目的每套丛书中插入一些重视黑人和原住民的著作。关于这一论题，在我们看来，罗森贝格（1985：81—84）的结论似乎依然有效。

在针对黑人的潜在歧视形式中，对黑人的存在和生存权的否定可能是最常见的：白人是人类的代表。由于这种状况，白人的属性被认为是普遍的。白是人类的正常和中性的状况：非白人是例外……白人的中性也出现在插图中，例如身体的某一部位被用作人类的象征（食指指方向、举起的手代表个体，等等）：在这些情况下，肤色总是同一种，呈现的总是白肤色。值得一提的是，这种作为范式的白并不局限于文本所呈现的虚构世界中，它也扩展到故事之外的人类：例如，在故事讲述者面向儿童读者的字里行间，具体的模范儿童仍是白人儿童。（罗森贝格，1985：81—84）

于是我们面对如下挑战：如何改变现实？根据 C. 阿迪契的反思我提出了这一问题，而我的回答是：我们小时候读的故事中的人物一个多世纪以来吃的是芒果，他们至少从 20 世纪 30 年代以来谈论巴西的现实，对于像我这样在 20 世纪 70 年代上小学的人来说，可读到的儿童读物大部分仍然是道德说教故事，同样也就是从 70 年代开始，故事和人物的构思更具文学品质，也更贴近生活，这些故事不再是一个耀眼的例外，而成为规范（科埃略，1995）。"巧克力肤色"的人物犹抱琵琶半遮面地进入这种新风格的叙事，只是近来才看到比较明显地公开传播非洲裔巴西文化和生活方式的他性。多面的巴西儿童文学似乎并未逃脱"单一故事的危险"，因为在对巴西种族群体的处理上仍存在一些不平等。替代选择会是什么呢？

在文学图书生产领域，M. 阿普尔（1995）关于"大纲中的人工制品"的思考在我看来颇具相关性。教育书籍生产和复制着建立在社会性别、种族和社会阶层基础上的不平等；阿普尔认为，有必要质疑和了解这些不平等在众多生产领域是如何蔓延的，即不平等在生产图书和将图书分配给"消费者"大众的出版商中是如何蔓延的。当前关于这方面的研究开展得很少，关于巴西出版市场的数据也是零碎和不连贯的（如巴西图书委员会的《巴西出版行业诊断》）。通过分析图书和教育政策，可以为关于种族不平等的论战提供重要的成果。在缺少数据的情况下，我们可以推演认为，在图书的生产、评价和分配的众多社会空间中，种族不平等是大量的：可以看到在服务人员（咖啡馆服务员、清洁人员和保安人员）领域里黑人过多；直接按不同空间中的等级指数计算，生产领域中的黑人过少，这些等级包括：出版者、艺术总监、主编、美术图案设计者、专业审稿者、编辑秘书处人员、复核者、清样校订者、排字工人、版面设计人员、摄影者、印刷工人、精装书装订工、插图画家、作者……他们是女性还是男性？是白人、黑人还是原住民？这些问题同样应该向图书政策和教育政策负责人，向评估委员会、工会，以及出版者、作者和插图画家协会提出。

儿童文学生产选择了一些巴西民族主义论题，但显而易见采取的是齐一的世界观，它是以欧洲为中心的，甚至是欧洲中心论的。当前发生着一些值得关注的分裂动向。韦南西奥（2009）发现本土作家 D. 蒙杜鲁库作品中的叙事融合了文学艺术性、真正的阅读乐趣以及与主流世界观的断裂。也就是说，他在作品中讲述了一个不同的故事，超越了单一的世界观，超越了我们的学校教育不断呈现的印第安人蒂比库埃拉的思维定式。今天，还有其他声音和视角向儿童读者进行讲述。最近，D. 蒙杜鲁库还投入到第七届塔默伊斯本土作家写作大赛的推广和传播中，该赛事由巴西国家儿童图书基金会和巴西智力财富本土研究院赞助，旨在寻求新兴的声音。

就儿童文学的作者而言，我们同样看到重要的变化，他们展现的叙事主体公开宣称一种黑人认同，以及一种黑人故事线路和语言，他们瞄准的是一个特定的读者大众（根据杜瓦蒂 2008 年确定的上文所述标准）。我们在另一篇论文中提到："在儿童文学中看不到成人文学中的变化，即便黑人作家的创作费尽心机地炫耀。"（达席尔瓦和罗森贝格，2008：104）儿童文学领域可能不会像《黑人手册》的出版时期那样几十年动荡不断。但是巴西儿童文学中的**黑人精神**概念却是稳定的，稳定程度超过了知名获奖作家 G. 吉马良斯和 J. R. 多斯·桑托斯。在这方面应该提到 H. P. 利马、E. A. 佩雷拉和 R. A. 巴尔博扎（抱歉未能一一列举），他们在一定程度上受 10.39/03 法的促动和影响，参与了一项不断扩大和受到密切关注的运动。我们非洲的和非洲人聚居区的声音在寻求一千零一夜故事的过程中变得越来越清晰，越来越大，越来越能表达自己。C. 阿迪契所言再一次让我们看到了希望：（非洲本土的和非洲人聚居区的）非洲作者的图书即便不多，难以见到，但是它们使我们的思维方式发生了变化；我们能认同这种文学，相信我们也能超越地位的从属性，在象征层面存在；这些图书能使我们逃脱单一故事。

除了这些可能的意义转变，我们仍受一种模糊的种族主义左右，在这种种族主义那里，首要的规范是白规范，种族民主神话占主导。在构成我们社会的众多声音中，仍有殖民者的声音；因此，"创作反种族主义的儿童文学的尝试仍是笨拙的或不合适的"（达席尔瓦和罗森贝格，2008：104）。矛盾表现为多种形式，例如通过运用具有反种族主义意图的作者或插图画家的作品中的思维定式。在知名学者专门"对黑人的负面思维定式进行解构"的出版物中，我们看到《带蕾丝花边的漂亮女孩》和《栗色男孩》中对人物肤色进行赞美和肯定，同时存在着种族间关系的理想化（弗兰萨，2008），在《带蕾丝花边的漂亮女孩》中呈现了更为精心设计的白人和黑人等级化分配形式（佩斯塔纳，2008）。

还有两个论题应该谈谈。一是蒙泰罗·洛巴托的作品。洛巴托是20世纪上半期的作家，他一直是巴西拥有广大读者的作家之一：外表看上去是一名革命者，但在种族（和社会性别）问题方面表现得极为保守，以至于他的话语带有很多或明或暗的种族主义痕迹。作者的重要地位值得对这些问题做出深入探讨，这里不详述了；我们很高兴能使该问题引起关注。二是C.阿迪契的论断认为，儿童尤其受故事的影响：这方面的研究情况如何？

结　　语

某些挑战仍需进一步的反思和研究。某些象征形式将白人与黑人及原住民进行等级划分，在进行严格意义的文本分析时，应考虑叙事、人物和插图是如何生产和再生产这些象征形式的，文本是如何为解放和尊重差异发挥作用的？在不同的生产和评价领域，社会角色是如何根据种族、社会性别、性别、年龄和阶层分布和排列的？文学话语中的世界观的可能影响是什么？世界观是霸权的还是非霸权的？还应该特别关注作者，以区分哪些视角是霸权的，哪些视角是反霸权的。

在学术圈内部，缺少与文学和儿童文学领域的对话，缺少与参与图书生产、评估、传播和审读的复杂网络的对话。要建立这种对话，将种族主义观念视为结构和象征层面上的运作因素，会减少可能出现的防卫性回应。换句话说，不是要针对某个种族主义者，因为种族主义是我们每个人和我们话语的不可分割的组成部分。应该以批判的和开放的姿态面对这一问题，而不是像我们经常做的那样出于巩固政权的考虑而对问题遮遮掩掩。

除了这些思考，我们的"帕尔马雷斯工作"将继续开展。在象征形式的诠释领域，存在着另一个拐点和复杂点。总是存在可能的误读。在某些特定语境下，一些反抗殖民者话语的形式能够凸显出来。在其他语境下，表达差异和多样性的文本能够引致一些不理解，并且导致一些使种族化的和种族主义的评论。阿劳若（2010）的成果包含着这类段落，其中非洲妇女首饰的多样化被看作丑和"原始性"的多样符号。教师的解释作用产生了某种影响，他们一方面能够促进对种族主义话语进行批判的分析能力，另一方面能够完全改变那些有利于多样性的叙事，在课堂上发表一些种族主义的或性别歧视的言语，就像奥利韦拉（1992）、洛佩斯（2002）和阿劳若（2010）的成果所表明的那样。因此教师的适当教学再一次表明具有重要意义。

在对成人文学、儿童文学和教育文本的象征形式进行研究、生产、传播和诠释的层面上，重大的挑战在于重新创造话语，同时吸纳其他的世界观。挑战尤其在于超越白人和黑人之间的等级划分，即主要是超越悄悄地、藏而不露并持久地保持着的"白色和白人是人类的规范"这一霸权。

从解放和自由的视角来看，迫切需要为新的话语提供更多空间和更大的社会承认。

梦想

梦想
在悲惨的水中清洗
直至消散。

梦想
由铁和火铸就
归于无形

梦想被清洗和浇铸
但是饥渴的孩童，
使生命复活
他们嬉戏着将鱼钩

放入深不见底的

水流。

而梦想，浸入水中

万物皆无形

膨胀扩充

一些连着另一些，

像生命之源的鲜血输送

至一个新世界的

干涸的静脉。

（孔塞桑·埃瓦里斯托）

Paulo V. Baptista DA SILVA:
POUR UNE HISTOIRE DE PLUS
（ *DIOGÈNE*, No. 235-236, 2011 ）

注：

[1] 指松比·多斯·帕尔马雷斯的工作。帕尔马雷斯是巴西大基隆博的领袖，基隆博曾是暴动和逃亡奴隶的村庄和大本营，以"帕尔马雷斯共和国"著称。在巴西通过10.639/03法之后不久，联合国教科文组织反种族主义和歧视项目的协调员E．罗兰在巴西库里蒂巴会议上，当提及上述法律涉及的在巴西国民教育大纲中实施非洲裔巴西历史与文化教学时，使用了这一新词。

[2] 对巴西种族关系更具体的讨论，见达席尔瓦和罗森贝格（2008：特别是第74—79页）。

[3] 此段之后，我们舍去尾数，统一用黑人的阳性形式。

[4] 我们使用黑人范畴对应于达尔卡斯塔格内所使用的黑人群体和混血群体范畴。

[5] 在我周围最好的例子是我的祖母多娜·基尼尼亚和她的姐姐，也就是我的大姨洛德斯、德卡和特雷莎，她们都是工厂工人，由于承担多重角色而忙得不可开交。她们经年累月的辛勤劳动产生了力量，同时，她们的双臂也带来了温暖的怀抱和安全感。她们关于花草树木的知识、她们为我们祈福的方式、她们例行的祈祷，她们总有拿手好菜，思维敏捷，记忆力惊人，看法尖锐，有时近乎苛刻。我还想起了很多很多。总之一句话，她们就是支柱！她们过去是如此强大，并将一直保持下去。

[6] 尼日利亚作家C．阿迪契所做的讲座（www.ted.com/talks/lang/fr/chimamanda_adichie_the_danger_of_a_single_story.html）。我们感谢B．博尔热斯将此链接列入"Consorcio NEABs"名单中。

参考文献：

阿道弗, S., Adolfo, Sérgio (2007) "P. Tem mironga", 收入 E. M. 安德烈(主编), dans Elena M. Andrei (éd.), *Cultura afro-brasileira e civilizações africanas*, p. 36—43, Londrina: Universidade de Londrina。

阿普尔, M., Apple, Michael (1995) "Cultura e Comércio do Livro Didático", 收入 M. 阿普尔, dans M. Apple, *Trabalho docente e textos: economia política das relações de classe e de gênero em educação*, p. 81—105, Porto Alegre: Artes Médicas。

阿劳若, D. Cr. 德, Araújo, Débora Cristina de (2010) *Relações raciais, discurso eliteratura infanto-juvenil*, Dissertação (Mestrado em Educação), Curitiba: Universidade Federal do Paraná; www.ppge.ufpr.br/teses/M10_araujo.pdf。

巴齐利, C., Bazilli, C. (1999) *Discriminação contra personagens negros na literatura infanto-juvenil brasileira contemporanea*, dissertation (master), São Paulo: PUC-SP。

贝恩德, Z., Bernd, Zilá(1988) *Introdução À Literatura Negra*, São Paulo: Brasiliense。

贝泽拉, K. C., Bezerra, Kátia C. (2007) *Vozes Em Dissonancia: Mulheres, Memória E Nação*, Florianópolis: Ed. Mulheres。

布鲁克萨夫, D., Brookshaw, David (1986) *Race and Color in Brazilian Literature*, Metuchen, NJ: Scarecrow Press。

科埃略, N. N., Coelho, Nelly N. (1995) *Dicionário Crítico de Literatura Infantil e Juvenil Brasileira: séculos XIXe-XXe*, 4^a ed., São Paulo: EDUSP。

达尔卡斯塔格内, R., Dalcastagné, Regina (2008) "Entre silêncios e estereótipos: relações raciais na literatura brasileira contemporanea", *Estudos de literatura brasileira contemporanea*, 31: 87—110。

达尔卡斯塔格内, R., Dalcastagné, Regina (2005) "A personagem do romance brasileiro contemporaneo: 1990-2004", *Estudos de Literatura Brasileira Contemporanea*, 26: 13—71。

杜瓦蒂, E. A., Duarte, Eduardo A. (2008) "Literatura afro-brasileira: um conceito em construção", *Estudos de literatura brasileira contemporanea*, 31: 11—23。

杜瓦蒂, E. A., Duarte, Eduardo A. (2007) *Machado de Assis Afro-Descendente*, Rio de Janeiro: Pallas。

埃斯科巴尔, R., Escobar, Roberto (2001) *Il silenzio dei persecutori ovvero il Coraggio di Shahrazàd*, Bologne: Il Mulino。

埃瓦里斯托, C., Evaristo, Conceição (2005) "Gênero e etnia: uma escre (vivência) de dupla face", 收入莫雷拉, N. M. 德·B. 和施奈德, L.（主编）, dans Moreira, N. M. de Barros et Schneider, L. (éds), *Mulheres no mundo. Etnia, marginalidade, diáspora*, p. 201—212, João Pessoa: Idéia。

埃瓦里斯托, C., Evaristo, Conceição (2008) *Poemas da recordação e outros movimentos*, Belo Horizonte: Nandyala。

戈梅斯, N. L., Gomes, Nilma L. (2008) *Relações raciais e políticas educacionais*, Seminário realizado no Programa de Pós-Graduação em Educação da Universidade Federal do Paraná, Curitiba: UFP。

戈韦亚, M. C. S., Gouvêa, Maria. C. S. (2004) *O mundo da criança: a construção do infantil na literatura brasileira*, Bragança Paulista: São Francisco。

戈韦亚, M. C. S., Gouvêa, Maria. C. S. (2005) "Imagens do negro na literatura infantil brasileira: análise historiográfica", *Educação e Pesquisa*, 31 (1): 77—89。

扬尼, O., Ianni, O. (1988) "Literatura e consciência", *Estudos Afro-Asiáticos*, 15: 209—217。

伊纳西奥, E. C., Inácio, Emerson C. (2008) "Ser um preto tipo A custa caro: poesia, interculturalidade e etnia", *Estudos de literatura brasileira contemporanea*, 31: 53—68。

利马, H. P., Lima, Heloisa P. (1999) "Personagens negros: um breve perfil na literatura infanto-juvenil", 收入 K. 穆南加（主编）, dans K. Munanga (éd.), *Superando o racismo na escola*, p. 101—116, Brasília: MEC。

洛佩斯, L. P. M., Lopes, Luis P. M. (2002) *Identidades fragmentadas: a construção discursiva de raça, gênero e sexualidade em sala de aula*, Campinas: Mercado Aberto。

纳西门托, G. M., Nascimento, Gizêlda M. (2002) "Machado: três momentos negros", *Terra roxa e outras terras. Revista de Estudos Literários*, 2: 53—62。

纳西门托, G. M., Nascimento, Gizêlda M. (2006a) *Feitio de viver: memórias de descendentes de escravos*, Londrina: EDUEL。

纳西门托, G. M., Nascimento, Gizêlda M. (2006b) "O Negro como Objeto e Sujeito de uma Escritura", 收入 L. H. O. 席尔瓦和 F. A. G. 费尔南德斯（主编）, dans Lucia H. O. Silva et Frederico A. G. Fernandes (éds), *Cultura Afro-Brasileira, expressões religiosas e questões escolares*, p. 56—68, Londrina: Universidade Estadual de Londrina。

内格朗, E., Negrão, E. (1988) "Preconceitos e discriminações raciais em livros didáticos", *Cadernos de Pesquisa*, 65: 52—65。

内格朗, E. 和平托, R., Negrão, E. et Pinto, R. (1990) *De olho no preconceito: um guia para professores sobre racismo em livros para crianças*, São Paulo: FCC。

奥利韦拉, L. H. S., Oliveira, Luiz H. S. (2008) "Negros no mundo que lutam por negros", *Estudos de literatura brasileira contemporânea*, 31: 69—86。

奥利韦拉, R. 德, Oliveira, Rachel de (1992) *Relações raciais na escola: uma experiência de intervenção*, dissertação (Mestrado em Educação: currículo), São Paulo: Pontifícia Universidade Católica。

佩雷拉, E. A., Pereira, Edmilson A. (2008) "Negociação e conflito na construção das poéticas brasileiras contemporaneas", *Estudos de literatura brasileira contemporanea*, 31: 25—52。

佩斯塔纳, P. S., Pestana, Paulo Sérgio (2008) *Exu literário: presença do afrodescendente nos romances infanto-juvenis Nó na garganta de Mirna Pinsky e A cor da ternura de Geni Guimarães*, Dissertação (Mestrado em Letras), Curitiba: Centro Universitário Campos de Andrade。

平托, R. P., Pinto, Regina P. (1981) *O livro didático e a democratização da escola*, dissertação (Mestrado em Ciências Sociais), São Paulo: USP。

平托, R. P., Pinto, Regina P. (1987) "A representação do negro em livros didáticos de leitura", *Cadernos de Pesquisa*, 63: 88—92。

小普罗恩萨, D., Proença Filho, D. (1997) "A trajetória do negro na literatura brasileira", *Revista do Patrimônio Histórico e Artístico Nacional*, 25: 159—177。

罗森贝格, F., Rosemberg, F. (1985) *Literatura infantil e ideologia*, São Paulo: Global。

罗森贝格, F.、巴齐利, C. 和达席尔瓦, P., Rosemberg, F., Bazilli, C., Silva, P. (2003) "Racismo em livros didáticos brasileiros e seu combate: uma revisão da literatura", *Educação e Pesquisa*, 29 (1): 125—146。

萨列斯, E., Salles, Ecio (2004) "A Narrativa insurgente do hip-hop", *Estudos de literatura brasileira contemporânea*, 24: 89—109。

达席尔瓦, P. V. B. 和罗森贝格, F., da Silva, Paulo V. B. et Rosemberg, Fulvia (2008) "Brasil: lugares de negros e brancos na mídia", 收入 T. 范戴克 (主编), dans Teun Van Dijk (éd.), *Racismo e discurso na América Latina*, p. 73—119, São Paulo: Contexto。

索萨, A. L., Sousa, Andréia L. (2005) "A representação da personagem negra feminina na literatura infanto-juvenil brasileira", dans *Educação antiracista: caminhos abertos pela Lei Federal N° 10. 639/03*, p. 185—204, portal.mec.gov.br/secad/arquivos/pdf/anti_racista.pdf, Brasília: SECAD/MEC。

汤普森, J. B., Thompson, John B. (1990) *Ideology and Modern Culture: Critical Social Theory in the Era of Mass Communication*, Cambridge: Polity press。

韦南西奥, A. C. L., Venancio, Ana C. L. (2009) *Literatura infanto-juvenil e diversidade*, dissertação (Mestrado em Educação), Curitiba: Universidade Federal do Paraná。

作者简介

弗雷德·多尔迈尔（Fred DALLMAYR） 美国圣母大学哲学与政治科学帕基·J.迪伊荣誉教授。亚洲与比较哲学协会前会长，合作主持"文明的对话"世界公共论坛。主要著作有：《超越东方主义》（1996）、《实现我们的世界》（2001）、《文明之间的对话》（2001）、《寻求善的生活》（2007）以及《民主的希望》（2010）。电子邮箱地址：Fred.R.Dallmayr.1@nd.edu。

泰奥·达恩（Theo D'HAEN） 比利时鲁汶大学英国文学和比较文学教授。此前曾在荷兰莱顿大学乌德勒支大学任职。先后在新索邦大学（2004年）和哈佛大学（2007—2008年）做客座教授。近期英文著作包括：《当代美国犯罪作品》（2001）、《浪漫主义的构型》（2003）、《美国离这里有多远？》（2005）、《文化认同与后现代写作》（2006）、《国际堂吉诃德》（2009）、《欧洲的文学？》（2010），以及《劳特利奇简明世界文学史》（2012）。他是欧洲科学院杂志《欧洲评论》的现任主编，国际现代语言文学联合会前任主席。电子邮箱地址：theo.dhaen@arts.kuleuven.ac.be; theo.dhaen@skynet.be。

丁大铉（Daihyun CHUNG） 韩国梨花女子大学哲学系名誉教授。2002至2003年任韩国哲学联合会主席，2008年担任第22届世界哲学大会韩国组委会副主席。已出版的著述有（1）英文论文：《意向：一个整合分析》，http://choise80.khu.ac.kr/workshop201205.htm;《关于苦难的概念分析：一个人的苦难如何救赎他人？》，http://www.interdisciplinary.net/wp-content/uploads/2011/10/chungsufpaper.pdf;《恰当：诚的意向性之例》，载《第22届世界哲学大会论文提要》，2008: 109;《种子：诚的意向性的行为者》，载《第22届世界哲学大会论文提要》，2008: 110;《诚的意向性：关于一种有机观》，载《哲学与文化：形而上学》，韩国哲学联合会，2008：33—40；（2）韩文著作：《心理内容的体现》（2001），《恰当：对于真理和意义的理解》（1997），《必然性：一种语境理解》（1994）。电子邮箱地址：chungdhn@ewha.ac.kr。

卢卡·马里亚·斯卡兰蒂诺（Luca Maria SCARANTINO） 意大利米兰语言与传播自由大学政治哲学与文化哲学教授。国际哲学协会联合会秘书长（2008—2018年），与莫里斯·艾马尔教授共同主编《第欧根尼》。他尤为关注一种历史化知识观念的可能性。他的研究致力于界定人际关系的与认识相关的情感维度，同时尤其将创建合作纽带的机制（说服、信任、慈善）与破坏合作纽带的机制（暴力、怨恨、身份认同问题……）区分开来。1996年起担任国际哲学与人文科学理事会副秘书长。曾在世界三十余个国家授课，做讲座。电子邮箱地址：Luca.Scarantino@iulm.it。

路易吉·贝林圭尔（Luigi BERLINGUER） 意大利锡耶纳大学法学教授。1985—1994年任锡耶纳大学校长，1996—2000年任意大利教育、大学和科研部部长，曾推动意大利大学教育改革。荣获世界多所大学的名誉博士学位。

严廷植（Jungsik UM） 目前担任汉阳大学讲座教授、西江大学名誉教授及研究生院院长。他曾在西江大学、韩国国立大学、韦恩州立大学和密歇根州立大学学习，并在密歇根州立大学获得哲学博士学位并任访问教授。他以富布赖特学者身份任哈佛大学哲学系访问教授。他还担任过韩国哲学学会会长。他著有《智慧的伦理学》（1986）、《寻求确定性》（1984）、《分析与神秘》（1990）、《维特根斯坦思想》（2003）和《自我和自由》（1999）。通讯地址：214-103 Mokdong Apt. Mok 5 Dong, Yangchun-gu, Seoul, Korea。电子邮箱地址：jsumek@hanmail.net。

伊恩·昂（Ien ANG） 澳大利亚西悉尼大学文化研究荣誉教授、文化与社会学院主任。她的著述广泛涉及媒体与文化全球化、移民、多元文化主义和认同政治，以及文化制度在社会和文化变化中的作用。著有：《收看〈豪门恩怨》：肥皂剧与情节剧想象》、《客厅战争：后现代世界传媒受众再思考》以及《论不说中文：在亚洲和西方之间生活》。联系地址：Institute for Culture and Society, University of Western Sydney, Parramatta campus EM, Locked Bag 1797, Penrith NSW 2751, Australia。电子邮箱地址：i.ang@uws.edu.au。

沃尔夫冈·卡尔滕巴赫尔（Wolfgang KALTENBACHER） 位于那不勒斯的意大利哲学研究所的国际事务协调员。他学习过哲学、社会文化人类学、印度学、西藏学、汉学和非洲研究，并在之后到亚洲和非洲从事田野调查。曾在维也纳大学和那不勒斯东方大学教授哲学和语言学。他的近期研究致力于社会人文科学中的方法论和认识论问题。电子邮箱地址：w.kaltenbacher@iisf.it。

马里诺·尼奥拉（Marino NIOLA） 当代人类学家，那不勒斯第二大学教授，讲授符号人类学、艺术人类学和表演人类学，并任地中海体制社会研究中心主任。《共和国报》社论记者、《共和国报星期五刊》"今日神话"栏目主编，《新观察家》、洛迦诺的《咖啡馆》和那不勒斯的《晨报》撰稿人。2008—2010年6月任那不勒斯斯塔比尔剧院院长。电子邮箱地址：moroniola@tin.it。

乌戈·E. M. 法别蒂（Ugo E. M. FABIETTI） 意大利米兰比科卡大学文化人类学教授和人类学博士班主任。在米兰大学、帕维亚大学攻读哲学，后在巴黎法国社会科学高等研究院攻读社会人类学。在任教米兰比科卡大学之前，他先后在都灵大学、帕维亚大学、佛罗伦萨大学任教，并在法国社会科学高等研究院任客座教授。他主要在沙特阿拉伯北部的贝都因人（1978—1980年）和巴基斯坦西南部的俾路支农民（1986—1994年）中间从事田野工作。现任《人类学》杂志主编。近期著作有：《处在前沿的民族志：俾路支南部的空间、记忆和社会》（伯尔尼和纽约，2011）以及《圣物：宗教实践中的身体、物体、想象与物神》（米兰，2014）。

弗朗切斯科·雷莫蒂（Francesco REMOTTI） 意大利都灵大学文化人类学教授。对刚果民主共和国北基伍地区的巴南代人进行过田野工作，并对赤道非洲诸王国进行过历史民族志研究。近期著作包括:《反对认同》(罗马,1996)、《反本性——一封写给教皇的信》(罗马,2008)、《身份迷思》(罗马,2010)、《我们,原始人》(都灵,2009)、《文化——从复杂到贫瘠》(罗马,2011)以及《构造人性——人类臆想的戏剧》(2013)。

安德烈·金格里希(Andre GINGRICH) 维也纳大学社会文化人类学系教授、奥地利科学院社会人类学研究所主任。他在2008—2012年间任欧洲研究理事会社会科学专家小组组长。他在中东和中欧开展了广泛的研究。他于2005年与他人合著《一门学科,四条路径:英国、德国、法国和美国的人类学》(芝加哥大学出版社)。他于2010年在《美国人类学家》杂志发表了《转变:关于社会文化人类学的今日及其跨国潜力的笔记》。

米歇尔·劳滕贝格(Michel RAUTENBERG) 法国圣艾蒂安大学教授,曾在法国、保加利亚和威尔士从事实地研究。主要关注都市人类学和遗产研究,成果涉及文化遗产、集体记忆、公共政策和社会想象。2010年与B.勒菲弗合作发表《阿斯克新城的乌托邦和神话》,目前的研究项目是"跨文化实践和遗产设立,让-皮埃尔·拉雪兹普世文化中心50周年(维勒班)"。电子邮箱地址:michel.rautenberg@univ-st-etienne.fr。

保拉·德维沃(Paola DE VIVO) 意大利那不勒斯费德里科第二大学副教授,教授公共行政社会学和地方发展政策。她的研究兴趣在于地方和区域层面的政策及发展进程。她参加了关于机构治理新模式、公共行政的转型以及区域发展的研究项目;曾任公共和私营机构顾问。著有论述意大利经济和社会状况的诸多著述,经常为意大利国家媒体撰稿。电子邮箱地址:padevivo@unina.it。

杰罗姆·克拉泽(Jerome KRASE) 美国纽约市立大学布鲁克林学院荣誉教授和默里·科佩尔曼教授,活动家和学者。开展了有关城市社群问题的研究并著有相关著述,在全球拍摄了相关照片。著有:《城市中的自我与社群》(1982)、《民族性与机器政治》(与Ch.拉切拉合著)、《多元文化社会中的意大利裔美国人》（与 J. N. 德塞纳合著，1994）、《纽约市中的人种与民族性》（2005）以及《见证城市变化：地方文化与阶级》（2012）。合作主编《都市性》杂志，并担任《城市：影像民族志的视频研究杂志》编委会成员。他为非盈利咨询团队 ProBonoDesign Inc. 效力，还参与美国、欧洲和国际社会学协会，都市人类学委员会，H-网：人文社会科学在线，以及国际视觉社会学协会的活动。电子邮箱地址：jerrykrase@aol.com。

朱利亚娜·B. 普拉托（Giuliana B. PRATO） 英国肯特大学荣誉高级研究员。她在意大利、英国、法国和阿尔巴尼亚开展了田野研究。曾在那不勒斯、佛罗伦萨、伦敦、肯特、阿尔巴尼亚地拉那和弗里堡授课。她是国际都市论坛秘书兼司库，并主管国际人类学和民族学联合会的都市人类学委员会。著述颇丰，编著了多部著作。近著有：《超越多元文化主义：人类学的观点》（2009）、《公民权与治理的合法性：地中海地区的人类学》（与 I. 帕尔多合著，2010）以及《城市中的人类学：方法论和理论》（2012）。目前正在准备论述意大利布林迪西城的专著以及论述阿尔巴尼亚的城市转型的论文。电子邮箱地址：G.b.prato@kent.ac.uk。

柯蒂斯·L. 卡特（Curtis L. CARTER） 马凯特大学的美学教授以及该大学哈格蒂艺术博物馆的创办人。他著有大量关于美学和艺术哲学的论文和文章。近期作品有：《艺术及社会变革》、《国际美学协会年鉴》（主编，2009）、《维夫里多·拉姆在北美》（2007）以及《让·弗特里埃：1898—1964》（2002）。

卡罗勒·塔隆-于贡（Carole TALON-HUGON） 法国尼斯大学哲学教授以及法国美学学会主席。她的著作主要涉及美学和情感。除去这些领域的诸多论文和文章外，新近出版了《美学》（2013）、《2005年阿维尼翁：遗产的冲突》（2006）以及《品位与厌恶：艺术能否表明一切？》（2003）。近来她还出版了《艺术道德》（2009），编辑了《艺术与伦理：英美视角》（2011），与 P. 德斯特雷合编了《美与善：历史视角》（2012）。

阿莱什·埃里亚韦茨（Aleš ERJAVEC） 斯洛文尼亚科学与人文学院（卢布尔雅那）科学研究中心哲学研究所研究教授，卢布尔雅那大学和普林摩斯科大学人文学院（科佩尔）美学教授，并任普林摩斯科大学人文学院文化研究系主任。他撰写或主编了14部著作，其中有《现代主义的意识形态与艺术》（1988，1991）、《走向意象》（1996，2002）、《后现代主义与后社会主义状况：晚期社会主义下的政治化艺术》（主编，2003，2009）以及《后现代主义、后社会主义及其以后》（2008，2011）。

彼得·麦考密克（Peter MCCORMICK） 加拿大渥太华大学以及列支敦士登国际哲学协会原哲学教授。国际哲学学院和加拿大皇家学院成员。电子邮箱地址：pjmccormick@yahoo.com。

詹姆斯·柯万（James KIRWAN） 大阪关西大学教授。爱丁堡大学博士。著有：《文学、修辞与隐喻》（1990）、《美》（1999）、《康德的美学》（2004）和《崇高：美学史中的无理性与非理性》（2005）。电子邮箱地址：james_kirwan@hotmail.com。

保利娜·冯·邦斯多夫（Pauline von BONSDORFF） 芬兰于韦斯屈莱大学艺术教育教授。她的研究兴趣包括儿童与美学、当代艺术、环境美学以及现象学美学。著有《人类栖息地：美学和价值论视角》，并用英文、芬兰文和瑞典文撰写文章和著作章节多篇。她主编和合编了关于环境美学、日常美学以及女性主义美学的著作。她是芬兰美学学会和芬兰儿童研究学会前主席，现任芬兰艺术教育研究学会主席。

拉法埃莱·米拉尼（Raffaele MILANI） 意大利博洛尼亚大学教授，该大学城市研究所所长。著有：《美学范畴》（1991）、《如画之美》（1996）、《景观即冒险》（2006）、《景观艺术》（2009）以及《优雅面面观：哲学、艺术与自然》（2009）。发表过多篇美学论文。电子邮箱地址：milani@philo.unibo.it。

作者简介

乌尔苏拉·马蒂斯–莫泽（Ursula MATHIS-MOSER） 奥地利因斯布鲁克大学罗马语言和文学系教授，文本和音乐档案馆主任（1985—），加拿大研究中心主任（1997—）。他的研究主要针对法国文学、法语国家文学、跨文化性、移民文学（法国、加拿大魁北克、加勒比地区）和中介性。主要著作有：《达尼·拉费里埃——美国的漂移》（2003），《当代"法国"文学——文化接触与创造性》（与 B. 梅茨–鲍姆加特纳合作主编，2007），《移民作品》（与 J. 普罗尔合作主编，2008），《过客与在法国扎根——法语移民作家词典（1981—2011）》（与 B. 梅茨–鲍姆加特纳合作主编，2012），《媒体革命视角下的法国歌曲》（与 F. 休纳合作主编，2015）。电子邮箱地址：Ursula.Moser@unibk.ac.at。

比吉特·梅茨–鲍姆加特纳（Birgit MERTZ-BAUMGARTNER） 奥地利因斯布鲁克大学法语国家和西班牙语国家文学教授。他的研究首先关注马格里布和魁北克的法语文学、法国和加拿大魁北克的移民文学，当代法国和西班牙文学中的历史动因。主要著作有：《移民的伦理学和美学——法国的阿尔及利亚作者》（2004）、《当代"法国"文学——文化接触与创造性》（与 U. 马蒂斯–莫泽合作主编，2007）、《过客与在法国扎根——法语移民作家词典（1981—2001）》（与 U. 马蒂斯–莫泽合作主编，2012）、《阿尔及利亚战争–独立战争：交叉文学的视角》（与 B. 布尔特沙–贝希特合作主编，2013）。电子邮箱地址：birgit.mertz-baumgartner@uibk.ac.at。

卡尔帕宁·马里穆图（Carpanin MARIMOUTOU） 留尼汪大学法语文学教授。与他对克里奥尔语本地文学的研究相关，他的著述主要论述克里奥尔语和法语的殖民和后殖民文学，以及奴隶制和殖民帝国在 18—19 世纪法国文学中的魔幻存在。近著有：《克里奥尔世界》第 4 卷——《短篇小说与长篇小说》（与 V. 马格德莱娜–安德里安贾菲特里莫合著，2004）、《联系——印度洋的克里奥尔化》（2005）、《克里奥尔世界》第 6 卷——《成问题的留尼汪文学场域》（与 V. 马格德莱娜–安德里安贾菲特里莫合著，2006）、《留尼汪身份认同的根基与轨迹》（与 F. 韦尔热斯合著，2007）、《玛洛亚世界》（与 B. 拉加德和 G. 桑森合著，2008）。电子邮箱地址：marimoutouj@

wanadoo.fr。

保罗·V.巴普蒂丝塔·达席尔瓦（Paulo V. Baptista DA SILVA） 巴西巴拉那联邦大学非洲–巴西研究中心教授，获得巴拉那联邦大学心理学学士学位（1991年），巴拉那联邦大学教育学硕士，2005年获得圣保罗天主教大学心理学博士学位，主要关注社会心理学。目前担任《教育杂志》编辑，教育与种族关系工作组协调人。研究领域包括种族关系、歧视、反歧视行动政策以及儿童政策的制定。出版了大量成果，近来合著了论文《与教材中的歧视做斗争：日程表制定及其批判》（2008），为文集《拉丁美洲的种族主义与话语》（2009）撰写了论文《巴西媒体中的黑人与白人：种族主义话语与抵抗实践》。

人名索引

A

Abraham, N. 亚伯拉罕，N.
Addison 艾迪生
Adichie, C. 阿迪契，C.
Adolfo, S. 阿道弗，S.
Adorno, T. W. 阿多诺，T. W.
Aeschylos 埃斯库罗斯
Affergan, F. F. 阿费尔甘，F. F.
Agier, M. 阿吉耶，M.
Ajax 小埃阿斯
Alcott, B. 奥尔科特，B.
Alison 艾利森
Allard, J. 阿拉尔，J.
Allen, W. 艾伦，W.
Althusser, L. 阿尔都塞，L.
Amado, J. 亚马多，J.
Ambasz, E. 安巴斯，E.
Amin, A. 阿明，A.
Amrit, H. 阿姆里特，H.
Amselle, J.-L. 安塞勒，J.-L.
Anderson, B. 安德森，B.
Anderson, L. 安德森，L.
Andrei, E. M. 安德烈，E. M.
Ang, I. 昂，I.
Angioni, G. 安焦尼，G.
Ansari, G. 安萨里，G.
Anselmo, G. 安塞尔莫，G.
Appadurai, A. 阿帕杜莱，A.
Appiah, K. A. 阿皮亚，K. A.
Apple, M. 阿普尔，M.
Aquinas, S. T. 阿奎那，S. T.
Arambasin, N. 阿兰巴桑，N.
Araújo, D. Cr. de 阿劳若，D. Cr. 德
Arbousse-Bastide, P. 阿尔布斯－巴斯蒂德，P.
Arendt, H. 阿伦特，H.
Ariane 阿里亚娜
Aristotle 亚里士多德
Arjouni, J. 阿尔尤尼，J.
Assunto, R. 阿孙托，R.
Augé, M. 奥热，M.
Ayer, A. J. 艾耶尔，A. J.
Ayers, E. L. 艾尔斯，E. L.

B

Bacon, F. 培根，F.
Badiou, A. 巴迪乌，A.
Baiana, R. 巴亚纳，R.
Balzac 巴尔扎克
Bamford, A. 班福德，A.

Bandeira, M.　班代拉，M.	Benveniste, É.　邦弗尼斯特，É.
Bang, H. P.　班，H. P.	Bergman, I.　贝里曼，I.
Banks, M.　班克斯，M.	Berio, L.　贝里奥，L.
Barbaras, R.　巴尔巴拉，R.	Berlinguer, L.　贝林圭尔，L.
Barbosa, R. A.　巴尔博扎，R. A.	Berlowitz, L.　波洛维茨，L.
Barenboim, D.　巴伦博伊姆，D.	Bernd, Z.　贝恩德，Z.
Baridon, M.　巴里东，M.	Berreby, D.　贝雷比，D.
Barnes, H. E.　巴恩斯，H. E.	Berrisford, S.　柏瑞福德，S.
Barry, L. S.　巴里，L. S.	Berrouët-Oriol, R.　贝鲁埃–奥利奥尔，R.
Barth, F.　巴特，F.	Berry, J. W.　贝里，J. W.
Barthes, R.　巴特，R.	Bertholet, D.　贝尔托莱，D.
Basaille, J.-P.　巴扎日，J.-P.	Bertoleza　贝托莱扎
Baskar, B.　巴斯卡尔，B.	Berveiller, M.　贝尔韦耶，M.
Bastian, A.　巴斯蒂安，A.	Bessy, M.　贝西，M.
Bataille, G.　巴塔伊，G.	Bester, W.　贝斯特尔，W.
Baudelaire　波德莱尔	Beunen, R.　伯能，R.
Bauman, Z.　鲍曼，Z.	Bevir, M.　贝维尔，M.
Baumann, G.　鲍曼，G.	Bezerra, K. C.　贝泽拉，K. C.
Baumgarten, A. G.　鲍姆加登，A. G.	Bhabha, H.　巴巴，H.
Bazilli, C.　巴齐利，C.	Bierstedt, R.　比尔施泰特，R.
Beardsley, M. C.　比尔兹利，M. C.	Biesta, G. J. J.　别斯塔，G. J. J.
Beaujard, P.　博雅尔，P.	Bifulco, L.　比富尔科，L.
Beauvoir, S. de　波伏娃，S. 德	Bishko, Ch. J.　比什科，Ch. J.
Bell, C.　贝尔，C.	Bishop, C.　毕晓普，C.
Bell, D.　贝尔，D.	Bivona, R.　比沃纳，R.
Bellotto　贝洛托	Blackburn, S.　布莱克本，S.
Belting, H.　贝尔廷，H.	Blanc, P.　勃朗，P.
Benario, O.　贝纳利奥，O.	Blanshard, B.　布兰沙德，B.
Benguigui, Y.　本吉吉，Y.	Bliss, H. E.　布利斯，H. E.
Benjamin, W. S. B.　本雅明，W. S. B.	Blochs　布洛克
Benjaminsen, T.　本亚明森，T.	Blonsky, M.　布隆斯基，M.

Blum, A. 布卢姆，A.
Boardman, J. 博德曼，J.
Boas, F. 博厄斯，F.
Bobbio, L. 博比奥，L.
Boli, J. 博利，J.
Bonn, C. 博恩，C.
Bonniol, J.-L. 博尼奥尔，J.-L.
Bonsdorf, C. 邦斯多夫，C.
Bonsdorff, P. V. 邦斯多夫，P. V.
Bonte, P. 邦特，P.
Borer, M. I. 博雷尔，M. I.
Borges, B. 博尔热斯，B.
Borraz, O. 博拉斯，O.
Bouglé, C. 布格莱，C.
Boulding, E. 博尔丁，E.
Bourdieu, P. 布迪厄，P.
Bourriaud, N. 布里奥，N.
Brady, D. 布雷迪，D.
Brady, H. E. 布雷迪，H. E.
Braudel, F. 布罗代尔，F.
Breteau, C. H. 布勒托，C. H.
Breton, A. 布勒东，A.
Brighouse, H. 布里格豪斯，H.
Brookshaw, D. 布鲁克萨夫，D.
Brophy, M. 布罗菲，M.
Brumen, B. 布鲁门，B.
Bruston, A. 布吕斯通，A.
Bullough, E. 布洛，E.
Burckhardt 布克哈特
Burke, E. 伯克，E.
Burnet, Th. 伯内特，Th.

Burnier, D. 比尔尼耶，D.
Burroni, L. 布罗尼，L.
Buruma, I. 布鲁马，I.
Bush, W. B. 布什，W. B.
Buttitta, A. 布蒂塔，A.

C

Cabon, M. 卡邦，M.
Cabral 卡布拉尔
Cai, H. 蔡华
Caillois, R. 凯卢瓦，R.
Calhoun, C. 卡尔霍恩，C.
Campanella, T. 康帕内拉，T.
Campbell, G. 坎贝尔，G.
Canaletto 卡纳莱托
Capanema, G. 卡帕内马，G.
Capano, G. 卡帕诺，G.
Carrière, M. 卡里埃，M.
Carroll, N. 卡罗尔，N.
Carter, C. L. 卡特，C. L.
Caruso, P. 卡鲁索，P.
Cassandra 卡珊德拉
Cassirame, B. 卡西拉姆，B.
Castells, M. 卡斯泰尔，M.
Castles, S. 卡斯尔斯，S.
Caws, P. 考斯，P.
Cendrars, B. 桑德拉尔，B.
Cerase, F. P. 切拉塞，F. P.
Cervantes 塞万提斯
Cézanne 塞尚
Cha, In-Suk 车仁锡
Chaplin, C. 卓别林，C.

Chartier, D.	沙尔捷，D.	Corboz, A.	科尔博兹，A.
Chartier, R.	沙尔捷，R.	Corbridge, S.	科布里奇，S.
Chateaubriand	夏多布里昂	Cousin, V.	库辛
Chaudhuri, N.	乔杜里，N.	Crick, B.	克里克，B.
Chaulet Achour, C.	肖莱·阿舒尔，C.	Crittenden, K. S.	克里滕登，K. S.
Chen, Ying	陈颖	Croce, B.	克罗齐，B.
Cheng, F.	程，F.	Crouch, C.	克劳奇，C.
Cheynet, A.	谢内，A.	Crow, K.	克劳，K.
Chisholm, R. M.	齐硕姆，R. M.	Crowther, P.	克劳瑟，P.
Chombart de Lauwe, P. H.	雄巴尔·德洛韦，P. H.	Curtius, E. R.	库尔提乌斯，E. R.
		Curtler, H.	科特勒，H.
Chomsky, N.	乔姆斯基，N.	Custers, G.	屈斯泰，G.
Chrestien, F.	克雷斯蒂安，F.	Cuturi, F. G.	库图里，F. G.
Chung, Daihyun	丁大铉		

D

Chung, J. H.	钟，J. H.	D'Alema, M.	达莱马，M.
Cicourel, A.	西库雷尔，A.	D'Arms, J.	达阿姆斯，J.
Cirese, A. M.	奇雷塞，A. M.	D'Onofrio, S.	多诺弗里奥，S.
Clark, K.	克拉克，K.	Da Silva, P. V. B.	达席尔瓦，P. V. B.
Clément, G.	克莱芒，G.	Da Vinci, L.	达·芬奇
Clifford, J.	克利福德，J.	Dahan-Gaida, L.	达昂－加伊达，L.
Coelho, N. N.	科埃略，N. N.	Dalcastagné, R.	达尔卡斯塔格内，R.
Cohen, R.	科恩，R.	Dali, S.	达利，S.
Collier, D.	科利尔，D.	Dallmayr, F.	多尔迈尔，F.
Collini, S.	科林尼，S.	Danto, A. C.	丹托，A. C.
Compagnon, A.	孔帕尼翁，A.	Darnton, R.	达恩顿，R.
Condee, N.	康迪，N.	Darso, L.	达尔森，L.
Confucius	孔子	Das, V.	达斯，V.
Conrad	康拉德	David	大卫
Conte, É.	孔特，É.	Davies, S.	戴维斯，S.
Cooper, J. F.	库珀，J. F.	Dawson, A.	道森，A.
Copet-Rougier, É.	科佩－鲁吉耶，É.	De Andrade, C. D.	德安德拉德，C. D.

De Andrade, M. 德安德拉德, M.
De Andrade, O. 德安德拉德, O.
De Assis, M. 德阿西斯, M.
De Barros, J. S. 德巴罗斯, J. S.
De Certeau, M. 德塞尔托, M.
De Crèvecoeur, H. S. J. 德克雷夫科尔, H. S. J.
De Lapouge, V. 德拉普热, V.
De Leonardis, O. 德莱奥纳尔迪斯, O.
De Mul, J. 德米尔, J.
De Rita, G. 德里塔, G.
De Saint-Non, J. C. R. 德圣-农, J. C. R.
De Ville, S. 德维莱, S.
De Vivo, P. 德维沃, P.
Debost, J. M. 德博, J. M.
Debray, R. 德布雷, R.
Deca 德卡
DeKooning, W. 德科宁, W.
Delanty, G. 德朗蒂, G.
Deleuze, G. 德勒兹, G.
Dematteis, G. 德马泰, G.
Denon, V. 德农, V.
Denter, B. 登特, B.
Denzin, N. K. 登青, N. K.
Derrida, J. 德里达, J.
Descartes 笛卡尔
Dewey, J. 杜威, J.
D'haen, T. 达恩, T.
Dias, C. 迪亚斯, C.
Dickens 狄更斯
Dilthey, W. 狄尔泰, W.
Dion, R. 迪翁, R.

Dissanayake, E. 迪萨纳亚克, E.
do Amaral, T. 多阿马拉尔, T.
Docherty, T. 多彻蒂, T.
Doig, J. W. 多伊格, J. W.
Dona Quininha 多娜·基尼尼亚
Donolo, C. 多诺洛, C.
Donzelot, J. 多泽洛, J.
dos Palmares, Z. 多斯·帕尔马雷斯, Z.
dos Reis, M. F. 多斯雷斯, M. F.
dos Santos, J. R. 多斯·桑托斯, J. R.
Dostoyevsky 陀思妥耶夫斯基
Droit, R.-P. 德鲁瓦, R.-P.
Du Bos 杜博
Duarte, E. A. 杜瓦蒂, E. A.
Duchamp, M. 杜尚, M.
Dufrenne, M. 迪弗雷纳, M.
Duineveld, M. 杜内伍德, M.
Dumas, G. 杜马, G.
Dumontet, D. 迪蒙泰, D.
Durga 杜尔迦
Durkheim, É. 迪尔凯姆, É.
Dutton, D. 达顿, D.

E

Eco, U. 埃科, U.
Ehrenberg, R. G. 埃伦伯格, R. G.
Ehrenreich, P. 埃伦赖希, P.
Eisenstadt, S. N. 艾森施塔特, S. N.
Eisenstein, E. 爱森斯坦, E.
Eldridge, R. 埃尔德里奇, R.
Eliot, S. 埃利奥特, S.
Elkins, J. 埃尔金斯, J.

Ellen, R. 埃伦，R.
Engels 恩格斯
Enwezor, O. 恩韦佐，O.
Éribon, D. 埃里邦，D.
Eriksen, T. H. 埃里克森，T. H.
Erjavec, A. 埃里亚韦茨，A.
Ernst, M. 恩斯特，M.
Ertler, K.-D. 埃特勒，K.-D.
Escobar, R. 埃斯科巴尔，R.
Escoubas, É. 埃斯库巴斯，É.
Ette, O. 埃特，O.
Euripides 欧里庇得斯
Evans-Pritchard, E. E. 埃文斯-普里查德，E. E.
Evaristo, C. 埃瓦里斯托，C.
Eyres, Ph. 艾尔斯，Ph.

F

Fabian, J. 法比安，J.
Fabietti, U. E. M. 法别蒂，U. E. M.
Fabre, J. 法布尔，J.
Farhoud, A. 法尔胡德，A.
Fassin, É. 法桑，É.
Feagin, S. L. 费金，S. L.
Feathersone, M. 费瑟森，M.
Febvres 费夫尔
Feisal 费萨尔
Fellini, F. 费里尼，F.
Ferguson A. 弗格森，A.
Fernandes, F. A. G. 费尔南德斯，F. A. G.
Ferréz, S. 费雷斯，S.
Flanagan, W. G. 弗拉纳根，W. G.
Flint, R. 弗林特，R.

Follari, J. B. 福拉里，J. B.
Fontenay, É. de 丰特奈，É. 德
Forêt, C. 福雷，C.
Forster, H. 福斯特，H.
Foucault, M. 福柯，M.
Fournier, R. 富尼耶，R.
Fox, R. G. 福克斯，R. G.
Fragonard 弗拉戈纳尔
Frances 弗朗西丝
François, E. 弗朗索瓦，E.
Frank, S. 弗兰克，S.
Frege, F. L. G. 弗雷格，F. L. G.
Freud, S. 弗洛伊德，S.
Frisby, D. 弗里斯比，D.
Frobel, F. 福禄培尔，F.
Frobenius 弗罗贝尼乌斯
Fujimori, Terunobu 藤森照信
Furman, E. R. 弗曼，E. R.
Furman, N. 弗曼，N.
Furnivall, J. S. 弗尼瓦尔，J. S.

G

Gabriela 加布里埃拉
Gadamer, H.-G. 伽达默尔，H.-G.
Gagé, J. 加热，J.
Gallagher, M. 加拉格尔，M.
Gama, L. 伽马，L.
Gandhi, M. K. 甘地，M. K.
Garfinkle, H. 加芬克尔，H.
Garnier, T. 加尼耶，T.
Gasche, R. 加谢，R.
Gaut, B. 高特，B.

Gauthier, C. 戈蒂耶，C.

Gauvin, A. 戈万，A.

Geertz, C. 格尔茨，C.

Geiger, R. L. 盖格，R. L.

Geiser, M. 热塞，M.

Gellner, E. 盖尔纳，E.

Gensburger, S. 让斯布热，S.

Giaufret, A. 吉奥弗雷，A.

Giddings, F. H. 吉丁斯，F. H.

Gingrich, A. 金格里希，A.

Girardin 吉拉尔丹

Glantz, O. 格兰茨，O.

Glaser, B. 格拉泽，B.

Glissant, E. 格利桑，E.

Gluckman, M. 格卢克曼，M.

Gobineau, A. 戈比诺，A.

Goethe, J. W. V. 歌德，J. W. V.

Goffman, E. 戈夫曼，E.

Goldberg, D. 戈德伯格，D.

Goldberg, R. 戈尔德贝格，R.

Goldenberg, S. 戈登堡，S.

Gomes, N. L. 戈梅斯，N. L.

Gómez-Peña, G. 戈麦斯－培尼亚，G.

Gonneville 戈纳维尔

Gore, M. S. 戈尔，M. S.

Gosse, J.-P. 戈斯，J.-P.

Gouvêa, Maria C. S. 戈韦亚，M. C. S.

Grafton, A. 格拉夫顿，A.

Graham, S. 格雷厄姆，S.

Greenberg, C. 格林伯格，C.

Gross, F. 格罗斯，F.

Groys, B. 格罗伊斯，B.

Guardi 瓜尔迪

Guattari, F. 加塔利，F.

Guimarães, G. 吉马良斯，G.

Gupta, A. 古普塔，A.

Gutkind, P. C. W. 古特凯恩德，P. C. W.

Guyer, P. 古耶尔，P.

Guzelimian, A. 古泽利米安，A.

H

Habermas, J. 哈贝马斯，J.

Habicht, C. 哈比希特，C.

Hachert 哈克特

Haddock, V. 阿多克，V.

Halbwachs, M. 哈布瓦赫，M.

Halen, P. 哈伦，P.

Hall, G. S. 霍尔，G. S.

Hallett, C. H. 哈利特，C. H.

Hamilton, W. 汉密尔顿，W.

Hamlet 哈姆雷特

Haney, D. P. 哈尼，D. P.

Hanfling, O. 汉夫林，O.

Hann, C. 汉恩，C.

Hannerz, U. 汉内斯，U.

Hardt, M. 哈特，M.

Harel, S. 阿雷尔，S.

Hargrove, E. C. 哈格罗夫，E. C.

Haring, K. 哈林，K.

Harpham, G. G. 哈珀姆，G. G.

Harvey, D. 哈维，D.

Hausbacher, E. 豪斯巴舍，E.

Hefner R. 赫夫纳，R.

Hegel, G. W. F.　黑格尔，G. W. F.
Heidegger, M.　海德格尔，M.
Helander, K.　赫兰德，K.
Held, D.　赫尔德，D.
Hénaff, M.　埃纳夫，M.
Hennis, W.　亨尼斯，W.
Herbert, F.　埃贝尔，F.
Herder, J. G. V.　赫尔德，J. G. V.
Héritier, F.　埃里捷，F.
Héritier-Augé, F.　埃里捷-奥热，F.
Hermann, J.　埃尔曼，J.
Hérodote　希罗多德
Héry, L.　埃里，L.
Hesse, B.　赫西，B.
Hettner, A.　黑特纳，A.
Hildebrand, R.　希尔德布兰德，R.
Hill, R. J.　希尔，R. J.
Hirschfeld　希施费尔德
Hirschman, A.　赫希曼，A.
Hobbes, T.　霍布斯，T.
Hockey, J.　霍基，J.
Hollinger, D. A.　霍林格，D. A.
Hollo, J. A.　霍洛，J. A.
Holz, S.　霍尔茨，S.
Holzmann, B.　奥尔茨曼，B.
Homer　荷马
Honderich, T.　杭德里克，T.
Honoré, D.　奥诺雷，D.
Hoüel, J.　乌埃尔，J.
Hourcade, P.　乌尔卡德，P.
Humboldt, W.　洪堡，W.

Hume, D.　休谟，D.
Hundertwasser　汉德瓦萨
Hurwit, J. M.　赫维特，J. M.
Husserl, E.　胡塞尔，E.
Huston, N.　休斯顿，N.
Hutcheson, F.　哈奇森，F.

I

Ianni, O.　扬尼，O.
Inácio, E. C.　伊纳西奥，E. C.
Ingold, T.　英戈尔德，T.

J

Jakobson, R.　雅各布森，R.
Jamard, J.-L.　雅马尔，J.-L.
James, A.　詹姆斯，A.
Jameson, F.　詹明信，F.
Janaway, C.　贾纳韦，C.
Jean-François, B. E.　让-弗朗索瓦，B. E.
Jencks, C.　詹克斯，C.
Jessop, B.　杰索普，B.
John, P.　约翰，P.
Johnston, A.　约翰斯顿，A.
Joseph, I.　约瑟夫，I.
Joughin, J. J.　乔因，J. J.
Jouve, B.　茹夫，B.
Juan Cantavella, A.　朱昂·康塔维拉，A.
Juncker, B.　容克，B.
Junior, H. C.　朱尼尔，H. C.

K

Kabir　迦比尔
Kaddour, R.　卡杜尔，R.

Kali 卡莉
Kalla 卡拉
Kaltenbacher, W. 卡尔滕巴赫尔, W.
Kang, Je-gyu 姜在圭
Kant, I. 康德, I.
Kapoor, A. 卡普尔, A.
Kaprow, A. 卡普罗, A.
Karsenti, B. 卡尔桑蒂, B.
Kattan, N. 卡坦, N.
Keck, F. 凯克, F.
Kelly, M. 凯利, M.
Kemp, P. 肯普, P.
Kemper, R. van 范肯珀, R.
Kendall, G. 肯德尔, G.
Kerényi, K. 凯雷尼, K.
Kernan, A. 克南, A.
Kester, G. H. 凯斯特, G. H.
Keune, M. 柯伊内, M.
Key, J. P. 凯, J. P.
Khordoc, C. 考尔多克, C.
Kim, J. 金, J.
Kim, Yersu 金丽寿
Kirwan, J. 柯万, J.
Kivy, P. 基维, P.
Klages, L. 克拉格斯, L.
Klee 克利
Kleophrades 克莱奥弗拉德
Klibansky, R. 克利班斯基, R.
Klopstock, F. G. 克洛卜施托克, F. G.
Knight 奈特
Koch-Grünberg, T. 科克-格林贝格, T.

Kokis, S. 柯基什, S.
Kooiman, J. 库伊曼, J.
Koolhaas 库哈斯
Korsgaard, C. M. 科尔斯戈德, C. M.
Korsmeyer, C. 科斯梅尔, C.
Kracauer, S. 克拉考尔, S.
Krase, J. 克拉泽, J.
Krell, D. F. 克雷尔, D. F.
Kuhn, T. S. 库恩, T. S.
Kuper, A. 库珀, A.
Kupperman, J. J. 库珀曼, J. J.
Kurosawa, Akira 黑泽明

L

L'Hérault, P. 雷罗, P.
La Cecla, F. 拉塞克拉, F.
Labadi, S. 拉巴迪, S.
LaCerra, C. 拉塞尔, C.
Laceyn, A. R. 拉塞恩, A. R.
Laclau, E. 拉克洛, E.
Lamarque, P. 拉马克, P.
Landowski, P. 兰多夫斯基, P.
Langer, S. 朗格, S.
Laponce, J. A. 拉蓬斯, J. A.
Laronde, M. 拉龙德, M.
Lascoumes, P. 拉斯库姆, P.
Lash, S. 拉希, S.
Laurence, D. 劳伦斯, D.
Laval 拉瓦尔
Lazarus, M. 拉撒路, M.
Le Bris, M. 勒布里斯, M.
Le Galès, P. 勒加莱, P.

Le Pen, J.-M.　勒庞，J.-M.
Leahy, D.　莱希，D.
Leblond, M.-A.　勒布隆，M.-A.
Lechner, F. J.　莱希纳，F. J.
Leeuw, M. de　莱乌，M. 德
Lefébure, C.　勒费比尔，C.
Leibniz, G. W.　莱布尼茨，G. W.
Leiris, M.　莱里斯，M.
Lemos, N. M.　莱莫斯，N. M.
Léonard　莱昂纳尔
Leopardi, G.　莱奥帕尔迪，G.
Léry　莱里
Lessing, G. E.　莱辛，G. E.
Leveneur, G.　勒弗纳尔，G.
Levinson, J.　莱文森，J.
Lévi-Strauss, C.　列维－斯特劳斯，C.
Lévy-Bruhl, L.　莱维－布吕尔，L.
Lewis, H.　刘易斯，H.
Light, A.　莱特，A.
Lim, J. H.　林志弦
Lima, H. P.　利马，H. P.
Lincoln, Y. S.　林肯，Y. S.
Lindesmith, A. R.　林德史密斯，A. R.
Linton, R.　林顿，R.
Lippi, A.　利皮，A.
Lobato, M.　洛巴托，M.
Locke, J.　洛克，J.
Logan, J.　洛根，J.
Long, C.　朗，C.
Lopes, D. M.　洛佩斯，D. M.
Lopes, L. P. M.　洛佩斯，L. P. M.

Löschnigg, M.　勒施尼克，M.
Lourdes　洛德斯
Low, E. J.　洛，E. J.
Lowie, R. H.　洛伊，R. H.
Löwith, K.　勒维特，K.
Lukács, György　卢卡奇，G.
Lundberg, G.　伦德伯格，G.
Lüsebrink, H.-J.　吕泽布林克，H.-J.
Lusin, N.　卢辛，N.
Lysander, P.　莱桑德，P.

M

Mach, E.　马赫，E.
MacIntyre, A.　麦金太尔，A.
Maffesoli, M.　马费索利，M.
Magdelaine-Andrianjafitrimo, V.
　马格德莱娜－安德里安贾菲特里莫，V.
Magritte, R.　马格里特，R.
Mahé, M. H.　马谢，M. H.
Mahisasura　马西沙
Maine　梅因
Maine, H. S.　梅恩，H. S.
Malinowski, B.　马林诺夫斯基，B.
Malpas, J.　马尔帕斯，J.
Manguel, A.　曼格尔，A.
Manikom　玛尼孔
Maravalavou, P.　马拉瓦拉武，P.
Marcus, G.　马库斯，G.
Margolieth, A.　马戈利特，A.
Margolis, J.　马戈利斯，J.
Marieschi　马列斯基
Marimoutou, C.　马里穆图，C.

Marin, L. 马兰，L.

Mariotto, S. 马里奥托，S.

Martial, J.-J. 马夏尔，J.-J.

Martin, R. 马丁，R.

Martindale, D. 马丁代尔，D.

Marting, F. 马丁，F.

Marx 马克思

Masson, A. 马松，A.

Mathis-Moser, U. 马蒂斯－莫泽，U.

Maugüé, J. 莫居埃，J.

Mauss, M. 毛斯，M.

Maynard, P. 梅纳德，P.

Mayntz, R. 迈因茨，R.

Mazza, L. 马扎，L.

McCormick, P. 麦考密克，P.

McGuiness, B. F. 麦吉尼斯，B. F.

McGuire, M. 麦圭尔，M.

McHugh, P. 麦克休，P.

McIver, L. D. 麦基弗，L. D.

McIver, R. M. 麦基弗，R. M.

Mead, M. 米德，M.

Meha, V. V. 梅哈，V. V.

Mele, A. R. 米尔，A. R.

Mendelssohn, M. 门德尔松，M.

Menzel, H. 门泽尔，H.

Merleau-Ponty, M. 梅洛－庞蒂，M.

Merton, R. K. 默顿，R. K.

Métral, J. 梅特拉尔，J.

Métraux, A. 梅特罗，A.

Miano, L. 米亚诺，L.

Michael, M. 迈克尔，M.

Milani, R. 米拉尼，R.

Miller, M. K. 米勒，M. K.

Milton, K. 米尔顿，K.

Miner, H. M. 麦纳，H. M.

Minotaure 弥诺陶洛斯

Miró, J. 米罗，J.

Mitchell, C. 米切尔，C.

Modood, T. 莫杜德，T.

Moisan, C. 穆瓦桑，C.

Molotch, H. 莫洛什，H.

Monbeig, P. 蒙贝格，P.

Montesquieu 孟德斯鸠

Montessori, M. 蒙台梭利，M.

Moravia, S. 莫拉维亚，S.

Moreira, N. M. de B. 莫雷拉，N. M. 德·B.

Moretti, F. 莫雷蒂，F.

Morgan, D. 摩根，D.

Morgan, J. 摩根，J.

Motherwell, R. 马瑟韦尔，R.

Mueller-Vollmer, K. 米勒－福尔默，K.

Munanga, K. 穆南加，K.

Munduruku, D. 蒙杜鲁库，D.

Murdock, G. P. 默多克，G. P.

Mussard, F. 米萨尔，F.

N

Nadir, S. 纳迪尔，S.

Nagel, J. 内格尔，J.

Nagl, L. 纳格尔，L.

Nagl-Docekal, H. 纳格尔－多切卡尔，H.

Nagle, J. 内格尔，J.

Nas, P. J. M. 纳斯，P. J. M.

Nascimento, G. M.　纳西门托，G. M.
Nederveen Pieterse, J.　内德文·彼得斯，J.
Needham, R.　尼达姆，R.
Negrão, E.　内格朗，E.
Negri, A.　内格里，A.
Nepveu, P.　内沃，P.
Neurath, O.　纽拉特，O.
Newman, B.　纽曼，B.
Niola, M.　尼奥拉，M.
Nizolio, M.　尼佐利奥，M.
Noël, F.　诺埃尔，F.
Nuissl, E.　努伊斯尔，E.
Nussbaum, M.　努斯鲍姆，M.

O

Oedipus　俄狄浦斯
Oevermann, U.　奥弗曼，U.
Oktay, J. S.　奥克塔伊，J. S.
Oliveira, L. H. S.　奥利韦拉，L. H. S.
Oliveira, R. de　奥利韦拉，R. 德
Ollivier, É.　奥利维耶，É.
Olsen, S. T.　奥尔森，S. T.
Onesimos　奥奈西莫斯
Orjuela, C.　奥杰拉，C.
Orozco, G.　奥罗斯科，G.
Osten, S.　奥斯腾，S.
Ouabdelmoumen, N.　瓦布德尔穆门，N.

P

Paasi, A.　帕西，A.
Paik, Nam-june　白南准
Panini　帕尼尼

Panofsky, E.　帕诺夫斯基，E.
Pardo, I.　帕尔多，I.
Parisot, Y.　帕里佐，Y.
Park, R. E.　帕克，R. E.
Parkin, R.　帕金，R.
Parry, J.　帕里，J.
Parsons, T.　帕森斯，T.
Parvati　帕尔瓦蒂
Pascal, P.　帕斯卡尔，P.
Pascale, C.-M.　帕斯卡尔，C.-M.
Patch, J.　帕奇，J.
Paton, H. J.　佩顿，H. J.
Paul, J.　保罗，J.
Pears, D. F.　皮尔斯，D. F.
Pearson, M.　皮尔逊，M.
Pécaut, D.　佩科，D.
Peixoto, F.　佩肖托，F.
Perdrix, A.　佩德里，A.
Pereira, E. A.　佩雷拉，E. A.
Perez-Vega, I.　佩雷斯-维加，I.
Pestalozzi, J.　佩斯拉奇，J.
Pestana, P. S.　佩斯塔纳，P. S.
Pichon, P.　皮雄，P.
Pillow, K.　皮洛，K.
Pindar　品达
Pink, S.　平克，S.
Pinto, R.　平托，R.
Piranesi　皮拉内西
Plato　柏拉图
Plumb, J. H.　普拉姆，J. H.
Plutarch　普鲁塔克

Polanyi, M. 波兰尼，M.
Pollack, B. 波利亚克，B.
Pollitt, J. J. 波利特，J. J.
Pollock, J. 波洛克，J.
Porra, V. 波拉，V.
Portante, J. 波尔当特，J.
Poussin 普桑
Prado, P. 普拉多，P.
Prange, K. 普兰吉，K.
Prato, G. B. 普拉托，G. B.
Prestes, L. C. 普雷斯特斯，L. C.
Prodi, R. 普罗迪，R.
Proença Filho, D. 小普罗恩萨，D.
Proodfoot, M. 普鲁德富特，M.
Proust 普鲁斯特
Prudêncio 普鲁登西奥
Psathas, G. 普萨撒斯，G.

Q

Quignolot-Eysel, C. 吉尼奥罗-艾泽尔，C.

R

Radcliffe-Brown, A. R. 拉德克利夫-布朗，A. R.
Ragin, C. C. 拉金，C. C.
Ramharai, V. 拉姆阿哈伊，V.
Ramos, G. 拉穆斯，G.
Rancière, J. 朗西埃，J.
Randell, D. M. 兰德尔，D. M.
Raphael 拉斐尔
Rattansi, A. 拉坦西，A.
Raulin, A. 罗兰，A.

Rautenberg, M. 劳滕贝格，M.
Redfield, R. 雷德菲尔德，R.
Reid, T. 里德，T.
Remotti, F. 雷莫蒂，F.
Rheder, H. 雷代尔，H.
Richards, A. 理查兹，A.
Richter, G. M. A. 里克特，G. M. A.
Richter, S. 里克特，S.
Ricoeur, P. 利科，P.
Ridgway, B. S. 里奇韦，B. S.
Riesz, J. 里斯，J.
Rilke, R. M. 里尔克，R. M.
Rinner, F. 林纳，F.
Risjord, M. W. 里斯乔德，M. W.
Ritter, J. 里特尔，J.
Ritzer, G. 里策，G.
Rivière, P.-L. 里维埃，P.-L.
Robèr, A. 罗贝尔，A.
Robert, J.-L. 罗贝尔，J.-L.
Robertson, R. 罗伯逊，R.
Robeyns, I. 罗贝恩斯，I.
Robin, R. 罗宾，R.
Robins, K. 罗宾斯，K.
Robinson, W. 罗宾逊，W.
Robinson, W. I. 鲁宾逊，W. I.
Roger, A. 罗歇，A.
Roland, E. 罗兰，E.
Rollwagen, J. R. 罗尔瓦根，J. R.
Romano, G. 罗马诺，G.
Romano, M. 罗马诺，M.
Roniger, L. 罗尼格，L.

Rosanvallon, P.　罗桑瓦隆，P.
Rose, J.　罗斯，J.
Rose, L.　罗丝，L.
Rose-Ackerman, S.　罗丝-阿克曼，S.
Rosemberg, F.　罗森贝格，F.
Rosenau, J.　罗西瑙，J.
Rosenberg, H.　罗森贝格，H.
Rossi, P.　罗西，P.
Rothko, M.　罗斯科，M.
Rouaud, J.　鲁奥，J.
Roudometof, V.　鲁多梅托弗，V.
Rousseau, J. J.　卢梭，J. J.
Roy, A.　罗伊，A.
Runciman, W. G.　朗西曼，W. G.
Rush, M.　拉什，M.
Ruskin, J.　罗斯金，J.
Russo, F.　鲁索，F.
Rutgers, M. R.　吕特盖尔斯，M. R.

S

Sacco, E.　萨科，E.
Said, E. W.　赛义德，E. W.
Sakabe, Megumi　坂部惠
Salgado, P.　萨尔加多，P.
Salles, E.　萨列斯，E.
Samuel, R.　塞缪尔，R.
Sanjay　桑贾伊
Sanquer, C.　桑凯，C.
Sartre, J.-P.　萨特，J.-P.
Sassen, S.　萨森，S.
Sauser, F.-L.　索埃，F.-L.
Scarantino, L. M.　斯卡兰蒂诺，L. M.

Schaeffer, J.-M.　舍夫勒，J.-M.
Schama, S.　沙马，S.
Scheler, M.　舍勒，M.
Schelling, F. W. J.　谢林，F. W. J.
Schiller, J. C. F. V.　席勒，J. C. F. V.
Schinkel　申克尔
Schlegel, F.　施莱格尔，F.
Schlesinger Jr., A.　小施莱辛格，A.
Schlesinger, A. M.　施莱辛格，A. M.
Schlichtman, J. J.　施利希特曼，J. J.
Schneider, L.　施奈德，L.
Schopenhauer, A.　叔本华，A.
Schreurs, P.　斯勒尔斯，P.
Schuessler, K.　许斯勒，K.
Schwind, M.　施温德，M.
Scott, A. J.　斯科特，A. J.
Seawright, J.　西赖特，J.
Sebbar, L.　塞巴尔，L.
Seligman, C. G.　塞利格曼，C. G.
Sen, A.　森，A.
Sewtohul, A.　塞多胡尔，A.
Shackel, P.　沙克尔，P.
Shaftesbury, A. A. C.　沙夫茨伯里，A. A. C.
Shaftesbury, Lord　沙夫茨伯里伯爵
Shahryar　沙赫里亚尔
Shakti　沙克蒂
Sharma　夏尔马
Shearman, J.　希尔曼，J.
Sheherazade　舍赫拉查达
Shelley, P. B.　谢利，P. B.
Sikka, S.　西卡，S.

Silva, L. H. O.　席尔瓦，L. H. O.
Silverman, H.　西尔弗曼，H.
Silverman, S.　西尔弗曼，S.
Silvestri, D.　西尔韦斯特里，D.
Simmel, G.　西美尔，G.
Simon, S.　西蒙，S.
Simonides　西蒙尼斯
Sinclair, B.　辛克莱，B.
Sinopoli, F.　西诺波利，F.
Sjaastad, E.　肖斯塔，E.
Skrbis, Z.　什克尔比什，Z.
Smaïl, P.　斯梅尔，P.
Small, M. L.　斯莫尔，M. L.
Smith, D. W.　史密斯，D. W.
Smith, L.　史密斯，L.
Smith, T.　史密斯，T.
Snizek, W. E.　斯尼泽克，W. E.
Socrates　苏格拉底
Solimano, A.　索利马诺，A.
Solinas, P. G.　索利纳斯，P. G.
Sontag, S.　桑塔格，S.
Sophocles　索福克勒斯
Sorokin, P. A.　索罗金，P. A.
Sousa, A. L.　索萨，A. L.
Sousberghe, L. de　苏斯贝格，L. 德
Southall, A.　索撒尔，A.
Spacks, P. M.　斯帕克斯，P. M.
Sperber, D.　斯佩贝尔，D.
Spranger, E.　施普南格尔，E.
Spyridakis, M.　斯皮里扎基斯，M.
Staudinger, K.　斯陶丁格，K.

Stein, G.　斯泰因，G.
Steiner, R.　斯坦纳，R.
Steingut, S.　斯坦古特，S.
Steinthal, H.　施泰因塔尔，H.
Stoczkowski, W.　斯托维斯基，W.
Stone, C.　斯通，C.
Strasser, A.　施特拉塞尔，A.
Straus, E.　施特劳斯，E.
Strauss, A.　斯特劳斯，A.
Suarez, M. F.　苏亚雷斯，M. F.
Sylvie, A.　西尔维，A.

T

Tacq, J.　塔克，J.
Tagore, R.　泰戈尔，R.
Taguieff, P.-A.　塔吉耶夫，P.-A.
Talon-Hugon, C.　塔隆-于贡，C.
Tardy, C.　塔迪，C.
Tarski, A.　塔斯基，A.
Teresa　特雷莎
Terray, E.　泰雷，E.
Tesauro, E.　泰绍罗，E.
Thomas, W. L.　托马斯，W. L.
Thompson, J. B.　汤普森，J. B.
Thrift, N.　思里夫特，N.
Throgmorton, J.　思罗格莫顿，J.
Tintoretto　丁托列托
Tiravanija, R.　蒂拉瓦尼雅，R.
Todorov, T.　托多罗夫，T.
Todorov, Z.　托多罗夫，Z.
Tohidi, N.　托西迪，N.

Tölle-Kastenbein, R.　特勒－卡斯滕拜因，R.
Tomlinson, J.　汤姆林森，J.
Tönnies, F.　滕尼斯，F.
Torok, M.　托罗克，M.
Toulmin, S.　图尔明，S.
Touraine, A.　图雷纳，A.
Trubetskoy, N. S.　特鲁别茨科伊，N. S.
Turner, R. H.　特纳，R. H.
Turner, S. P.　特纳，S. P.

U

Ulysse　尤利西斯
Um, J.　严，J.

V

Vachon, M.　瓦雄，M.
Van Assche, K.　范阿舍，K.
Van Dijk, T.　范戴克，T.
Van Wittel　凡·维特尔
Vargas, G.　瓦加斯，G.
Vasari　瓦萨里
Vassou　瓦苏
Velayutham, S.　韦拉尤坦，S.
Venâncio, A. C. L.　韦南西奥，A. C. L.
Vergès, F.　韦尔热斯，F.
Vertovec, S.　韦尔托韦茨，S.
Vicari Haddock, S.　维卡里·阿多克，S.
Vico, G.　维柯，G.
Villegaignon　维勒盖尼昂
Virilio, P.　维希留，P.
Virno, P.　维尔诺，P.

Vogel, C.　沃格尔，C.
von den Steinen, K.　冯·登施泰嫩，K.

W

Wagner　瓦格纳
Waldheim, K.　瓦尔德海姆，K.
Warhol, A.　沃霍尔，A.
Washburn, J.　沃什伯恩，J.
Watson, V.　沃森，V.
Weber, M.　韦伯，M.
Weibel, P.　韦贝尔，P.
Welles, O.　威尔斯，O.
Welsch, W.　韦尔施，W.
Werbner, P.　韦尔布内尔，P.
Wessendorf, S.　韦森多夫，S.
Westermarck, E.　韦斯特马克，E.
White, P.　怀特，P.
Wichelen, S. van　范维歇林，S.
Wiley, N.　威利，N.
Williams, D.　威廉斯，D.
Williamson, T.　威廉森，T.
Wilson, E.　威尔逊，E.
Wilson, G.　威尔逊，G.
Windelband, W.　温德尔班德，W.
Winter, T.　温特，T.
Wirth, L.　沃思，L.
Wise, A.　怀斯，A.
Wittgenstein, L.　维特根斯坦，L.
Wittkower, R.　威特科尔，R.
Woerther, F.　弗勒特尔，F.
Woodward, I.　伍德沃德，I.

Woudhuysen, H. R. 伍德豪森，H. R.
Wriston, H. M. 里斯顿，H. M.
Wundt, W. 冯特，W.

X

Xanthakou, M. 尚塔库，M.

Z

Zalta, E. N. 扎尔塔，E. N.
Zia-ul-Haq 齐亚·哈克
Zimmerman, M. J. 齐默尔曼，M. J.
Zipfel, F. 齐普费尔，F.
Žižek, S. 齐泽克，S.
Znaniecki, F. 兹纳涅茨基，F.
Zoller, R. 策勒，R.
Zolo, D. 佐洛，D.
Zuckerman, H. 朱克曼，H.
Zukin, S. 祖金，S.

图书在版编目（CIP）数据

人文科学的全球意义与文化的复杂性：多学科进路 / 萧俊明，贺慧玲，杜鹃主编. -- 北京：中国书籍出版社，2019.1

ISBN 978-7-5068-7049-8

Ⅰ.①人… Ⅱ.①萧… ②贺… ③杜… Ⅲ.①人文科学—文集 Ⅳ.①C53

中国版本图书馆CIP数据核字（2018）第239140号

人文科学的全球意义与文化的复杂性：多学科进路

萧俊明　贺慧玲　杜　鹃　主编

责任编辑	宋　然
责任印制	孙马飞　马　芝
封面设计	东方美迪
出版发行	中国书籍出版社
地　　址	北京市丰台区三路居路 97 号（邮编：100073）
电　　话	（010）52257143（总编室）　　（010）52257140（发行部）
电子邮箱	eo@chinabp.com.cn
经　　销	全国新华书店
印　　刷	北京温林源印刷有限公司
开　　本	710毫米×1000毫米　1/16
字　　数	433千字
印　　张	27
版　　次	2019年1月第1版　2019年1月第1次印刷
书　　号	ISBN 978-7-5068-7049-8
定　　价	80.00元

版权所有　翻印必究